▲秦始皇陵遠景（皇陵封土有九層夯土，規模比埃及胡夫金字塔更大）。

▲一號兵馬俑坑全景（長184公尺，寬57公尺，為坐西向東的長方形軍陣）

▲一號坑中兵馬俑背面照

▲兵馬俑近景

▲御手與車士俑（二號兵馬俑坑出土）

▲三號兵馬俑坑全景

▲秦陵園出土的石胄復原形狀

▲秦陵園出土的石鎧甲，左上角已被燒成粉末狀。

▲秦陵園出土石鎧甲清理後復原形狀

◀秦陵園發現的珍禽異獸坑

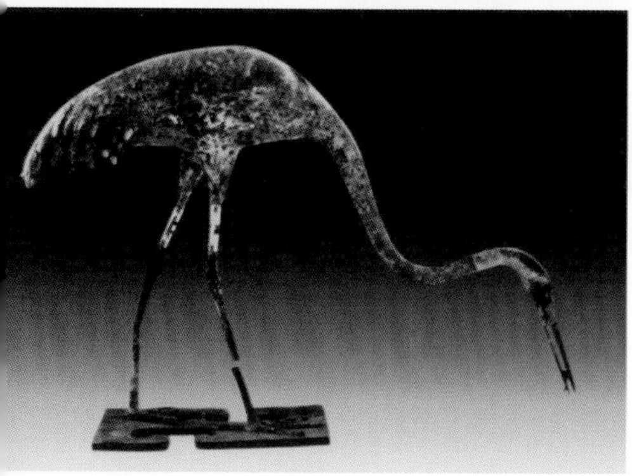

◀左：秦陵園珍禽異獸坑出土的青銅鶴
◀右：青銅鳧雁出土後形狀

◀秦陵園珍禽異獸坑出土的青銅鳧雁

▶左：形如彎刀的金鉤
▶右：以青銅矛、戈組成的戟

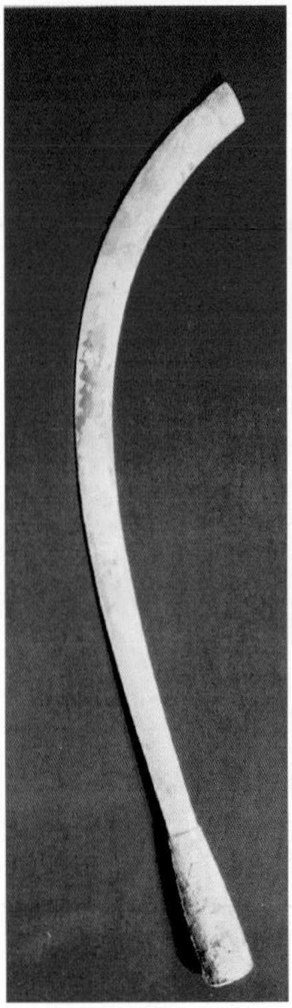

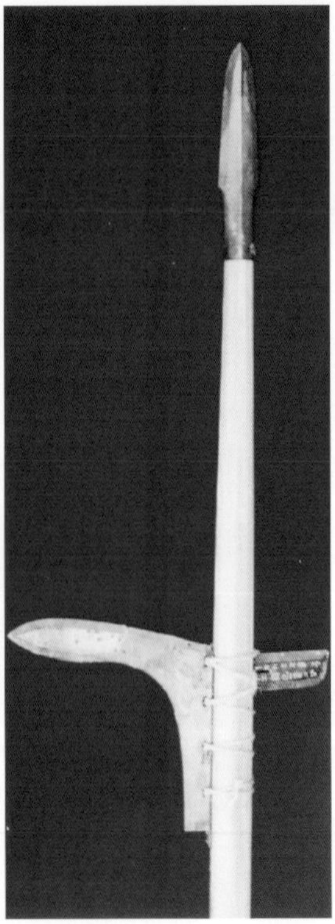

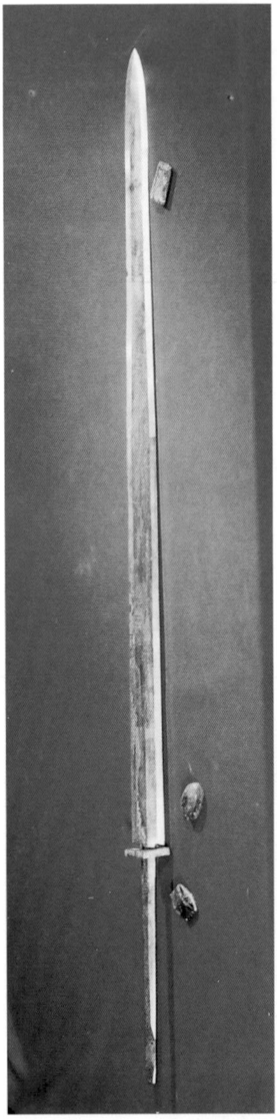

▲表面鍍鉻的青銅劍

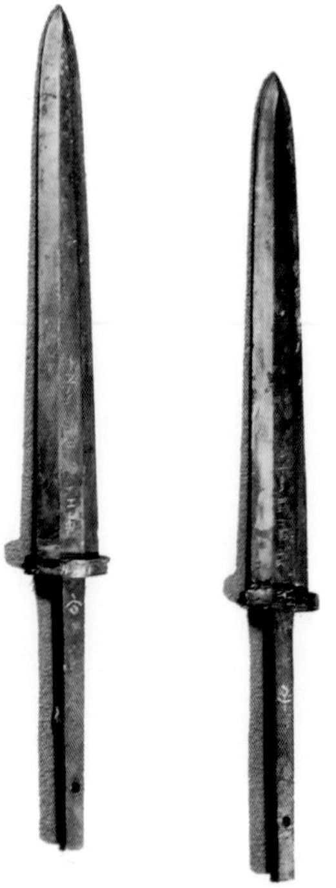

▲青銅鈹

▲青牏殳（木柄已朽）

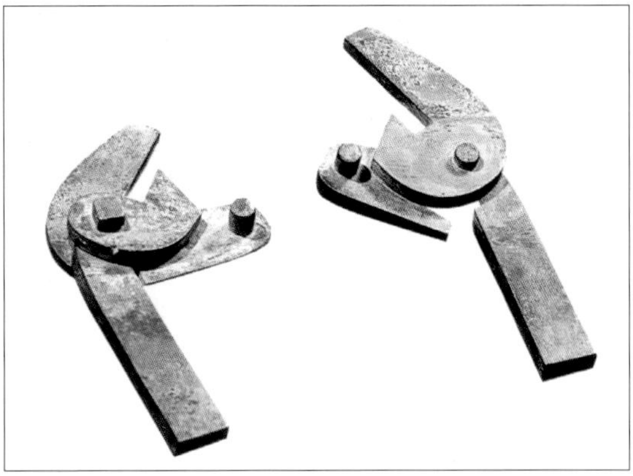

▲青銅弩機

▲青銅甬鐘

▼錯金銀樂府銅編鐘

▲鎧甲將軍俑二

▲鎧甲將軍俑一

▲戰袍將軍俑

▲鎧甲將軍俑三

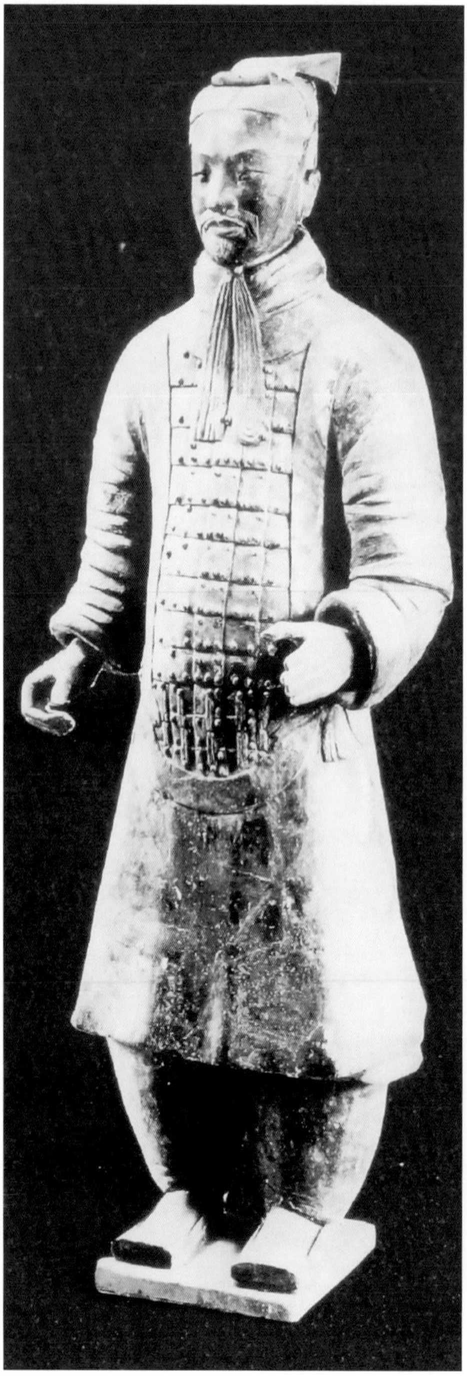

▲鎧甲軍吏俑

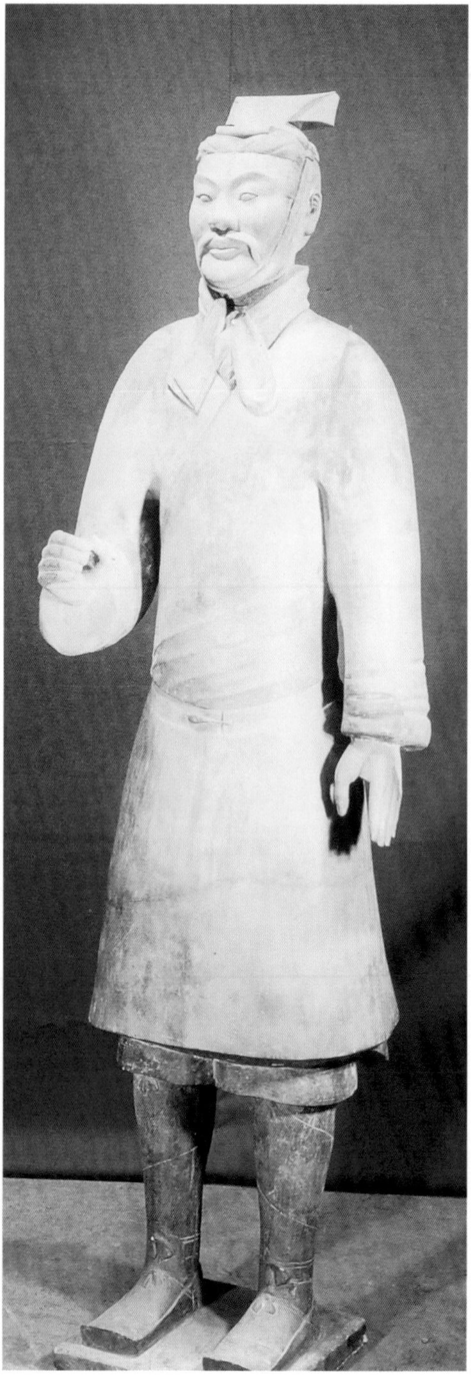

▲戰袍軍吏俑

▲鎧甲步兵俑

▲戰袍步兵俑

▲戴武幘的鎧甲步兵俑

▲立射俑

▶跪射俑

▶跽坐俑

▲另一種類型的百戲俑

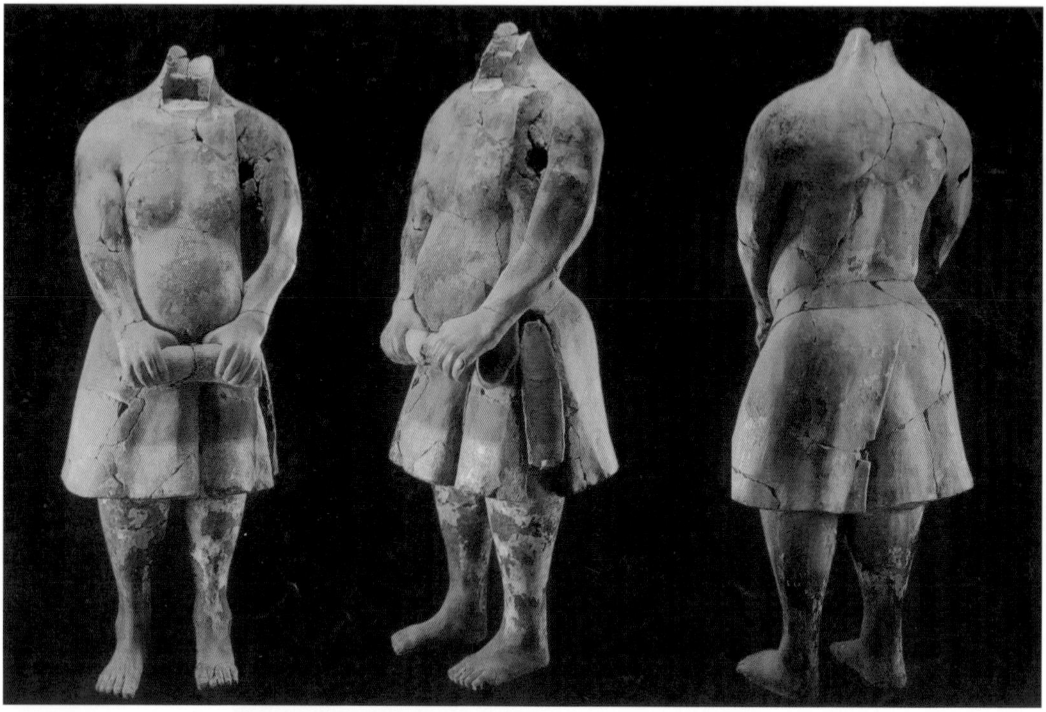
▲秦陵園出土的大力士百戲俑

▲陶俑身上的彩繪顏色依然可見

▲秦陵園K9901坑出土的大銅鼎

▲文官俑坑陶俑出土情形

▲騎士俑與鞍馬俑

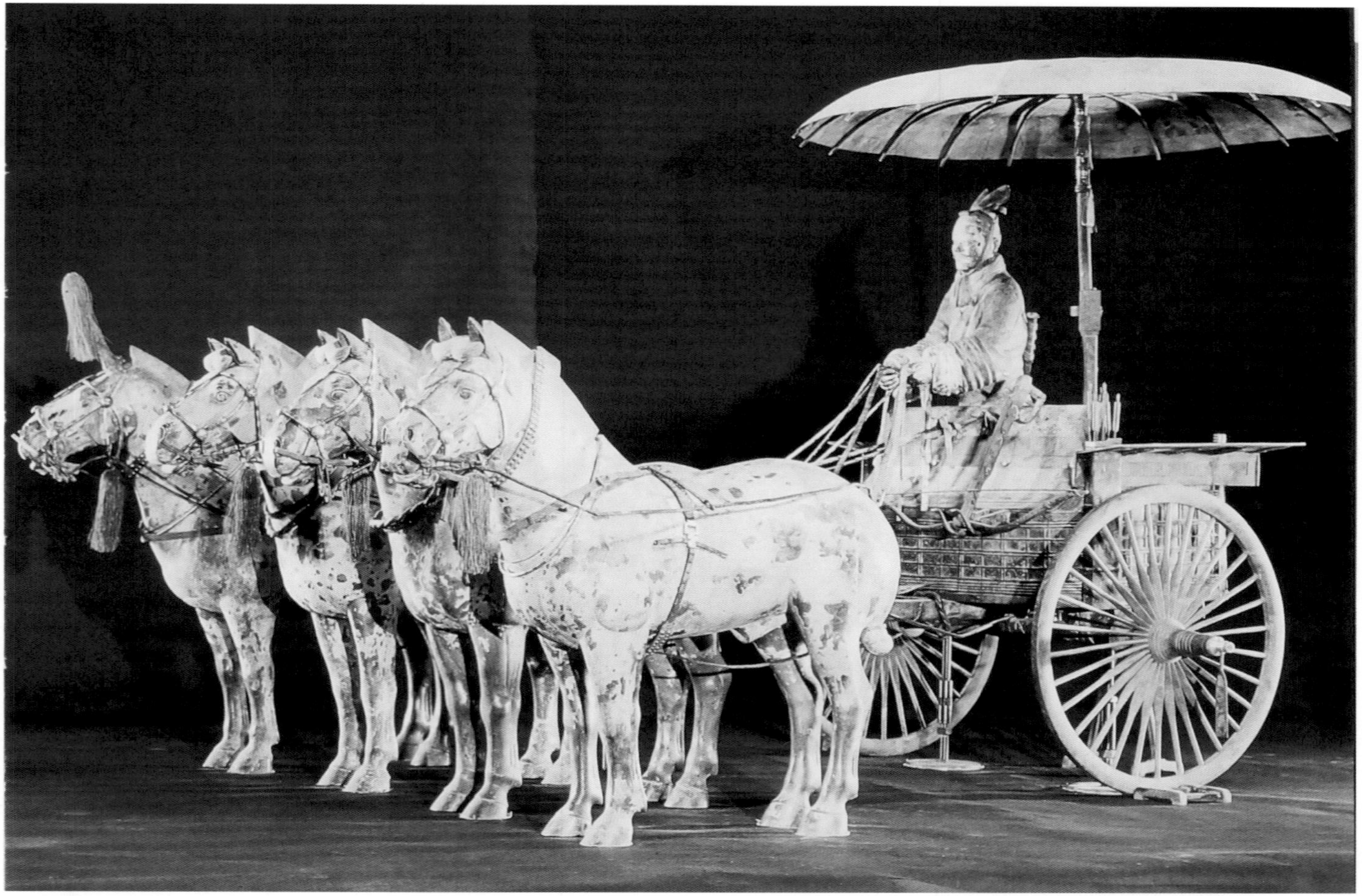

▲秦陵一號銅車馬

▲秦陵二號銅車馬

▲銅車馬出土時現場

▲銅車與御手俑出土情形

▲馬絡頭（上）及櫔（中）、銜（下）

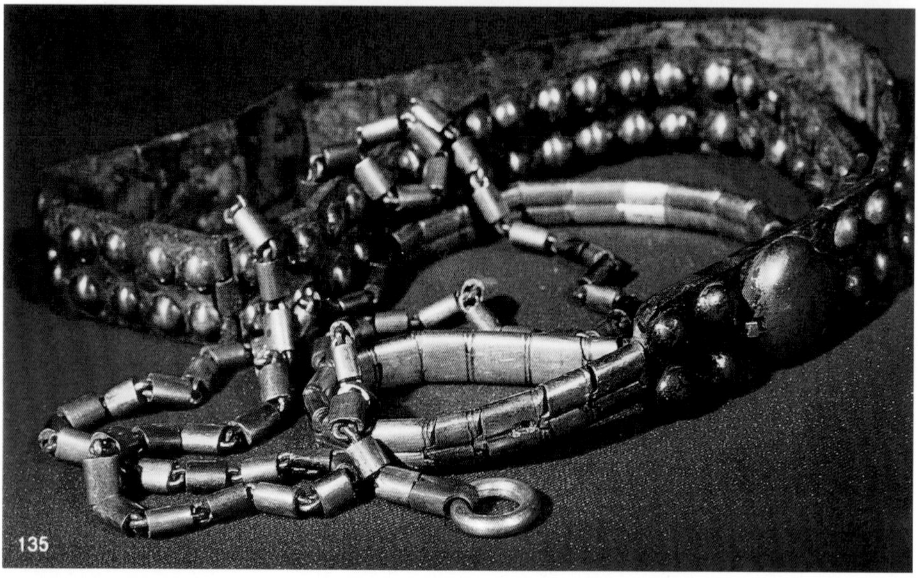

▲金銀節扣連的轡繩

◀二號車車門彩繪

▲二號車側窗

◀車輪

▲右驂馬頭部特寫

▲二號車御手的駕姿

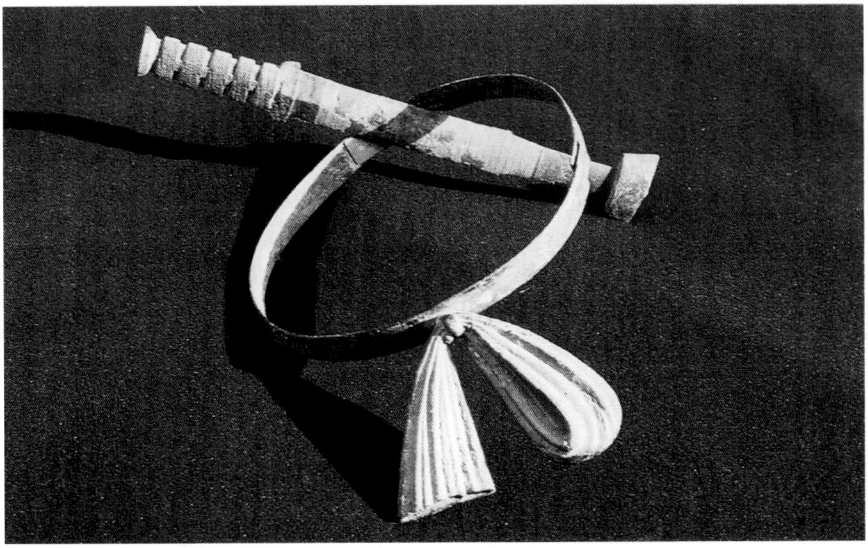
▲二號車御手所佩短劍

◀一號車上的錯金銀傘柄

▼二號車御手

▶一號車御手背視

▲一號車御手

◀銅盾牌

▼銅弩和箭

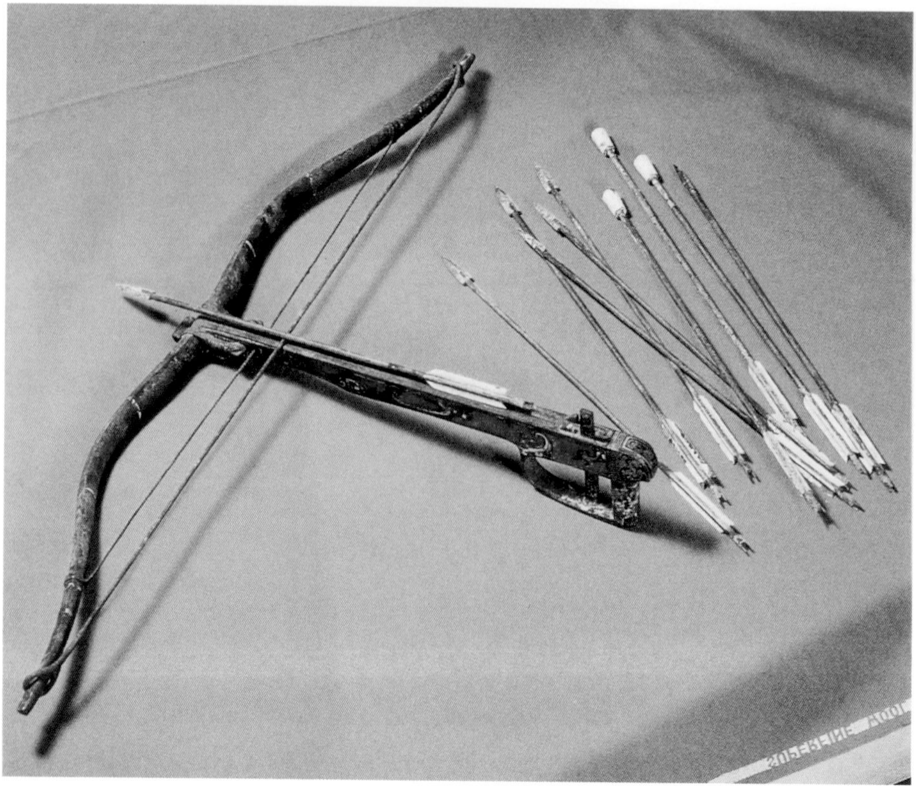

◀半兩錢

虎符▶

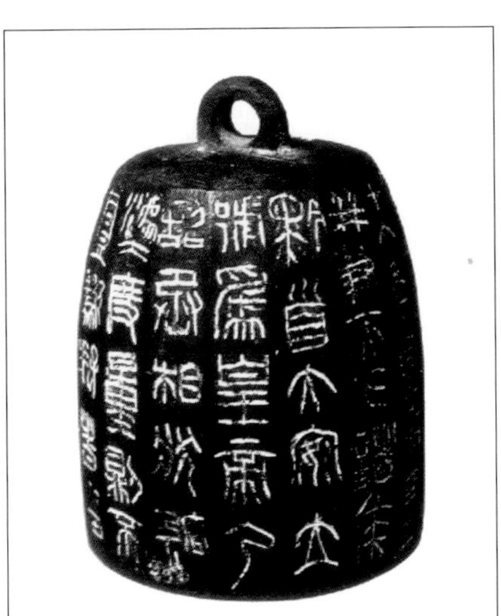
◀兩詔銅權

▲秦瓦當

▲夔紋遮朽瓦

親切的、活潑的、趣味的、致用的

實用歷史叢書

遠流出版公司

復活的軍團——秦始皇陵兵馬俑發現之謎（最新修訂版）

作　　者——岳南
圖片提供——秦始皇陵兵馬俑博物館、楊異同、王學理、岳南
出版五部總監暨總編輯——林馨琴
編　　輯——黃嬿羽
企　　畫——張愛華
美術設計——唐壽南
發 行 人——王榮文
出版發行——遠流出版事業股份有限公司
地址：臺北市10084南昌路二段81號6樓
電話：（02）2392-6899　傳真：（02）2392-6658
郵撥：0189456-1
著作權顧問——蕭雄淋律師
2016年8月1日　二版一刷

新台幣定價 500 元　（缺頁或破損的書，請寄回更換）

ISBN 978-957-32-7844-3

YLib 遠流博識網
http://www.ylib.com　E-mail:ylib@ylib.com

復活的軍團

秦始皇陵兵馬俑發現之謎

岳南◎著

出版緣起

王榮文

・歷史就是大個案

《實用歷史叢書》的基本概念，就是想把人類歷史當做一個（或無數個）大個案來看待。

本來，「個案研究方法」的精神，正是因為相信「智慧不可歸納條陳」，所以要學習者親自接近事實，自行尋找「經驗的教訓」。

經驗到底是教訓還是限制？歷史究竟是啟蒙還是成見？——或者說，歷史經驗有什麼用？可不可用？——一直也就是聚訟紛紜的大疑問，但在我們的「個案」概念下，叢書名稱中的「歷史」，與蘭克（Ranke）名言「歷史學家除了描寫事實『一如其發生之情況』外，再無其他目標」中所指的史學研究活動，大抵是不相涉的。在這裡，我們更接近於把歷史當做人間社會情境體悟的材料，或者說，我們把歷史（或某一組歷史陳述）當做「媒介」。

・從過去了解現在

為什麼要這樣做？因為我們對一切歷史情境（milieu）感到好奇，我們想浸淫在某個時代的思考環境來體會另一個人的限制與突破，因而對現時世界有一種新的想像。

通過了解歷史人物的處境與方案，我們找到了另一種智力上的樂趣，也許化做通俗的例子我們可以問：「如果拿破崙擔任遠東百貨公司總經理，他會怎麼做？」或「如果諸葛亮主持自立報系，他會和兩大報紙持哪一種和與戰的關係？」

從過去了解現在，我們並不真正尋找「重複的歷史」，我們也不尋找絕對的或相對的情境近似性。「歷史個案」的概念，比較接近情境的演練，因為一個成熟的思考者預先暴露在眾多的「經驗」裡，自行發展出一組對應的策略，因而就有了「教育」的功能。

・從現在了解過去

就像費夫爾（L. Febvre）說的，歷史其實是根據活人的需要向死人索求答案，在歷史理解中，現在與過去一向是糾纏不清的。

在這一個圍城之日，史家陳寅恪在倉皇逃死之際，取一巾箱坊本《建炎以來繫年要錄》，抱持誦讀，讀到汴京圍困屈降諸卷，淪城之日，謠言與烽火同時流竄；陳氏取當日身歷目睹之事與史實印證，不覺汗流浹背，覺得生平讀史從無如此親切有味之快感。

觀察並分析我們「現在的景觀」，正是提供我們一種了解過去的視野。歷史做為一種智性活動，也在這裡得到新的可能和活力。

如果我們在新的現時經驗中，取得新的了解過去的基礎，像一位作家寫《商用廿五史》，用企業組織的經驗，重新理解每一個朝代「經營組織」（即朝廷）的任務、使命、環境與對策，竟然就呈現一個新的景觀，證明這條路另有強大的生命力。

我們刻意選擇了《實用歷史叢書》的路，正是因為我們感覺到它的潛力。我們知道，標新並不見得有力量，然而立異卻不見得沒收穫；刻意塑造一個「求異」之路，就是想移動認知的軸心，給我們自己一些異端的空間，因而使歷史閱讀活動增添了親切的、活潑的、趣味的、致用的「新歷史之旅」。

你是一個歷史的嗜讀者或思索者嗎？你是一位專業的或業餘的歷史家嗎？你願意給自己一個偏離正軌的樂趣嗎？請走入這個叢書開放的大門。

夢想與光榮

何尚

西元二〇〇〇年的最後一個週末，是一個日光散淡的雪天，岳南與他的一位朋友踏進我位於十三陵的寓所，並力邀我去拜謁皇陵。在看完了那座遊人如蟻的定陵地宮後，他堅持帶著我們一路朝北，去拜謁皇陵另一座少為人知的墓園——慶陵（明光宗朱常洛墓）。當我們尾隨著岳南踏進那座荒草瘋狂、殘垣四散的陵園時，已是昏鴉聒噪的黃昏。夕陽的餘暉散落在殘磚碎瓦之上，說不盡淒涼落寞。看著這座曾經王氣逼人的建築竟然在歲月無情的剝蝕下，衣衫襤褸地俯伏在這個不為人知的角落，我們不禁心下黯然。岳南在陵園寶城上默立良久之後，突然雙膝一彎，跪倒在了一片昏黃的暮色之中。等到他終於站起身來，我們看到他雙眼中飽含著淚水。這一意外的插曲讓同行的北大學子驚詫莫名，竟以為岳南是大明王朝的皇親國戚。

也許一樁隱祕的事件就能夠展示一個作家對蒼生萬物的真誠期待和遼遠厚重的國家情懷！

新年伊始，從臺灣傳來消息，他與楊仕合著的《風雪定陵》一書獲臺灣《中國時報》十大好書獎，在那塊傾心文化的島嶼上一時洛陽紙貴、備受推崇。這種結果，我在五年前就曾有所預言，也算僥倖而言中。

那會兒中國文化界主義盛行，一派的浮華和淺薄，幾乎沒有幾位作家去關注文化命運、歷史音容，只有他還願意坐下來談論我們民族史上光被四表的秦漢氣象、協和萬邦的盛唐雄風，這多少讓我欣慰而刮目。我告訴他上帝從來就不會辜負自己優秀的子民。這個時代更需要我們去喚起同胞們對歷史的溫情和文化的關切！

英國作家威爾斯（Herbert George Wells）在《世界史綱》（*The Outline of History*）中談及中國唐初諸帝時期的文化騰達時，既滿懷景仰又充滿疑惑，似乎如此燦爛的文化景象多少有點似天方夜譚。為什麼就沒有一隻如椽巨筆來解答威爾斯心中的疑團與神話呢!?

蒼天可鑑，尚有岳南！

我不能不聊感慰藉！為這個悲苦而浪漫的民族，為這個喧鬧而寂寞的文壇！

但也由於岳南常常對西方文化近乎偏執的不屑與拒絕，曾經很長一段時間，我對這位立志呵護古老文化的同仁懷有隱憂，擔心他過於極端而陷進了狹隘的民族主義的泥潭，但當我鄭重地翻開擺在案頭這部《復活的軍團》的書稿時，我心裡的疑慮渙然冰釋。

這部顯然是岳南創作生涯中最嘔心瀝血又最為其本人滿意的作品，它不僅重現了大秦帝國的卓越風姿，再一次燭照了一段輝煌壯闊的歷史，而且從人類廣袤的大背景去闡述一種雄渾瑰麗的文明。其通篇一貫的深刻洞見和胸襟穹張的雍容氣度，令人震動而歎服！

風吹舊事，雪蓋殘年，又是一個心事蒼茫的子夜。岳南坐在新年的屋簷下默默吸煙，在如幔的煙霧中，他凌空策馬自在穿行，從敦煌石窟到漢墓，從定陵到秦始皇陵園，從大國衰榮到滄桑歷史……在人文精神普遍坍塌的當代，他希圖給這個搖晃的世界打進幾顆古老而神聖的楔子，為人類苦難的心靈尋求依託，憂憤激昂，激情洋溢……直到東方泛白他終於道出了他的夢想與雄心——在世紀末晚鐘敲響的前夕，推出一套內容囊括中華文明的叢書，力爭窮盡古國的文化淵源，從歷史的隧道中捧出一盞燈火，傳接千年脈動。

我不禁肅然。想想看，在一個天下熙熙、人欲橫流的時代裡，還有人在為人類文明的探尋求索傾盡一腔心血，下定如此決心，甘苦不顧，豈非難得？

我彷彿重新看到了那個千古壯士荊軻，正獨立易水河畔，慷慨悲歌，所不同的是荊軻仗劍上路，岳南執筆登程。

風蕭蕭兮易水寒，壯士一去兮不復還！

同樣的從容與悲壯！同樣的夢想與光榮！

站在這個急速流變的城市河邊與他揮手作別，我不知道除了道聲珍重，夫復何言！

西元二〇〇〇年十二月三十日

推薦人簡介：

何尚，土家族人，一九六二年生於貴州，解放軍藝術學院文學系畢業，著有詩集、長篇小說《再燒圓明園》等。

修訂版導言

願世界第八大奇蹟永存

岳南

一九九九年一月，拙著《復活的軍團——秦始皇陵兵馬俑發現之謎》由遠流出版公司出版發行，在臺灣掀起一陣兵馬俑旋風。十七個年頭過去，彈指一揮間。藉著此次出版修訂版，向大家大略介紹這些年來秦兵馬俑坑與秦始皇帝陵園發現、發掘的最新狀況。

十七年來，秦始皇帝陵兵馬俑坑與秦陵周邊地區文物的發現、發掘仍在斷斷續續地進行，兵馬俑、銅車馬、將軍俑、武士俑、石鎧甲俑、文官俑、百戲俑等俑群的名聲越來越大，各色遊客每天潮水一樣從四面八方湧向陝西臨潼驪山腳下的秦始皇兵馬俑博物館（簡稱秦俑博物館），爭先恐後一睹大秦帝國的孑遺，以及「秦王掃六合，虎視何雄哉」的曠世真顏。與讀者當年讀罷拙著《風雪定陵》，決定赴北京昌平十三陵定陵地下宮殿參觀遊覽一樣，有相當一部分臺灣遊客，正是讀了《復活的軍團》，於大震撼、大感動、大困惑中，匆匆打點行裝，千里迢迢到達驪山腳下秦始皇帝陵園這塊埋藏著帝國萬千隱祕的神奇之境，一睹「世界第八大奇蹟」的風采雄姿。

我因為職業與愛好的關係，幾乎每年都會到秦俑博物館一次，在走訪朋友的同時，也向考古工作者探尋有何新發現，以及在研究領域有何重大突破性進展等等。據我十幾年對秦陵、秦俑兩個發掘隊的瞭解，秦始皇兵馬俑考古隊雖在一、二號坑經歷了三次新的發掘，實際開拓面積並不大，當年那種幾百人揮舞鋤頭一起上陣的大兵團作戰方法，甚至一日開挖幾個探方，拋出幾百個兵馬俑，且進行「冷水澆、熱水燙」的野蠻魯莽時代一去不復返了。現在考古人員採取謹小慎微的態度，以保護地下文物為準則進行發掘。這樣的考古方法，費時費力，出土的器物雖然較少，但品質較高，比如出土了一批彩繪兵馬俑，這是過去發掘所沒有的。事實上，每件兵馬俑身上都塗有不同的鮮豔亮麗的彩繪，只是經過古代戰爭焚燒與千年土蝕水浸，有的已經褪色或變淡。但主要的原因是上世紀七、八十年代發掘時，沒有注意到這個問題且沒採取相對的措施，致使兵馬俑發掘之後成為一個個灰不溜丟的瓦爺或光身的土馬。近十幾年的三次新式發掘，因各方面都採取了相應措施，出土兵馬俑色彩基本上保持了俑坑被焚毀時的原貌，有少部分色彩鮮豔，幾近焚毀前剛入坑陪葬時的形狀，令人驚歎。

就出土文物的類型言之，近些年發掘的器物與以前的發現大同小異。唯在一號坑發現了一件皮質漆盾與一件弓弩，因保存較好，極富研究價值，屬考古方面的重大突破。

相對而言，在上世紀末與新世紀初，秦始皇帝陵園中的考古發現與發掘則格外引人矚目，成果也比秦俑一、二號坑的發掘重大得多。如石鎧甲坑的發現，那一片片明顯被大火焚燒過的石質鎧甲，特別是出土的一件件魚鱗鎧甲擺放開來，望之令人驚心動魄，大有漁陽鼙鼓動地來之感。而在陵園一側發現的文官俑坑、百戲俑坑以及青銅仙鶴的陪葬坑，又令人眼花撩亂，歎為觀止。正如秦陵考古隊隊長段清波先生對我所言：「面對這些文物，才對司馬遷《史記》記載的『宮觀百官』四字描述豁然開朗，也對《漢書·劉向傳》中記載的秦始皇陵墓『水銀為江海，黃金為鳧雁』史實，有了新的體會和感悟。」由此可見，司馬遷、班固兩位史家祖宗未欺後人，秦始皇帝陵園出土的文物，正在對兩位先賢的記載一一驗證。這些新近出土的文物，從發現到發掘以及保護，在《復活的軍團》修訂版中都有詳細的描述，相信讀者能夠喜歡並在震撼中為之感動。另外，關於美國前總統柯林頓與現任總統歐巴馬夫人在秦俑博物館參觀，以及與「兵馬俑發現第一人」楊志發老漢中間發生的故事或曰鬧劇，也有所描述，讀者閱罷因受刺激不慎噴飯之餘，或有所思考和啟示。

以上是從讀者普遍感興趣的新發現、發掘來講述秦俑與秦陵考古進程的。令讀者不太感興趣卻不能迴避的是，秦始皇帝陵園特別是兵馬俑坑出土的萬千兵馬，面臨空氣污染和日蝕風化的危局。據國內外相關報導，度過滾滾歷史洪流的兵馬俑，卻抵不住二千多年後的空氣污染，現在出現嚴重侵蝕現象。這些在地下埋藏了二千多年的老古董開始地面生活後，出現「水土不服」症狀。由於暴露於空氣之中，兵馬俑一直面對氧化、水侵的威脅。有科學家把一張光潔白紙放到秦始皇兵馬俑博物館內。二十四小時後，布滿炭微粒，變得灰黑。正是這些污染物令兵馬俑失去光澤。有專家預言，照目前的速度發展下去，最終，兵馬俑的鼻子和髮型都有可能消失殆盡，雙臂也有可能從身體上脫落。而中國社會科學院一名曹姓研究員、環境專家則對此憂心忡忡地說：「如果現在還不採取措施加以保護，一百年後，秦始皇兵馬俑將會遭到嚴重腐蝕。屆時，兵馬俑坑看上去與煤坑沒有什麼兩樣，將沒有任何美學價值。」另有報導稱，秦兵馬俑中已有一千四百件染上真菌，這些兵馬俑禁受住了二千多年戰亂紛爭、地震災害，但是在出土後的四十年裡，卻受到展覽館內氣溫和濕度變化影響染上了真菌。二號坑在發掘之初，就曾經發生過泥土上生長出黴菌的事情，文物保護專家用了一個夏天進行人工噴藥，才將黴菌暫時消除……。

目前，秦俑博物館保護人員正在與中外專家合作，研究對兵馬俑坑以及其他文物的保護措施，有的災害已受到扼制，有的正在試行扼制中。面對大自然不斷製造的給現代人類帶來的巨大困境，除了考古保護專家的努力，我本人與讀者的感情當是一樣的，但願兵馬俑的鼻子、雙臂不會因空氣的污染而脫落，成為少鼻缺臂的秦代將軍或武士。而雄偉恢宏的兵馬俑坑軍陣，也避免在嚴重腐蝕中變成煤坑或東倒西歪、張口叫喊呼救的黑色萬人坑。但願「世界第八大奇蹟」在東方這塊古老神奇的大地上，歷千萬祀，與天壤而同久，共三光而永光。阿門！

目錄

第一章

穿越世紀的曙光

天氣久旱無雨，西楊村農民在驪山腳下揮钁打井，偏偏滴水不見，只有殘破的「瓦爺」從土層中冒出。「瓦爺」身陷絕境仍無言，中新社記者識破英雄真面目。一紙內參引起「文革旗手」江青的重視和惱怒。李先念的批示，使埋藏了兩千餘年的地下軍團再現人間。

走出混沌

一九七四年初春，嚴重的旱情威脅著中國西部八百里秦川❶。返青的麥苗在乾渴的折磨下趴伏在塵沙飛揚的大地上，有氣無力地祈求著上天的恩賜。

水，在這片堅硬廣袤的黃土地上，一切生命都需要水的滋潤。

忠誠的祈禱並沒有感動上帝。日復一日，不曾有一滴水珠從天上灑下。此時，坐落在驪山❷腳下的西楊村也不例外，或許，因村內大部分土地正處於驪山北麓大水溝口的山前洪積扇上，沙質土壤蓄水性極差，農作物的成長多半靠天，才越發加重了村民們對水的關注與對麥苗的厚愛。生活在這片土地上的每一個成年人都深深懂得，當田園的麥苗枯萎之時，也是他們自身的生存受到脅迫之日。

一切的故事都從這裡開始——

夕陽餘暉籠罩著村南的柿樹園，折射出令人心焦的光波。奔走了一下午的西楊村生產隊隊長楊培彥和副隊長楊文學，站在柿園一角的西崖畔上，兩人眼望著這片只長樹木、不長莊稼的荒灘，再三猶豫，躊躇不定。

太陽從西方落下，小鳥跳動著在樹林中急匆匆地尋找棲身之處。楊培彥吐了一口煙霧，將紙捲的煙蒂扔到地上，又狠狠地踩了一腳，終於下定決心，揮起笨重的钁頭在腳下石灘上畫了一個不規則的圓圈：「就在這裡吧！」

楊文學望望驪山兩個山峰中間那個斷裂的峪口，正和身前的圓圈在一條直線上，心想水往低處流，此處既然跟山峰間的溝壑相對應，地下水肯定不會少。於是他點了點頭說：「也好，但願土地爺幫忙吧。」

此時的他們，誰也沒有想到，這個不規則的圓圈意味著什麼。

翌日晨，以西楊村楊全義為首的楊新滿、楊志發等六個青壯年，揮動大钁在楊培彥畫的圓圈裡挖掘起來。

他們要在此處挖一眼大口徑的井，以解決燃眉之急。儘管地面布滿了沙石，鐝到之處火星四冒，但在乾旱中急紅了眼的農民，還是以銳不可當之勢穿越了砂石層。將近中午，工程進度明顯加快。

當挖到一米多深時，出乎意料地發現了一層紅土。這層紅土異常堅硬，一鐝下去只聽到「咚」的碰撞聲，火星濺出，卻無法穿透土層。

「是不是咱們挖到磚瓦窯上了？」井底的楊新滿放下鐝頭，擦把額頭上的汗水，不解地望著眾人。

「可能。聽老人們說，咱這一帶過去有不少燒磚瓦的土窯。」楊全義說著，遞過一把鎬頭，「來，用這玩藝兒挖挖看。」

井下又響起了「咚咚」的聲音，堅硬的紅土層在楊新滿和楊志發兩個壯漢的輪番攻擊下，終於被鑿穿了。這是一層大約三十釐米厚的黏合狀紅土，很像燒窯的蓋頂，此時大家並未深究，只憑著自己有限的所見所聞，真的認為是一個窯頂（實則是兵馬俑坑封土的夯土層）。正因為有了這樣一個概念，在以

秦俑坑發現時地貌

後的挖掘中面對出現的陶片，都被他們和磚瓦窯聯繫在一起，也就不再奇怪了。

越過了紅土層，工程進展迅速。不到一個星期，這口直徑為四米的大井就已深入地下近四米。此時，沒有人意識到，他們手中的鐝頭離那個後來震驚世界的龐大軍陣，只有一步之遙了。

歷史記下了這個日子——一九七四年三月二十九日。

當楊志發的鐝頭再掄下去又揚起來的瞬間，秦始皇陵兵馬俑❸軍陣的第一塊陶片出土了。奇蹟的第一線曙光劃破黑暗露出地面。

遺憾的是，這塊陶片的面世並沒有引起楊志發的重視，他所渴求的是水，在他的心目中，水遠比陶片重要。於是，楊志發和同伴的鐝頭便接二連三地向這個地下軍陣劈去。

一塊塊頭顱、一截截殘肢、一根根斷腿相繼露出，這奇特的現象終於引起了大家的注意。

「這個磚瓦窯還有這麼多爛東西？」一個青年將一截陶質殘肢撿起來又狠狠地摔在地上，沮喪地小聲嘀咕了一句。

「磚瓦窯嘛，還能沒有點破爛貨？快挖吧，只要找到水就行。」楊全義在解釋中做著動員。那青年歎了一聲，又掄鐝劈向軍陣。

幾分鐘後，在井筒西壁的楊志發突然停住手中的鐝頭，大聲喊道：「啊，我挖到了一個瓦罐。」

聽到喊聲，正在運土的楊彥信湊上前來，見確有一個圓口形的陶器埋在土中，便好心地勸說：「你慢慢地挖。要是還沒壞，就拿回家到秋後焐柿子，聽老人們說，這種瓦罐焐出來的柿子甜著呢！」

一旦人的具體目的改變，行為也隨之轉換。在能夠得到和利用的欲望驅使下，楊志發不再盲目地大刀闊斧劈下去，而是鐝、手並用，連刨帶扒，輕輕地在這個瓦罐四周動作。土一層層揭去，楊志發心中的疑竇也一點點增加，當這件陶器完全暴露在眼前時，他才發現自己上當了。

眼前的東西根本不是要找的可以用來焐柿子的瓦罐，而是一個人樣的陶製身子（實則是一個無頭空心陶俑），他晦氣地搖搖頭，然後帶著一絲失望和惱怒，用足了勁兒將這塊陶俑身子掀入身旁的吊筐，示意上面的人拉上去扔掉。

當這塊陶俑身子剛剛被拋入荒灘時，井下忽然又發出一聲惶恐的驚呼：「瓦爺！」眾人又一次隨聲圍過來，幾乎同時瞪大了眼睛，臉上的表情較之剛才有了明顯變化，肌肉在緊張中急驟收縮起來。

擺在面前的是一個陶製人頭，形象極為恐怖。只見這個人頭頂上長角，二目圓睜，緊閉的嘴唇上方鋪排著兩撮翹捲的八字鬚，面目猙獰可怕。有一大膽青年用钁頭在其額頭上輕敲，便聽到「咚咚」的響聲。

「是個瓦爺（當地農民對陶質神像的俗稱）。」有人做了肯定的判斷，緊張的空氣稍有緩解。

「我看咱們挖的不是磚瓦窯，是個神廟攤子，磚瓦窯咋會有瓦爺的神像？」有人推翻了以前的判斷，同時又提出了新的見解。這個見解得到了多數人的認可。

「甭管是磚瓦窯還是神廟攤子，找到水才是正事，快挖吧！」組長楊全義又理性地把大家的注意力拉回到現實生活中來。滿身泥土的農民們又開始揮钁揚鍬挖掘起來，沒有人再去為剛才的「瓦爺」發表不同的見解並為此大驚小怪了，擺在面前的確如楊全

挖出的陶俑殘作

義所說，找到水才是最為要緊的大事。

隨著钁頭的劈鑿、鐵鍁的揮舞，一個個陶製俑頭、一截截殘腿斷臂、一堆堆俑片，被裝進吊筐拉上地面，拋入荒灘野地。

出土的陶俑終於引起了一群兒童的興趣，他們紛紛奔向荒灘撿拾俑頭，先是好奇地玩弄，接下來便將俑頭立於荒灘作為假設的壞蛋，在遠處用石頭猛烈轟擊。有聰明的孩子則採取「古為今用」的方法，將俑身和俑頭一起搬到自家的菜園中，在俑的手裡塞上一根長杆，杆頭上拴塊紅布，然後再找來破草帽，將陶俑打扮成一個活脫脫的看園老翁，立在院中，日夜守護菜園，使麻雀不敢放肆地前來啃啄返青的菜苗。

在所有拿走俑頭的人們中，只有一個七十多歲的老嫗與眾不同。她把俑頭的塵埃用水沖洗乾淨後，在自己那兩間低矮灰黑的土屋裡擺上案桌，將俑頭小心地放在上面，點燃香火，虔誠地大加叩拜。此後，她家中整日香煙繚繞、咒語不斷，老嫗的精神日漸爽朗，和兒媳的吵罵、打鬥明顯減少。

正當人們對陶俑大加戲弄、損毀丟棄或頂禮膜拜之時，村前的井下又發現了更加奇特的情形。在離地面約五米深處，大家發現了青磚❹鋪成的平面台基，同時，還有三個殘缺的弩機❺和無數綠色的青銅箭頭。

這是地下軍陣向兩千年後的人類發出的最後一絲信號，兵器的出土意味著對磚瓦窯和神廟兩種推想的徹底否定。隨之而來的應是一種更切合歷史真實的構想誕生。可惜，這裡沒有人去理會最後的訊息，更沒有人再圍繞這稍縱即逝的訊息去思考些什麼。讓眾人欣喜和激動的是，儘管沒有找到地下水，但卻找到了碩大的青磚和銅器。

早在二十世紀二〇年代，驪山腳下的秦始皇陵周圍，不斷有秦磚在農民的耕作中出土。這些刻有精巧圖案的秦磚，引起了官僚、軍閥以及小姐、太太們的興趣，從而興起一陣搶購秦磚之風。時任陝西省省長的宋哲元❻，就曾用一塊秦磚一斗麥的高價，收購了一汽車秦磚拉往省城自己的宅第收藏倒賣。一開始，當地農民並不知道秦磚漢瓦的文物價值，見搶購之風興盛，便好奇地四處打聽和猜測，最後所得的結論是：用秦磚做枕頭，可以避禍免災，延年益壽。出於這樣一種單純的動機，農民們開始捲入四處尋掘秦磚的風潮中。

對於今天正在打井的農民來說，磚層的出現自然是個喜訊。儘管一時還不能辨別是不是秦磚，但畢竟是古代的東西，多數人認為先拿回家當成枕頭睡它幾個晚上，再做好壞真假的結論，則是最明智的辦法。於是，井下的秦磚很快被哄搶一空，走入各家的炕頭、被窩。

正當大家在井裡井外大肆哄搶秦磚之時，有一位青年卻棋高一著，他默默地伏在井下，從泥土中撿拾看上去並不顯眼的青銅箭頭，待撿拾完畢，脫下身上的破褂子一包，然後直奔附近三里村的廢銅爛鐵收購站，以十四．四元的價格，將幾公斤青銅箭頭售出。當這位青年摸著已經明顯鼓起來的上衣口袋，叼著香煙，一步三搖，滿面春風地返回時，村人才驀然醒悟：「還是這傢伙有心計。」悔恨之中蜂擁於井底，卻已經晚了。

整個西楊村圍繞著「瓦爺」的出現事件，在沸沸揚揚熱鬧了一陣子之後，終又歸於靜寂。大家像什麼事也不曾發生過一樣，重新掄起手中的钁頭，在井下向大地母親的肌體劈去。

那支龐大的地下軍隊，不惜以個體毀滅的代價向光明的世界投遞出一絲訊息，卻未能得到破譯和救援的回聲。人類的目光，在穿越軍陣之後又匆匆掠過，雙方都未能抓住這個千載難逢的契機。縱然地下擁有千軍萬馬，但它們已無法再向世人發出一絲哪怕是微弱的呼喚了。

絕望中誕生

歷史應該記住他的名字——臨潼縣晏寨公社水管員房樹民。

他的工作職責是管理、調配晏寨公社的水利建設和水源利用，西楊村打井的情況如何，自然與他的工作職責發生聯繫。事實上，當這口井開工的第三天，他就察看過地形和工程進展的情況，並對在此處取水充滿了信心。當聽說井已深入地下五米多，仍不見點滴水星時，他便揣著諸多疑問來到西楊村看個究竟。

「這口井為啥還不出水，是不是打到死線上去了？」房樹民找到生產隊隊長楊培彥詢問。

「不像是死線。可不知為啥，打出了好多瓦爺。」楊培彥回答。

「瓦爺？什麼瓦爺？」房樹民驚奇地瞪大了眼睛。

「像真人差不多，還有好多青銅箭頭、磚坯子。」楊培彥吸著紙煙，像敘述一段久遠的往事，詳細地介紹了打井過程中發生的一切。

房樹民來到了井邊。

他先在四周轉了一圈，撿些陶片在手裡端詳敲打一陣後，下到井底。井壁粗糙不平，一塊塊陶片、碎磚嵌在泥土裡，只露出很小的部位。他用手摳出半塊磚，來到組長楊全義的跟前：「這井不能再挖下去了。」

「為啥？」楊全義吃了一驚。

「你看，這磚不是和秦始皇陵園內出土的秦磚一樣嗎？」原來，臨潼縣文化館此前收集了不少從秦始皇陵園出土的秦磚，房樹民與縣文化館文物幹部丁耀祖是好朋友，平日常去館裡找他，時間長了，也就從他那裡學到了一些文物知識。

「可要這些東西也沒啥大用處。」楊全義仍然不解其意地說。

房樹民爬出井口，找到生產隊隊長楊培彥：「我看這像古代的一處遺址。先讓社員們停工一天，我打電話讓縣上來人看看再說吧。」

在快吃午飯的時候，房樹民趕回了鄉政府，讓文書李淑芳給文化館打電話，但總是沒人接。無奈之中，房

楊培彥講述當年打井經過和上報臨潼縣的往事

樹民只好騎上自行車親自去五公里外的縣文化館，可巧在半路上碰到回家的管文藝的丁耀祖。聽了房樹民說的情況，丁耀祖立即掉頭返回文化館，向副館長王進成作了彙報，王覺得此事有點意思，便又叫上管文物的幹部趙康民，一起去西楊村，而房樹民在見到丁耀祖後即返回西楊村召集幹部去打井工地等候。

他們四人會合後，在工地上仔細察看了一遍，然後又在楊培彥的帶領下到堆放井土處觀看。看到幾個比較完整的無頭陶俑橫躺在地下時，三人十分震驚。一九六四年四月，文化館在秦始皇陵塚附近社員家裡徵集到一件秦代跽坐陶俑，才六十五釐米高，就引起了各方面的關注，這次突然出現了跟真人一樣高大的陶俑，當然令人震驚。不過猛一下子還難以斷定是不是兩千一百多年前的秦代文物，因為如果是秦始皇陵塚周圍出土則很可能是秦代的，可是這裡離陵塚有一、二公里之遙，秦代陶俑放到這麼遠的地方似乎不大可能。

他們沒有為此多傷腦筋，目前最急需的是把這些文物收攏起來，以後再慢慢研究。

「這可能是極有價值的國寶，井不要再打了，趕緊把這些東西收攏起來，送往縣文化館收藏好……」副館長王進成對楊培彥叮囑了一番，即刻返回臨潼。

第二天趙康民又來到西楊村，組織社員收撿散失的陶俑、陶片，同時又趕到三里村廢品收購站，把收購的青銅箭頭、弩機作價收回。為了盡可能地挽回損失，趙康民又帶領社員用借來的鐵篩子，把可能帶有文物的井土全部過篩，許多殘磚、陶片，包括陶俑的手指、耳朵等都被篩了出來。

在趙康民的指導下，社員們把這些完整的和不完整的、大大小小的文物裝了滿滿三架子車，拉到幾公里外的縣文化館，趙康民當場給了三十元人民幣以示獎勵。拿到錢後的社員們十分驚訝：「這三車破磚爛瓦給這麼多的錢！」回到村後，這些社員把三十元錢如數交到生產隊，隊裡給每人記了五分工（半個勞動日），此時的五分工可值一角三分錢，大家都感到十分滿意。

趙康民把社員送來的文物做了初步整理，覺得有必要再親自做些考察發掘，於是便在五月初又到打井處召來一幫社員發掘了二十多天，直到社員準備夏收時才停止。這次發掘，在井的周圍掘開了南北長十五米、東西寬八米的大坑，發現了更多的陶俑。此後，趙康民每天躲在文物修復室，對這些沒頭和缺胳臂少腿的陶俑及一大批殘片做了清洗，細心地進行拼對、黏接、修補，沒過多久，就修復出兩件比較完好的武士俑。

如果說水管員房樹民的一番努力，使這支地下大軍看到了一絲面世的亮光，那麼，這點亮光仍然只是黑夜裡的螢火，一閃即逝了。

臨潼縣文化館把此事跟一位縣委副書記說過之後，沒有將這個重大的考古發現繼續上報，只是讓文管幹部趙康民在館內的一角神不知鬼不覺地對陶俑進行修復。這種令人費解的心態和處置方法，使這支地下大軍再一次陷入絕望。

當然，文化館領導及趙康民也有自己的苦衷。那還是在一九六四年，正是全國上下大搞「四清」運動❼的時候，年輕氣盛的趙康民竟因為把渭河北岸出土的南北朝時代的幾個石雕像用車拉到縣文化館收藏，結果被當作搞「封資修」的典型，在全縣通報。

歷史上常有許多東西屬於未來。眼下，「批林批孔」❽正熱火朝天。鑑於歷史的教訓，在報與不報的兩難之間，他們選擇了後者。不過，後來有知情者透露，文化館上上下下也有不願別人插手的考慮和默契。

正當趙康民躲在僻靜的文物修復室，潛心修復陶俑時，這年五月底，由於一位不速之客的偶然「闖入」，使這支地下大軍又絕處逢生，大踏步走向當今人類的懷抱。這位不速之客就是新華社記者藺安穩。

藺安穩是臨潼縣北田鄉西渭陽村人，一九六〇年高中畢業後考入西北政法學院新聞系，一九六四年畢業後分配到北京新華總社工作。他這次回臨潼，是作為公休假，探望仍在臨潼縣文化館工作的妻子以及家人。就在這次探親中，他從妻子口中得知文化館收藏了農民打井挖出的陶俑。有一天，他徑自走到文物陳列室後面一個暗淡的房間去看個究竟，只見幾個高大魁梧的陶俑身著鎧甲，手臂作執兵器狀，威風凜凜，氣勢逼人。他在身心受到強烈震撼的同時，當即斷言：「這是兩千年前秦代的士兵形象，為國家稀世珍寶。」

許多年後，藺安穩在辦公室充滿激情地向作者敘述當年的故事。

自小喝渭河水長大的藺安穩，太熟悉自己的故鄉了。周幽王戲諸侯的烽火臺、楊玉環洗凝脂的貴妃池、項羽火燒阿房宮、劉邦智鬥鴻門宴……無數流傳民間的故事伴他度過了天真活潑的少兒時代。當他還是一名中學生時，便按照父輩講述的故事，四處尋覓遺跡，秦始皇陵那高大的土塚由此成為他嬉戲的樂園。他曾無數次從陵塚的封土上滾下，又無數次攀上去，這裡留下了他童年的足跡和青春的夢。

一九六四年，二十三歲的藺安穩結束了西北政法學院新聞系的四年大學生活，邁進新華社國際部的門檻，開始了記者生涯。

由於他「根正苗紅」的家庭出身和積極向上的工作熱情，組織上於一九六五年送他到北京第二外國語學院進修英語，準備學成後派往國外任駐外記者。但是不久「文化大革命」爆發，血氣方剛的藺安穩當時既倔強任性又得理不讓人，他寫了一張〈和陳伯達、戚本禹商榷〉的大字報張貼出來，以駁斥陳、戚兩人的觀點。就是這張大字報，使他罹獲「炮打中央文革」的罪狀，很快被隔離審查。由於當時的形勢越來越亂，原來審查他的人也受到了審查批判，混亂之中一時無人管他，這樣使藺安穩有了許多閒置時間，對歷史很感興趣的他就捧起《史記》、《資治通鑑》等史書，津津有味地研讀起來，對其中有關家鄉的秦始皇陵修建情況及秦始皇的生平事蹟更是格外注意，並熟記於心。正因為有了這樣的功底，他才能對面前的陶俑作出大膽的判斷。

此後，藺安穩多次找趙康民瞭解發現經過，交流對陶俑的看法，又到西楊村打井工地進行實地踏勘，找打井幹部、社員交談。通過一次次的座談和調查得知，當地農民過去由於打井、平整土地等生產活動，陶俑曾幾次露頭出土。有位七十多歲的老人說，在他十歲時，他父親也曾在這一帶打井，本來已挖出了水，但不幾天水就沒有了。後來再向下打，發現地下有些空隙（秦俑坑是半地下建築，被焚塌陷，俑被壓壞，其間有些空隙），水就流走了。當時他父親在井底四壁發現過像人的殘損「怪物」，認為是這些「怪物」在作怪，才打不出水，就把它們提上來，放在太陽底下曝曬，結果還不見井裡出水，一氣之下，就把它們吊起來，用棍子打個粉身碎骨……

六月二十四日，藺安穩懷著興奮、激動和忐忑不安的心情，匆匆乘火車回到北京。當天晚上他來到東單人民日報宿舍，找到大學時最要好的同班同學王永安，原原本本地向他講述了這次返鄉的奇遇。

王永安於一九六四年畢業後分配到人民日報社評論部工作，由於工作關係，他對當時正在中國大地上蔓延升騰、轟轟烈烈的「批儒評法」，宣揚秦始皇法家路線的政治新動向十分關注。藺安穩動身回鄉前，到這位同學家告別，王永安當即寫了一首〈西行〉的古體詩送別：「當年孔丘不到秦，礙是法家劍光陰。君今西行臨潼去，縱橫剖析始皇墳。論昔終極為頌今，映紅驪山新女神。憑那朔風陣陣起，莫鎖華清水一盆。」從詩中可以看出，王永安想讓藺安穩對秦代政治中心的家鄉的有關情況多加留意，抓點時髦的題材，以為當前的政治服務。

想不到藺安穩真是不負所望，居然弄出了一件奇事。聽到秦始皇陵附近發現高大的武士俑，極富政治敏感的王永安立即意識到，這是研究秦始皇法家路線的重要實物資料，萬萬不能放過，如果寫出來，一定會引起中央上層人物的重視。

當王永安把這個想法說出來後，得到了藺安穩的贊同，但圍繞如何寫稿的問題，王永安考慮了一陣又說道：「這麼重大的考古發現，沒有經過省、中央文物考古部門的認定，一下子見報恐有困難，不如先發內參（內部參考，組織內部不公開發行的機密文件），如能引起中央領導的重視，到時再說下一步。不過以你現在的處境，在新華社發內參怕難實現，我想些辦法在《人民日報》的內參《情況彙編》上發，署名也最好不用新華社記者，可用『中國新聞社記者』的名義發表。」藺安穩❾對王永安的意見表示贊成，第二天一下班就關在宿舍裡開始寫作，次日上班就把稿子通過文件交換途徑，當天就到達了王永安的手中。

王永安看後頗為滿意，認為此稿把情況問題基本上清楚地敘述出來。不過他考慮到當時「批儒評法」的報導壓倒一切，任何重要的

情况汇编

第二三九六期

人民日报编印　一九七四年六月二十七日

秦始皇陵出土一批秦代武士陶俑

陕西省临潼县骊山脚下的秦始皇陵附近，出土了一批武士陶俑。陶俑体高一米六八，身穿军服，手执武器，是按照秦代士兵的真实形象塑造的。这批武士陶俑的发现，对于评价秦始皇，研究儒法斗争和秦代的政治、经济、军事，都有极大的价值。

秦始皇陵周围以前曾出土过陶俑，但都是一些体积不大的跪俑，像这种同真人一样的立俑，还是第一次发现。特别珍贵的地方，在于这是一批武士。秦始皇用武力统一了中国，而秦代士兵的形象，史书上未有记载。这批武士陶俑是今年三四月间，当地公社社员打井时无意中发现的。从出土情况推测的当时陶俑上面盖有房屋。后来，被项羽烧焚，房倒屋塌，埋藏了两千多年。这批文物由临潼县文化馆负责清理发掘，至今只清理了一部分，因为夏收，发掘工作中途停止了。临潼县某些领导同志出于本位主义考虑，不愿别人

—1—

只有高級領導人才能看到的「內參」複印件

公開、內部報導都得先送已控制國家輿論大權的姚文元審閱，並由他決定取捨。怎樣才能闖過姚文元這道關呢？最好的辦法就是將稿子與「批儒評法」掛上鉤，這樣才能引起姚文元的興趣和重視。於是王永安提筆在導語的末尾加上了這樣幾句話：「這批武士俑的發現，對於評價秦始皇，研究儒法鬥爭和秦代的政治、經濟、軍事，都有極大的價值。」隨後，王永安找到情況組編輯馬炳泉，把此內參的採寫經過及作者情況向馬做了介紹，指出該稿的意義在於為當前「批儒評法」提供重要資料。馬一聽，也認為此稿很重要，未作改動就排印出來，並很快派人送到姚文元的辦公處。

姚文元接到此稿，很是讚賞，當即批了「可發」二字，並在第二段把「秦始皇憑藉武力統一了中國」，改為「秦始皇用武力統一了中國」。之後立即將稿件退回報社。馬炳泉看罷，馬上送印刷廠發排，此稿於六月二十七日以《情況彙編》第二三九六期刊發，全文如下：

秦始皇陵出土一批秦代武士陶俑

陝西臨潼縣驪山腳下的秦始皇陵附近，出土了一批武士陶俑。陶俑體高一米六八，身穿軍服，手執武器，是按照秦代士兵的真實形象塑造的。這批武士陶俑的發現，對於評價秦始皇、研究儒法鬥爭和秦代的政治、經濟、軍事，都有極大的價值。

秦始皇陵周圍以前曾出土過陶俑，但都是一些體積不大的跪俑，像這種同真人一樣的立俑，還是第一次發現。特別珍貴的地方，在於這是一批武士。秦始皇用武力統一了中國，而秦代士兵的形象，史書上未有記載。這批武士陶俑是今年三、四月間，當地公社社員打井時無意中發現的。從出土情況推測，當時陶俑上面蓋有房屋。後來，被項羽焚燒，房倒屋塌，埋藏了兩千多年。這批文物由臨潼縣文化館負責清理發掘，至今只清理了一部分，因為夏收，發掘工作中途停止了。臨潼縣某些領導同志出於本位主義考慮，不願別人插手，因此一直保守祕密，沒有向上級報告。

秦始皇陵是全國重點文物保護單位。可是，並沒有得到妥善保護。生產隊隨意在陵園掘土挖坑，開荒種地。出土文物中的金屬製品，有的竟被當作廢銅爛鐵銷毀掉，一些石製、陶製物品則被丟來拋去。臨潼縣文化館館長李耀亭同志說，關於秦始皇陵的破壞情況，曾專門向陝西省有關部門打過報告，並建議成立秦始皇陵保管所，展出當地出土的秦代文物，對廣大群眾進行階級鬥爭和歷史唯物主義教育。但是，報告上送以後，如石沉大海，沒有回音。

中國新聞社記者藺安穩

內參刊出後，王永安和藺安穩既沒有「永安」，也沒有「安穩」的感覺，相反的是各自懷揣忐忑不安的心，密切關注著這篇文章的動向。他們心中都很清楚，這一紙文章的命運，就是中國西部驪山腳下埋沒了兩千多年的那一大批武士陶俑的命運。出乎意料的是，關於秦俑發現情況的第一篇文字報導刊發後，立即引起了江青的注意。

一九七四年的中國，政治風雲奔湧激蕩，以周恩來為代表的和以江青為首的兩股政治力量再次展開激烈較量，新一輪的權力搏殺已到了生死攸關、難分難解的最後關頭。這一年的一月，首都幾大報刊連篇累牘的社論掀起了「批林批孔」、「批儒評法」的新高潮。而這個時候的林彪與孔老二一樣早已不在人間生存，任何受過教育的中國人，只要懂得一點旁敲側擊的藝術都能看出，這場運動打擊的目標就是中央的某位領導人。當「批林批孔」的口號又加上「批周公」的時候，即使是最遲鈍的黨員、幹部也都明白矛頭所指的是國務院總理周恩來。

一九七四年六月一日，已是癌症晚期的周恩來——這位被「四人幫」看作是活著的儒家代表人物，終於心力交瘁，不得不離開他居住了長達二十六年之久的中南海西花廳，住進解放軍三〇五醫院接受治療。

當周恩來病倒之時，毛澤東主席正在他的故鄉長沙休養，這在客觀上為江青等人進一步控制中央的權力帶來了契機。在「批林批孔」、「批儒評法」的政治運動中，秦始皇被「四人幫」吹捧成法家人物的代表，是革命派，是朝氣蓬勃的，是真老虎，而儒家的代表人物孔子以及他的「孝子賢孫」，則被批判為是腐朽的、沒落的反革命小丑。就在江青等人絞盡腦汁四處搜集所謂法家的言論和實物，以便為其政治目的服務之時，秦始皇陵出土武士陶俑的內參被江青看到了。

在驚喜之餘，這個已是大權在握、趾高氣揚的女人，又為內參所言「臨潼縣某些領導同志出於本位主義考慮，不願別人插手，因此一直保守祕密，沒有向上級報告」這件事很感惱火，她立即打電話給姚文元，讓姚轉告有關方面的負責人，對臨潼某些領導的做法要嚴加追查，並杜絕這類事情再度發生。同時，要求有關部門儘快將事情真相調查清楚，報中央和國務院。姚文元受領指令後不敢怠慢，立即向國務院分管這項工作的副總理李先念轉達了江青對此事的態度。六月三十日，李先念將藺安穩寫的內參批轉給分管文物工作的國務院副祕書長吳慶彤和國家文物局局長王冶秋。其原文如下：

慶彤同志並冶秋同志：

江青同志很關心這件事。建議請文物局與陝西省委一商，迅速採取措施，妥善保護好這一重點文物。

先念

一九七四年六月三十日

隨著「內參」與「批示」的相繼面世，八千兵馬俑將從中國西部一躍而起，全世界都屏息注視這一人類文明的奇蹟。

蒙在鼓裡的國家文物局

一九七四年七月五日，藺安穩的文章與李先念的批示，一同擺到了國家文物局局長王冶秋的辦公桌上。王冶秋看到批示，心中一沉，是不是陝西又出現了打砸搶燒文物或文化遺址的事情？此時「批林批孔」正在全國進行，許多文物和文化遺址已被砸爛燒毀。當然最倒楣的還是孔老夫子故址的那三大文化景觀——孔府、孔廟、孔林。幸虧周恩來總理出面阻止，方算挽住狂瀾。這類屢見不鮮的事情儘管讓文物局焦慮不安，但又無可奈何。「批示」的到來除了令這位主管全國文物的最高領導人又蒙上一層陰影外，似乎並無太大的驚異。

當他看到文章的標題時，大為驚駭並不由自主地站了起來，一股難以名狀的喜悅與興奮劃過腦際，在這種社會背景下尚有珍貴文物出土，的確令人激動不已。可惜這種心情只是在腦海裡一閃而過，隨之而出現的是一個大大的問號，我怎麼不知道此事？

當他以最快的速度閱完文章的全部內容後，一種失職與蒙辱的感覺油然而生。國務院白紙黑字的批文已到眼前，可堂堂的文物局局長對此卻全然不知，實在是不可思議。他抓起電話，讓文物管理處處長立即趕到自己辦公室，也許是文管處沒有彙報才造成自己的被動，他想。

當文管處處長陳滋德趕來時，對文章所報導的一切仍然一無所知。國家文物局被蒙在鼓裡了。

王冶秋拿起電話接通了陝西省文物管理委員會，希望儘快瞭解事情的具體情況。可令他失望的是，陝西方面做了「我們也一點不瞭解」的回答。

陝西省文管會同樣被蒙在了鼓裡。

為爭取主動，儘快瞭解詳情，七月六日，國家文物局文管處處長陳滋德，攜帶李先念副總理的批示，乘飛機抵達西安，向陝西省委主管領導人和文化局傳達了內參內容與批示。第二天，在陝西省文管會負責人杭德洲等幾名幹部的陪同下，火速趕到臨潼縣文化館。

「這麼大的事，你們為什麼不上報？」省文管會負責人顯然不是以表揚的神態質問文化館館長王進成和文物幹部趙康民，這一詢問的目的在於當面證實自己的確對此不知，也給北京來的陳滋德一個心理上的平衡。

「有說是神廟，有說是磚瓦窯，到底屬於什麼性質說不準，我想弄個明白後再彙報。」趙康民極為尷尬地做著解釋，內心的苦衷自然沒法說出。

事已至此，其他人也就不好再說些什麼，當大家來到展廳，看到已修復的高大陶俑時，一切的沉悶與不快都煙消雲散了，每一雙眼睛都射出驚訝和激動的亮光。一個個彪悍健壯、栩栩如生、頂鎧戴甲的武士，巋然不動地站立在面前，透出一股咄咄逼人的陽剛之氣。

「太偉大了。」陳滋德讚歎著，按捺不住心中的激動，轉身對眾人說：「快，快去現場看看。」

修復後的兵馬俑

他們來到了西楊村外的井邊。

由於此前臨潼縣文化館已組織社員在井的四周掘開了一個南北長十五米、東西寬八米的大坑，坑下更多的陶俑已顯露出來，在客觀上增加了可視效果。

大家以欣喜的心情查看了俑坑所在的位置和陶俑的形狀，對俑坑的性質做了大體的估計：既不是磚瓦窯，也不是神廟遺址，根據俑頭可以自然拿下和空腹來看，它和前些年在秦始皇陵園內出土的跪坐俑基本相同。從這一點可以肯定陶俑的時代不是漢唐而是秦代，可能是項羽盜秦始皇陵時放火焚燒的一個秦代遺址。

既然人類已經接到了這支地下大軍的訊息，就再也不能放過這個歷史性的契機，陳滋德與陝西省委領導人商定，儘快組織一支考古隊，徹底弄清這一重大發現的內涵。之後，陳滋德速返北京，向王冶秋彙報了他赴陝西的工作情況。此時，江青為臨潼方面沒有及時上報而大為光火之事，已通過姚文元的祕書轉達給了王冶秋，並讓文物局寫出具體調

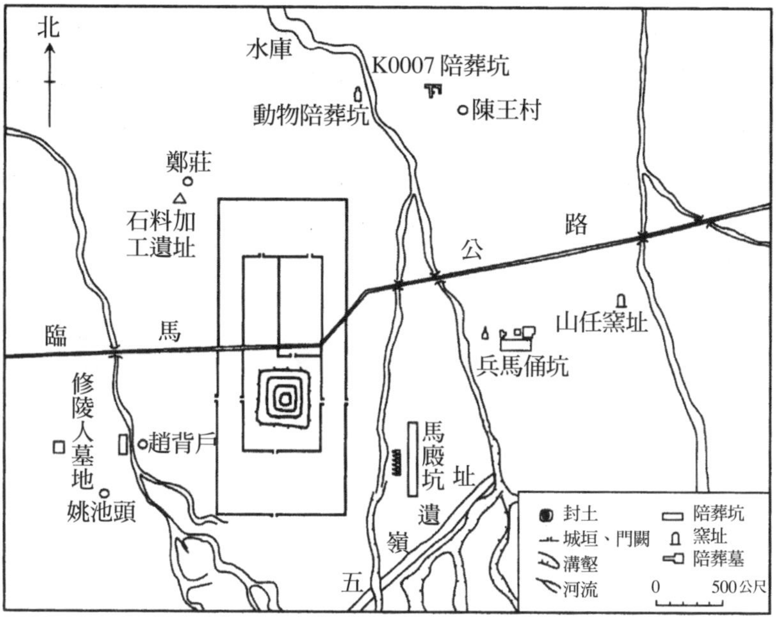

秦俑坑所在位置示意圖

查報告迅速上報中央。在這種情況下，王冶秋主持了報告的寫作，除實事求是地說明了陝西方面發現武士俑的經過外，鑑於江青炙手可熱的權勢和咄咄逼人的氣焰，報告在最後一段寫道：「這次中央負責同志的批示，對文物工作是一個很大的促進。最近我們除遵照江青同志關於不能把出土文物據為己有的指示精神，代國務院草擬了文件外，今後還準備在工作中經常注意表揚保護文物的好人好事，批評本位主義以及把出土文物據為己有的傾向，把文物工作進一步加強起來。」當這份報告上報之後，王冶秋才鬆了一口氣。

經過國務院和國家文物局批准，陝西省委組成了秦始皇陵秦俑坑發掘領導小組。領導小組成員為：

陝西省文物局局長于哲吉
陝西省博物館革委會主任廷文舟
陝西省文管會負責人杭德洲
臨潼縣縣委宣傳部部長張志超
臨潼縣晏寨公社黨委書記傅永仁
西楊村生產隊隊長楊培彥

同時，陝西省委決定由省博物館、省文管會、臨潼縣文化館三家抽調專業人員，成立秦始皇陵秦俑坑考古發掘隊，對遺址進行發掘。首批隊員共五人，其年齡和知識結構狀況為：

杭德洲，四十五歲，北京大學考古訓練班❿結業。
袁仲一，四十一歲，華東師大古代史碩士研究生畢業。

屈鴻鈞，五十歲，北京大學考古訓練班結業。
崔漢林，三十七歲，西北大學考古專業畢業。
趙康民，四十歲，高中。

從以上的人員狀況可以看出，這是陝西方面所派出的最為精銳的考古分隊之一。就二十世紀七〇年代的中國而言，像這樣年富力強、受過專業訓練或具有實踐經驗的考古隊伍是少見的。

七月十五日下午，杭德洲、袁仲一等考古隊人員，攜帶幾張行軍床、蚊帳等生活及發掘用具，匆匆離開西安，乘一輛敞篷汽車來到西楊村，在生產隊隊長楊培彥的安排下，於村邊生產隊糧庫前的一棵大樹下安營紮寨。

當一切安排妥當，又匆匆吃了幾口自己攜帶的乾糧後，夜幕已降臨。四周看不到一點燈火，沉寂蒼涼的秦始皇陵被蒙上了一層陰森恐怖的面紗。高大的驪山在夜色中辨不分明，只有陣陣淒厲的狼嚎隱約傳來，使這塊土地顯得更加荒蠻和更具野性。

此時，煩悶的熱浪沒有隨著太陽的西墜而退卻，依舊在這片荒灘上穿來蕩去，似在尋找棲身的家園。考古人員躺在鋼絲摺疊床上久久不能入眠，先是為秦俑的發現激動地談論，再是為口渴想著招數。

附近村莊的農民已經歇息，顯然不好再去打擾，於是有人終於想起了村外不遠處的那片瓜田，這是他們乘車前來時發現的一個令人嚮往的地方。「是不是到瓜地裡弄幾個瓜來解渴？」有人提出建議，很快得到了大家的一致讚賞。

正當大家為由誰付諸行動相互推託時，幾乎同時聽到前面樹林裡發出刷拉刷拉的響聲。

「是不是狼來了？」有人最先作出判斷，大家停止了爭論，在驚悸中下意識地跳下床，抓起了石頭。

在此之前，生產隊隊長楊培彥早有忠告，這面前的荒山野林，晚上常有野狼出沒。不久前，有一個孩子夜間上廁所時被狼活活咬死了。

不一會兒，樹林裡的聲音消失了。

正當大家擦著汗水準備為弄瓜的事繼續討論時，樹林裡突然響起一聲令人毛骨悚然的哀號，每個人又本能地抓起了石頭。

哀號聲越發淒慘和令人驚恐。

「有人遇上狼了，快去。」又不知是誰的提示，這回大家不再猶豫和展開討論了，或抓緊石頭或折根粗壯的樹枝，向林中跑去，準備做一次驚心動魄的人獸大搏鬥。

當考古人員彎腰弓背，懷著極度的驚恐來到哀號者面前時，借著手電筒的光亮，看到了一幅出乎意料的畫面：三個十五、六歲的少年赤身裸體被綁在樹上，身邊站著的三條大漢手搖皮帶，猛力抽打那裸露的軀體，哀號聲不住地在曠野裡響起。

事情終於明白。三個裸體少年偷瓜不成反被看瓜人捉住，於是便被帶到樹林進行懲罰……這個場面令考古人員在大開眼界的同時又感到不可思議，這是他們和生活在這塊土地上的人第一次真正認識，也是生活在這裡的人群留給他們的第一個印象。當然，對於這些考古人員來說，不可思議的事情才剛剛開始，在後來的歲月中，將會有更加奇特的故事展現在他們面前。當一切都明白後，他們才真正懂得這就是真實的中國鄉村和真正的鄉村生活。

湮沒於歷史中的訊息

第二天，考古人員攜帶工具到農民打井處實地勘察。大家站在荒蕪的田野上，看到當地農民挖出的那個深

四．五米的方坑，從斷面農耕層以下布滿了紅燒土、灰燼、陶片和俑的頭、臂、腿。俑雖已殘破不堪，但多少可以看出它的大小。如此規格的陶俑，使考古人員大為驚異，儘管此前他們在陝西這片黃土高原上挖過不計其數的春秋、戰國、秦漢、隋唐等墓葬，卻從沒見過如此高大的陶俑，禁不住從內心驚歎道：「奇蹟，真是奇蹟！」

在一番感慨驚歎之後，考古人員按照發掘程序工作起來。首先是對地形地貌的調查，通過現場勘察知道，這裡位於驪山北麓、秦始皇陵園東門的北側，距陵園東垣外約一．五公里，地處驪山溪水和山洪暴發沖積扇的前沿。多年來，屢經山洪的沖刷和淤沙堆積，形成了一米多厚的砂石層，表面浮積了大大小小的鵝卵石，上面長滿了灌木叢和當地常見的柿樹、杏樹等。

當地理環境搞清之後，又進行了一系列的拍照、文字記錄、測量等對考古人員來說不可或缺的工作，然後開始普查。通過查找文獻，走訪當地群眾，發現歷代王朝編纂的史書上，沒有任何有關兵馬俑的記載，一切故事都來自於民間——

訊息之一：

明崇禎十七年（西元一六四四年），李自成在西安建國後，親率大軍東渡黃河，直撲北京。多爾袞帶領數十萬八旗子弟進駐山海關以東的茫茫雪原，虎視眈眈翹首西望。大明帝國已走到了它的盡頭，向歷史的死海沉去。

由於戰火連綿，驪山腳下難民雲集，西楊村頓時添了不少逃難的百姓。

依然是春旱無雨，村中僅有的一口井已無法滿足眾人的需求。於是，難民們便組織起來，到村南的荒灘上掘井取水。

一切都極為順利，僅三天時間，井下已冒出清澈的泉水。然而，一夜之間，井水又流失得不能倒桶提取，眾人見狀，無不稱奇。

有一青年後生找來繩子拴在腰上，下井查看。當井上的人們急著要得知緣由時，卻意外地聽到井下一聲恐怖的慘叫，隨後再無聲音傳出。大家急忙把青年拉將上來，只見他已口吐白沫，不省人事。大家在驚恐忙亂中將青年抬回村中，用薑湯灌醒，這青年嗓子眼嘰哩咕嚕地亂叫著用手比畫，但就是說不清是何緣故。

一大膽的漢子納悶之中頗不以為然，提刀重新下井，探看究竟。由於眼睛一時不能適應井底的灰暗陰森，大漢便以手摸壁，四處察看，發現井壁已被水泡塌了厚厚的一層。

正在這時，只聽身後嘩啦一聲響動，大漢打個寒戰，急轉身，見一塊井壁塌陷下來，隨之出現了一個黑乎乎的洞口。洞口處站著一個張牙舞爪的怪物，晃蕩著似在向他走來。

大漢本能地舉刀砍去，隨即向井上發出呼救。當他被拉出井口時，已面如土色，昏倒在地。

消息傳開，無人再敢下井探尋。西楊村一位老秀才遍查歷史典籍，終於找到了「不宜動土」的根據，謎一樣的水井也隨之填平。

老秀才為讓後人牢記「不宜動土」的緣由，特地用「筆記」形式記載了事件的詳情：

大明崇禎十七年三月初七，民於村外掘井，三日，乃水出。是夜，則水失而不得倒桶。眾人見狀，無不稱奇。一後生縋井而下，隨恐嚎而昏厥。薑湯灌之，後生乃不知井下何者也。另有壯士提刀復入其井，壁塌，見一怪物如真人，咄咄作噬人狀。士駭極，舉刀砍之。怪物乃不倒。村人聞呼將士提出，士乃久昏不醒。吾聞之，告不宜動土也，復平之。嗚呼，國之將亡，必有妖孽滋生，是以記之，以醒後世者也。

老秀才這「不宜動土」的理論，儘管沒有讓後人醒悟，並停止在這裡挖掘，但這份「筆記」便成了最早有關秦始皇陵兵馬俑訊息的紀錄。

訊息之二：

清宣統年間，驪山腳下的下和村一個叫和興道的老人猝然病逝，家人悲痛之餘忙給死者築塚送終。在一位風水先生的指點下，墳址選在了西楊村南的荒灘上，按風水先生所言：「此地背倚驪山，西靠秦陵，東傍少華秀峰，面臨渭河滔水，實為難得的風水寶地。葬入此處，保證家業興旺。」

和氏家族按風水先生指點的具體位置，悲喜交加地掘了下去。當墓地快要完工時，令人恐怖的事情發生了：一個看上去面部猙獰的陶俑頭露出地面。恐慌中，和氏請來族裡長者察看，經過一陣深思琢磨，長者慨然長歎曰：「這是不祥的徵兆，咱被風水先生暗算了，他想絕咱的後代啊！」

事情變得錯綜複雜起來，按當地風俗，人死後只能選一處墓址，墓位選定，一旦挖下第一鍬土，無論發生什麼意想不到的事情，都要把死者埋入此處，若再改址，家中必然還要有人死亡。

既然已無路可退，而這裡又明顯發出了「不祥」的信號，怎麼辦？悲憤、沮喪的和氏家族一致決定——唯風水先生是問！

拿了賞錢正在家悠然自得地喝酒的風水先生，被突然闖來的四個大漢搧了幾個耳光後，酒桌四腳朝天。沒等風水先生發話，四個大漢便把他挾持到墓地。這時整個殘破的陶俑已被在焦慮中變得瘋狂的和氏家族挖了出來。

風水先生一見這仰躺在地上的真人模樣的「怪物」，先是大吃一驚，隨著額頭沁出的汗珠，漸漸從迷糊中醒了過來。在他幾十年觀風看水的漫長生涯中，像這樣的事情從沒遇到過，真可謂世道滄桑，奇事百出，讓他大開了眼界。

面對這猙獰的「怪物」與和氏家族悲憤的烈焰，老先生驚恐之餘便充分顯示了他久經沙場、浪蕩江湖的才能和膽識。他先是把臉一沉，來到和氏家族長者的面前，大聲質問：「你們如此恩將仇報，是何意思？」

「你看，這是什麼？」長者抖動著花白的銀鬚，指著陶俑，「你讓先人同妖怪做伴，是不是想斷我子孫？」

風水先生狡黠地笑了笑：「原來如此，你來看，這是什麼？」他把長者的視線引向不遠處的荒灘野地。

荒灘上十幾座土丘隱約可辨，長者望著，大惑不解。「不知道吧。」風水先生變得溫和起來，「我來告訴你，那土堆下埋的全是作古的先人。這些先人的後世子孫也都一個個發了起來。」風水先生領著和氏家族眾人來到土丘旁，逐一指點：「這是三國時五官中郎將趙世濟的父親葬地；這是明嘉靖年間禮部尚書王戰勝的母親葬地；這是清康熙四年狀元郎楊茂的父親葬地，還有這幾座，全是歷代名人世家的先人葬地……」

風水先生清了下嗓子，對那位白髮長者說：「他們的後世憑什麼得以顯赫，成為人上之人？」

「憑什麼？」此時，和氏家族已被風水先生這番雲山霧罩、不著邊際的演講弄得暈頭轉向，不得不強按怒火反問道。

風水先生見和氏家族已被唬住，便大著膽子繼續施行他的騙術。

他來到陶俑前，用手一指：「就憑它，是它的功勞。」

和氏家族更是如墜霧中，接下來就只有聽憑風水先生那巧舌如簧的解釋了。

「先父臨死的時候，把我叫到他的跟前，悄悄地對我說：『孩子，我看了一輩子風水，對左鄰右舍瞭若指掌，可就是村東南角那塊荒灘捉摸不透。看上去那是平常的一塊地，怎麼在那裡入葬者的後世一個個都發了。我平生沒敢讓一人葬於此處，你也不要隨便讓人在此入葬，等有朝一日琢磨透了，再去施行吧。』說完，先父就閉上了眼睛。」風水先生講到這裡，像集市上說書賣藝的行家，故意留下懸念，以吊起眾人胃口。

「後來呢？」終於有人入了圈套。

「我記住了先父的遺訓，開始琢磨這個地方，但三十年沒能開竅。後來我來到皇姑廟燒香求教，終於得到了仙人的指點。原來這些入葬的先人墓旁都有這個寶貝，這就是古書上說的天神，是它的保佑才讓入葬者的後人顯赫起來。」

「真的？」和氏家族已完全被他征服。

「我見你和氏一家為人厚道忠誠，與我家父輩又有交情，才將墓穴選入此地。我有心告訴你們這個祕密，但天機不可洩露，順其自然。想不到今天你們如此放肆，現天機已洩，你們和氏家族百年的造化成為青煙，真是痛哉、惜哉！」風水先生說完，一屁股坐在地上，氣喘吁吁，作冤屈狀。

和氏家族終於豁然開朗，由悲轉喜，白髮長者既羞又愧，紅著臉過來賠禮道歉，並派人將風水先生領回家酒肉伺候……

為洗刷剛才的恥辱，風水先生借著酒勁，心生鬼招，以捉弄和氏家族。酒足飯飽之後，他把招數悄悄地告知白髮長者，再度領了賞錢，揚長而去。

半夜時分，和氏家族將陶俑偷偷抬回家中，用繩子捆綁起來放在死者面前，死者的兒子咬破手指，將血濺於俑頭之上，爾後揮動桃木條子向俑身猛力抽打，直到黎明雞叫三遍才作罷。如此連續三日，和氏家族又於夜深人靜時將陶俑悄悄運往墓地埋起來。這是風水先生對和氏家族的報復，而和氏家族卻真認為如此去做就能子孫興旺、家業驟發……

這段頗具傳奇色彩的故事，被後來的考古學家們在附近農村調查中得知，講述者就是那位風水先生的兒子，時已年過八旬，白髮蒼蒼，早年他也曾以祖傳的觀風看水為生，他父親向他講述這個故事的目的在於啟發他隨機應變，轉高山為坦途，化干戈為玉帛，以應付各種意想不到的險局危況。

故事儘管有渲染編撰的痕跡，但基本事實似不能否定，因為在後來大規模的發掘中，證實確有十幾座墓葬已穿入俑坑，其中一座為漢代，兩座為明清時期墓葬，周圍的陶俑都有明顯的挪動痕跡。

可惜這些訊息，沒有傳給更多的人，就被愚昧埋葬了。

訊息之三：

一九三二年春，在秦始皇陵內城西牆基外約二十米處，當地農民在掘地中，從一米多深的地下挖出一個跪坐式陶俑⓫，此時關中正值軍閥混戰，狼煙四起，這個陶俑很快下落不明。據推測，此俑很可能被後來逃往臺灣的國民黨軍隊帶走。

一九四八年秋，在秦始皇陵東的焦家村附近，農民又挖出兩件陶俑，兩俑均為坐姿，身著交襟長衣，腦後有圓形髮髻。一件被臨潼縣文化館收藏，另一件藏於中國歷史博物館。

儘管這三件陶俑已幸運地重新回到人間，但人們在擁抱它們的同時，只是欣賞敬慕它們自身的價值，而作出「是屬於秦國全盛時代的偉大藝術創作」的結論，卻未能作更詳盡的研究。無論是一代名家鄭振鐸，還是中國歷史博物館有研究員頭銜的專家，都把那件男性跪坐俑誤標為「女性」。當然，從外表看，那件俑也確是像一位靦腆的少婦。

訊息之四：

一九六四年九月十五日，《陝西日報》在一版並不顯要的位置登載了一則消息：

臨潼出土秦代陶俑

最近在臨潼秦始皇陵附近又發現秦代陶俑一

當時出土的男性陶俑

個。是在焦家村西南約一百五十米處，今年四月，群眾在整理棉花地時，距地面約一米深處發現的，為一跪式女俑。這一陶俑比解放前發現的兩俑更為完整。頭髮、衣紋清晰可見，神態幽靜大方，栩栩如生。現文物保存在臨潼縣文化館內。

這是秦俑被埋葬二十多個世紀以來，第一次以官方文字報導，也是這地下軍陣最有可能走向人類的重要資訊，可隨著人們好奇心的滿足，這些訊息很快煙消雲散，縹緲於無垠的宇宙了。這八千伏兵要走出黑暗，重見光明，或許注定要等到十年之後。

注釋

❶秦川：地名，又稱秦中、關中，指古代秦國的故地。自大散關以北達於岐、庯，夾渭河南北岸的肥沃平原，約包括今天的陝、甘兩省。

❷驪山：又作麗山、酈山。在陝西省臨潼縣南，又稱臨潼山、藍田山，係秦嶺山脈的一個支峰，歷史事蹟豐富，相傳女媧煉石補天處即在驪山石甕寺上方，周幽王烽火戲諸侯、終被犬戎所殺的事件亦出於此。秦代從昭襄王起建王陵於驪山西麓，有人稱為「秦東陵」。至唐代則成為一處重要的皇家宮苑所在地，建有華清池和溫泉浴室。

❸俑：古代墳墓中陪葬的人偶。商代和西周盛行「人殉」，後來出現模擬人形的俑，以代替活人殉葬的習俗。最初的俑可能是芻靈（用茅草束紮的人馬），後則常用陶或木質，也有石、瓷或金屬製品。種類包括奴僕俑、舞樂百戲俑、士兵俑、官吏俑、儀仗俑等，並常附有鞍馬、牛車、兵器、工具、庖廚用具和家畜模型。秦漢至隋唐用俑盛行；宋代起紙明器流行，俑逐漸減少；元明時期一般不再使用。俑是各種人、物的真實模擬，對研究不同時代的社

會生活習俗、輿服制度及造型藝術有重要價值。

❹青磚：秦始皇陵園及周圍遺址出土的秦磚，原料取自驪山沉泥，似未施摻合料。因沉泥本身已含多種礦物成分，燒製後顏色青灰，質地堅硬，故名「青磚」或「鉛磚」，人稱「敲之有聲，斷之無孔」。其製作規正，渾厚樸實，形式多樣，常表飾圖紋。

❺弩機：中國古代兵器「弩」的機件。弩是用機括發箭的弓，射程遠，殺傷力強，命中率高。弩機出現於戰國時期，盛行於漢晉。青銅質，裝置在弩的木臂後部，其構件一般有鉤弦的「牙」、固定牙的鉤心「牛」、牙外的金屬製機匣「郭」、速鑄於牙上的瞄準器「望山」，以及郭下的扳機「懸刀」，各構件以樞釘連接。若扳動懸刀，牛順勢鬆開，使牙向下縮，所鉤住的弦勁彈而出，箭即發射出去。秦俑坑出土的弩機和戰國時的相似，尚未見郭，直接把牙、望山、懸刀和牛等構件裝入木弩臂的機槽中去。另外，其懸刀呈長方形，望山加大加高，但沒有刻度。

❻宋哲元：字明軒，山東樂陵人，一八八五—一九四〇年。早年入北洋左路備補軍隨營學校，後追隨馮玉祥麾下，一九二七—一九三〇年期間，以國民革命軍第二集團軍第四方面軍總指揮之身分，兼任陝西省政府主席一職。

❼四清運動：一九六三—一九六五年在中國大陸農村展開的社會主義教育運動，「四清」即清工分、清帳目、清財務、清倉庫。

❽批林批孔：江青、王洪文、張春橋、姚文元等「四人幫」在一九七四年「文革」時期，以「孔老二」（共產黨對孔子的賤稱）、林彪為對象的一次大批判運動，實際上卻是矛頭對準周恩來的陰謀行動。

❾「文化大革命」開始後，中國新聞社併入新華社，作為新華社對外部的一部分，叫「中新組」，但對外界仍用中新社的名義發稿，此時的藺安穩就在「中新組」工作。

❿考古訓練班，實際是由國家文化部社會文化事業管理局、中國科學院考古研究所、北京大學考古專業聯合舉辦，地點在北大，共辦四期，號稱考古文物界的「黃埔四期」。

⓫即所謂的「跽坐俑」。跽是長跪，兩膝著地，臀部壓在兩腳的後跟上。作跽坐姿勢的陶俑象徵從事雜役的僕役。

第二章

橫空出世

考古人員進入工地，遲遲不知一號俑坑邊際何在，發掘工作躊躇不前。無奈之中，急調專家前來鑽探。尋覓間，神祕老漢指點迷津，俑坑兵馬再現人寰。憶往昔，秦王政翦除異己，誅殺刺客，意氣風發建陵墓。看今朝，聶帥一席話，世界第八奇蹟博物館應運而生。

突然消失的神祕人物

第三天，考古人員進入工地，圍繞趙康民原來發掘的俑坑向外擴展。此時，考古人員對發掘前景並未抱很大的希望。從考古的角度來看，此處距秦始皇陵太遠了，兩者很難扯到一起。退一步說，即使此處是給秦始皇陪葬的俑坑，按過去考古發掘的經驗，也不會有多大的規模，估計最多十天半月就可全部發掘完畢。沒想到發掘之後，半個月下來，連俑坑的邊都沒摸著。這太令人驚奇了，「怎麼還有沒邊的俑坑？」考古人員覺得有些不對勁。

是太令人驚奇了，凡是陪葬坑，當然就會有邊有角，只是這邊和角已大得超過了考古人員的想像之外。

當俑坑拓開到四百多平方米時，仍舊不見邊際，考古人員大為驚訝，有人提出疑問：「這是不是陪葬坑？如此規模的俑坑，在世界考古史上也未曾發現過。」

「不能再繼續發掘了，還是先派人探查一下再說吧。」死人唬住了活人。考古人員面對這支地下大軍神祕莫測的陣容，不得不考慮重新派出偵察部隊探查虛實，以防中了埋伏。

發掘暫時停止，考古隊將遇到的情況和心中的迷惑向領導小組做了反映，同時提出了要求增派力量進行鑽探的建議。這個建議很快得到批准。於是，八月初，又有三名考古隊員來到了俑坑發掘工地。

考古人員開始在俑坑四周鑽探

其年齡和知識結構為：

王玉清，五十二歲，北京大學考古訓練班結業。

程學華，四十一歲，北京大學考古訓練班結業。

杜葆仁，三十七歲，高中畢業。

三名隊員進入工地後，開始在俑坑周邊用考古探鏟打孔鑽探。

考古探鏟又名洛陽鏟，這種鏟為古代盜墓賊所發明創造。中原洛陽一帶的盜墓賊大多以此鏟作為盜墓的主要工具，它的作用是無須將墓掘開，用鏟在地下打個小孔，通過帶出的土層和其他物質，就可分析判斷出地下所埋葬的一切。有經驗的盜墓老手，只要將鏟打下去，憑發出的聲音和手中的感覺，對地下的一切便瞭若指掌。隨著考古學在中國的興起，二十世紀二〇年代末期洛陽鏟被加以改進，成為考古工作者的專用工具。

程學華等考古人員以間隔三米的距離，沿發掘方位向四面鑽探。從辨認土色、察看結構，到分析包含物，洛陽鏟以它特有的作用和威力不時向考古人員發出訊息：地下有俑、地下有俑……當探鏟移至離打井位置一百米處時，仍然發出地下有俑的訊息。考古人員不敢再探下去了，他們先是對鏟的作用發生懷疑，接著是重新分析和辨別探鏟所帶出的訊息是否真實。最後，考古人員對自己本身的考古知識都產生了疑問。

正在大家四顧茫然、躊躇不前時，一個神祕的老漢出現了。他的出現，使大家更為驚訝和迷惑起來。

在開始鑽探的第一天，一個年逾七旬的白髮老漢，斜

考古人員使用的洛陽鏟

坐在不遠處的大樹下，眯著花眼向俑坑發掘工地觀看，他的出現最初並未引起大家的注意。

太陽西沉，當程學華等考古人員拔出探鏟要休工時，白髮老漢從樹下慢慢地走過來，向持鏟的程學華問道：「你探的地方有沒有？」

只顧收鏟的程學華沒有回答，只是低著頭反問一句：「你看有沒有？」老漢不再作聲，快快而去。

第二天依舊如此。

當探鏟移至離俑坑一百米處時，老漢又無精打采地走到程學華跟前：「你探的地方有沒有？」一樣的問話。

「你看有沒有？」一樣的回答。

這次老漢不再離去，表情有些憤然，說話變得生硬起來：「我不是問你嗎？是你在探，又不是我在探！」

程學華抬頭仔細打量了老漢一眼，見老人生得鶴髮童顏，仙風道骨，頗有幾分仙氣與神韻，他似乎感到了一點什麼，口氣緩和下來，坦誠地回答：「我看地下好像有，可是……」，他把「不太敢相信」幾個字又嚥了下去。

老漢眯著眼睛微微一笑：「你跟我來。」

程學華奇怪地望望老漢的神態，放下探鏟隨他向西走去。

大約離井口二百米的地方，老漢停下來，依然面帶笑容地對程學華說：「你不用探了，我告訴你，俑坑的邊就在這裡。」

「啥？」程學華睜大了眼睛，怔怔地望著老漢那胸有成竹的樣子：「你這老漢不是在開玩笑吧。」

「開啥子玩笑，信不信由你。」老漢依舊微笑著，不時地在四周指指點點。程學華只顧想心事，對老漢的話並沒有太在意，當他漸漸回過神來，卻見那老漢像神話中的人物一樣，在夕陽的照耀中，消失在坑邊的柿樹林，從此再不見他的蹤影。

翌日，程學華按照老漢指點的位置，半信半疑地開始鑽探，果然有陶片被提了上來。再繼續西探，未發現陶俑的蹤跡。老漢的話被證實了。

一年之後，整個俑坑被揭開，事實證明那位白髮老漢所指的位置完全準確。考古人員曾對這個神祕人物進行了種種猜測：有的說是他多次參加挖墓取土，像風水先生所遇到的經歷一樣，見過地下的陶俑；或者是他在此打過井，遇到陶俑時以為是不測的妖怪，於是再度尋找位置，找來找去，對這裡的情況就有所瞭解；也有人估計是老漢的祖宗曾給他留下了關於秦俑及陵墓情況的文字資料，他的祖宗甚至他本人都曾有以盜墓為生的可能。從他神祕的行跡可以推測，他曾在附近盜過墓的可能性更大。無論作怎樣的猜測和推斷，隨著這個神祕人物的出現和消失，對於他的身分也就無法作出一個更為完整和準確的結論了。

經過大約半年時間，考古人員通過大面積鑽探和部分解剖，大體弄清了俑坑的範圍和情況。這是一個東西長兩百三十米、寬度六十二米、距地表四．五米至六．五米、共有六千個左右武士形象的陶俑組成的軍陣。

如此規模龐大的軍陣，令考古人員目瞪口呆。他們在為自己當初的設想未免有些「小家子氣」而感到汗顏的同時，依然不敢相信眼前的事實。於是，趙康民提出了一個新的見解：「肯定中間夾著其他的玩藝兒，世界上怎麼會有這麼大的俑坑。」

「也許中間沒有俑。」有人提出了相似的猜測。

大家圍繞俑坑中間到底有俑還是無俑的主題，展開了激烈的爭論，一時難分勝負。若干年後，袁仲一回憶說：「也難怪，這俑坑的氣勢的確是太大了，即使是最偉大的考古學家見此景觀，也不得不再三揣摩一番。」

既然範圍已經探清，中間有無陶俑只有通過發掘予以驗證。考古隊把情況向上級業務部門彙報後，開始了大規模的發掘，並把此坑定名為「秦俑一號坑」。當然，如此龐大的工地，單靠幾名考古隊員是不行的，根據考古界以往的慣例，考古隊在附近農村招收了一批民工協助工作。隨著規模的不斷擴大，又從當地駐軍借來百

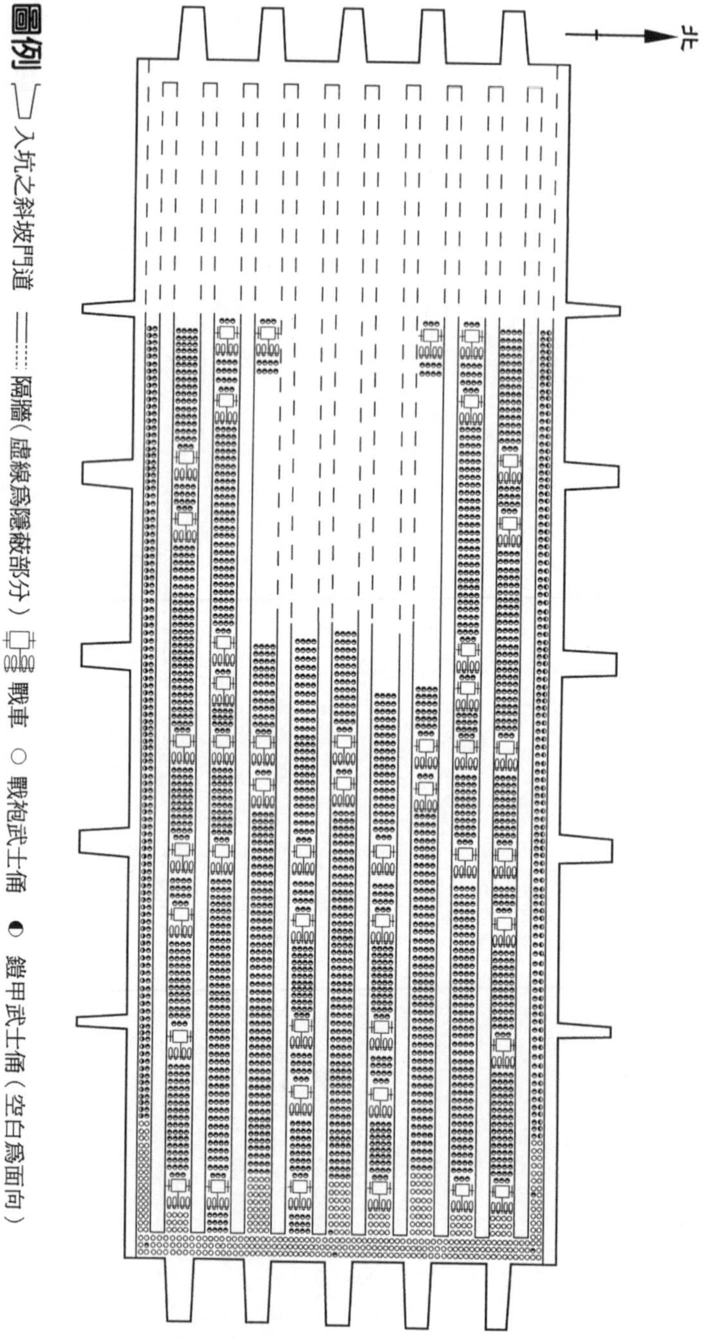

一號坑形制與軍陣平面示意圖

餘名解放軍戰士參加發掘，西北大學歷史系考古專業的幾十名學生，在劉士莪教授的率領下也前來工地助陣。一時間，整個曠野荒灘立刻出現了勃勃生機，俑坑內外人聲鼎沸，熱氣騰騰，一派熱鬧、繁忙的景象。在這樣的境況中，發掘進度明顯加快，僅一個星期，已揭露土層一千多平方米，陶俑出土五百餘件。從帶有花紋的青磚和陶俑的形狀可以斷定，這個俑坑屬於秦代遺跡無疑，但俑坑與秦始皇陵的關係尚難斷定，因為這個俑坑距離秦始皇陵內城❶一．五公里多，在這樣遠的地方放置陶俑陪葬，當時的考古資料還沒有發現先例。尤其令人不能迅速作出結論的是，在秦始皇陵周圍分布了許多秦代的大墓葬，這就讓考古人員不得不對陶俑與陵墓的從屬關係倍加慎重。事實上，當這個兵馬俑坑全部掘開，考古界對俑坑與秦始皇陵的從屬關係作出結論的十年之後，依舊有人提出此坑不是從屬秦始皇陵，而是為秦始皇高祖母宣太后❷或那座不遠處的秦大墓（又稱將軍墓）陪葬的全新理論，這一理論曾引起學術界一片譁然。

要想弄清歷史的真相，就必須有確鑿的證據，設想與推想固然有可取之處，而證據則更為重要。但俑坑出土陶俑已達到了五百餘件，始終未見與它的主人相關的點滴記載和可靠證據。這個現象令考古人員由驚喜漸漸陷於迷惘，如果陶俑與陵墓的關係搞不清楚，那麼俑坑的內涵也就難以弄清。

正在這時，一把足以揭開謎底的鑰匙出現了。

在一個被打碎的陶俑身前，靜靜地躺著一把未見鏽痕、光亮如新的銅戟，戟頭由一矛一戈聯裝而成，頂端戴有類似皮革的護套。戟柄通長二．八八米，朽木上殘留著淡淡的漆皮與彩繪，末端安有銅鐓。從外形可以斷定，這是一把典型的秦代銅戟。尤其令人驚喜的是，在戟頭的內部鮮亮地刻著「三年相邦呂不韋造寺工讋丞義工窵」❸等珍貴銘文。銅戟與銘文的出現，使考古人員為之歡呼、振奮，並從迷惘與疑慮中突圍而出。這一發現，在提供了確定兵馬俑坑為秦始皇陪葬坑的重要證據的同時，也再現了兩千多年前那段風起雲湧的史實，以及在中國歷史上兩個閃光的名字：秦始皇、呂不韋。

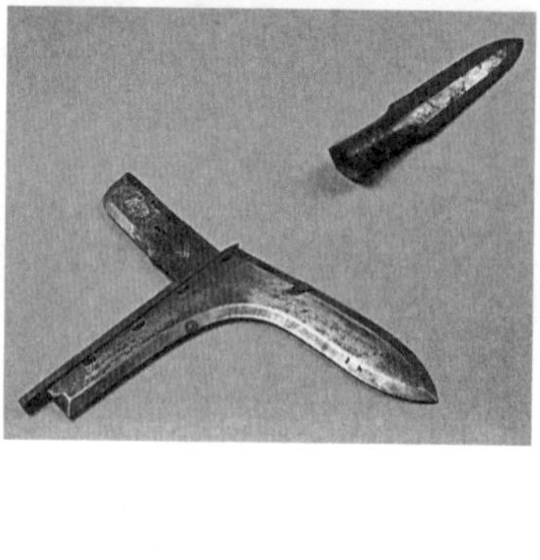

上：正在發掘的一號坑兵馬俑軍陣
中左：一號坑青銅戟出土時原狀
中右：袁仲一與考古人員在坑中清理出土的陶俑
下：清理後的青銅戟

約西元前二六〇年，戰國時期的韓國翟陽城裡有一名富商姓呂名不韋，往來於中原各國做買賣。據史料記載，此人善於投機取巧，頗有膽識。

呂不韋在靠他的聰明與膽略贏得了萬貫家財的同時，苦惱也隨之而來。他不時地看到那些家資巨萬的翟陽大商人，一旦得罪了官府貴人，頃刻間便家破人亡，錢財也隨之煙消雲散。面對隨時都可發生但又無法改變的事實，聰明的呂不韋悟出了一個道理，錢是需要依靠權勢來保護的，或者說，有了權也就擁有了錢，而靠權勢賺錢要比辛辛苦苦、提心吊膽地做買賣更為便利和穩當。

於是，呂不韋把他在商界的才智運用於進出官府、結交權貴，暗暗物色足以改變自己身分與地位的後臺老闆。經過兩年的奔波與努力，契機終於到來了。

一天，呂不韋在趙國邯鄲結識了作為人質押在趙國的秦公子子楚❹，這位公子本是秦國太子安國君的兒子。因為他的母親在安國君心中失寵，不再受重視的子楚便被羈留在趙國邯鄲以做人質。此時子楚的落魄慘不忍睹，呂不韋在驚訝之餘，以他的機智與政治敏感，立即意識到這是改變自己命運的良機，決定在這個落魄公子身上下大賭注。有一天，兩人在歡宴之後，他當場告訴子楚：「我可以改變你這種落魄的狀況。」

在這之前，呂不韋對各國權勢集團做了詳細研究，他知道秦國太子安國君最寵愛的是華陽夫人，而華陽夫人又偏偏無子。正是瞅準了這個縫隙，他開始了狡黠政治投機的第一步。

呂不韋先是贈給子楚大筆金錢，讓他在趙國廣交上層賓客，以便提高身價，沽名釣譽。然後攜帶金銀財寶，親赴秦國做政治賭博，以說服華陽夫人與安國君立子楚為嫡子。

華陽夫人收到以子楚名義貢奉的珍寶，深為感動，她覺得子楚是個聰明孝順的孩子，雖在趙國吃盡了苦頭，仍然念念不忘她這位非親生的母親。不久，她又聽到宮廷大臣們開始稱讚子楚，甚至有些老臣說他是立嗣的最佳人選，華陽夫人動心了。這時，她的姐姐和弟弟已被呂不韋買通，紛紛前來向華陽夫人陳述見地，使她越發明白自己雖受安國君寵愛，但畢竟沒有兒子，一旦容顏衰退，必遭冷落，甚至遭到不測。假如立子楚為嫡子，他將來必定會知恩圖報，自己將永遠不會失勢，即使一旦失寵，仍有子楚作為依靠。

華陽夫人是個聰明又機靈的女人，她趁安國君正對她迷戀之際，勸說立子楚為嫡子，而安國君的長子奚，當時正由相邦杜倉教導培養，按照慣例，王嗣之位已穩如泰山。可萬萬沒想到由於呂不韋的出現，形勢急轉直下，命運和他開了一個殘酷的玩笑。

安國君沒有呂不韋和華陽夫人那樣精明的頭腦，當然也不明白其中的圈套，他認為一切都順理成章，答應下來倒也皆大歡喜。

於是，往日的落魄公子正式成為秦國的王太孫，呂不韋也順理成章地成了這位王太孫的師傅。

一日，呂不韋在家中宴請子楚。兩人喝得興致正濃，只見一個美麗絕倫的舞女從簾後閃出來，為他們跳舞助興，子楚被那女人的姿色弄得目瞪口呆。呂不韋見子楚已完全被自己的愛妾所迷，便不動聲色地笑笑，裝出一副慷慨大度的樣子：「如果王太孫喜歡這名侍姬，就讓她跟你去吧。」

子楚喜不自禁，匆匆了結宴請，將女人帶回府中。

這一夜，子楚懷著感激涕零和欣喜若狂的雙重心情同那女人度過了難忘的時光。然而，他沒有想到那女人在離開呂家時已有身孕，不到十個月就生下了一個男嬰。這就是後來叱咤風雲、席捲天下的中國歷史上第一位皇帝嬴政。

若干年後，安國君死去，子楚接替安國君的位子成為莊襄王。即位後，他做的第一件事就是拜呂不韋為丞相，賜給他食邑洛陽十萬戶，封為文信侯。同時封華陽夫人為太后，至於自己的親生母親就不再顧及了。

從落魄公子到一國之君，這極大的反差，使子楚忘乎所以。他幾乎是狠著心縱情享樂，其結果自然是樂極生悲，終於一病不起，為王不足三年就一命嗚呼了。老子歸天，國君的位子自然由年僅十三歲的太子嬴政繼承，但一切政權卻要靠呂不韋來支撐。羽翼未豐的秦王政，尊呂不韋為相國，並稱仲父，一切政事全由這位仲父操縱。呂不韋當仁不讓地利用手中的權勢，力主秦國對外戰爭，並連續取得了軍事上的勝利，使他在秦國的威望進一步提高。

呂不韋不惜心血和錢財所做的政治賭博終於取得了成功，他的夢徹底實現了。當年他送給子楚的侍姬、如今已貴為太后的女人仍然對他舊情不忘，暗中往來，以致「淫亂不止」。這一切對一個商人來說，無疑是登峰造極的傑作。

隨著秦王政年齡的增長，老謀深算的呂不韋怕遭到他這個私生子的報復，驚恐之中想出一條妙計，找來一個叫嫪毒的「大陰人」作為替身，推薦給太后。這位花蕊正盛的女人與被當作宦官送進宮中的嫪毒私通後，很是滿意，對嫪毒「賞賜甚厚，事皆決於嫪毒」。後來，太后與嫪毒竟祕密生下兩個兒子，為避人耳目，太后詐稱卜卦不宜留居咸陽，遷往雍都❺宮殿。

西元前二三八年，已二十三歲的秦王政按照秦國禮制，在雍都蘄年宮舉行加冕禮，這一禮儀的行施意味著他親自執政的時刻已經到來。這位國君對母親與嫪毒的醜事早有耳聞，他一旦執政，其結果可想而知。

嫪毒已察覺秦王政有除他之意，在性命難保的危急關頭，決定孤注一擲，先發制人。他假借秦王御璽及太后璽發兵進攻蘄年宮，企圖將剛剛加冕的秦王政置於死地。年輕氣盛的秦王政當機立斷，派兵鎮壓，結果嫪毒兵敗被夷三族，與太后生的兩個兒子也被秦王政裝入袋子活活摔死，風流太后本人被遷到雍都棫陽宮軟禁起來。

早就對呂不韋獨攬大權心懷嫉恨的秦王政，藉剷除嫪毒之機，毫不留情地免去了呂不韋的相國之職，並削去侯爵及一切封地，逐歸洛陽。幾年後，又把呂不韋貶至巴蜀。不久，又追去一道詔書：賜其自刎。

呂不韋跪對親生兒子發來的賜死令，知道已經山窮水盡，再無機可投，不禁老淚縱橫。商人畢竟是商人，他儘管可以憑藉自己的聰明才智取得一時的顯赫，但畢竟不具備也不可能具備真正的政治角逐本領。或許，他的悲劇性結局，從那個輝煌夢想的實施之初就已注定了。因此，他悔恨交加而心肝俱裂，一杯毒酒才喝下兩口，就砰然倒地。

一連串「宮闈穢事」和內部爭鬥的曝光，使後來的秦始皇曾懷疑到呂不韋是自己的生父，但殘酷的政治鬥爭已使他顧不得這些兒女情長，這種複雜的身世，對他性格的變化產生了極大的影響。

秦俑一號坑中戟與銘文的出現，證實了秦始皇為王初期呂不韋曾掌控到炙手可熱的權力，也證實了秦代青銅兵器技術在這時已達到了爐火純青的境地。更為重要的是，證實了眼前的兵馬俑坑確與一．五公里外那座高大的秦始皇陵有著千絲萬縷的聯繫。

當然，呂不韋戈埋藏地下兩千年出土的意義，絕不是讓人們重溫過去那段具有浪漫兼帶桃色的歷史故事，而是透過蒙在表面的黑幕和迷霧，更加深刻地認知歷史的真實，從而得到新的啟迪。

據曾主持秦始皇兵馬俑發掘的考古學家王學理研究，秦設相至遲在惠王四年（西元前三三四年），自此起至秦王政十年（西元前二三七年）免呂不韋相位止，相邦之稱歷時九十八年未變。秦地遺址與墓葬，特別是秦始皇兵馬俑坑出土的「相邦」兵器，為後世研究者提供了比文獻記載更可靠詳翔實的證據——其中一個最大特點是沒有避諱。如發現的十三年相邦義戈（惠文王十三年）、十四年相邦冉戈（昭襄王十四年）、三年相邦呂不韋矛（秦王政三年），以及出自秦俑坑的三年相邦呂不韋寺工戟頭、四年相邦呂不韋寺工戈、五年相邦呂不韋詔吏戈、七年相邦呂不韋寺工戈、八年相邦呂不韋詔吏戈、九年相邦呂不韋蜀守戈等等，都彌補了文獻記載的缺遺與竄改。

漢代之後幾部重要的史書皆寫相邦為相國，如《史記．趙世家》曰：趙武靈王傳國於少子何，「肥義為相國，並傳王。」《資治通鑑》胡注引應劭曰：「相國之官始此，秦、漢因之。」

又《史記．秦始皇本紀》曰：「莊襄王死，政代立為秦王。……呂不韋為相，封十萬戶，號曰文信侯。招

秦世系表

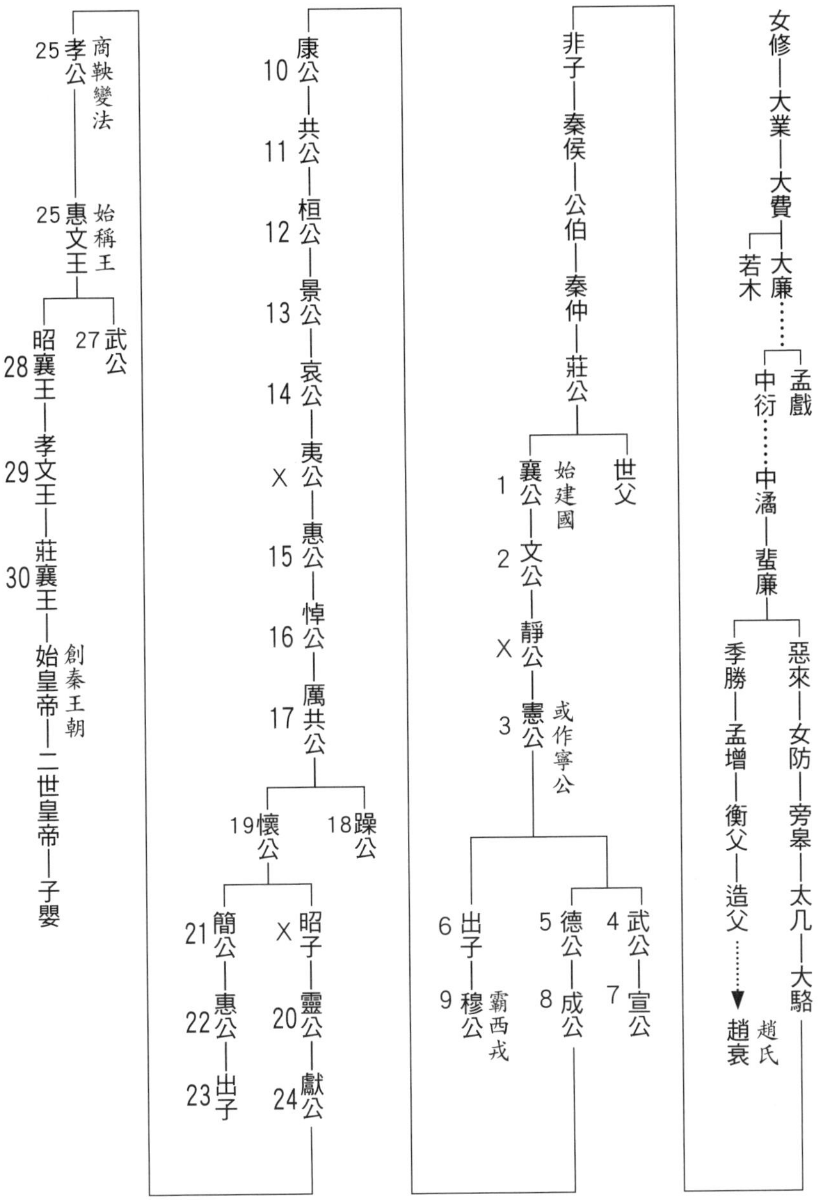

世代不清 …………

後世族裔 …………▶

不享國者 X

致賓客游士，欲以并天下。」」史書竄改相邦為相國的原因，《漢書．高帝本紀》注引荀悅的話已做了說明，乃「諱邦，字季。邦之字曰國」。顏師古曰：「邦之字曰國者，臣下所避以相代也。」也就是說，因為漢朝的開國皇帝叫劉邦，為避其名諱，儒生們便改「邦」為「國」了。秦始皇兵馬俑坑出土的「相邦」戟，就是對這一湮沒史實的鐵證。

劍光照空天自碧

隨著俑坑的擴展和陶俑的陸續出土，考古人員的思路也隨之開闊活躍起來，按照古代兵馬一體的軍事形制，既然有如此眾多的武士俑出土，應該還有戰馬俑埋在坑中。可是這遲遲不肯面世的戰馬陶俑又藏在哪裡呢？

地下的戰馬似乎感到了人們尋找自己的心聲，就在青銅戟發現的第三天，它們的第一個群體面世了。

這是四匹駕車的戰馬，馬身通高一．五米，體長兩米，四馬齊頭並立，駕一輛木製戰車。儘管戰車已經朽掉，但馬的神態和雄姿仍給人一種奔馳疆場、勇往直前的真實氣概。

隨著陶馬與木車的出土，考古人員再度陷於亢奮與激動之中，而使他們更加亢奮與激動的，則是青銅劍的出土面世。

這是一個寒冷的下午，在坑內西南角一個殘破的陶俑下，一把鍍鉻的銀白色銅劍，靜靜地躺臥在泥土中，儘管經歷了兩千多年泥水浸蝕的漫長歲月，當考古人員發現時，它依舊閃爍著昔日的雄風華采——通體光亮如新，寒氣逼人。由於當時民工眾多，人員混雜，未敢當眾提取，悄悄地用土掩沒。待全體人員收工後，袁仲一等考古人員才再次圍攏過來，按照考古程序將銅劍提取出來。此劍長達九十一．三釐米、寬三．二釐米，其形制與長度為典型的秦代精良寶劍。它的出土，無疑為研究秦代兵器的製造和防腐技術提供了極為珍貴的原始實物證據。同時，它在誘使人們重新憶起了「荊軻刺秦王」那段驚心動魄的故事的同時，也解開了這個故事留下的千古之謎。

西元前二二二年，強大的秦軍滅掉趙國後，兵臨易水，劍指燕國。燕國君臣人心惶惶，眼看國亡在即，燕太子丹為挽救危局，導演了一幕荊軻刺秦王的歷史悲劇。

荊軻為報答太子丹的厚待之恩，以「風蕭蕭兮易水寒，壯士一去兮不復返」的慷慨悲壯之信念，離燕赴秦，去實施行刺計畫。

荊軻與壯士秦武陽來到咸陽，向秦始王政貢獻秦國叛將樊於期的人頭和燕國地圖。當他們來到宮殿前時，號稱十三歲就因殺人而出名的副手秦武陽，被眼前威武森嚴的秦宮氣勢嚇得面如土色，雙腿打顫，熱汗淋漓。衛士將他擋在門外，無奈之中，荊軻一人手捧地圖從容自若地走向大殿。當他在秦王政面前將地圖緩緩展開時，一把鋒利的匕首露了出來，這是燕國太子丹花重金

上：青銅劍出土時情形　下：陶馬出土時情形

從趙國徐夫人手裡購來並讓工匠用毒藥煨淬過的特殊凶器，經過試驗，這把匕首只要劃破人的皮膚流出血絲，無不當場斃命。

荊軻見匕首已現，再無掩飾的必要，急忙扔掉地圖，衝上前去抓住秦王政的衣袖揮臂欲刺。也就在這一剎那，秦王政本能地從座椅上跳起來，荊軻抓住的衣袖哧地一聲被斷為兩截。秦王政藉機繞宮殿的大柱子奔逃，荊軻緊追不放，情況萬分緊急。奔逃中的秦王政下意識地伸手去抽身佩的青銅寶劍，可劍身太長，連抽三下都沒能出鞘。在這非生即死的緊要關頭，一個宦官大呼：「王負劍！」秦王政聽到喊聲，猛然醒悟，將佩劍推到身後斜抽出來。隨著一道寒光閃過，荊軻的左腿被齊刷刷斬斷，頓時血流如注。躺在地上的荊軻忍住傷痛，用力將匕首向秦王政擲去，但未能刺中，秦王政揮劍連砍荊軻數次，荊軻絕命身亡。作為副手的秦武陽也被宮廷衛士隨之剁成肉泥……

這一驚心動魄的歷史事件，給後人留下了難以磨滅的印象。就當時的情形而言，如果秦武陽不是因膽怯而改面色，而是和荊軻一起去刺殺秦王政，那麼中國歷史的進程將重新改寫。可惜這位秦刺客沒有做到，只以其自身的悲劇給後人留下了不盡的感歎和惋惜。

有詩云：

廿歲徒聞有壯名，
及令為副誤荊卿。
是時環柱能相副，
誰謂燕囚事不成！

隨著這場悲劇的結束和歲月的流逝，人們對秦王政所佩寶劍提出了種種疑問，為什麼在繞柱奔逃時抽不出劍？負劍又是怎樣的一種動作？他的劍何以鋒利到足以一次就將荊軻左腿斬為兩截的程度？

一號坑秦代寶劍的出土，使千百年來的秦王負劍斬荊軻之謎迎刃而解。

從考古發掘中得到證實，劍作為一種兵器，起源於西北地方的游牧民族，大約在殷代之前就開始使用，西周時傳入中原一帶。從長安張家坡西周墓❻出土的劍來看，全長僅為二十七釐米，並帶有極大的原始性。即使是春秋時期，中原地區的銅劍也為數不多，且劍身短小，形同匕首。這時南方的吳越之地，銅劍鑄造業卻發達起來❼。

從已出土的吳王光劍❽、吳王夫差劍❾來看，都不失為天下名劍，而在江陵望山一號墓出土的越王句踐劍❿，其精良程度達到了當時鑄劍的高峰。這柄寶劍出土時不僅未見任何銅鏽，而且表面光彩照人，刀鋒銳不可當，在布滿菱形暗紋的劍身上，鑄有「越王句踐，自作用劍」的銘文。但吳越之劍的劍身長都在六十釐米以下，越王句踐劍的劍身長度也只有五五．七釐米。

戰國時期乃至秦代的青銅劍，在吳越劍的基礎上又得到進一步發展，將古代青銅劍的鑄造工藝推上頂峰地位。秦代劍的錫含量明顯比吳越之劍增多，由於含錫量的增加，可以更好地使金屬組織細化，因而硬度也就相對地增強，鋒利程度得到明顯提高。最為不同的是，秦劍的身長已不像吳越之劍那樣短小而是大大增長，由先前不足六十釐米發展到九十至一百二十釐米，隨著劍身的增長和鋒利度

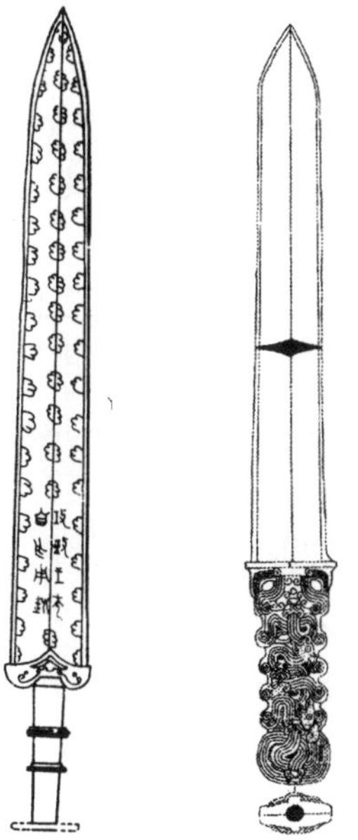

右：戰國早期鮮虞墓出土的短劍
左：吳王劍

的提高，青銅劍當做一種武器漸漸被士兵普遍利用，並當做一種常規武器裝備用以防身和作戰。當然，在統治階級內部，佩掛寶劍，除防身外還有顯示身分和地位的功能⓫。

一號坑出土的青銅劍儘管不能判斷是否秦王政當年斬荊軻之劍，但可以由此推斷他所佩寶劍的長度不下九一．三釐米，以秦王政好大喜功的性格看，他的劍可能比出土青銅劍更長，甚至達到一百二十釐米。這樣寬長厚重的兵器懸於腰的旁側，當身體急劇運動時，勢必造成大幅度擺動。隨著秦王政身體不斷的前傾，佩劍就勢前移，直至胸前。儘管秦王政身高臂長，但也不能將一米多長的寶劍迅即脫出鞘口。

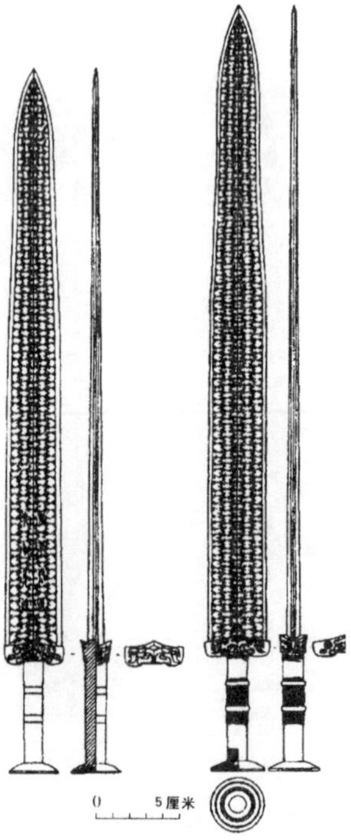

越王句踐劍

有史學家認為秦王政將劍推到背部之後才得以抽出，這顯然是出於對「負」這個字的考慮，並認為「王負劍」就是從背後抽出劍。但事實並非如此，這裡的「負」應是今天的「扶」字之意，只要秦王政抓住劍鞘，使其恢復到身旁原來的位置，憑他手臂的長度，完全可以將劍抽出鞘口。所謂推於背上或背後，實在是一種有悖情理的假設和猜想。

一號坑青銅劍出土之後，考古人員張占民曾做了一個有趣的試驗，他先在桌面上放一疊紙，然後輕輕將劍從紙上劃過，其結果是一次居然可以劃透十九張紙，其刃之鋒可想而知。後經科學測定，此劍由銅、鉛、錫三種金屬構成，由於三種金屬比例得當，才使秦劍堅硬鋒利而又富有韌性，達到了「削鐵如泥、斷石如粉」的登峰造極的神奇境地。

而使秦劍歷經兩千餘年泥水浸蝕依然光亮如新的祕密，研究結果則完全歸功於劍身表面那層十至十五微米的含鉻化合物氧化層，化驗表明秦劍已採用了鉻鹽氧化處理⓬。令人驚歎和遺憾的是，這種化學鍍鉻技術，隨著青銅兵器退出戰爭舞臺，也隨之失傳了。直到二十世紀三〇年代，才由德國人重新發明並取得專利權。儘管兩千多年前的中國人就已熟練運用這種居世界領先地位的鍍鉻技術，卻遠沒有德國人幸運了。至於中國人是怎樣將鉻鹽氧化物鍍於秦劍之上，直到今天，這個謎也未能解開。

歷史的紀念碑群

經過一年的發掘，一座東西長二百三十米、南北寬六十二米、總面積為一萬四千二百六十平方米的大型兵馬俑坑終於被揭開，飽受了二十多個世紀黑暗擠壓之苦的六千餘件兵馬俑和數十輛戰車面世了。人們在親眼目睹了秦兵馬俑神姿風采的同時，也有機會對它們的設計和創造者做進一步的考察與探索。

據史學家司馬遷撰著的《史記・秦始皇本紀》載：「始皇初即位，穿治酈山，及并天下，天下徒送詣七十餘萬人，穿三泉，下銅而致槨，宮觀百官奇器珍怪徙臧滿之。」可以看出，這位後來的始皇帝嬴政，在西元前二四七年他十三歲登上秦國王位的同時，就開始為自己營建陵墓了。建造人數最多時達到七十餘萬人，前後修建達三十九年，直到他死亡並葬入地宮後，陵園的工程尚未全部完成，其規模之龐大、建築之複雜可想而知。

修築帝王陵墓是一項巨大的土木工程，在尚無先進機具的古代，必然需要很長的時間和為數眾多的人工。而由於治陵工程曠日持久，很自然地賦予了它祝壽和永恆的表象功能。也就是說，帝王生前所屬陵墓的修築時間越長，預示著其主人越高壽。故歷代帝王生前為自己修造陵墓，便有了「起壽陵」的說法。秦始皇的祖輩秦孝文王就曾把自己的陵墓直接稱作「壽陵」，沒有再取其他的名字。

漢武帝十七歲即位，活到七十一歲才撒手歸天。由於在即位的第二年就開始修築壽陵⓭，在他入葬時，不但墓內的金銀財寶堆放不下，而且陵園內修陵時栽的樹木也粗大得可以合抱了。

關於秦始皇陵如何修建的問題，歷史上有多種說法，據後來主持過兵馬俑坑發掘的著名考古學家王學理考證，秦始皇陵墓的修築初期，秦國曾採取過一項重大的行政措施，這便是秦王政於十六年（西元前二三一年）設置的「驪邑」。

「邑」當作城市講，則有「大者曰都，小者曰邑」的區別。當作行政性地域論，則是都、鄙之外的地方。當時秦驪邑統轄的範圍主要是占有今臨潼縣境內的渭河以南地區。隔河，北與高陵、櫟陽相接，南以驪山為界，與藍田為鄰。東西因有零河、臨河，分別同鄭縣、芷陽接壤。由此可以推斷，因陵而設的驪邑，其城址當離始皇陵不是太遠。

秦王政十六年時，秦國正處在向東方諸國發動最後攻勢的前夕。就在這一年，秦國開始了兩件大事並行的宏偉計畫。一是「初令男子書年」，二是設置「驪邑」。前者是通過登記年齡，旨在擴大兵源和徭役；後者則是為了解除修陵的後顧之憂。兩件事雖不能同義而喻，但用意卻是一致的。由於這兩件大事的具體實施，秦國才得以把注意力完全投注於戰爭，並以疾風掃落葉之勢，於秦王政十七年（西元前二三〇年）滅韓；十八、十九年（西元前二二九、西元前二二八年）攻趙，並俘虜了趙王遷；二十、二十一年（西元前二二七、西元前二二六年）伐燕；二十二年（西元前二二五年）王賁率軍滅韓；二十三年（西元前二二四年）大將王翦出兵滅楚；二十五年（西元前二二二年）滅燕；二十六年（西元前二二一年）滅齊，從此統一了全國。秦國發動的吞滅六國的戰爭雖長達十年之久，但驪山的陵墓工程卻秩序正常，並沒有因戰爭而受到影響，這從另一個方面說明了「設驪邑」的重要作用和秦始皇的深謀遠慮。

由於秦國在戰爭中的節節勝利，這就為驪山工程提供了源源不斷的財富和人力技術資源。

秦始皇統一了全國後，把全國範圍內的財力、物力和人力都動員起來，除北築長城、南戍五嶺的國防工程以外，還在首都周圍展開了規模龐大的兩項土木建築工程——繼續和擴大修建驪山陵墓和建造阿房宮⑭。於是有了司馬遷在《史記》中「及并天下，天下徒送詣七十餘萬人……」的記載。由此可以看出，秦始皇陵墓的修築工程，在高峰期的人數達到了七十餘萬。據研究，這些人中，既有自由民，又有罪犯和替債者，同時還有一小部分的奴隸。而在自由民中，又以農民為最多，同時還有市民、商人和掌握各種技藝的手工業者。

按王學理先生的說法，秦徵發的「天下徒」一旦送到驪山，即按軍事組織的形式編制入籍，嚴加控制，並統稱驪山徒。從流傳的「運石甘泉口，渭水為不流。千人唱，萬人謳」⑮等民謠來看，這是一支規模宏大的勞動大軍。而負責監工的章邯，他本人就是一位秦國將軍，並曾在攻趙滅韓的統一戰爭中屢建奇功。驪山工程的勞動組織嚴密、功效之高，可以說是同軍事化的編制有著直接的關係。

被禁錮的驪山徒，其勞役帶有終身的性質，秦代的歷史文獻沒有留下這些驪山徒役滿放歸的任何記載。相反地，倒是限期延長和死亡恐慌一類記述卻不斷地充溢在字裡行間。後來成為漢高祖的劉邦，當年就是以一個亭長的身分押送豐、沛二縣的徒人到驪山修築陵墓，由於誰都明白一旦到了驪山就沒有生還的希望，便紛紛在道上設法逃跑。劉邦見此情景，知道自己無法向上司交代，索性帶領剩餘的人造起反來了。

儘管驪山徒的身分是複雜的，其來源不一，但到了驪山，並成為徒人，就成了事實上的官奴。即使是社會地位稍高一點的技術工匠，儘管受到一點優待，也只是相對而言。他們一旦到了陵區的作坊，就難以脫身自救。不但他們要終身修築陵墓，而且他們的子孫後代也要編入勞動大軍，以致出現了「行者不還，往者不返」的勞役制度和徒人的悲慘命運。而「輕絕人命」的做法，從治罪處死到故意屠殺，隨著工程的階段性進展而變得更為酷烈，驪山徒們隨時都有慘死的可能。

秦始皇三十七年（西元前二一〇年）七月，號稱千古一帝的始皇帝病死在出巡的歸途中。據《史記》載：「九月，葬始皇酈山……二世（胡亥）曰：『先帝後宮非有子者，出焉不宜。』皆令從死，死者甚眾。葬既已下，或言工匠為機，臧皆知之，臧重即洩。大事畢，已臧，閉中羨，下外羨門，盡閉工匠臧者，無復出者。」從這段記載中可以看出，秦始皇死後，繼位的兒子胡亥曾下令，原屬始皇帝的妃嬪，凡沒有生育兒女的全部被迫殉葬。為了怕參與修築陵墓地宮的工匠洩露內中祕密，當始皇帝的棺槨進入地宮後，工匠們也被活活封閉於地宮中，做了這位始皇帝的殉葬品。而作為陵墓附屬建築的兵馬俑坑工程，在秦始皇入葬地宮後仍繼續挖築，直到周章率領百萬農民軍攻入關中並對秦朝廷構成巨大威脅時，兵馬俑坑的修築才被迫中輟，草草收場，前後共歷三十七年。

兩千多年後，當年兵馬俑坑的設計者和修築者已不復存在，一切的悲壯和苦難也早已隨風而去，留在這個世界上的則是他們在酷烈的政治背景和生活遭際中，用心血凝成的偉大的不朽之作——龐大的地下軍陣。正是這個地下軍陣的存活，才從不同的側面折射出大秦帝國的風采和驪山徒們所創造的輝煌藝術成果。

秦兵馬俑是悼念為秦始皇掃平六合血染華夏的秦軍忠烈國殤；

秦兵馬俑是哀婉地再現為秦始皇修陵的七十餘萬刑徒的紀念碑群；

秦兵馬俑是中國古代帝王陵墓中前不見古人後不見來者驚人的寫實雕塑藝術奇峰；

秦兵馬俑是中國歷史處於奴隸制崩潰，新興的封建地主階級登上政治舞臺的劃時代標誌。

從俑坑的形制可以看出，這是一座規模宏大的土木結構建築。俑坑四周分別布有五個斜坡門道，門道土質堅硬，上有清晰的車輪痕跡，由此推斷這是當初放置兵馬俑時所出入的通道。兵馬俑放置完畢後，門道則用立木封堵，然後再以夯土⑯填平，俑坑始成為一個規則的長方形，在東西走向的十一個過洞和墁鋪的青磚坑底上，有極為清晰、整齊的方形或圓形棚木⑰凹槽和木炭遺跡。這表明整個俑坑為土木結合而成，俑坑頂部的土層重量主要靠下面的立柱支撐，各個隔梁及四方邊牆主要起著隔斷牆的作用外，亦有承重牆壓力的用途。據一位志願軍老戰士回憶，朝鮮戰爭中，中國志願軍在陣地上所修的土木工事，和秦俑一號坑的結構形制有同工異曲之妙。

儘管兵馬俑歷兩千多年滄桑歲月，變得殘缺不全，但龐大的整體陣容，仍不失浩浩蕩蕩的威勢和古老的秦川壯士叱吒風雲、馳騁疆場的雄姿豪情。

坑中的武士俑，身穿交領右衽⑱短褐，勒帶⑲，束髮，凸起的髮髻偏於頭的右上方，腿紮行縢⑳，足蹬方口齊頭履。有的手持弩機、弓箭，背負箭箙㉑，箙內裝滿銅矢；有的手持長矛，威嚴而立；有的腰佩彎刀，目視前方，時刻準備接敵陷陣。

在武士俑中，鮮亮地密布著一隊隊鎧甲銳士，這些銳士都具有高大的身軀，外披鎧甲，足蹬短靴。戰車上的甲士則腿綁脛襠，頭戴小冠。尚有不同的銳士㉒手持弩機，腰懸青銅寶劍，虎視陣前，大有慷慨悲歌、視死如歸的英雄氣概。

在陣容中威嚴屹立的陶馬，或駕御戰車，或站在騎士身旁恭候戰鬥命令。戰馬肌豐骨勁，面部稜角分明，兩頰宛如刀削，洗練精緻。用曲折的陰線精雕細刻的眼瞼、鼻翼和嘴唇，層次豐富，形象逼真，無不透出戰馬的神韻。

這個有鋒有後、有主體有側翼、步馬和車馬交錯的軍事陣容，既嚴整統一又富有變化，既肅穆靜立又寓有動感。那一列列武士，按兵種的不同而身穿綠色或紅色的戰袍，外披黑色或褐色的鎧甲，使軍陣的氛圍顯得威武莊嚴。而武士面孔和神情的不同，以及髮髻的多變，又避免了凝滯呆板。那披堅執銳、挾弓挎箭的武士，伴有齊頭並立、昂首仰尾、雙耳上聳、引頸嘶鳴的戰馬，給人以蓄勢欲動、揮戈上陣、馳騁疆場的

彩色兵俑頭部裝束

強烈意象。這於統一中求變化、靜穆中顯躍動的軍陣構圖，充分展現了秦軍氣勢磅礴、所向無敵的英武氣概，從多側面折射出意境的壯美和耐人尋味的藝術魅力。

就單個秦俑的人物形象而言，有著科學的寫實性和深刻的典型性，其逼真的寫實藝術在中國雕塑史上卓越非凡。透過欣賞的表層更能讓人們看到潛伏在藝術形式之內具有劃時代意義的「人」的變革。

人類在原始社會漫長的歲月中，對於自身肖像的雕塑並不注重，從出土的實物中可以看到，只有個別的器皿上畫有人頭形裝飾像，即使在商周青銅器上，也只有少數作為器物附屬性的卑怯的奴隸形象。當歷史的車輪輾軋到戰國時期，人的雕塑或畫像在不同的場所得以活躍發展。恐怖的饕餮和公式化的螭虺漸漸被簡括、凝練的人的身影所代替。秦兵馬俑的造型則是戰國以來圖騰㉓退位、思想活躍、人的地位受到尊重的象徵。可惜這種藝術傳統在秦末大規模的兵燹中遭到了毀滅性打擊，再也沒有繼續流傳下來，致使這輝煌的文明備受人們長達兩千餘年的誤解。

一九七五年七月十二日，新華社播發了秦始皇兵馬俑一號坑發掘的消息。這支陣容肅整、披甲執銳的地下大軍，將從中國走向世界，接受整個現代人類的檢閱。

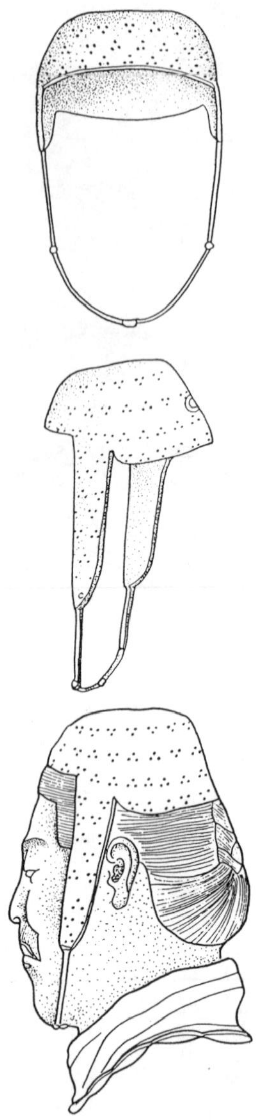

低階軍官俑頭戴的武弁

聶榮臻元帥的提議

鑑於秦始皇兵馬俑是陝西省考古史上未曾有過的空前大發現，在新華社將這一事件向全世界做了報導之後，陝西省委通過所屬文化局，於一九七五年七月中旬，責成秦俑坑考古隊，總結一年來的工作情況，儘快寫出一份較為詳細和科學的發掘簡報，並上報國家文物局，以免造成工作被動。按照這個指示精神，秦俑坑考古隊立即開始了行動，至八月上旬，由袁仲一執筆的《臨潼縣秦俑坑試掘第一號簡報》脫稿。其中序言部分對秦俑坑的性質做了特別強調：「秦俑坑的西端西距秦始皇陵外城東牆一千二百二十五米，和秦始皇陵內城的東北角成一直線。出土的鋪地磚，其形制、質量、紋飾和文字都與歷年來秦始皇陵城內出土的秦磚一樣。出土的武士俑和秦始皇陵過去出土的跽坐俑的陶質、製作技法相似。出土的銅矛、鐵工具等亦與秦始皇陵城內出土的相同。因此，秦俑坑當為秦始皇陵建築的一個部分。」此稿正文從建築遺跡、出土文物以及試掘方內出土遺跡遺物三個大的方面，做了較為詳細而全面的說明和剖析，基本上反映了俑坑的整體面貌和內涵。當然，這份簡報也同當年藺安穩寫的「內參」一樣，總是要和當時的政治形勢聯繫在一起，因而在結尾部分寫道：「秦俑坑的發現為正確地評價秦始皇提供了十分珍貴的實物資料，是我國考古工作的又一巨大發現……秦俑坑試掘方內出土的大批遺跡、遺物，證明在秦始皇法家路線的指引下，秦國的經濟、政治、軍事、文化藝術都得到了迅速的發展。秦始皇不愧為是地主階級傑出的政治家。但是，林彪和蘇修卻極力抹殺秦始皇的歷史功績，惡毒咒罵秦始皇，含沙射影地攻擊我國的無產階級專政。歷史的真

蘄年宮瓦當。出土於陝西鳳翔長青鄉秦代蘄年宮宮殿遺址。蘄即祈，蘄年即祈禱豐收之年。據考古人員調查研究，該宮殿可能建於秦惠公時期。

實是任何人抹殺不了的。秦俑坑大批文物的出土，對林彪和蘇修的反動讕言是個有力的回擊。」

這份簡報經陝西省上層領導人審查通過後，很快報往國家文物局。令陝西方面意想不到的是，正是這份簡報，又引發了一個重大命題。

一九七五年八月中旬，北戴河海濱浴場。

年逾古稀的聶榮臻元帥躺在溫熱的沙灘上，眯著被太陽的強光刺得難以睜開的雙眼，眺望遠處的海面。碧綠的海水咕咕地歡唱著向這位身經百戰的老帥湧來，浪花親吻著他的軀體和手臂，他感到分外愜意爽快。戎馬一生，歷盡苦難，終於有了今天。可惜，那些在戰火中倒下去的戰友不能享受這人間的歡樂與幸福了。海水默默地從元帥的身邊退下去。他望著，似乎想起了什麼，站起身朝浩瀚無垠的大海長噓了一口氣。

「聶帥，您好。」剛從海水中出來的國家文物局局長王冶秋走近他身旁。

聶帥答應著，突然想起了什麼，他望著水滴未乾的王冶秋：「你前些日子說的臨潼挖的秦俑坑怎麼樣了？」

「範圍、形制和內涵已基本搞清，大批陶俑、陶馬、兵器已經出土，前幾天我剛收到了陝西方面報來的一份考古試掘報告……」王冶秋見聶帥對此很感興趣，便按《簡報》中的內容，詳細彙報了秦俑坑發掘的情況。

「不得了啊，這麼大的一個地下軍陣，要是能建個博物館就好了。」聶帥驚歎之餘提出了秦俑保護問題的關鍵性建議。

聶帥的話使王冶秋激動起來，「哎呀，聶帥，我早有這個意思，但考慮到國家經濟比較困難，未敢提出。」

聶帥沉思片刻：「你打個報告給國務院，讓大家討論一下嘛。」

「好，我這就去準備。」王冶秋大喜，和聶帥道別後立即趕回北京。第二天，他向谷牧和余秋里兩位副總理提交了在秦俑坑遺址建立博物館的報告。兩位副總理表示同意，但是在經費問題上，谷牧對王冶秋說：「如果在兩百五十萬元以內我可以批，超過兩百五十萬就得提交中央政治局討論了。」王冶秋答道：「我跟陝西方面協商一下，看能不能按這個數字設計。」

八月二十六日，王冶秋帶著興奮與激動之情飛抵西安，把國務院的決定先行告知陝西省委和文管會。同王冶秋一樣，陝西方面對秦俑的保護問題雖有心但覺無力。大批的陶俑、陶馬出土後，他們只是在俑坑上面搭了個簡易棚，以防雨雪侵蝕。在他們的預想中，等兵馬俑全部出土，蓋個倉庫一類的房屋，保護起來就算萬幸了。至於蓋博物館，讓世人參觀展覽卻未敢奢求，更不會想到多少年之後，僅遊客參觀這些「瓦爺」的門票收入一年就有近億元人民幣。王冶秋帶來的消息，使陝西方面喜出望外，也對兵馬俑發掘後的前景有了一個全新的認識和感悟。

八月二十七日，王冶秋在陝西省委書記處書記章澤等人的陪同下，來到秦俑坑工地現場視察，同時還叫來了陝西省建築設計研究院總工程師張子平等專業人員，以便考慮博物館的規畫和設計問題。在俑坑發掘工地，王冶秋要求設計人員在現場參觀後的二十四小時內，將草圖繪出來。張子平感到在如此短的時間內很難完成，但又不好違命，無奈之中向章澤求計：「搞成啥風格的？」章澤答：「設計風格嘛，四周只要有牆，牆上有房，二十四小時你給我拿出來就行。」張子平苦笑著不再吭聲。

當天下午，王冶秋一行返回西安，在人民大廈召集有關人員研究建館問題，在經費預算中，陝西方面的數字是三百多萬元，王冶秋一聽，忙說：「不行，往下壓，壓到兩百五十萬元。」但預算人員算來算去，說什麼也壓不到兩百五十萬元，只能壓到兩百八十萬元。王冶秋看罷，沉思一會兒說：「超一點可以，但總不能超得太多，現在超出的這部分要劃到附屬建築中去，我們文物局再拿一點，估計就差不多了。」

陝西方面按王冶秋的意見做了主體工程兩百五十萬元的預算，第二天，王冶秋攜帶工程草圖和經費預算報告匆匆返回北京，然後制訂了一份詳細報告提交國務院辦公會議討論。這次辦公會議由李先念副總理主持，在聽取了各位與會者的意見後，李先念揮起手臂，輕輕在桌上一拍，說了聲：「好，就這樣定了。」

一錘定音，秦始皇兵馬俑博物館工程建設由此拉開了帷幕。

天賜樂府鐘

既然建館的計畫已得到國務院的批准，根據國家文物局和陝西省委的指示精神，在時任陝西省文化局及局內文化組負責人延文舟、陳孟東等人的主持下，秦始皇兵馬俑博物館籌建處成立，文化局幹部楊正卿、朱仲安、劉最長三人組成領導小組，由楊正卿任組長。與此同時，秦俑坑考古隊的工作方向也做了相應的調整，由原來的單方面發掘轉為進一步弄清一號俑坑的四周邊界和內部陶俑的分布情況，為博物館即將動工的基建工程提供確切的資料。

按照新的工作計畫，考古隊兵分兩路在秦始皇陵園周圍展開了新的調查。由程學華等率領的一路組成鑽探分隊，鑽探人員是從農村招收的考古訓練班學員，程學華等考古專家負責領導和教學。根據中國古代建築往往講究對稱布局的規律，這支鑽探小分隊在秦始皇陵西面開始了勘察鑽探。而由屈鴻鈞、王玉清率領的另一支鑽探分隊，在一號坑的南側進行鑽探。但這支小分隊一開始就遇上了厚厚的砂石層，連續更換了幾個地方同樣是砂石層，洛陽鏟根本無法打入地下。鑑於這樣複雜的地質情況，只好移師一號坑正南約五百米處的王硷村南進行鑽探。想不到這裡的地質情況同樣複雜，無奈之中，屈鴻鈞等考古人員只好從王硷村找來幾個民工以挖井的方法進行探查。當直徑一米許的探井下挖到三、四米時，均為砂石層，再下邊是較純淨的黃色沖積土，沒有發現異常情況。為防止遺漏，屈鴻鈞又安排民工在這口井的左右前後分別打了幾口探井，發現地層跟以前所見基本上相似，於是考古人員推斷，一號俑坑的南側不會有新的兵馬俑坑存在。之後，屈鴻鈞和程學華的兩支隊伍，分別於一號坑的東側、西側延伸鑽探，結果依然未發現其他的俑坑。由袁仲一率領的部分考古人員，通過對一號坑的複探，所得結果與原來鑽探情況一致。

此時，天氣已到了嚴寒季節，寒冷的北風從原上颳過，又裹挾著塵土在驪山四周呼嘯奔騰，整個秦始皇陵區灰濛濛的一片，天空時有細小的雨點和雪花飄落下來。眼看一九七六年的春節即將來臨，秦俑坑考古隊經請示上級領導，決定收工放假。由於整個一號坑的文物都暴露在外，考古隊決定由袁仲一留在工地值班，以防文物遭到破壞和丟失。

一九七六年春節過後的第二天下午，留在工地值班的袁仲一圍著一號俑坑轉了一圈，未發現異常情況，便獨自一人向秦始皇陵園走去。他和他的同伴經過一年多的辛勞，終於使這支地下大軍走向了人間。在以考古為職業的袁仲一看來，這無疑是最輝煌的業績。在他的考古生涯中，儘管曾不止一次地失去了春節同家人團聚的機會，但心中依然感到愜意和快活。

在陵園無目的地走著，考古職業的習慣使他對周圍的一切分外專注。太陽就要落山了，空曠的陵區被夕陽的餘暉染成一片橘黃。在距秦陵封土約一百多米的斷崖上，他停住腳步向遠處的驪山望去。驪山在晚霞的映照中，越發顯得壯麗與秀美，當他轉身返回時，眼前閃過一個燦爛的亮點。他一驚，「這是什麼？」隨著腦際閃過的問號，他俯下身仔細觀察著斷崖土層中那個指甲蓋大小放光的東西，職業的敏感，使他立即意識到這可能是一件器物。於是，他用手將這件器物四周的泥土慢慢剔除，發現是件碗大的青銅鐘。袁仲一將鐘拿起來，記住了出土的位置，興匆匆地向回走去。

這天，程學華從西安來到工地取材料，正好遇到袁抱著青銅鐘回來。兩人將青銅鐘上的泥土剔除、去污、去鏽之後，不禁為之大驚，這是一件不可多得的珍貴文物——秦代樂府鐘。該鐘為青銅所鑄，凸出地表的那個閃光亮點便是鐘的鼻鈕㉔。它通高十三．三釐米，兩銑間七．二釐米，鼓間五．八釐米，舞廣為六乘以四．八釐米。鐘的鉦部和鼓部為錯金蟠螭紋，篆間及鐘帶為錯金流雲紋，花紋細密而清晰，豪華典雅，雖在地下埋藏了兩千多年，出土後金銀花紋依然清晰完整，充分體現了當時冶金工藝發展的高度。更為重要的是，在鐘鈕的一側發現刻有小篆㉕字體「樂府」兩字。這兩個字的發現，意義遠遠大於實物本身，它使後人透過欣賞其冶金工藝的表層，解開了千百年來史學家和音樂家爭論不休的歷史之謎。

樂府是皇家慶典和祭祀時管音樂的官署，無論是慶典還是祭祀，飲酒與奏樂往往一起進行。西元前二七九年，秦趙澠池相會，意在講好修和。酒宴開始後，秦昭王向身旁的侍衛魏冉使了個眼色，魏冉心領神會，立即捧上一張瑟來。秦昭王對趙惠文王說：「聽說趙王通曉音律，這裡有寶瑟一張，請您彈奏一曲，敬希勿辭。」趙王明知這是秦王故意羞辱自己，但又找不到理由推辭。正在為難之際，隨趙王來的藺相如在一旁勸道：「秦王既不嫌棄，大王您就彈奏一曲，這有何妨？」

趙王白了藺相如一眼，只得怏怏不樂地接過瑟來，勉強地彈奏一曲。

秦王見趙王受辱而羞紅了臉，越發得意地說：「趙國始祖列侯就很會彈琴，今日聽了趙王演奏，果然是得祖輩家傳。」隨後轉身對魏冉說道：「可告御史，將今日之事，記入史冊。」

秦國御史前來，執筆取簡，邊寫邊高聲朗誦：「秦昭王二十八年秋月吉日，秦王與趙王會於澠池，秦王命趙王鼓瑟……」秦國群臣開懷大笑。可這時誰也沒有料到，趙國的藺相如極其自然地順手拿起一隻瓦盆，從容地走到秦王面前說：「我國大王聽說秦王善於演奏秦國的樂器，就請大王擊缶以同樂。」

秦昭王一驚，望了藺相如一眼，繼而傲慢地說：「我乃堂堂秦國君主，怎可擊缶？爾出此言，分明是取笑本王。」藺相如手持瓦盆，厲聲道：「大王依仗秦國強大，想要威風以強欺弱不成？今日乃兩國相會，若是大王不肯擊缶，相如捨棄頭顱也要濺你一臉血污。」

面對藺相如咄咄逼人的氣勢，秦王無可奈何地笑笑：「先生何必如此動怒，大家歡樂，就擊一下有何不可？」於是接過瓦盆，用筷子輕輕地擊了一下。

藺相如大聲宣布：「今日盛會秦王擊缶，也應記入史冊！」他把手一招，趙國御史走來，拿出竹簡和書寫工具，寫道：「趙惠文王二十年秋月吉日，趙王與秦王會於澠池，趙王命秦王擊缶。」記完，御史高聲朗誦了一遍。面對藺相如的智勇，秦昭王無可奈何，起身給趙王敬了一杯酒，趙王也回敬一杯作為答禮。從此，兩國簽訂了互不侵犯、友好相助的條約。

秦趙澠池相會的故事，給研究者的啟示是：處於西北地方的秦國，早期的樂器並不發達，且極為簡陋，不過是擊筑、扣缶而已。

又由於後來有秦始皇愛聽高漸離擊筑，後人便以《漢書．禮樂志》記載的漢武帝時「乃立樂府，采詩夜誦」為依據，認為樂府最早產生於漢代。秦陵樂府鐘的出土，從實物上首次證明了樂府的最早建立是在秦代，這無疑是一個重要發現。而更為重要的是，考古人員後來在樂府鐘出土的地方發現了專門設置的樂府遺址。這裡曾仿秦咸陽都城的設置，建有樂府官署，有各種祭祀用的禮樂，同時還有一批樂人在此常駐，每逢祭祀之日，樂人便奏起禮樂，鐘磬齊鳴，百官同祭。可惜這個樂府僅存兩年餘，就被項羽大軍一把火燒為塵土瓦礫，珍貴的樂府鐘也在劫難中掩埋入滾滾黃塵，直到兩千多年後才重現人世。

經過音樂家測試，這口樂府鐘的內壁有調音帶四條，其音為C調，造型工藝和音質都是秦代樂器所罕見的精品。這口樂府鐘的出土，立刻引起了學術界的高度重視，它為研究秦代宮廷禮樂的制度以及音樂器械的演變發展，提供了珍貴而形象的實物資料。樂府鐘後來被陝西省博物館作為一級文物收藏。

遺憾的是，在這件珍貴文物出土十年後的一九八六年十月，一隻罪惡的黑手將它盜走，至今下落不明。音樂家曾叩響了它沉默了兩千多年後的第一聲，卻再也難以聽到它以後的聲響了。這無疑是中國文化的一大損失。

注釋

❶秦始皇陵園的封土周圍築有內外兩重垣牆，都呈南北向的長方形，相互套合為回字形。經勘察，外城南北長二千一百六十五米，東西寬九百四十米；內城在外城中的位置稍微偏南和偏東，其南北長一千三百五十五米，東西寬五百八十米。內城東北角又另築了一個南北長六百九十五米、東西寬三百三十米的小城，小城的西牆是一條寬約八米的夾牆，其南端東拐直抵內城東牆。外城的四面各有一門。內城垣有六個城門：東、西、南三面各有一門，北面有兩門；小城的南垣則有一門。門上皆有樓闕建築。

❷宣太后是秦惠文王之后，昭襄王之母，秦始皇之高祖母，為楚人後裔。昭王即位時年僅二十，宣太后臨朝主政，其異父長弟魏冉封為「穰侯」，其同父弟華戎封為「華陽君」，秦始皇的嫡祖母華陽夫人可能即出自這一家族。宣太后塚位於今陝西臨潼縣西南芷陽谷中。

❸三年，指秦始皇三年（西元前二四四年）。相邦，即相國、丞相。戰國時各國（楚除外）先後設大相邦、相國，為百官之長，位高權重。秦武王二年（西元前三〇九年），秦國「初置丞相」，又分左右相以區別正副。秦莊襄王即位（西元前二四九年），呂不韋被任命為相國，至秦始皇十年（西元前二三七年）因嫪毐之亂而免相，共十三年。寺工，秦代為宮廷服務的官署機構，掌管兵器製造，兼做車馬器和宮廷日常生活用銅器。此戟是呂不韋監造，主造者為寺工官署內的工師（師傅）讋、丞（助理）義，製造者是工匠寫，此銘文係秦代「物勒工名，以考其誠。工有不當，以行其罪，以究其情」制度的產物。

❹據《戰國策．秦策五》記載，子楚本名異人，後為華陽夫人之子嗣，由趙返秦，呂不韋使其以楚服覲見嫡母。華陽夫人大悅曰：「吾楚人也而自子之。」乃變其名為子楚。

❺雍都：秦國故都之一。位於今陝西鳳翔縣城南之雍水北岸，秦自德公元年（西元前六七七年）至獻公二年（西元前三八三年）在此建都近三百年。獻公又遷都櫟陽，故城遺址在今陝西臨潼縣東北之武家屯一帶。三十四年後，秦孝公十二年（西元前三五〇年）築咸陽城，翌年遷都，直至秦二世滅亡（西元前二〇七年），共一百四十四年。

❻張家坡西周墓：位於陝西長安縣灃河西岸的張家坡村附近，為豐鎬遺址（西周初期文王、武王的都城遺址）的一部分。年代從西周初年一直延續到西周末年。一九五六年開始發掘，已出土的墓葬總數達三、四百座，車馬坑十多座，對於瞭解西周時期的葬俗及西周墓葬的分期等均有重要意義。

❼古代吳、越善鑄銅劍，其取材甚美，工匠技藝高超，使得成品精緻犀利，據《戰國策．趙策》形容為：「肉試則斷牛馬，金試則截盤匜（盥手注水之器），薄之柱上而擊之則折為三，質之石上而擊之則碎為百。」當時的貴族和官吏皆以佩帶吳、越所產寶劍為榮，《史記．吳太伯世家》記載的「季札掛劍」故事即是著名例證。

❽吳王光即吳王闔閭（或稱闔廬）。西元前五一四年，他乘吳伐楚失利的時機，派勇士專諸刺殺吳王僚，奪取政權，自立為王。西元前四九六年，在對越的檇李（今浙江嘉興市西北）之役中受傷而死。據目前所知，吳王光劍共發現三柄，包括：一九六四年，山西原平縣峙峪村整地時出土一件；一九七四年，安徽廬江縣湯池公社邊崗大隊開挖水渠時出土一件；一九七八年，安徽南陵縣文化館收購一件。其中以第一件製作最為精美，劍身雙面有火焰狀花紋。這三柄劍在近格（劍把和劍身連接處的隔擋部分，用以護手）處皆鑄有篆書銘文二行，字數不一，但開頭同為「攻敔王光自乍（作）用劍」。攻敔是「吳」的古稱。

❾夫差，闔閭之子，西元前四九五—前四七三年。據目前瞭解，出土的吳王夫差劍計有十柄，包括：于省吾《雙劍誃古器物圖錄》卷上著錄一件，現藏中國歷史博物館；一九七六年，河南輝縣百泉文物保管所從廢品雜銅中揀選出一件；一九七六年，湖北襄陽市蔡坡第十二號墓出土一件；一九九一年，洛陽東周王城內墓葬群出土一件；范文瀾《中國通史》著錄一件，發現於山東臨朐，現藏於山東博物館；一九九一年，香江古肆展示一件，現藏於臺灣古越閣主人王振華；山東鄒縣收藏一件；《小校經閣金文拓本》卷十著錄兩件；《三代吉金文存》卷二十著錄一件。其中以中國歷史博物館和古越閣所藏的兩件，製作最精美、保存最好。這十柄劍皆有篆書銘文十字，分鑄兩行，每行五字，文曰「攻敔王夫差自乍（作）其元用」。

❿史籍記載，江陵為楚國郢都所在地。周圍分布有大量楚墓，望山一號墓即屬其中之一。此劍出土於一九六五年，為東周兵器中的精品，現存於湖北省博物館。劍首（劍柄頭）向外翻捲作圓箍形，內鑄十一道極細小的同心圓圈，劍

格正面用藍色琉璃，背面用綠松石鑲嵌出美麗的花紋，劍莖（劍柄）有纏緱（即蒯緱，纏在刀劍柄上的絲繩，便於手握）痕跡。據分析，該劍各部位元素含量不同，劍脊（劍身中央突起的一道稜）含銅較多，韌性好，不易折斷；刃部含錫高，硬度大，銳利非常，試之以紙，二十餘層一劃而破。可見係以複合金屬工藝製成，先澆鑄劍脊，再澆鑄刃部，以收剛柔結合的良好效果，世界上其他國家直至近代才開始使用這種技術。劍身滿飾菱形暗紋，有人認為這是經硫化物腐蝕而產生，有人則認為是以不同的銅合金嵌出。

⓫ 春秋時官吏各得帶劍，成為其身分地位的一種象徵。秦國的文化發展一向晚於中原，至戰國初期始命官吏佩劍。據《史記．秦本紀》記載：「簡公六年（西元前四〇九年），令吏初帶劍。」

⓬ 鉻鹽氧化處理：鉻，化學名簡稱Cr，能生成好幾種具有工業價值的氧化物。鉻鹽氧化處理是指用鉻酸鹽或重鉻酸鹽對金屬器物進行氧化處理，使其表面生成一層緻密氧化膜，提高器物耐腐蝕能力。其方法是先將器物表面拋光，然後置入熔融的處理介質中，保溫一段時間後取出，在空氣中冷卻。據推測，秦朝時可能將鉻鐵礦（FeC_2O_4）、自然鹼、硝石混合加熱，來製備鉻酸鹽、重鉻酸鹽。

⓭ 即茂陵，位於陝西興平縣策村南，為西漢諸皇陵中規模最大的一座。其陵園四周築城垣，中央為墳丘，呈方形覆斗式，現高四六．五米。該陵曾遭赤眉兵劫掠，其東南方現今仍有大片的漢代建築遺址，已出土空心磚、琉璃壁、瓦當（房屋簷頭用以裝飾、防朽的瓦片）等建材。

⓮ 阿房宮：秦代著名宮殿，位於陝西西安市三橋鎮以南的古城村附近。秦始皇晚年認為咸陽人多，先王宮殿小，便在渭水南岸上林苑內大興土木。宮始建於秦始皇三十五年（西元前二一二年），至秦亡尚未竣工，項羽入關後付之一炬。據載它東西五里，南北千步，始皇在位時只建成前殿。該殿尚有殘存臺基，東西一千二百米，南北四百五十米，最高處約七至八米。

⓯ 見《古今圖書集成．方輿彙編．坤與典．陵寢部》引晉人張華《博物志》，又《太平御覽》卷五五九引潘岳《關中記》，此諺作：「運石甘泉口，渭水為不流，千人一唱，萬人相鉤（人力推挽，步步挪移）。」

⓰ 夯土：經過夯打的土。「夯」是借助人力或其他動力反覆將槌狀物提起、降落，利用其撞擊力把泥土等鬆軟材料砸

至密實的程度，使水無法滲漏，構築成牢固的地基或牆體。這是中國自新石器時代起即開始使用的建築技術。

⑰棚木：置於二層臺（墓葬坑中位於口部與底部之間的第二層臺階或臺面）、隔梁和柱頭枋木（兩柱頂端相連接的橫木）上的木料，視需要呈東西或南北向緊密排列。多用圓木，少數特殊地方亦用方木。

⑱衽：衣襟。右衽即右開襟，是古代中原地區人民的固有習俗，「左衽」則為喪服。但少數民族的習俗卻與之相反，服裝通行左衽。秦俑所著戰袍，一般為交領右衽，窄袖口，長多數齊膝，少數僅及臀部，雙襟寬大，幾乎把身體包裹兩周，質地厚重。

⑲古人多著袍服，腰間繫絲織大帶或皮質革帶，其扣結方式是用一組類似今日紐絆的「紐約」，首尾交結扣合。革帶頭上有帶鉤，帶尾有孔，互相鉤連扣合以束腰。秦俑坑出土的武士俑在腰際都浮雕著腰帶，細部雕繪十分清楚，花樣豐富多變，反映出秦人的審美觀和著裝方式。

⑳行縢：原名「邪幅」。就是從足腕纏紮到膝部的裹腿布，近似近代軍人的綁腿。可使行動輕捷，秦俑的行縢似以單層布帛製成，顏色多為赭色，上端以彩色組帶在膝下束紮，帶尾綰結成花朵狀。

㉑箭箙：放置箭矢的器具，俗稱箭袋，一般以獸皮為之。秦俑坑出土的箭箙呈長方筒形，為麻的編織物，上面髹漆。箙底的左右兩側各以細繩纏紮一圓木棒，箙底內側鋪一長方形木板，以承矢鏃。箙的背面中央有一豎立的長條木柄，頂端作雲頭形，柄上髹漆，左右兩側另有一根細長的藤條，上部繞雲頭木柄而下，下端呈鼻鈕狀縛於箙底一圓木棒的兩端。箙背的口沿和中腰處各有一根紐帶將木柄、藤條和箙繫結成為一體。口沿左右兩側各有兩個編織的環鈕，用以貫穿繩索，便於背帶身上。

㉒銳士：戰國時秦國經過考選和訓練的步兵。秦自商鞅變法後，獎勵軍功，兵力轉盛。至昭襄王時代，秦的銳士是各國軍隊中戰鬥力最強的。《荀子，議兵》曰：「故齊之技擊（齊國精銳部隊），不可以遇魏氏之武卒（魏國精銳部隊）；魏氏之武卒，不可以遇秦之銳士。」荀況曾入秦觀摩考察，對秦與六國軍隊素質之評價，當稱公允。

㉓圖騰：totem的中譯，指原始社會中，被視為社會群體的一種象徵或標記的某種自然物符號，通常為動物或植物。

㉔鐘的基本形式包括共鳴箱與其頂部的柄（即「甬」），懸掛的方式是傾斜的，稱為「甬鐘」。西周中期以後，開始出

現了垂直懸掛的鐘，在鐘體頂部立一環形的鈕，稱為「鈕鐘」。秦代樂府鐘有鼻鈕，即屬於鈕鐘。

㉕小篆：也叫「秦篆」，秦代通行的一種漢字書體，在大篆（籀文）的基礎上發展而成。秦始皇統一天下以後，採用了李斯的意見，實行「書同文」政策，淘汰六國通行的異體字，改以小篆為正字，其字體結構較簡略，形體勻圓整齊，筆劃如箸，故又稱「玉箸篆」或「斯篆」。現存的秦小篆僅有泰山刻石殘字十個（藏山東泰安岱廟）和瑯邪刻石殘文十三行（藏中國歷史博物館），相傳均為李斯所撰。

第三章

三軍儀仗動地來

二號兵馬俑坑的意外發現，引起了考古人員的興奮與恐慌。試掘過後，地下隱祕再現人間。神奇的勁弩，英武的戰車，雄壯的步、騎軍陣，構成了一幅完整的古代陳兵圖。隨著三號俑坑的發現和發掘，大秦帝國的三軍儀仗部隊動地而來。

令人興奮與恐慌的二號坑

一九七六年的春節過後，秦始皇兵馬俑博物館籌建處從省文化局下屬單位抽調了十九名幹部陸續來到秦俑坑發掘工地。這些新調來的人員按照籌建處領導人的分工，或跑設計院催促圖紙，或聯繫建築公司落實施工單位，或在發掘現場搭建簡易工棚。為確保基建過程中的文物安全，秦俑一號坑東端已發掘出來的陶俑、陶馬和所有跡象就地掩埋，並在上層密排圓木，再覆土墊實，以免重型施工工具如推土機、捲揚機、吊車及其他車輛的重壓。在一九七六年那個明媚的春天裡，整個秦俑坑發掘工地，大家都圍繞著建設博物館而忙碌、奔波起來。與此同時，籌建處的領導人根據博物館的規模及人員編制情況，決定在一號俑坑東北方位的一片空曠區修建職工宿舍。在這樣的文物重地建房，當然先要勘探地基，看是否有文物存在。鑑於考古隊的鑽探人員正在其他地方工作，籌建處便從陝西省第三建築公司找了一名高級探工徐寶山來此處鑽探，意想不到的是，徐寶山鑽探不到幾天，便於地下發現了五花土，繼而又探出夯土，當鑽探到離地表五米深時，發現了鋪地磚。每一個探工都知道，既有夯土又有鋪地磚，預示著下面是一處遺址並可能會有文物。徐寶山為這一發現大為高興，他放下手中的探鏟，將這一情況迅速報告了籌建處的領導人楊正卿。

當徐寶山滿面紅光地從楊正卿的臨時辦公室出來時，迎面碰上了考古隊程學華鑽探小分隊的丁保乾一行四人。徐寶山按捺不住心中的激動，兩眼放光地對丁保乾說：「俺探清了，地下有文物，五米深見磚，以後就是你們考古隊的事了。」

第二天上午，籌建處領導人楊正卿找到程學華，請他率人到徐寶山鑽探的地方複探，一個上午下來，證實徐寶山提供的情況不虛。這一發現真是大出人們的意料，考古隊鑽探人員為找新的俑坑，在四周苦苦探尋了一百餘天而未果，想不到就在離一號坑東端北側約二十米的地方居然還深藏著一個俑坑，埋伏著一批兵馬。真可謂

「踏破鐵鞋無覓處，得來全不費工夫」。這一天是一九七六年四月二十三日，考古人員將這個俑坑編為二號坑。

二號俑坑的突然出現，自然使大家想到已經著手興建的博物館大廳工程。這個二號坑和一號坑是什麼關係？它們有沒有可能是連在一起的整體？萬一連在一起，事情可就麻煩大了。

國家文物局和陝西省委聽到消息，立即派人前來察看。考古隊驚喜之餘，又陷於恐慌之中，在遺址發掘期間就在上面蓋房，這是世界考古史上沒有先例的，考古隊自然也沒有這方面的經驗，所有的人都明白，如果這兩個坑連在一起，此前為籌建博物館工程所付出的一切努力將毀於一旦。受國家文物局委派前來察看的文物專家羅哲文、祁永濤不斷地向袁仲一詢問：「老袁，一號坑和二號坑連不連在一起？」

「目前發現不連。」袁仲一回答。

「估計最後連不連？」兩人仍不放心地問。

「我只能說目前不連，以後的事不好說。」袁仲一回答。

面對此情，考古隊每個人員都捏著一把汗。袁仲一一邊工作一邊對杭德洲和程學華說：「如果這次我們對二號坑搞不清楚，房子蓋起來，那麻煩就大了，國家的幾百萬元浪費不說，可能會在國際上造成很壞的政治影響，那我們就得蹲監獄。」聽罷此言，三人都不免有些悲愴之感。程學華點了支煙猛抽了一口說：「鑽探的情況是我提供的，沒事情便罷，如果有事情，你們大不了寫個檢查（檢討書），其他的一切責任由我承擔，蹲監獄就讓我去蹲。」

杭德洲苦笑了一下說：「我們不可能讓你承擔，真出了問題也不能讓你坐監，我們兩個陪著你。不過，目前說這些話還早了些，我看最關鍵的還是得把我們的工作做扎實……」杭德洲的一席話，又使大家從悲壯漸漸轉為平靜和冷靜。為弄清二號坑的形制和範圍，在得到國家文物局批准後，一九七六年四月，考古隊對二號兵馬俑坑進行了試掘。

結果發現，這是一個完全不同於一號俑坑的近似曲尺形的地下建築，通長九十六米、寬八十四米、深約五米，總面積為六千平方米，約相當於一號俑坑的二分之一。其結構明顯地分為左右兩大部分。右側近似一個正方形，屬於坑道式建築。面開八間，前後有回廊，東西兩端各留兩條斜坡門道。左側近似一個長方形，亦為坑道式建築，同樣分為前後兩部分，前半部略呈正方形，面開六間，前後回廊貫通。在東西兩壁和北壁各留兩條斜坡門道。根據鑽探和試掘的情況可知，坑內埋藏木質戰車八十九乘，陶俑、陶馬兩千餘件，青銅兵器數萬件。從整體推斷，這是一個由弩兵、輕車兵、車兵、騎兵四個不同兵種組成的大型軍陣。

這個軍陣與一號坑軍陣的不同之處，首先是在最前方的一角排列著一個弓弩手組成的小型方陣。秦代弓箭手有輕裝與重裝之分，輕裝弓箭手稱作「引強」，重裝弓箭手稱作「蹶張」。這是以引弓的不同方式命名的。引強是指用手臂張弓，蹶張則是用足踏張弓的強勁弩手。秦俑二號坑以三百三十四名弓弩手編成了一個獨立的小方陣。

關於弓箭手的作用和在戰爭中發揮的威力，歷代兵家均有論述，一百年前恩格斯在論述古代戰爭時曾特別指出：「軍隊的力量在於它的步兵，特別在於它的弓箭手。」二號坑出土的弓弩方陣部隊以及精良的裝備，充分顯示了弓弩在古代戰爭中的特殊作用。當歷史進展到秦代時，弓弩手已成為一個完整而相對獨立的兵種，在戰術上形成與車兵、騎兵的密切配合，而且對射手的選拔也格外慎重與嚴格。從文獻中可以看出，作為秦代的弓弩手，他們必須是年輕健壯的「材力武猛者」，經過至少兩年的培訓才可作為射手初入軍陣。不難設想的是，二號坑弓弩手的形象正是這些「材力武猛者」的生動寫照。立姿射手體形勻稱，身材高大，均在一．八米以上，面部表情透射出青壯年特有的堅毅與剛強。而那陣容嚴謹、姿態整齊的跪姿射手，身著戰袍，外披鎧甲，身體和手臂向左方傾斜，二目向左前方平視，兩手在身的右側持弓搭箭，背部置有上下兩個對稱的負矢陶環，每個陶環裝置銅鏃❶多達一百支，其負矢之多，比起當初魏國武卒「負矢五十」的數量多達一倍。

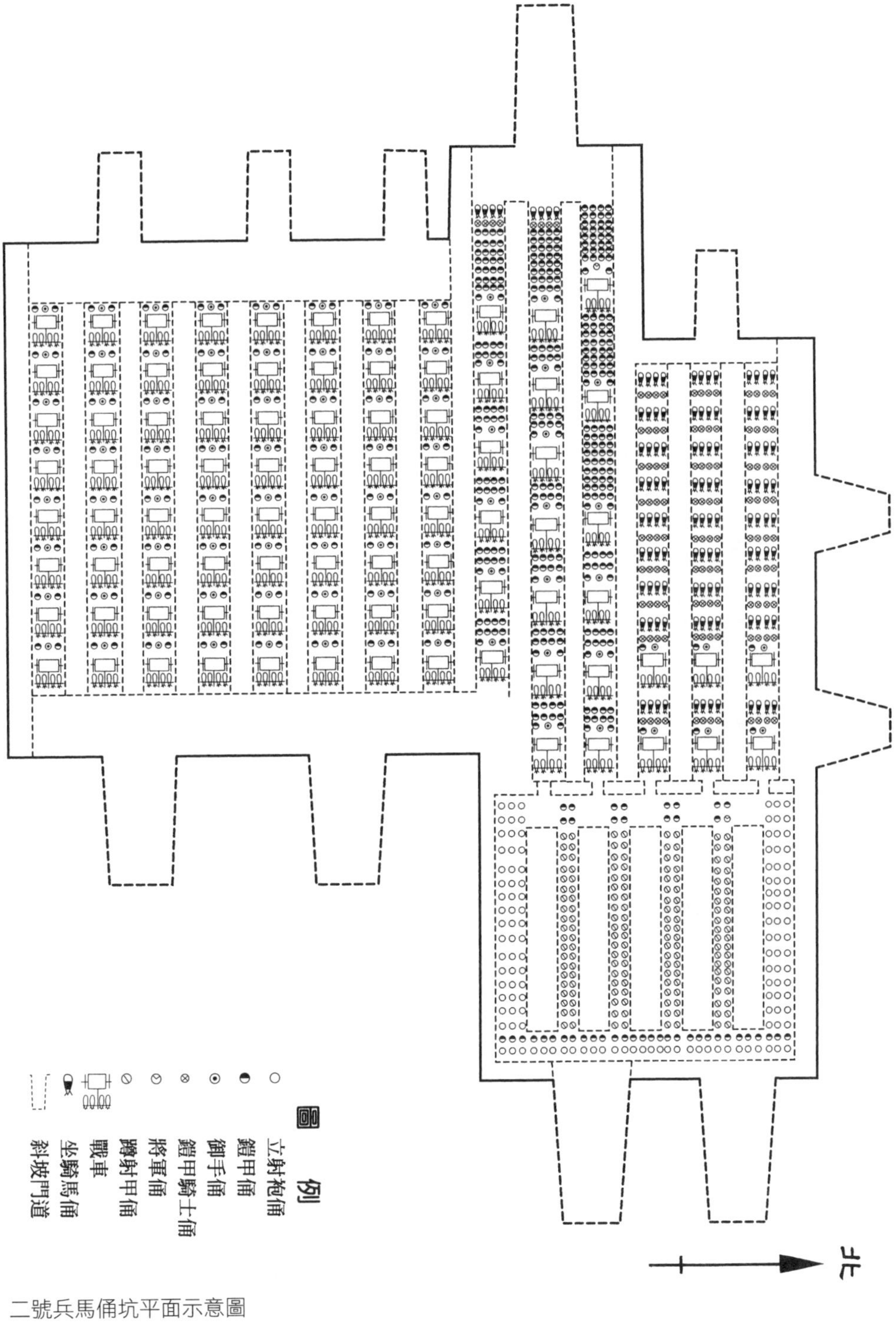

二號兵馬俑坑平面示意圖

由於射手面容和衣褶紋的不同，使這個特殊的軍陣在整齊嚴謹中又充滿了鮮活的個性，尤其射手頭部那向左或向右挽起的高高髮髻，髻根均用朱紅色絲帶繫紮，有的飄於肩下，有的似被風吹動向上翻捲，顯得英武神俊，瀟灑自如。特別值得注意的是，這個特殊的方陣四周均是持強弩的立姿射手，方陣的中心則為持弓的跪姿射手。這種並非偶然的列陣方法，明顯地告訴人們戰爭中的程序和步驟。當敵人接近時，立姿射手先發強弩，繼之跪姿射手再發弓箭。一起一伏，迭次交換，從而保證矢注不絕，使敵人不得前來而斃於矢下。二號坑出土的立射俑和跪射俑，均從不同的角度反映了秦代軍隊軍事素質與射擊技術的規範化。立射俑面右背左，側身橫立，左腿微拱，右腿後繃，左足縱，右足橫，兩足之間呈「丁字不成，八字不就」狀。左臂略舉，右臂曲至胸前，手掌伸開，掌心朝下，是為典型的正射之道❷。而跪射俑左腿支起，右腿下跪，左膝朝上，右膝著地，是古代軍事中善射之法的充分寫照。這種善射方法在保持身體平穩、正確擊中目標的作用中，具有極為科學的依據。兩千多年後的人民解放軍在應用小口徑半自動步槍無依託射擊中，所採用的跪姿與秦俑弓箭手的動作完全相同。

和弓箭手處於同等地位並密切配合的是弩機手。弩是一種源於弓而不同於弓的遠射武器，「弩者，怒也。言其聲勢威響如怒，故以名其弩也。」漢代人認為弩是黃帝發明的，《吳越春秋》的作者則把弩的創始人說成楚人琴氏❸，到底哪種說法更合乎事實本身已無法考證。但是從歷史資料來看，青銅弩機在戰國時期才大規模地登上戰爭舞臺，《戰國策》就曾有「天下之強弓勁弩，皆自韓出。谿子、少府❹時力、距來❺者，皆射六百步之外」的記載。關於強弩最初大規模應用於戰場的記載，恐怕要數下面這個戰例。

西元前三四一年，魏國的大將龐涓率領軍隊圍攻韓國的都城鄭（今河南新鄭縣），戰鬥正在激烈之時，忽然接到本國的報警急報，齊國大軍已攻進魏境，並直取都城大梁（今河南開封市）。

龐涓看過警報，大吃一驚，於是立即下令：撤圍班師，前隊變後隊，後隊變前隊，迅速返回魏境，堵截齊師。同時又選拔了精銳部隊，親自帶領，爭搶點滴時間攔擊齊兵。

齊國大將孫臏率領的軍隊，這時已突破了魏國的邊境防線，正乘虛向西挺進。孫臏西進的目的不在於攻取魏都大梁，而在於解韓國之圍，擊潰魏軍。大軍正行之間，探馬跑來報告：「龐涓已率軍離韓返魏。」

孫臏得知龐涓回師的消息，率軍埋伏在馬陵道（今山東范縣西南）的兩側，等待魏軍的到來。馬陵道是一條峽谷山道，兩邊是陡峭的高山，山道周圍樹木叢生，怪石林立，地形險峻奇特，正可以埋伏千軍萬馬。孫臏察看了地形，命軍隊砍些樹木和搬來巨石，將山谷的出口道路堵塞後，又特意選擇了一棵大樹，將靠路一側的樹皮刮去一片，用黑炭在上面寫了六個大字「龐涓死於此地」。同時選出五千名弓弩手埋伏在大樹的兩側，只等樹下火光起時，一齊放箭。

龐涓率軍一路風塵僕僕地趕來，到達馬陵道的進口處恰是日落西山，夜色來臨。救國心切的龐涓面對這條險峻的山道未加思索，打馬驅車進入谷道。當大軍已完全進入谷道後，前方傳來報告：「路已被砍倒的樹木堵塞，無法通行。」一面對這不測的徵兆，作為主帥的龐涓仍未警覺，反以為齊軍膽怯，懼怕他的追趕才堵塞山道。他親自走下戰車指揮士兵搬樹開路。這時有一士卒發現了道旁一棵大樹上的字跡，急忙報告龐涓。天越發黑暗，並有烏雲擋住了月亮。龐涓看不真切，忙呼士兵點起松明火把來到樹下。當那六個刺眼的炭跡大字躍入龐涓的眼簾時，他驀然醒悟，一句「我又中了孫瘸子的計了」的話還未喊完，四處已是強弩齊發，箭如飛蝗般向他射來，這位赫赫有名的將軍頃刻斃命，所率大軍除戰死外全部被俘。這便是中國古代軍事史

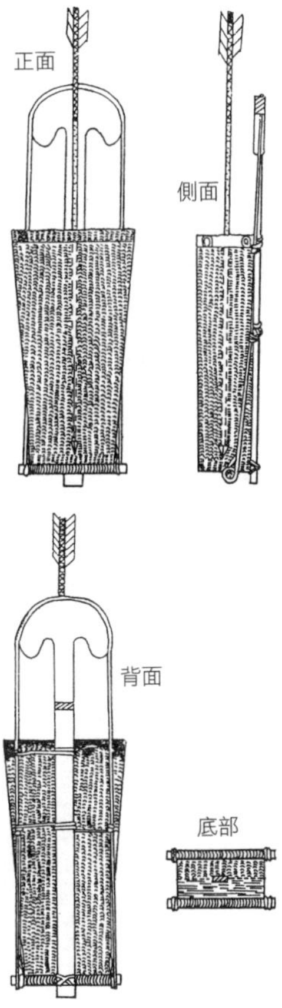

箭袋與箭

上著名的馬陵之戰，在這一戰役中，勁弩作為一種新型的兵器，在戰爭中發揮了它的巨大威力。

隨著歷史的進展，這種曾在古代戰爭中發揮了強大威力的勁弩，漸漸從兵器家族中消失。後人只能從文字記載中感知它的形貌，而對於弩的真實狀況和應用方法卻全然不知。二號坑近百架強弩的出土，無疑為後人對這種古代兵器的認識和研究提供了一個有力的佐證。馬陵之役在首次顯示了弩這一新式武器威力的同時，也反映出當時齊國軍隊已廣泛使用弩的事實。當時遠在西部的秦軍，對這種新式武器所發揮的強大作用，自然深知，也必然加以借鑑和應用。於是在他們後來的軍事戰術中，有了「強弩在前，錟戈在後」的最新式的排列方法，這種戰術排列，在二號俑坑中得到了具體的展現。

當然，作為一種在戰爭中足以發揮重要作用的弩，它自身的改進與發展隨著戰爭的不斷延續，變得越發精良和實用。秦俑坑出土的弩就有許多與史書記載不同，並且形制多樣。考古發現，有一種形制極為特殊的勁弩，在長六十四釐米的弩臂上重疊了一根木條，還夾有青銅飾件，顯然這些裝置都是為了增強弩臂的承受強度，從而可以推斷它是一種張力更強、射程更遠的弩。這種推斷，除弩有不同形制外，從其所配置的特大型號的銅鏃也可得到驗證。這些歷經千年而不朽的銅鏃，每支重量達一百公克，較其他銅鏃長一倍有餘，這是古代兵器史上發現型號最大的銅鏃。可以想像，這種特殊的強弩，配以碩長沉重的銅鏃，必然會產生一種其他勁弩所不能匹敵的巨大殺傷威力。當然，這種弩機與銅鏃的出土，尚不能代表秦代弩兵器的最高水準，從史料中可以得知，秦代高水準的勁弩似乎比這更為先進和具有殺傷力。

西元前二一〇年，秦始皇開始第五次也是最後一次出巡。當他來到琅琊時，那個到東海蓬萊、方丈、瀛洲三神山覓求長生不老藥九年未回的徐福，突然來見秦始皇。狡詐的徐福怕多年耗費數萬巨資未得仙藥，會受到秦始皇的處罰，便稱蓬萊仙藥可得，只是海上有鮫魚作怪，船行不到蓬萊就被鮫魚掀翻，願皇上派遣善射的弓箭手一同去尋，若見鮫魚就連弩射之，此藥可得。秦始皇求藥心切，對徐福的話深信不疑，下令隨行官員入海捕捉巨魚。同時自己親備連弩，乘船下海。船行至芝罘半島的海域，果有一條大鯨魚搏浪而來，秦始皇和身邊衛士拉動連弩，將巨魚射死海中。

在這場人魚搏鬥中，秦始皇和衛隊到底使用了怎樣的一種具有如此強大殺傷力的連弩？《史記》中記載的秦始皇陵墓道上曾裝置的自動發射的「暗弩」，又是怎樣的一種新型武器裝備？這些至今仍是不解之謎。但縱觀世界兵器發展史，最早將弩裝備正規軍並使之在戰場上發揮重要作用的國家無疑是中國。當歷史進展到中世紀時，西歐的諸國尚未製造出連弩這種具有強大殺傷力的兵器。

儘管二號坑的弓弩方陣處於一個特殊的地位並形成一個獨立的軍陣，但這種獨立只是相對的，它是整個二號俑坑軍陣的一部分，這一部分和其他的兵種血肉相連，成唇齒之勢。俑坑的發掘已為我們提供了活生生的例證。在弓弩方陣的右側，便是一個龐大的戰車軍陣。它縱為八列，橫為八排，戰車共計六十四乘。每乘戰車上有甲俑三件，御手居中，車左、車右居兩側。御手身高一．九米以上，雙足立於踏板，兩臂向前平舉，雙手半握，拳心相向，作握轡狀，食指與中指留有空隙，以便轡索通過，在拇指的內側有一半圓形陶環，似為勒轡時拇指的護套。三俑均身穿戰袍，外披鎧甲，披膊長及腕部，手上罩有護手甲，頸圍方形盆領，脛著護腿外套，足蹬方口齊頭履，頭頂

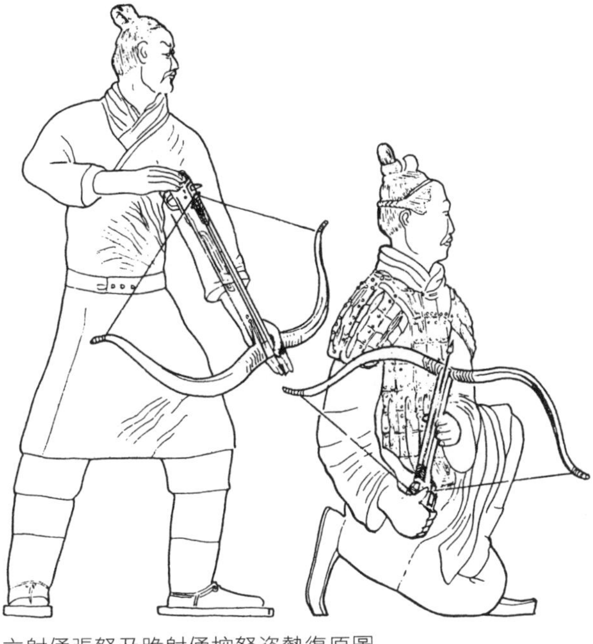

立射俑張弩及跪射俑控弩姿勢復原圖

右側梳髻，外罩白色圓形軟帽，帽上又戴有捲尾長冠，嘴上的八字微鬚，瀟灑飄逸，雙目炯炯前視，顯示了秦兵在陣戰中凶悍威武的曠世雄威。面對如此古老龐大的戰車軍陣突現人間，不能不令人對它的發展歷史及在戰爭中的作用追根求源，去作更深層次的探討。

關於步兵、車戰的再回顧

自從人類誕生以來，便有了人與人之間的矛盾和搏鬥，而戰爭無非是擴大了的搏鬥。正如現代著名軍事戰略家克勞塞維茨所言：「如果我們想要把構成戰爭的無數個搏鬥作為一個統一體來考慮，那麼最好想像一下兩個人搏鬥的情況。每一方都力圖用體力迫使對方服從自己的意志，他的直接目的是打垮對方，使對方不能再作任何抵抗。因此，戰爭是迫使敵人服從我們意志的一種暴力行為。」實際上，人類社會戰爭胚胎的產生，應該說是從孕育步兵的對抗開始的。

中國步兵是古代諸兵種中最早誕生的兵種，但隨著戰鬥手段的進步，它卻反過來屈尊在車戰時代的戰車兵卒之下。由於鐵兵器的出現、弩的發明、軍隊遠戰能力的增強，戰車地位發生了根本的變化，車兵反過來又成為步兵的輔助兵種。從此，步兵作為一個重要

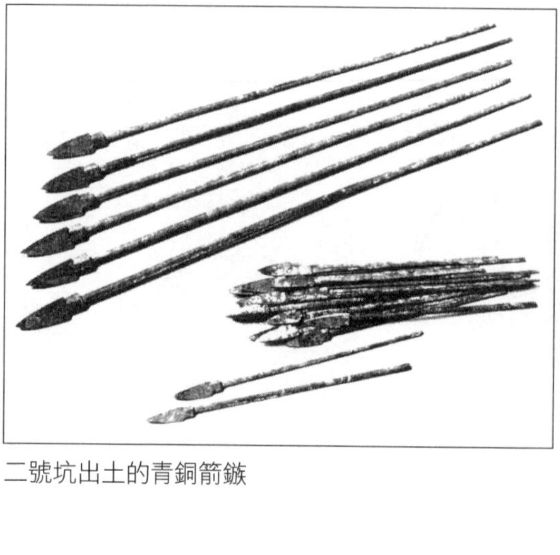

二號坑出土的青銅箭鏃

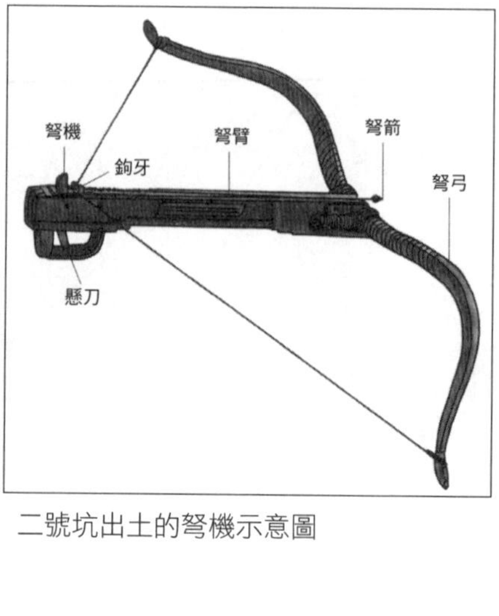

二號坑出土的弩機示意圖

的獨立兵種，再次活躍在戰爭的舞臺上。關於中國建制步兵的最早記載，應屬西元前七一九年，宋、衛等國聯軍「敗鄭徒兵，取其禾而還」一段。「徒兵」，就是徒步之兵。商周時期，站在戰車上作戰的「甲士」是奴隸主貴族，而由「眾人」、「多臣」、「庶民」等奴隸組成的步兵只能附屬戰車。春秋時期，鄭、晉等中原國家在對戎狄的戰爭中，為戰勝這些居於山林谷地、善用步兵進攻的少數民族，就不得不在保持原來隸屬步兵的同時，率先建立起能夠獨立作戰的建制步兵。西元前六三三年，晉文公在作「三軍」的同時，又「作三行以禦狄」。「行」是原來隸屬步兵「徒卒」的隊形名稱，據考古學家王學理研究，此處當指步兵無疑，而「三行」就是晉國最早出現的建制步兵。

儘管建制步兵已經產生，但在相當長的時間內，它並沒有成為軍隊的主力，只是用在西方和北方邊防上對付戎狄之中，而中原地區依然是戰車統治的戰場。西元前五四一年，「晉中行穆子敗無終及群狄於太原，崇卒也。將戰，魏舒曰：『彼徒我車，所遇又阨，以什共車（以多卒配合甲士共同作戰），必克。困諸厄，又克。請皆卒（請甲士們都下車來作戰），自我始。』乃毀車以為行，五乘為三伍❻。」這次晉國「毀車以為行」，以步兵配合甲兵作戰的戰役表明，在中原大地上已經產生了第一支用建制步兵作戰的部隊。儘管這支步兵部隊還是由戰車部隊臨時改編的，免不了幼稚，甚至遭到了「翟人笑之，未陳❼而薄之」的嘲諷，但它畢竟在春秋末期開創了一個國內戰場上廣泛使用步兵的「步兵時代」，為後世戰爭的多層面、多兵種、大規模的快速作戰方式奠定了基礎。到西元前五〇六年，吳楚柏舉之戰爆發，就在這次大戰中，「吳闔廬選多力者五百人，利趾者三千人，以為前陣，與荊戰，五戰五勝遂有郢。東征至於庳廬，西伐至於巴蜀，北迫齊晉，令行中國」。西元前四八二年，吳王夫差率軍北上爭霸。吳王夫差的軍隊編制是以士卒百人為一「徹行」，百「徹行」為一方陣用於作戰。到了戰國時期，各國的步兵人數已達到數十萬甚至百萬。從此步兵作為一支重要的武裝力量，活躍在戰爭的舞臺上，並逐漸走向成熟。

中國古代戰爭車戰的興起可以追溯到殷代，經過殷周時期千餘年的發展演變，戰國時期戰車的種類、編制、裝備、戰術等方面已發生了深刻的變革。然而，由於歲月的流逝和先前實物資料的漸漸湮沒，人們對於這一時期車戰問題的研究只好徘徊在故紙堆中，有史學家推斷：「戰車自秦代已退出歷史舞臺，被騎兵所替代。」秦俑二號坑大型車陣的發現，首次向世人展示了古代戰車編制、裝備、戰術方面豐富的實物資料。它使古代車戰史的研究者和史學家，不得不重新校正自己以往的觀點和理論依據。龐大的戰車陣容同樣告訴人們，秦代的戰車特別是像坑中這一類型的輕車，並沒有因戰爭的發展和戰術的變化而衰退，相反的，這種輕型戰車呈現出穩定發展的趨勢，並漸已發展為一個獨立的兵種。它和騎兵、弩兵等精銳兵種處在同樣的重要位置，在戰場上發揮著其他兵種無法替代的作用，並在戰爭的舞臺上演出了一幕幕千戈撞擊、人仰馬翻的活劇。

隨著歷史的演進、社會經濟形態的變革、戰爭規模的擴大與戰況空前的慘烈，戰車本身也一次次受到時局的衝擊，以致最後徹底改變了自己的命運和地位。據考古學家王學理的研究，這種因衝擊而引起的大變革，主要歸於兩次大的戰爭：第一次是西元前七〇七年，在周、鄭繻葛之戰中，鄭國子元為「魚麗之陣」❽。其法是「先偏後伍，伍承彌縫」，即把步卒配置在戰車的兩側和後方，使車、步協同，發揮各自作用，從而改變了過去那種戰車同步卒一線配置的傳統隊形。這是中國車戰歷史上發生的第一次大的變革。隨後的戰爭實踐經驗，使戰爭指揮者越來越體會到「卒乘輯睦」關係的重要作用。一百多年後的西元前五四一年，晉國魏舒在對狄人的作戰中「毀車以為行」，乾脆把車兵的行軍隊形改成兵步的戰鬥隊形，這是中國歷史上真正的一次步兵對車兵的革命。

正當龐大勇猛的步兵部隊成為戰場主力，而古老笨拙的戰車甲士被轟下戰爭舞臺的時候，一支曾與步兵配合作戰的車兵卻又從中誕生了，這就是在脫離步兵之後也能夠單獨作戰的戰車部隊，亦即在戰國後期出現的輕車兵。它一改過去那種車對車的衝刺戰法，在多兵種的協同作戰中，巧妙而藝術地表現出了自己的制敵特點。

這個特點首先表現在馳敵致師的戰術之中，當戰爭的雙方在戰場上列陣之後，先以勇力之士到陣前挑戰，接下來才是雙方軍隊的大決戰。春秋戰國期間，當雙方列陣之後，便捷輕銳的輕車則擔任了衝擊敵陣的這一角色。《吳子．應變》談到的「谷戰之法」，就是在兩邊高山、中為狹地，突然遇到敵人的情況下，隱蔽的車輛在山中迅猛沖出攻入敵陣，使敵軍造成混亂和潰敗。

由於戰車的衝擊力大、速度快，成為攻擊敵人陣地的重要力量。但因受到山地、谷地等狹隘地形的限制，而不能淋漓盡致地發揮其戰鬥作用，只有在平原廣闊的地帶和選擇最佳的出擊時機，戰車的威力才能得到有效的顯示。當單純的車戰被淘汰之後，在多兵種的運用上，作為一種戰鬥手段，戰車仍然保留著它重要的地位。正因為如此，著名軍事家孫臏才指出：「用八陣戰者因地之利，用八陣之宜……易之多其車，險則多其騎，厄則多其弩。」就當時的戰爭情形而言，在平坦地形上作戰，一輛車可以抵擋住八十名步兵或者十個騎兵。但在險阻地帶，它的威力只能發揮一半，甚至連一半也難以發揮。

從歷史上著名的避實搗虛「圍魏救趙」的桂陵之戰中可以看到，田忌、孫臏派輕車奔馳大梁，創造了戰車突襲的有名戰例。這個戰例除了告訴人們田、孫兩人具有傑出的軍事指揮才能外，還宣告了一個輕車馳援，可以千里而赴的事實。這個事實給軍事家的啟示是：輕車可以突然襲擊敵人不備，或出沒不定地騷擾敵人，並起到轉移對方目標、動搖軍心的作用。當兩軍激戰時，面對敵人的進攻，弩射又遏制無效，處於劣勢的一方就須以最快的速度把戰車聯結起來成為「車宮」，組成一個「當壘」的屏障。一旦屏障形成，指揮者就立即命令隱蔽在車後的弓弩手從縫隙中射擊來犯之敵。這樣既減少了傷亡，又增加了武器的有效殺傷力。當然，這種能夠形成屏障的車多屬笨重的「守車」，而在戰場雙方局勢變化多端的情況下，為了應急，輕車更能發揮靈活機動的防禦作用。

從秦俑坑出土的戰車可以看出，戰車的種類，無論是用作指揮、輕銳致師、補闕、隨同戰騎等等，都只是形制上的區別，僅因用途和裝備的不同定名而已，並沒有改變作為戰鬥用車的這一根本性質。可以說，此時的戰車已非昔日殷周時代的模式，而是輕車兵正處於成熟階段的顯示，它標誌著在舊的車戰方式衰落之際，隨著步兵與騎兵的興起，一個輕車兵、步兵和銳騎等多兵種配合的作戰方式已經形成。從秦始皇兵馬俑坑排列的兵陣來看，秦俑一號坑的軍陣是以步兵為主、戰車穿插排列的方式作兵力部署，其協調車、步關係的做法，就是古代兵法中「魚麗之陣」變化了的形式。儘管戰車有左右和前後的雙車編組之別，但總體上是車的前後及兩側都有步兵俑隊列。這種編組，既有「魚麗之陣」的車、步協同的寬大界面，又突破了在二線或三線的兵力配置，從而出現了強大的縱深，形成了「本甲❾不斷」的雄壯氣勢，正是由於步兵和騎兵躋身於戰場並日益顯示出強大的優越性，才使那動輒千百乘、大排面密集的車陣戰，在中華大地上叱吒風雲地度過了十多個世紀之後，不得不相形見絀地退出歷史舞臺，漸漸在戰場上消逝。而另一種新銳部隊——騎兵，開始大規模地馳騁疆場，並迎來了它的黃金時代。

騎兵的崛起

當戰車退出戰爭舞臺之後，取而代之的則是騎兵在戰場上扮演重要的角色，這一角色直到近代的第二次世界大戰才逐漸告退。如果追溯中國古代騎兵何時登上戰爭舞臺，當然以西元前三世紀趙武靈王「胡服騎射」❿的改革為標誌。但通過考古資料可以發現，在殷代甲骨文中已經出現了記載騎兵作戰的事例，可惜那時的騎兵並不普遍，只局限於西北地方的游牧民族，況且戰爭的規模比之戰國時期要小得多，不足以稱為真正意義上的戰爭。因為在戰國之前一千多年的時間裡，畢竟是戰車統治疆場的時代，隨後它又陪伴車兵同步地度過了一百多個春秋。

應該說，騎士同戰馬的最早結合並進入戰鬥行列，就標誌著騎兵的誕生。而騎戰在中國古代冷兵器時代的戰爭中，又以攻擊力最強、機動性最大聞名於世。無論是戰國時期的秦國，還是統一後的秦王朝，都不同程度地處在中國古老的車兵與年輕的騎兵結合的那段時間裡。就作戰手段而言，純粹的車陣已被車、步、騎的多兵種協同作戰所代替，並且經歷著作戰主力由車到步騎的消長過程。從秦始皇兵馬俑二號坑和稍晚些時候出土的咸陽楊家灣漢墓⓫的騎兵隊列來看，秦漢時期無疑是中國早期騎兵走向成熟的重要階段，這個時期騎兵由在戰爭舞臺的配角地位，漸漸取代主角，到西漢的武帝時代，戰爭舞臺正式完成了由車、步到騎、步的革命性的轉變。

關於中國的騎兵最早出現於何時，史書中好像沒有明確的記載，也許正與恩格斯在《騎兵》一文中所指出的那樣，「馬匹用於乘騎和軍隊編有騎馬的部隊，自然首先發生在那些自古以來就產馬，而且氣候和青草適於馬匹生長的國家」。

在中國的北部和西北部，是眾所周知的廣闊草原地帶，這些地區的少數民族因而也就有了乘騎的方便條件，並理所當然地最早建立起自己的騎兵進行軍事活動。像鬼方一支的狄族，南侵晉國的邊境，竟於西元前七三〇年打到了晉都的郊外。山戎和北狄也曾和齊、燕多次發生戰爭。西元前六六三年，山戎侵燕，燕向齊告急，於是齊桓公派軍隊伐山戎，並「擒狄王，敗胡貉，破屠何，而騎寇始服」。從這些歷史的戰例中，可見中國騎兵似乎早在春秋初期就出現在北方的少數民族地區。至於秦國的騎兵出現於何時，在留傳下來的《韓非子·十過》一書中，曾有秦穆公兵發，「革車五百乘，疇騎二千，步卒五萬，輔重耳入之於晉，立為晉君」的記述。據考古學家王學理的釋讀，書中的「疇騎」二字，應該是指騎兵。而秦穆公派兵送重耳入晉是西元前六三六年發生的事，其所派的疇騎已是同戰車、步兵並列的一個完整的兵種。從這點來看，秦騎兵產生的時間應早於秦穆公的那個時代。

秦人在入主關中之前，長期生活在僻處西北的秦地，那裡的溝谷有豐沛的清水茂草，大自然的神奇造化，為秦人先期的養馬業提供了優良的條件，並使秦人和馬緊緊地連在了一起。從《史記．秦本紀》中可以看到相關的記載：秦人的老祖先造父，曾「以善御幸於周穆王」，西巡時得過良「駟」，並「一日千里」地驅車歸周。試想，這樣訓練有素的寶馬良駒，不經過長期調養是難以選出的。

歷史上最早的秦人同戎人長期雜處，都過著逐水草而群居的游牧生活。隨著內部關係的變化和矛盾的不斷加劇，秦人同戎族的相互爭鬥也愈演愈烈，終於導致了兵連禍結的仇殺。當勇猛凶悍的西戎人一舉滅掉了居於犬丘的秦大駱之族⓬，並殺掉了受周宣王支持而討伐西戎的大夫秦仲時，秦人復仇的火焰越發旺盛。為了對付擅長騎術的戎人，秦人不但加快了養馬馴馬的步伐，而且也開始上馬作戰。到秦穆公時代，騎馬作戰的傳統已經確立，正式組建一支疇騎隊伍也是很自然的事情了。雄才大略的秦穆公，也許正是仰仗著這支年輕的騎兵部隊，才取得了益國十二、開地千里、遂霸西戎的赫赫戰績。

從史料中可以看出，早在西周中期，當中原國家的武士在隆隆戰車上稱雄時，僻處西方的秦人已能上馬搏殺了。由此可以說，秦騎兵作為一個具有作戰能力的獨立兵種，出現的時間不但早於中原諸國，而且也遠在北方少數民族的「騎寇」之前。

儘管秦騎兵的出現時間開創了中國騎兵之先河，但似乎沒有引起人們的廣泛注意，其原因大概是它過早地同車、步兵配合，而被淹沒在車、步兵混合兵種的大趨勢中。趙武靈王的「胡服騎射」就有些不同，它是在車兵同步兵的撞擊中產生的獨立兵種，即使是和車、步兵配合作戰，也始終保持著獨特的體系並發揮著獨特的功能。所以，史學家把中國騎兵正式登上戰爭舞臺的功勞讓給了趙武靈王，也許自有他的道理。

儘管趙武靈王的「胡服騎射」已被公認為中國產生騎兵的標誌，但它顯然處於中國騎兵史上的「童年時期」，之所以說是童年時期，是因為除在戰爭中的作用不甚明顯外，一個顯著的事實是沒有馬鞍和馬鐙，武士們只是騎著一匹匹的裸馬在作戰。到春秋時代中期，秦國的騎兵才作為一個能夠獨立作戰的兵種嶄露頭角。當然，因時代條件的局限，同樣發揮不了太明顯的作用。直至秦始皇殲滅六國的統一戰爭中，騎兵數量急劇增多，其戰鬥力也明顯加強，但在車戰仍充當著主力、步兵已承擔起重要角色的情況下，無論從戰略上還是具體指揮藝術上，騎兵還只能暫時作為一種配合性兵種來發揮它的作用，其性質依然屬於一支機動力量。因此，在兵力的布置和指揮上，還是按照以車為正、以騎為奇的戰術來適應戰場的需要。當需要騎兵搏殺時，仍然遵循「用騎以出奇，取其神速」的戰術原則，以便在運動中消滅敵人。

當秦王朝建立後，軍事重心轉移到國防，接敵對象由原來的山東六國變為北攻胡貉、南攻揚越。對於強悍的匈奴騎兵，沒有一支訓練有素、強健精銳的騎兵是難於角逐的。所以，這時的秦軍加強了騎兵部隊的建設，並大規模用於軍事行動，出現了大將軍蒙恬率軍擊敗匈奴騎兵，使之遠退漠北，十

甘肅武威雷臺漢墓兵馬俑

餘年不敢南下的戰爭勝況。特別是秦五十萬大軍進軍嶺南，長途馳驅，當然更少不了騎兵的配合。此時的秦騎兵已作為一支舉足輕重的軍事力量縱橫馳騁在各地戰場上。遺憾的是，古代騎兵的裝飾、布局及軍陣的風采，隨著歲月的流逝而失落於茫茫煙塵之中，縱使後人絞盡腦汁，也無法從根本上領會它的真正內蘊和叱吒風雲的壯觀雄姿。秦俑二號坑騎兵俑的出土，為後人無聲地打開了一扇神祕之窗，兩千多年前騎兵軍陣的一切再度呈現在世人的面前。

二號坑的騎兵俑群位於模擬營壘的左部，是佔有三個過洞，並呈現縱深的長方形小營。小營中的每一騎士牽一戰馬入編定位，行列整齊，縱向十二列，橫向九列，共計一百零八騎。另外，在車兵、步兵混宿小營的三個過洞裡，尚有八騎殿後，整個俑坑的騎兵總數為一百一十六騎。

騎兵俑的裝束與步兵、車兵俑有著明顯的不同。它頭戴圓形小帽，帽子兩側帶扣緊繫在頷下。身著緊袖、交領右衽雙襟掩於胸前的上衣，下穿緊口連襠長褲，足蹬短靴，身披短小的鎧甲，肩無披膊裝束，手無護甲遮掩。衣服緊身輕巧，鎧甲簡單明快。這一切無不表明完全是從騎兵的戰術特點考慮和設計的。由於騎兵戰術所顯示的是一種迅猛、突然、出其不意、抵之不及的特殊殺傷功能，這就要求騎士行動敏捷、機智果斷。假如騎士身穿重鎧或古代那種寬大的長袍，則顯然違背了騎兵戰術的特點。事實上，也只有穿著這種貼身緊袖、交領右衽的胡服才更能自由地抬足跨馬，挎弓射箭，馳騁疆場。

從另一角度觀察，秦俑坑的騎兵軍陣，完全是模擬現實的藝術再現，每個騎兵的身高都在一．八米以上。從體型的修長勻稱、神態的機敏靈活，以及身材和面部顯示的年齡特點，完全符合兵書所言「選騎士之法，取年四十以下，長七尺五寸以上，壯健捷疾，超絕倫等」的要求。那些站立戰馬身旁，抬頭挺胸，目視前方，一手牽轠、一手提弓的騎士陶俑，其真實傳神的造型姿態，成功地揭示了秦代騎兵待命出擊、壯健捷疾的精神風貌。

兵馬俑發現之前，有研究者認為，古代騎兵使用馬鞍當是在西漢時期，此前尚無先例。秦俑坑陶馬的出土，對這種理論做了徹底的否定。每個陶馬的背上都雕有鞍韉，鞍的兩端微微翹起，鞍面上雕有鞍釘，使皮革質套固定在鞍面。同時韉的周圍綴有流蘇和短帶，鞍後有鞦，下有肚帶，遺憾的是未配馬鐙。這些實物的出現，完全可以證明早在秦代甚至戰國後期騎兵就已使用了馬鞍。一個簡單的馬鞍的使用，當是一件了不起的大事。它使騎兵的雙手進一步獲得解放，更加有效地發揮和增強了戰鬥能力。

二號坑發現的騎兵軍陣，置於整個大型軍陣的左側，這種排列特點，使我們進一步認清了它在戰爭中所發揮的正是其他兵種所不具備的「迅猛」迎敵的戰術特長。

當然，騎兵在戰場上取勝絕不是靠單騎的速度，而是憑著一個有組織的隊形；否則有如個人在體育場上的競技一樣，只能贏得一時的喝彩，而對一場戰鬥來說卻是毫無意義的。著名的兵書《六韜》在說到騎兵作戰時，往往把車騎並提，這顯然是早期騎兵尚未獨立的一大特點。而在〈均兵〉中，關於騎兵的作戰能力，太公望（姜子牙）認為，如果對車騎運用不當，就會「一騎不能當步卒一人」。但是，列陣配備合適，又是在險阻地形上，也能「一騎當步卒四人」。由此可以看出，兵法家在這裡明確地揭示了隊形和地形是騎戰威力所在的兩大因素。車騎作為軍中的「武兵」，如果安排得當，就能收到「十騎服百人，百騎走千人」的戰爭藝術效果。

秦俑二號坑的騎兵俑群，向後人提供的是一個宿營待發、配合車兵和步兵待戰的實例，若從整體觀察，就不難發現這樣一個事實，即在兵力配置上，騎兵俑群僻處一隅，其數量也遠遠地少於車、步兵俑之數。結合文獻記載可以說明，此時的秦騎兵雖已是一個雄壯強盛的獨立兵種，但畢竟還沒有取代車、步兵而成為作戰的主力。儘管如此，在統一戰爭的交響樂中，卻是一記最強音。因為騎兵行動輕捷靈活，能散能集，能離能合，若遠距離作戰，可以快速奔馳，百里為期，千里而赴。不僅可以達到短時間內長途奇襲、使敵防不勝防的戰爭奇效，還可迅速轉換作戰方式，成為兵書中共譽的「離合之兵」。具有悠久的養馬史的秦國，在騎兵的運用上自然優勝於山東六國，其高度的機動性和強大的衝擊力，都是其他國家的其他兵種所無法匹敵的。

當然，歷史的長河流淌到秦代之時，騎兵雖已初露鋒芒，但遲遲沒有形成戰場主力，造成這種狀況的原因固然很多，有一點是不可否定的，便是在騎兵的改革進程中很小又極為重要的一個部件——馬鐙的產生和利用。從秦俑二號坑的騎兵俑來看，騎兵們不但既無馬鐙，連踏鐙也沒有，由此可以斷定騎兵在上馬時，是雙手按住馬背跳躍上去的。上馬後的騎兵抓緊轡索，貼附馬背以防顛落。由於沒有馬鐙，在奔馳時特別是作戰時，就不能靠小腿夾緊馬腹來控制坐騎，更談不上騰出雙手來全力揮舞武器與敵搏殺，攻擊力與靈活性都大受限制。在這種情形下，就注定了不能使用長柄兵器更有效地殺傷敵人這一時代局限和遺憾。

那麼，極具重要性的小小馬鐙是何時產生的？這一問題，不同國籍的學者有不同的看法。英國著名的中國科技史專家李約瑟（Joseph Needham）對中國發明的馬鐙給予了高度評價，他說：「關於腳鐙曾有過很多熱烈的討論，原先人們似乎有很充分的證據表明這一發明屬於西徐亞人（Scythinas）、立陶宛人，特別是阿瓦爾人（Avars），但最近的分析研究表明佔優勢的是中國……直到八世紀初期在西方（或拜占庭）才出現腳鐙，但是它們在那裡的社會影響是非常特殊的。林恩．懷特說：『只有極少的發明像腳鐙這樣簡單，但卻在歷史上產生了如此巨大的催化影響。』」因而「我們可以這樣說，就像中國的火藥在封建主義的最後階段幫助摧毀了歐洲封建制度一樣，中國的腳鐙在最初卻幫助了歐洲封建制度的建立」。或許李約瑟的這個評價是有道理的。傳說中的中國最早的馬鐙是受登山時使用的繩環的啟發，但是繩環不適於騎馬，因為如果騎士從奔跑中的馬上摔下來，腳就會被繩環套住，飛奔的馬也會把人拖傷。於是古人就對繩環加以改進，用銅或鐵打製成兩個吊環形的腳鐙的雛形，懸掛在馬鞍兩邊，這就是馬鐙。從考古發現來看，長沙出土的西晉永寧二年（西元三〇二年）陶騎俑的馬鞍左側吊有一鐙⑬，於是被多數學者認為是中國最早的馬鐙。但因為只有一隻，有的學者便認為不是馬鐙，而很可能是上馬時的踏鐙。

一九六五年至一九七〇年，南京市文物保管委員會在南京象山發掘了東晉琅琊王氏族墓群，在七號墓中出土了一件裝雙鐙的陶馬俑，墓葬年代為東晉永昌元年（西元三二二年）或稍後。這件陶馬的雙鐙是已知馬鐙的較早實例。

一九六五年在遼寧北票西官營子發掘了北燕馮素弗墓。北燕是西元四世紀初遷到遼西的漢族統治者馮氏在前燕、後燕基礎上建立的鮮卑族國家，馮素弗是北燕文成帝馮跋的弟弟。這是一座時代明確的北燕墓葬，墓中出土了一副馬鐙，形狀近似三角形，角部渾圓，在木心外面包鑲著鎏金的銅片⑭。

此外在敦煌石窟壁畫中有不少馬鐙的形象資料。其中最早繪出馬鐙的是北周（西元五五七－五八〇年）所繪的第二九〇窟，該窟窟頂繪有規模宏大、構圖複雜、內容豐富的《佛傳故事》，在畫面中有三處出現了備鞍的馬，鞍上均畫了馬鐙。在該窟的《馴馬》畫面中，馬鞍上也畫了馬鐙。從已發掘清理的山西太原北齊婁叡墓壁畫中，可以清楚地看出馬鐙、馬鞍與人三者之間的關係變化情形。該墓墓道繪有出行與回歸圖，圖內繪有許多鞍馬人物，其中馬、鐙、人三者關係表現極為充分。畫中的馬，或悠然前行，或奔馳如飛，有的作勃然躍起狀，騎乘者靠腳下所踏的馬鐙保持身體平衡。據考證，婁叡墓的時代為北朝晚期（約西元五七〇年），足見當時中國不同地區的人們已經熟練地使用馬鐙了。

馬鐙發明以後，很快就由中國傳到朝鮮，在五世紀的朝鮮古墓中，已經有了馬鐙的繪畫。至於流傳到西方的馬鐙，首先由中國傳到土耳其，然後傳到古羅馬帝國，最後傳播到歐洲各地。

如此看來，一個小小的馬鐙，在產生騎兵之後的近千年才發明創造出來，也真令後人有些不可思議了。不過在西漢茂陵大將軍霍去病墓前有一石牛⑮，牛背上也有一個鐙的雛形，這又給了研究者一個新的啟示：難道在西漢有騎牛的習慣？如果有這個習慣並有鐙產生，對騎兵達到鼎盛時期的西漢軍隊來說，不也是一個極重要的啟示嗎？那牛鐙不正是馬鐙的另一種安排嗎？如果看一下漢代騎兵的強大陣容和赫赫功績，就不難推斷出，在那個時代產生馬鐙（或馬鐙的雛形）並用於戰場上的騎兵部隊是極有可能的。

秦末漢初之際，中原戰爭紛亂，這個狀況正好給了遠在北方的匈奴一個擴充自己騎兵部隊的機會，幾年的時間，其騎兵總數便達到了三十餘萬。漸已強大的匈奴趁漢朝未穩之時，大舉進兵南侵，並很快佔據河套及北方的伊克昭盟地區。匈奴鐵騎勢如破竹，於漢高祖七年（西元前二〇〇年），單于冒頓率部攻下馬邑，並把劉邦親率的三十二萬漢兵圍困於平城（今山西大同市）的白登山七天七夜，致使漢高祖劉邦險些喪命。平城之戰，使西漢統治者強烈認識到：要戰勝匈奴騎兵，只靠步兵是遠遠不夠的，必須建立強大的騎兵。基於這樣一種明智的思考和選擇，自漢文帝起，就開始正式設立馬政，加強全國的養馬事業，並很快收到成效。漢文帝前元三年（西元前一七七年），匈奴大舉進入中原北部上郡一帶掠奪財物，漢朝廷命丞相灌嬰率八萬五千騎兵進擊匈奴，取得了初步勝利。到了漢文帝前元十四年（西元前一六六年），匈奴單于率十四萬騎兵進入中原西北部的朝那、蕭關一帶，文帝以中尉周舍、郎中令張武為將軍，發車千乘、騎兵十萬，駐守長安一側，「以備胡寇」。與此同時，還封盧卿為上郡將軍、魏遬為北地將軍、周竈為隴西將軍、張相如為大將軍、董赤為將軍，以車兵和騎兵大舉反擊匈奴，迫使匈奴再度退出中原屬地和西北邊地。

俑坑出土陶馬上的鞍墊

當漢朝到了武帝之時（西元前一四〇—前八十七年），騎兵部隊迎來了它的鼎盛時期，並承擔了抗擊匈奴的歷史使命。

漢武帝剛剛登上皇帝寶座之時，就極為重視馬政建設，下令繁殖軍馬，擴建騎兵。經過六七年的努力，已擁有甲馬四十五萬匹，從而形成了一支精良的騎兵隊伍。自元朔元年（西元前一二八年）至元狩四年（西元前一一九年），漢、匈雙方在陰山和祁連山一帶進行了長達十年的爭奪戰，漢朝每次出兵都在數萬騎以上，最多的一次達到十八萬騎。西元前一二八年，匈奴騎兵入侵雁門，殺死漢軍千餘人。漢朝大將軍衛青率騎兵三萬馳救，匈奴敗退北還。次年，匈奴發兵攻上谷、漁陽郡（今北京市區以北地區），漢武帝命大將軍衛青、李息率精騎數萬，採取大迂回戰略，暫置上谷、漁陽於不顧，而是西出雲中（今內蒙古托克托東北），迅速沿黃河向西，繞至朔方側後，對河南地區的匈奴樓煩王和白羊王進行襲擊，一舉殲敵五千人，繳獲牛羊百萬餘頭，迫使二王北遁。衛青率部一直追至高闕（今內蒙古杭錦後旗西北），盡得秦時河南地，從此，漢朝在此設立了朔方郡。河南之戰，揭開了中國騎兵時代的序幕。從此，騎兵作為一股成熟和龐大的軍事陣容，成為決定戰爭勝負的主要力量。

匈奴失卻河南之地，痛心疾首，過之者未嘗不哭。右賢王曾多次進攻朔方郡，想奪回河南失地，但無不被漢軍騎兵所擊敗。西元前一二一年，漢軍發起了規模浩大的

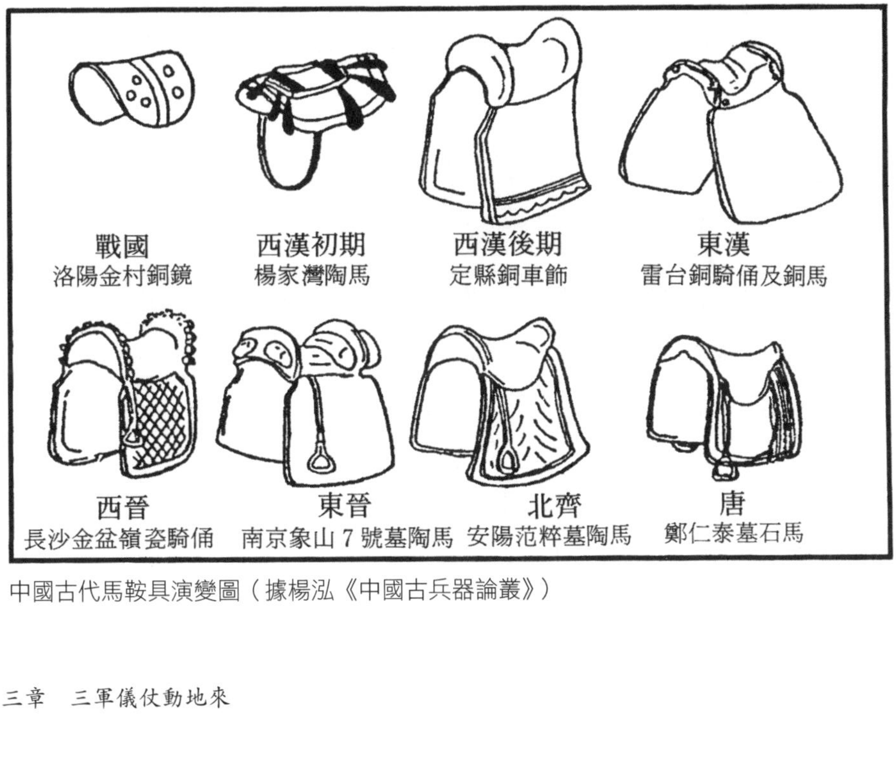

中國古代馬鞍具演變圖（據楊泓《中國古兵器論叢》）

「河西之戰」。驃騎大將軍霍去病率數萬騎兵，西進河西走廊，奔襲一千餘公里，共殲匈奴四萬餘人，打通了西域通道。西元前一一九年，漢武帝又派大將軍衛青與霍去病率兩個騎兵縱隊約十萬人，分別出定襄、代君，又發動了「漠北大決戰」（戰場在今蒙古庫倫東南地區），共殲匈奴主力九萬餘人，使漠南的匈奴王廷從此絕跡。這次戰役，在反映了漢騎兵出現了第一個高峰的同時，也標誌著獨立的騎兵戰術理論體系的形成。這一切，不但在秦漢而且在中國千年長河的騎兵史上寫下了光輝的一頁。

三號坑之謎

秦始皇兵馬俑坑發掘工地，自確定建立博物館之後，逐漸形成了三支不同的隊伍——建館、發掘、鑽探。一切都在緊張地進行。由於有了二號坑的意外發現，考古隊鑽探人員越發變得小心謹慎，同時也更富經驗。他們在一號、二號坑之間和四周展開了地毯式密探，每隔一米打一個探眼，終於在發現二號坑十八天後——一九七六年五月十一日，於一號兵馬俑坑西北側二十五米處，又探出三號兵馬俑坑，這一發現無疑又是一個極大的喜訊。一九七七年三月，考古人員對三號兵馬俑坑做了小型的試掘，發現這是一個形制和內容完全不同於一、二號坑的奇特的地下營帳。於是不得不費盡心思，小心翼翼地按照它原有的遺跡脈絡進行發掘。當它的廬山真面目完全顯現出來後，人們才發現這是一個奇異的俑坑，整個建築面積僅為三百平方米，尚不到一號坑的二十分之一。但它的建築形制特殊，坑內結構高深莫測，令考古人員一時難以作出確切的結論。

從總體上看，一號俑坑平面呈長方形，二號俑坑平面呈曲尺形，唯有三號俑坑平面屬於一個不規則的凹字形。它的東邊為一條長十一．二米、寬三．七米的斜坡門道，與門道相對應的為一車馬房，兩側各有一東西向廂房，即南廂房與北廂房。遺憾的是，坑中陶俑的保存情況遠不及一、二號俑坑。一號俑坑雖然有被破壞的跡象，並有許多陶俑被打碎、陶片被移位、兵器被盜等現象，但這些陶俑的頭卻大部分留在坑內，經過修復後，陶俑缺頭者並不多。而三號俑坑的陶俑大部分沒有俑頭，陶馬的馬頭也同樣殘缺不全，坑內也不見殘破陶片的蹤影。由此，考古人員推斷三號俑坑曾遭受過比一、二號俑坑更加嚴重的洗劫。然而令人不解的是，三號俑坑的建築未遭火燒，而是屬於木質建築腐朽後的自然塌陷。這種奇特的現象又成為一個待解之謎。

隨著發掘的不斷進展，三號俑坑的南半部通道、車馬房和北半部得到了大面積的清理，一個古代軍陣指揮部的形貌一覽無遺地出現在世人的面前。三號俑坑作為古代軍陣指揮部完整的實物形象資料，是世界考古史上獨一無二的發現。它的建築布局、車馬特點、陶俑排列、兵器配備，都是人們重新認識和研究古代戰爭及出戰儀式等方面難得的珍貴資料。

就在三號俑坑發掘的同時，考古人員又在三號坑西側一百五十米處鑽探出一座南北向甲字形大墓⑯。墓室面積約為三百平方米，深達十二米，四周有兩層臺，北邊的斜坡墓道長約四十米，墓室內曾鑽探出木板朽灰。由於它的位置與三號俑坑相隔不遠，因而，考古人員在《三號兵馬俑坑發掘簡報》中曾推斷：「此墓是否和三個兵馬俑坑同為一組？墓主人是否即三號坑內的指揮者？這些還有待於以後的發掘予以驗證。」

三號坑形制與藤俑排列情形

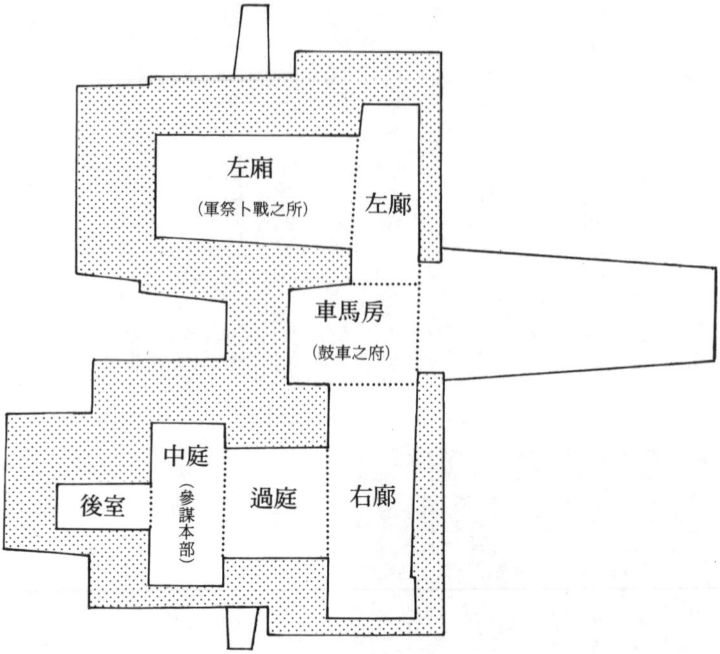

三號坑軍幕分區示意圖

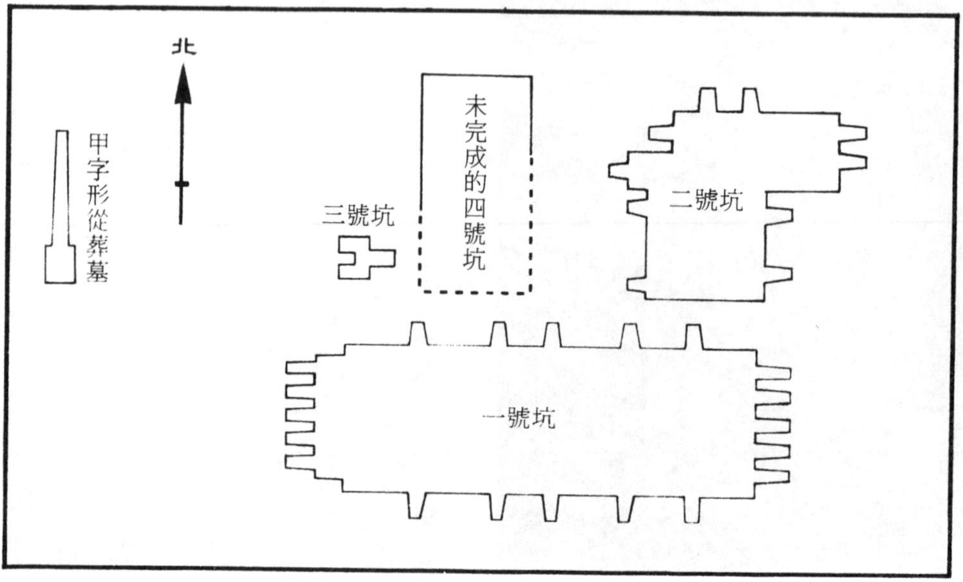

兵馬俑陣營平面分布示意圖

墓主人是否即軍陣的指揮者尚有爭論，但三號兵馬俑坑的出土卻讓人們看到了一個古代完整的軍事布陣圖。

縱觀中國古代戰爭史，在春秋五霸⑰以前的戰場廝殺中，軍隊的指揮將領要身先士卒，衝鋒陷陣，他們所處的位置自然要在軍陣之前或在軍隊的前半部。春秋戰國時期，隨著戰爭規模增大和戰爭次數的增多，軍事將領的位置也隨之向後移動。至戰國晚期，軍事將領所處的位置已從軍隊中獨立出來，並組成了軍陣的首腦機關。從三號坑可以看出，秦代軍隊在戰爭中指揮機關已獨立出來，並置於整個戰陣布局的西北方向。這個指揮機關的產生和位置的選擇，既有利於將領研究制訂嚴密的作戰方案，又便於觀敵布陣、知己知彼。更為重要的是，指揮將領的人身安全有了保障，基本上避免了出師未捷身先死的悲劇。秦始皇兵馬俑三號坑的發現，使當今人類有充足的理由和證據，作出古代軍事戰術至此已完全成熟的結論。

既然三號坑是整個軍陣的指揮機關，它的形狀結構以及坑內的布局自然變得特殊。坑中的車馬房為一東西向的長方形，東與門道相對，北與北廂房相連，南與南廂房相通。車馬房中有彩繪木質戰車一乘，這乘車的形制與一號坑發現的戰車明顯不同，車輿不僅彩繪著華麗而鮮豔的紋飾，同時在車左側還發現了一個直徑為四十二釐米的彩繪花蓋。戰車上沒有發現兵器，戰車的背後，俑的數量也不同於一號坑。在一號坑出土的戰車往往會有三件陶俑，而且車後尚有數量不等的隨車徒步兵。而三號坑出土的戰車上有四件陶俑，中間的御手俑和軍吏俑呈一前一後排列，其餘兩件車士俑位於左右兩側，軍吏俑身穿短褐，上披彩繪花邊的前胸甲，頭戴單捲尾長冠，右臂微舉，手作按劍狀，從它的冠式、鎧甲、手勢分析，身分高於御手，但似乎又低於一號俑坑車後站立的將軍俑。其餘兩件陶俑從衣著打扮可以看出地位更加低下，應為普通的車左或車右。

在中國古代戰爭史上，早在春秋時代就有一種乘坐四人的指揮車，三號俑坑的戰車當屬於這一類型。但從總體上看，這種戰車又似乎不同於春秋時期的駟乘⑱指揮車，那麼這輛指揮車的用途和作用又是什麼呢？俑坑的發掘者、著名考古學家袁仲一對此做了這樣的解釋：「二號俑坑的車位於隊列的最前端，似為前驅車，又可名為先驅軍，行軍時導行在先，作戰時挑戰前驅。即在戰前向敵軍致戰，表示必戰的決心，然後兩軍開始交鋒。」這種解釋也許合乎歷史真實，但從現代戰爭的眼光看，是否可以否定這種「導行在先」，而看作是指揮者的專車，或是視察戰場局勢的巡視車呢？

三號俑坑南北各有一個較大的空間，可能是廂房，因為考古人員在這兩個空間的前廊和車馬房相接處發現有朽木門楣遺跡。門楣經過髹漆處理，並裝有等距離環首銅釘四件。根據遺跡推斷，門楣上的環首銅釘當是用以懸掛帷幕之用，繼之推斷當時車馬房進入南廂房入口處是懸掛著帷幕的，藉以將兩個空間相隔，各自處於相對獨立的狀態。而北部的空間與南部相同，門楣、銅釘遺跡俱在，只是建築形制稍微簡單一些。

考古人員把這兩個空間命名為南北廂房，這個命名很容易令人想起《西廂記》中情意綿綿、蕩人心脾的愛情故事，通過發現的帳鉤等飾件的分析，可以斷定南廂房是軍事將領研究制訂作戰方案和休息之處，並沒有男女歡愉之事的情況出現，只有四十件披甲的武士俑成隊地站立著。而北廂房同樣沒有閨房痕跡，相同排列著二十二件武士俑，也均為男人模樣，看來這兩個廂房是一個陣前指揮部。

縱觀三個兵馬俑坑，不僅在建築形制上完全不同，而且在陶俑的排列組合、兵器分布和使用方法上也各有特色。一、二號俑坑的陶俑都按作戰隊形作相應的排列，而三號俑坑出土的武士俑則呈相向而立的形式出現，採取了夾道式的排列。無論是南北廂房還是正廳，武士的排列方式均為兩兩相對，目不斜視，呈禁衛狀。

一號俑坑的武士俑有的身穿戰袍，有的身披鎧甲，有的頭梳編髻，也有的將髮髻高高挽起。而三號俑坑的武士均身披重鎧，頭梳編髻，其陶俑造型魁梧強悍，面部神態機智靈活，充分顯示了古代衛士特有的性格和威武機智的精神風貌。當然，三號俑坑最顯著的特點就是兵器的不同。一、二號俑坑有大量的戈、矛、戟、劍、彎刀之類的兵器，而三號俑坑只發現一種在古代戰爭中很少見的無刃兵器——殳。這種兵器的首部為多角尖錐狀，呈管狀的殳身套接在木柄上，它只能近距離殺傷敵人或作為儀仗，顯然不是應用於大規模廝殺的兵器。從大批殳的出土和武士俑的手形分析，三號俑坑的衛士無疑都是手執這類兵器而面對面站立的。

除此之外，三號坑還有一個顯著特點是發現了占卜用的實物，這些實物是為卜算戰爭的吉凶所必備的材料。卜戰儀式最早源於史前時期的石器時代，殷代最為盛行，西周至春秋戰國時期卜戰仍然是戰前的一項重要儀式。其方法是在龜殼或牛肩胛骨的一面鑽孔，灼熱後骨背面便出現裂紋，占卜者可按裂紋的不同判斷吉凶。可以說，古代人每次軍事行動，特別是重大的軍事行動，都離不開占卜。最顯著的一次例子是周武王九年，武王與姜子牙計議，決定東征伐商。周軍出發前，作為統帥的姜子牙左手持金斧、右手執白旄，號令三軍將士。周軍紀律嚴明，旗鼓整齊，當大軍開到黃河渡口孟津後，趕來參加伐商的諸侯竟有八百名之

三號坑中的鼓車之府（車馬房）

多。就在這時，姜子牙下令班師回營，因為他這次出征的目的就是檢閱部隊的戰鬥力量和試探諸侯的人心向背。姜子牙清楚，儘管他的東征得到眾多諸侯的回應，但商朝的實力還比較強大，伐商的時機還沒有成熟，所以下令班師返回。

兩年後，殷紂王更加荒淫無道，不僅殺掉了自己的叔父比干，並且囚禁了貴族首領太師箕子，商朝的一些貴族大臣紛紛叛商奔周，殷紂王不但失去了民心，也失去了商朝貴族的信任和支持。洞若觀火的姜子牙感到，滅商的時機終於來臨了，在武王的授意下，他決定出兵伐商。然而，在出征前舉行的占卜儀式中，兆辭⑲卻顯示了「征伐將對周不利」的凶兆。恰在這時，暴風雨突然襲擊了豐鎬，幾乎所有的大臣都為此感到恐懼和猶豫，紛紛勸說武王不要發兵征商。唯有姜子牙一人不信天命，堅持勸說周武王不可坐失良機。周武王終於被姜子牙說動，命大軍即刻東征伐商。姜子牙率軍從孟津渡過黃河，各路諸侯也紛紛率軍前來助戰。四千乘兵車浩浩蕩蕩地開往距朝歌三十多公里的牧野列陣討戰，殷紂王倉卒武裝了七十萬奴隸和東南夷戰俘進行抵抗，雙方在牧野展開大戰。姜子牙率領周軍將士衝入敵陣，商軍雖眾，皆無戰意，看到強大的周軍將士潮水般湧來，自知難以抵擋，於是七十萬人一起掉轉矛頭，引導周軍殺向朝歌。殷紂王見大勢已去，登上鹿臺放火自焚，統治中原近六百年之久的商王朝終於走到了盡頭。

在姜子牙大戰牧野、以周代商之後的幾百年來，許多史學家對戰爭前的占卜儀式進行了研究。歷史發展到秦代，由於資料的缺乏，後人無法得知這種卜戰儀式是否在秦軍中應用，甚至有人提出了這種古代卜戰儀式在秦代已絕跡。三號兵馬俑坑的發現和發掘，使困惑中的學術界終於看到了實證。在俑坑中除陶俑陶馬和兵器外，考古人員還發現了一、二號俑坑中沒有的一堆動物骨骼朽跡和一段殘缺不全的鹿角。這些實物的發現，再度證實了秦代卜戰儀式的存在。至於這種卜戰儀式在秦代大規模的戰爭活動中如何應用和發生了怎樣的作用，一時難以找到有力的證據，或許隨著秦始皇陵園遺跡的不斷發掘，這一巫文化之謎會得到破譯。

完整的古代陳兵圖

顯然，一、二、三號兵馬俑坑及其內容的排列組合，絕不是無意識或無目的的安置和擺布，與此相反的是，這是一個經過深思熟慮、奧妙無窮的實戰車陣的模擬，是一幅完整的古代陳兵圖。

戰爭在中國的土地上源於何時已無從考證，但至少在史前時期的黃帝時代就已具備了相當的規模。戰爭是兩個軍事團體武裝衝突的最高形式，隨著它的延續和發展，其布局和性能也隨之發生質的變化。戰鬥的雙方要戰勝對方，就必須把用武器裝備一定數量的武裝人員，按照一定的組織形式進行編列，從而形成一個進可以攻、退可以守，既能分散又便於收攏的戰鬥集團。於是，作為一種臨戰隊形群體布局的「陣」便相應地產生了。由於軍陣是伴隨戰爭產生的組織藝術，又以多種形式隨戰爭實踐不斷發展變化，因而當這種藝術形式湮沒於歷史塵埃之中時，今天的人們要瞭解古代的軍陣，自然顯得力不從心。隨著古代兵書真本的失傳，具有明顯演義性史書及描寫古代戰爭題材的文學作品的問世，古代軍陣被蒙上了一層神祕的面紗，使它越來越處於一種近乎神化的境地，後人再也無法見到它的真實面目了。

在唐代所留下的史料中，有一篇叫《李靖問對》的經典軍事文章[20]。當唐太宗李世民問軍事家李靖何為「五行陣」時，李靖當即回答了「方、圓、曲、直、銳」五種陣法，並向李世民進一步解釋，儘管古代兵書戰策所言陣種繁多，各家之說不盡相同，但總離不開「因地形使然」的道理，若將諸種陣形加以濃縮，用此五種陣法完全可以囊括。在這場君臣問對中，李靖鄭重其事地指出：「凡軍不素習此五者，安可以臨敵乎？」李靖對古代軍事諸家陣法的概括，無疑又為後來的軍陣研究者留下了一個難解之謎。這個謎經過了一千三百多年後才得以解開。

一九七二年四月，考古人員在發掘山東臨沂銀雀山兩座西漢武帝時期的墓葬時，意外地發現了記載《孫子兵法》、《孫臏兵法》等書的四千九百餘枚竹簡。兵法的問世，在引起了世界考古界與軍事界轟動的同時，也為研究者提供了珍貴的理論佐證，許多懸而未決、爭論不休的問題由此得到了確切的答案。

銀雀山竹簡《孫子兵法．十陣》[21]曰：凡陣有十，是為方陣、圓陣、疏陣、數陣、錐行之陣、雁行之陣、鉤行之陣、玄襄之陣、火陣、水陣。兵書雖列有十陣，但在今天看來其中一些不能算作陣，如火陣只是用火攻擊的方法，水陣則是在水上戰鬥或利用水攻擊敵人的方法，這些不能成為獨立的陣形。因此，《孫臏兵法》在繼承《孫子兵法》思想的基礎上加以提煉，摒棄了孫子的「火陣」和「水陣」而成為「八陣法」。

「八陣法」被孫臏首先提出後，歷代軍事家又按此加以推演，形成了龐雜而令人眼花撩亂的多種陣法，可惜這些陣法仍未能超越孫臏「八陣法」的範圍。但就孫臏的「八陣法」而言，仍可提煉和簡縮。如王學理就認為：孫臏所劃分的「玄襄之陣」只是多置旌旗而誘敵的疑策，並非戰鬥隊形的排列組合，嚴格地說是不可稱為陣的。而「疏陣」和「數陣」兩種陣法大同小異，只是前者在戰場上展開隊伍，擴大陣地；後者在戰爭中收攏隊伍，不為敵人所分割。兩種陣法實則也均屬直陣的範疇。至於「雁行之陣」和「鉤行之陣」，前者意在將隊形呈大雁飛行狀展開，以便更大地發揮矢弩之威；後者的陣法是左右彎曲如鉤，以便見機行事，採取迂回包抄之法。這兩種陣法亦可用曲陣加以概括。「錐行之陣」的陣法相當明確，旨在以精銳之師突破敵陣的防線，插入敵人的縱深。由此，孫子的「十陣」和孫臏的「八陣法」，實際的基本陣形仍是「方、圓、曲、直、銳」五種。可見唐代的軍事家李靖對古代兵書戰策的提煉和概括是頗有道理的。

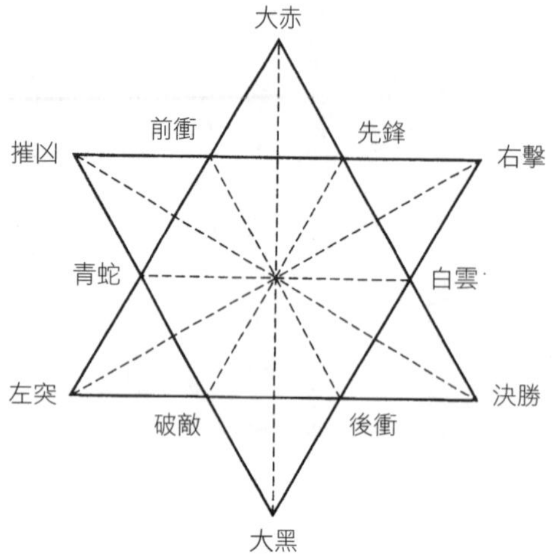

李靖六花陣

理論的總結自然來自於實踐，然而中國古代軍隊刀光劍影、血流漂杵的戰場，早已被歲月的煙塵所湮沒。許多著名戰役那波瀾壯闊、氣勢恢宏的陣容，也不能定格在這塊古老的土地上。後來的人們就只有根據在煙塵中殘留的蛛絲馬跡來推斷遠古戰爭的輝煌場景，並按照各自心中臆想的圖形，對古代軍陣的真實面目進行不休的爭執。

秦始皇兵馬俑的出土，使人們透過欣賞這一奇蹟的表層，窺到了隱匿於表層之內的深刻的軍事戰略和軍事思想脈絡。三個兵馬俑坑真實、形象地向後人展示了秦代精華的軍事布局，一號坑是規正的長方形出現代表了一個典型的方陣格局。

陣中的車馬和武士俑背西面東，向世人顯示了整個俑群已具備了鋒、翼、衛、本幾個在方陣中不可或缺的組成部分。坑中最前端橫排三列共計兩百零四件武士俑，它們中除三個頭戴長冠的將軍俑外，其餘均是身著戰袍、腿紮行縢、足蹬淺履、免胄㉒束髮、手執弓箭的軍卒。軍卒的裝備顯然是古代兵書所云的「善發強弩，遠而必中」的摧鋒之士。這同二號坑前端左翼安置的弩兵俑群一樣，反映了這是一支攻擊型的部隊，其戰法必定是在戰鬥開始的瞬間萬箭齊發，迫使敵軍臨行亂陣，而後續的三十八路大軍乘機源源衝擊，形成白刃格鬥、斬將擒敵的陣局。在大軍中間的特定位置，戰車上站有手握青銅寶劍的將軍予以指揮，從而形成一個方陣的主體布局。

位於軍陣南北兩旁的武士俑，身披重鎧，手執勁弩，面向軍陣兩側呈出射狀，這當是整個方陣中的「兩翼」。在俑群的後部，有三排銳士作橫隊排列，背對大軍，這便是方陣的「衛」。兩翼和衛的作用在於防止敵人攔路截擊或包抄後路，以保障自己軍隊的戰鬥行動不受敵人的夾擊，達到保存自己、消滅敵人的戰略目的。

如果站在軍事戰略的高度上去認識，就會發現一號坑兵馬俑所組成的龐大方陣，絕不是一幅固定而呆板的圖畫，從這個戰陣的組成中，可以看到古代軍事戰略沿革的遺痕。

一號坑方陣的組成之本，在於以眾多的步兵簇擁戰車，從而組成強大的決鬥力。這些步兵手執矛、戟、鈹㉓等具有強大殺傷力的長柄兵器，用以決鬥刺殺敵軍主力。

一九七九年六月二十六日，在秦俑一號坑出土了一件類似劍與矛的兵器，以後在一九八〇年和一九八一年又相繼發掘出土同類兵器十餘件，被稱為「短劍」。一九八二年，考古人員劉占成經過對這一兵器仔細研究考證，認為「這種兵器雖似短劍，但有格有莖而無首，柄後有帶銅鐓之長木柲遺跡。因此這類兵器並非短兵，而是長兵，以前稱為『短劍』是不準確的，經考定應為『鈹』」。劉氏的一家之言在國內頗具權威的學術雜誌《文物》一九八二年第三期公開發表後，很快得到了眾多專家的認可並形成共識，自此之後這類兵器不再以「短劍」相稱，而是以「鈹」的名字公之於世。從出土的鈹的外形看，兩側中面都刻有秦小篆銘文，紋道極淺，纖細如髮，如一鈹刻有「十七年寺工敏工䆪」八字，另一側刻「寺工」二字，鈹柄上刻「子壬五」三字。

古代戰爭是面對面的白刃格鬥，兵卒是依靠手中之兵器殺傷敵人，從而決定戰爭的勝負。一般而言，兵器按其殺傷距離進行分類，並有遠射、長兵、短兵之別。三類兵器的使用方式及其作用各有不同。按劉占成的觀點，秦俑一號坑出土的那件「十七年」銅鈹，主要用於較遠距離的對敵刺殺，在實戰中與戈、矛、戟等長兵性質相同，因而毫無疑問地要劃為長兵類。據劉氏考證，長兵之名，最早見於《史記・刺客列傳》和《史記・吳太伯世家》。如〈刺客列傳〉在說到公子光欲刺殺吳王僚時，有：「王僚使兵陳自宮至光之家，門戶階陛左右，皆王僚之親戚也。夾立侍，皆持長鈹。」後如《方言》云：「錟謂之鈹」，注：「今江東呼大矛為鈹。」因而有人稱之為「劍式矛」。事實上，鈹具有一鋒二刃，可前刺，又能左右揮砍，要比矛的殺傷力大。古代作戰有「長兵以衛，短兵以守」的說法，兵器太長則難犯敵，太短則不及，為解決這一矛盾，便出現了「凡五兵五當，長以衛短，短以救長」的軍事理論和實際戰法。各種不同性質的兵器只有配合使用，才能夠達到「迭戰則久，皆戰則強」的效果（參見《司馬法・定爵》）。在河南汲縣山彪鎮出土的戰國水陸攻戰紋銅鑑圖案上的武士及秦俑坑出土的武士俑都持有長、短兩種或兩種以上不同的兵器，就是「長以衛短，短以救長」的形象說明。秦俑坑出土的長鈹，也正是《司馬法》所謂「兵惟雜」的軍事戰術思想在秦軍武器裝備方面的具體展現。

秦俑二號坑車兵和弩兵則是用以射殺突出與明顯部位的敵軍，達到全殲敵人的目的。這個方陣與春秋時期大排面的車陣不同的是，它充分發揮了步兵的戰鬥作用。戰車所布之陣，可顯示軍容、威懾對方，發揮集體作戰的威力。如西元前六五六年，齊楚會盟於召陵，齊桓公排布諸侯之師組成方形車陣，請楚國使者乘車巡視並洋洋自得地稱道：「以此眾戰，誰能禦之，以此攻城，何城不克？」可惜這話說得過於大了，事實並沒有如齊桓公所言。幾年後，齊國以戰車為主體的方陣最終沒能抵住秦國以步兵和戰車為主體的軍陣攻擊。齊國兵敗的道理在於以戰車為主體的軍陣雖能顯示龐大的氣勢，但在複雜的地形條件下卻不能發揮巨大的威力。同時又由於戰車的存在，束縛了士兵在不同情況下個體戰鬥力的發揮，更談不上隨機應變及充分利用靈活作戰的戰術。故此，以戰車為主體的方陣隨著戰爭的發展而逐漸退出歷史舞臺，也是自然的事情。

著名作家、軍事家阿里安（Arrian of Nicomedia）在《亞歷山大遠征記》㉔中，對古代希臘的方陣曾有過這樣的解說：「方陣並不是像史學家所說的那樣，只是一個僵化的隊形，它可以是方形，也可以是拉長的長方形，也就是形成擺好的陣勢。這種陣勢可以隨戰機收縮，以便突破敵陣。」阿里安的這種解釋，同樣適於中國古代軍事家孫臏所言「方陣之法，必薄中厚方、居陣在後」的特點。「薄中厚方」，有的史學家解釋為「加強兩旁的兵力，中間較弱」。這顯然與孫臏的「本必鴆」㉕、「戰惟密」㉖的列陣思想相矛盾。按照考古學家張占民的解釋，「薄中厚方」的「中」應指方陣的正面，「方」似指方陣的縱深。「薄中厚方」的列陣理論應為正面要小、縱深要長，以此編成軍陣，必然成長方形。唯有這樣宏大而縱深的軍陣，才能充分顯示出攻擊或防守戰爭中的優越性。

很明顯，一號坑軍陣無論從哪個角度透視，都難將其整體分割開來。與一號坑不同的是，二號坑兵馬俑軍陣則明顯地分隔成四個不同形狀的軍陣布局。第一個空間是由三百三十四件弩兵俑組成的方形集團，第二個空間為六十四乘輕車組成的方形隊伍，第三個空間是由十九乘重型戰車和百餘件隨車步兵俑組成的長方形勁壘，第四個空間則是由六乘戰車和一百二十四件騎兵俑組成的快速、迅疾的殺傷力量。

二號坑軍陣的布局，顯然是根據當時的時代背景和軍事條件所決定的。當時的情況是，弩兵和騎兵雖然在戰國末期特別是秦代已發展成相對獨立的兵種，但在戰場上卻不能構成獨立的軍陣。儘管這時的弩兵已形成集中的兵團並排成相應的隊形，做到了前後相次，射時前無立兵，隊無橫陣，張而復出，射而復入，更發更上，番次輪回的戰鬥效能，卻無法做到軍陣所要求的千變萬化，因戰局的不同而進退自如的功能。因其行動緩慢、兵器殺傷效能單調，決定了在戰場上必須同其他兵種配合的特點。與此相反，騎兵儘管行動迅速、機動靈活，可惜他們手中的兵器不是槍、刀、劍、戟，而是勁弩。兵器的局限，使之不得不同樣必須同其他兵種配合。由於勁弩使用不便，鞍馬沒有腳鐙，這樣的兵種假如獨立成陣，其在戰場上的使用結果是可想而知的。

儘管二號坑中的四個軍事集團不能單獨成陣，但它們一旦得以組合，就形成了一個具有強大殺傷力和攻擊效能的曲陣，這種軍陣應用於戰場，必將是所向披靡，威力無窮。這種多兵種配合形成強大陣容的戰略思想，隨著戰爭的發展，越來越受到軍事家的重視。當冷兵器退出歷史舞臺，熱兵器興起之後，這種列陣思想同樣滲透到現代化的戰爭之中，從而形成了規模更加龐大、兵種更加複雜的「立體」軍陣。

既然一號俑坑和二號俑坑模擬的是兩個實戰的軍陣，三號俑坑又作為指揮部出現，那麼這三個俑坑就應是一個密不可分的軍事集團。這種不同兵種的排列組合方法，是遵循什麼樣的軍陣戰略原則？

無須絞盡腦汁就會明顯看出，這個大型軍陣的排列，和春秋以前的陣法相比已大不相同了。周滅殷的牧野之戰，只是一種單調的車步配置一線的橫排方陣。雙方交戰時均作正面衝突，在戰術思想上沒有採取策略性的變化和藝術的表現。敵我雙方只是靠兵器的優劣、士氣的不同而決出勝負。

秦俑坑軍陣布局和兵種的排列，隱現著一種隨戰場情況變化，而軍陣和兵種配置也隨之變化的跡象。執弩的前鋒射擊後，可隨即分開居於兩側給後面的主力讓路；騎兵則根據不同的敵情，以迅疾的速度衝出軍陣，和步兵主力形成犄角夾擊敵人。這種戰術上的變化，早在春秋中期的車戰中就已開始出現，到戰國時期隨著步兵與騎兵的興起，這種以夾擊為隊形的陣法漸趨成熟。春秋時期大排面的車陣戰已被這種追擊、包圍、正面進攻的戰略戰術所替代，兵法中所云的「雁行之陣」也由此形成。

秦俑軍陣無疑是已趨成熟的「雁行之陣」的再現。可以想像的是，當戰爭已經開始，陣前的弓弩手先開弓放矢，以發揮其巨大的威力。一號坑的步兵主力乘機向前推進，二號坑的騎兵與車兵避開敵軍正面，以迅猛的特長襲擊敵軍側翼，一號坑步兵主力在接敵的同時將隊形散開，和車騎兵種共同將敵包圍，致使敵軍呈困獸之狀，從而達到殲滅的目的。這種戰術正如孫子所言：「凡戰者，以正合，以奇勝。故善出奇者，無窮如天地，不竭如江河，終而復始，日月

雄壯的兵馬俑軍陣

是也；死而復生，四時是也。」一號俑坑是以傳統的車兵與密集的步兵組成的龐大軍陣，兵力部署相當於二號俑坑兵力的三倍，而二號俑坑則是由弩兵、騎兵、車兵組成的軍陣，當二號俑坑的兵車、戰馬以取銳、迅疾的快速進攻戰術沖入敵陣時，一號坑的大軍則「無窮如天地，不竭如江河」，與敵軍正面交鋒，這種布陣方法，可謂大陣套小陣，大營包小營，陣中有陣，營中有營，互相勾結，又有各自摧銳致師的性能和目標。曲陣的神奇變化，迅疾勇猛；方陣的高深莫測，雄壯威武，使得這個「雁行之陣」，攻無不克，戰無不勝，所向無敵。千古一帝的秦始皇正是利用這樣一支所向披靡的大軍和劃時代的軍事戰略、戰術思想，以氣吞日月之勢血蕩中原，席捲天下，完成了歷史賦予他的偉大使命。

自一九七四年三月西楊村農民發現第一塊陶片到一九七七年十月，秦始皇陵兵馬俑坑的八千地下大軍，以磅礡的氣勢和威武的陣容，接受了當今人類的檢閱。它的出現，如同一輪初升的太陽，使沉浸在漫漫長夜的東方古老帝國的神祕歷史再度燦爛輝煌。

當新華通訊社頻頻發射電波，向全世界報導這一東方文明的盛況和奇蹟之時，西方新聞界也不甘寂寞地發出了足以令人同樣震撼的訊息：

希臘通訊社報導：「一九七七年十一月，希臘弗吉納村發現一座巨型墓葬。據考古學家鑑定，認為這座墓葬可能是兩千三百年前亞歷山大大帝的父親、馬其頓國王腓力二世的墓葬㉗……」

義大利廣播公司報導：「截至一九七七年十二月底，義大利歷史名城龐貝的考古發掘工作已走過了戰後三十年的歷程。對這座羅馬時代由於火山爆發而湮沒的城市，經過考古學家的科學鑽探和發掘，已完全掌握了整座城市的形制和布局，許多殿宇的殘骸在發掘中得以保護㉘……」

相互交映、此起彼伏的電訊，喚起了人類久遠的記憶，三個最偉大的古代帝國一同步入世人的瞳眸。馬其頓——羅馬——中國，三顆輝煌耀目的星星又在二十世紀升起。

注釋

❶ 鏃：即箭頭，後鑄圓柱形的「鋌」，與箭杆接附。鏃有雙翼、三稜等多種形式。商代至西周的鏃多為雙翼式，鏃身由背分為左右兩葉，葉外緣作刃狀，向前聚成前鋒，向後為倒刺形的後鋒；春秋時期：鏃多為三稜式、圓錐式和雙異式；戰國時期則以三稜式鏃為主。

❷ 據《吳越春秋．句踐陰謀外傳》記載，楚人陳音曾為越王講述弩射的正確方法：「夫射之道，身若戴板（身體挺直，頭若激卵（昂首揚頭），左蹉（《太平御覽》卷三四八作「左足縱」），右足橫，左手若附枝，右手若抱兒，舉弩望敵，翕心咽煙（屏氣凝神），與氣俱發，得其和平，神定思去，去止分離，右手發機，左手不知，一身異教，豈況雄雌？此正射持弩之道也。」

❸ 見該書〈句踐陰謀外傳〉。越王問射，楚人善射者陳音對曰：「琴氏以為弓矢不足以威天下。當是之時，諸侯相伐，兵刃交錯。弓矢之威不能制服。琴氏乃橫弓著臂，施機設樞，加之以力，然後諸侯可服。」

❹ 少府：官名也是官署名。始於戰國，秦漢相沿為九卿之一。一般認為少府掌山海池澤收入和皇室於工業製造，為帝王之私府。其實少府執掌不限於稅收和手工業，還參與宮室陵園修築等土木之功。

❺《荀子．性惡》曰：「繁弱、鉅黍，古之良弓也。」據清人王念孫《讀書雜志》考訂，「距來」為「鉅黍」之誤。

❻ 伍，古代步兵的編制單位名，五人構成一伍。五乘為三伍，是說一乘有車兵三人，五乘共十五人，改編為步兵三個伍。

❼ 陳：即「陣」，本作敶，古籍多省略為陳，陣乃後起字，約始於東漢。

❽ 魚麗一詞始見於《詩．小雅．魚麗》：「魚麗於罶，鱨鯊。」麗在這裡當訓為離，離同罹；罶即笱，捕魚的工具。魚麗之陣是把步卒比喻為魚，兩車的間隙比喻為罶，說步卒在車縫之間緊緊掩護兩車的側翼，如同魚兒被關在狹窄的罶中一樣。

❾本甲：古人常以劍比喻軍陣。鋒為劍末，本為劍之後部，故前鋒部隊稱「末甲」，而緊跟其後的部隊稱「本甲」。

❿趙國與東胡，匈奴、林胡，樓煩接壤，這些都是游牧民族，經常以騎兵侵擾趙國。為加強邊防，西元前三〇七年，趙武靈王命令軍隊採用胡人服飾，改著短裝，上褶（褶服，一種胡服）下袴（褲），腰束皮帶，用帶鉤，穿皮靴，藉以發展騎兵，訓練在馬上射箭的作戰技術。

⓫咸陽楊家灣漢墓：西漢文帝、景帝時期的墓葬，位於陝西咸陽市郊楊家村附近。共兩座，南北並列，編號為四號和五號墓。一九七〇—一九七六年發掘，一九六五年曾在四號墓南面清理出兵馬俑坑十一座，出土騎兵俑五百八十三件、步兵俑一千九百六十五件、舞樂雜役俑一百多件。又有戰車坑一座，居於兩列之間，已被擾亂。這批俑群步伍嚴整，人馬都經彩繪，具體呈現了漢初軍陣的真實面貌。車坑居中，表明當時仍舊沿襲把戰車放在主要位置的傳統軍制。騎兵俑數量雖不及步兵俑，但集中排列，自成方陣，表示騎兵已成為獨立戰鬥的兵種。兩墓因距漢高祖長陵較近，墓中又有銀縷玉衣殘片和兵馬俑從葬坑，墓主可能地位不低於列侯，據推測可能是漢初名將周勃、周亞夫父子。

⓬大駱，秦人的先祖之一。據《史記．秦本紀》記載，秦本為嬴姓，其世系在西周末年時一分為二——造父救亂有功，穆王封之於趙城，其後為趙氏；大駱因造父之寵，亦姓趙，大駱生非子，居犬丘，善畜馬，孝王邑之秦，復姓嬴。秦人即是大駱這一支族的後代。

⓭一九五〇年代後期，湖南長沙市近郊發掘一批西晉磚室墓，其中的金盆嶺九號墓出土了「永寧二年五月十日作」篆體銘文磚，隨葬品裡有一組以青瓷製造、供墓主人出行的車馬儀仗俑，是當時世家大族擁有眾多屬吏和部曲（私人軍隊）的真實寫照。其中有騎吏俑十四件，馬上鞍具齊全，有三件在鞍的左前側處作出三角鐙形，可視為中國內地開始使用馬鐙的例證。

⓮馮素弗夫婦墓位於遼寧北票縣西官營子村將軍山東麓，為同塚異穴。一九六五年發掘，是十六國時期考古的重大發現。據《晉書》記載，馮素弗為北燕天王馮跋之弟，北燕國的建造者之一。墓中出土的兩隻馬鐙，以桑木為心作圓三角形，上懸長系，外包釘鎏金（古代金屬工藝技法，係把金與水銀合成，塗在銅器表面，加熱烘烤，使水銀蒸

發，金則附著於器表）銅片，是早期馬鐙中有確切年代的一副，成為研究馬具發展和斷代的重要資料。

⓯霍去病墓位於陝西興平縣，為茂陵陪葬墓之一。墓前有象、牛、馬、魚、豬、虎、羊、「怪獸食羊」、「人與熊鬥」、「馬踏匈奴」等十六件石刻。作風渾厚樸素，雕刻手法極為簡練傳神，是中國現存時代最早而又保存完整的成組石刻，堪稱中國古代雕刻藝術的珍品。

⓰甲字形墓：貴族墓葬型式的一種，其墓室為大型的長方形豎穴式土坑，大多在南面有一個墓道。

⓱春秋五霸：亦作「春秋五伯」。一說為齊桓公、晉文公、秦穆公、宋襄公、楚莊王，一說為齊桓公、晉文公、楚莊王、吳王闔閭、越王句踐。前說相當流行，但後說比較符合史實。春秋數百年間，稱霸的君主不只五位，齊桓公等人不過是最著名的幾個代表。由於論者取捨標準不同，所以出現了分歧。

⓲駟乘：一車同載四人。古代兵車一般只有乘員三人，四人共乘制不是通例，因為增加一人會影響戰車的速度，同時車上空間擁擠，也不利於甲士揮戈與敵格鬥。根據《左傳》記載，春秋時代都是在非常情況下，為了加強主車的護衛力量才四人共乘。秦始皇陵二、三號兵馬俑坑各出土一輛駟乘車，似有特殊的作用，地位重要。

⓳兆辭：又稱卜辭。商代銘刻於甲骨上的占卜之辭，是研究商史的重要資料。商代王室貴族遇祭祀、征伐、田獵、出入、風雨、疾病等活動或現象時，常以龜甲和獸骨占卜吉凶，並在其上刻記占卜時日、占卜者名字、所占卜的事情和占卜結果等，完整的卜辭由前辭、問辭、占辭、驗辭四部分組成。間或刻有少數記事文字，也多與占卜有關。

⓴《李靖問對》，或稱《李衛公問對》、《唐李對問錄》，共三卷，世傳是唐代的李靖所撰。宋朝元豐年間（西元一〇七八—一〇八五年），與《孫子》、《吳子》、《六韜》、《司馬法》、《三略》、《尉繚子》同列為「武經七書」之一，立於官學。但後來何薳《春渚紀聞》考訂為它是宋人阮逸所撰，並非李靖原作，馬端臨《文獻通考》則疑其為宋熙寧年間（西元一〇六八—一〇七七年）輯錄的《衛公兵法》。

㉑在一九七五年文物出版社刊行的銀雀山漢簡《孫臏兵法》中，《十陣》被當作一篇，列於下編之首。但該書上編十五篇，各記「孫子（指孫臏）曰」或「威王曰」；下篇十五篇，並無此等字樣，不能確定為孫臏之書。故一九八五年文物出版社出版的《銀雀山漢墓竹簡》第一輯已重作調整，將原下編那十五篇自《孫臏兵法》中析出，另歸入先

秦「論政論兵之類」。但可以確定的，「十陣」是戰國時期戰鬥隊形編列的十種主要形式。

㉒ 冑，即頭盔，又稱首鎧、兜鍪、頭鍪。在秦俑坑目前出土的兩千多件陶俑中，無一是戴頭盔的，據考古學家推測，這可能就是史書上所謂的「科頭免冑」。《史記．張儀列傳》曰：「秦帶甲百餘萬，車千乘，騎萬匹，虎賁之士跿跔（跳躍）、科頭、貫頤（兩手捧著下頷），奮戟（執戟而怒）者，至不可勝計。」裴駰《史記集解》注曰：「科頭謂不著兜著入敵。」由此可見秦國銳士「勇於公戰」的大無畏精神。

㉓ 鈹：裝有長柲（兵器的柄）的擊刺兵器，去掉柲杆，形狀極似短劍，殺傷力強。春秋至秦一直廣泛使用，漢代以後逐漸消失，歷來只知其名而罕見其物。過去出土的鈹由於柲已腐朽，僅見鈹首，因而常被人誤認為短劍。秦俑坑出土的鈹為完整實物的首次發現，鈹首長約三十五釐米，一鋒兩刃，有格有莖，莖扁平，有孔，插於柲端並以釘固定，通長三．八米。

㉔ 阿里安，約西元九五—一七五年，生於小亞細亞的尼科米底亞（Nicomedia），西元一二六年獲羅馬公民權，曾任卡帕多西亞（Cappadocia）總督、雅典執政官，職跨軍事、文學兩界。他的《亞歷山大遠征記》共七卷，詳述亞歷山大東征的行軍作戰過程和他傑出的軍事指揮藝術，並介紹希臘的先進軍事技術，寓論斷於敘事，取材精實，對於研究歐亞古代史很有幫助，也為以後的軍事歷史學家提供了參考資料。

㉕ 本必鳿：語出銀雀山漢簡《十陣》，意思是後續部隊必須充足宏大，源源不絕。鳿，原作琟，大也。《說文解字》曰：「鳥肥大琟琟也，從隹工聲。鳿或從鳥。」

㉖ 戰惟密：語出《司馬法．定爵》，意思是接戰要密集，以便合力殲敵。

㉗ 馬其頓王陵在一九七七年時由希臘考古學家安德羅尼科斯（Manolis Andronikos）發現並主持發掘，是第二次世界大戰以來希臘考古學重大成果之一。王陵上為拱頂，有兩個墓室，前小後大，未經盜掘。大墓室正中置白色大理石棺，內放一純金長方形骨灰箱，蓋上刻有馬其頓王室星形王徽，箱內有以金葉及紅色錦緞包裹的骨灰，並有一頂橡實與橡葉交纏圖像的金製王冠。石棺前有一木床，放置鎧甲、護脛、矛、盾等物，床上鑲配有象牙浮雕和小型象牙頭像。發掘者認為其中一尊是馬其頓國王腓力二世的肖像，另一年輕者為其子亞歷山大大帝，並主張這座墓是腓力

二世及其後妃之墓。但墓中無文字銘記，學術界對此尚有爭論。

㉘龐貝位於義大利那不勒斯東南維蘇威（Vesuvius）火山腳下，始建於西元前六世紀，為希臘移民城邦庫美（Cumae）治下的小鎮，西元前三世紀歸屬羅馬，西元七九年八月，維蘇威火山大爆發，龐貝城全部埋於火山灰下。一七四八年三月開始發掘該城址，為歐洲近代考古的先聲。一七六三年由所得銘文確知為古城龐貝，由於火山灰的掩埋，遺址保存完好。此後發掘、整理及修復工作陸續進行，目前古城遺址已發掘完成三分之二以上，獲得豐富的繪畫、雕刻、工藝品及古代建築遺跡，為研究古羅馬社會生活和歷史提供了原始資料。

第四章

人類星光閃耀時

異軍突起，馬其頓鐵蹄東征，亞歷山大名垂青史。以小搏大，羅馬稱霸地中海，凱撒大帝建偉業。逐鹿中原，大秦帝國掃六合，嬴政始稱始皇帝。歷史的長河星漢燦爛，東西方文化交相輝映，人類的星光照耀千秋。

光照三洲的帝國

西元前三五六年，在希臘北部馬其頓的一座王宮裡，誕生了一個嬰兒。這就是曾在西方建立起橫跨歐、亞、非三洲疆域的馬其頓帝國的亞歷山大大帝。

就在亞歷山大出生之日，遠在世界東方的一個諸侯國——秦國，已從櫟陽遷都咸陽，並通過「商鞅變法」悄然崛起，開始了吞併山東六國逐漸統一天下的軍事大行動。

馬其頓原是希臘北部一個野蠻、落後的部落小國，經過亞歷山大的父親腓力二世的默默治理，這個民族逐漸強盛起來。

就在腓力二世雄心勃勃地要征服波斯帝國時，卻被他的部下刺殺身亡。二十歲的亞歷山大以超人的果敢和才智肅清了殺父的黨徒，並於西元前三三六年繼承了馬其頓王國的最高統治地位。

亞歷山大繼位後做的第一件事，就是率軍出征波斯，完成父親未酬的壯志。

但未等亞歷山大的大軍起程，希臘中部便出現了叛亂。為穩定自己已得的控制希臘聯盟的地位，亞歷山大不得不改變行程，先率軍平息叛亂。遠征波斯的大軍在平息叛亂後的西元前三三四年才走出希臘本土。

亞歷山大從小就愛馬，他遠征波斯時率領的三萬五千人均為騎兵，戰馬幾乎成為他締造帝國大業的主要作戰工具。西元前三三四年，亞歷山大的鐵騎踏上小亞細亞，同波斯軍隊交鋒。在長達一年多的廝殺中，波斯軍隊最終抵不住亞歷山大鐵騎的進攻而敗退。波斯主力軍團也在伊索斯戰場（Issus）被擊潰，皇后、皇太子均被俘。

亞歷山大抓住戰機乘勝前進，直撲泰爾（Tyre）城。具有戰略眼光的亞歷山大知道，要想覆滅波斯帝國就必須消滅波斯艦隊，而要消滅波斯艦隊，就勢必先攻泰爾城，一旦拿下泰爾城，艦隊後路被絕，便成甕中之黿，再也無力交戰，覆滅波斯當指日可待。

波斯帝國同樣深知泰爾城在整個戰爭中所處的重要地位。

當亞歷山大的大軍展開攻勢時，遇到了波斯駐泰爾城軍隊理所當然的頑強抵抗。亞歷山大見陸上攻擊不能奏效，便把軍隊調集到海上實行猛攻。但泰爾城仍巋然不動，亞歷山大再次把軍隊分成兩路，分別從陸地和海上一齊猛攻，這種雙管齊下的戰法使用了七個月之久，城堡依然未克。

亞歷山大不愧是世界古代軍事史上傑出的天才。他絞盡腦汁冥思苦想，終於悟出了破敵的要領。他命令將士在海上修築起又長又大的突堤，直通泰爾城下，然後在突堤上安裝木梯等攻城器具。

這一把古代土木工程學的技術應用到攻克城堡中的天才軍事傑作，以後成為羅馬時代攻城克堅的軍事教課範例，後來的羅馬帝國也正是得益於亞歷山大的軍事戰略思想和靈活多變的戰術，才在世界格局的爭鬥中迅速崛起。

一切準備就緒。亞歷山大登上突堤，望著面前幾百架又寬又長的木梯和一捆捆繩索，禁不住對夜色籠罩下的泰爾城發出一聲淡淡的冷笑。

亞歷山大的軍事天才得到了驗證，泰爾城終於在強大的戰略攻勢中失陷了。波斯國王大流士三世派使節向亞歷山大求和，提出的條件是：釋放波斯族王族婦人，並由波斯給予贖金；自幼發拉底河以西的地域全部割讓給亞歷山大。

亞歷山大拒絕了這種求和，他率領大軍沿巴勒斯坦海峽挺進，南侵敘利亞，佔領腓尼基，隨後登上埃及的領土。此時的埃及已淪陷為波斯的殖民地，對亞歷山大的到來，埃及百姓表示了熱烈的歡迎。亞歷山大利用在埃及過冬的時間，建造了舉世聞名的亞歷山大城和亞歷山大燈塔。這座城市直到今天仍繁榮不衰，成為地中海第一大商港。遺憾的是，當年曾被探險家安提巴特（Antipater of Sidon）命名為「世界七大奇蹟」之一的亞歷山大燈塔，在安然無恙地屹立了一千年之後，於西元一三七五年的大地震中沉入海底，再也沒有復出。

西元前三三一年春天，亞歷山大再次踏上征途，親率四萬七千人組成的軍隊由埃及向東，幾乎沒有遭到任何抵抗便抵達兩河流域。同年的十月一日，在高加米拉（Gaugamela）平原同捲土重來的波斯主力進行了決定性的會戰。兩軍憑藉地形地物，按各自的戰略戰術擺開陣勢緩緩向前移動。

亞歷山大故意延長軍陣的右翼佯裝主攻波斯軍的左翼，波斯軍不知是計，急忙抽調大量中央軍隊增援左翼，結果造成中央空虛，而且與右翼形成了間隔。亞歷山大抓住這稍縱即逝的戰機，以精銳的騎兵突然揳入敵軍中央，這種和《孫子兵法》所言「銳陣」相同的陣法，一經亞歷山大應用，就使波斯大軍因失去控制和指揮而混亂一團，很快全線崩潰。大流士國王率少數部下殺出重圍落荒而逃。

這次戰役使波斯殘餘勢力遭到了致命的重創，再也沒有反撲的力量了。亞歷山大長驅直入，率大軍來到大流士國王正在興建的新都，將宮殿付之一炬，報了一百五十年前希臘雅典城被波斯大軍焚毀之仇。然後率大軍進入哈曼丹（Hamadan），將波斯殘餘勢力全部消滅。

隨著波斯帝國的滅亡，亞歷山大在哈曼丹就地對部下進行獎賞，遣散盟軍，僅留部分願追隨他的忠誠之士，並在當地招募新兵，編成精壯的私人兵團，同時自封為「亞細亞之王」。從此，亞歷山大走上了更具風險和偉大歷史意義的征服之旅。

為確保已經到手的波斯帝國領土，亞歷山大把他新編的兵團推向了新的征途，再次向廣大的世界進行征服。龐大的鐵騎經過中亞地區，越過峻秀高聳的庫什山脈，進入伊朗北部，直達錫爾河。大軍在錫爾河休整過程中，與當地人一起修建了「最盡頭的亞歷山大港」。

至此，亞歷山大出征已達六年，全部行程為一萬八千公里。

之後，亞歷山大率軍企圖繼續東征印度，直達東海，但在全軍將士的堅決抵制下，不得不下令返回故都蘇薩城（Susa）。

西元前三二三年，亞歷山大定新都於巴比倫城，躊躇滿志地繼續把整個身心用在向大帝國邁進的經營中，他下令修築運河網，同時繞阿拉伯半島航行進行考察。正在他向自己的目標邁進時，卻突然患病身亡。一代人傑，死時年僅三十二歲。

金色的羅馬

隨著亞歷山大的謝世，他所建立的龐大帝國也隨之崩潰，若干年後，西方的霸主地位則由弱小的羅馬取而代之。

如果以西元前二七〇年為界，這之前在地中海一帶角逐霸權的只有迦太基人和希臘人，此時的羅馬還是個弱小的嬰兒。然而迦太基人和希臘人誰也沒有想到，這個弱小的羅馬似乎在一夜之間崛起了。

嬰兒終於長成了青年。

既然已經崛起，就要充當霸主。沒有這種意志與信念的支配，小小嬰兒是不會在一夜之間長成強壯青年的。當然，羅馬人也清楚地認識到自己的筋骨還不十分強硬，氣力上沒有迦太基這位老大哥強大。因而，羅馬人在不斷向迦太基人表示心悅誠服、訂立友好條約的同時，暗中對希臘人這位力氣稍差的二哥刺進了刀子。希臘人沒有想到這位三弟如此凶殘狠毒，欲想置對方於死地，但受傷的軀體最終使它力不從心而潰敗。

滿身氣力的迦太基人面對羅馬人的行動和野心，依然蒙在鼓裡，他們怎麼也不會料到一旦希臘人潰敗，羅馬人的刀子就向自己刺來。

更換位子的時刻終於到來了，這是西元前二七〇年，羅馬人把最後一批盤踞在義大利南部的希臘人全部驅逐出境後，很快控制了整個義大利半島。希臘人被剷除了，面臨的自然是羅馬人同迦太基人爭奪第一把交椅的決鬥。既然羅馬人的刀子已在眼前閃亮，並呈威脅和格殺之勢，作為大哥的迦太基人自然不能坐以待斃，戰爭不可避免了。

西元前二六四年，羅馬人揮舞戰刀向迦太基撲來，很快佔領了軍事要地西西里島。

要拿下迦太基，徹底打敗這位大哥，對於羅馬來說就意味著必須橫穿地中海，進行大規模的海戰和陸戰，並以對付希臘人十倍的力量來進行這場戰爭。因為迦太基人畢竟不是希臘人，這個具有航海傳統的民族，此時強大的艦隊已完全控制了地中海海域。

當羅馬人駕著笨重緩慢的木船離開西西里島赴迦太基城時，遭到了迦太基艦隊的猛烈反擊，羅馬軍隊幾乎全軍覆沒，不得不在西西里島堅守不出。

面對寬闊浩瀚的地中海和迦太基龐大的艦隊，羅馬人只好仰天長歎。

希望源於失望，羅馬人苦悶了數月後，終於想起了亞歷山大大帝在波斯海上築起土堤，一舉攻下泰爾城那一著名的軍事戰例。

亞歷山大的軍事傑作，使羅馬人重新燃起了希望之光。

夜幕遮掩下的地中海，波湧浪翻，空曠蒼涼，羅馬大軍駕駛笨拙的木船悄悄向迦太基艦隊靠近。海浪的湧動，雲霧的翻騰，遮掩了羅馬艦隊的行動。當迦太基人發現面前的一切時，已來不及了。

木船疾速駛近敵艦，並很快排成突堤狀，一架架木梯頃刻搭向艦身，羅馬軍隊蜂擁而上，在迦太基人的艦上展開肉搏和廝殺。艦身急劇地顫動，浪濤依舊翻騰不息，無數具死屍從艦上栽入海中葬身魚腹，沖天的火把映照著刀光劍影，慘澹的星月冷冷地目視著人類的爭鬥殺戮，地中海蕩起腥紅的血水，船艦上響起撕心裂肺的喊殺聲和呼天搶地的哀號聲……這出其不意的襲擊，使迦太基人首次嘗到了羅馬人的厲害。之後的歲月裡，羅馬大軍憑藉亞歷山大創造的戰術和自身一往無前的精神，對迦太基艦隊展開了大規模猛攻。在著名的米勒大海戰（Battle of Mylae）、艾克諾莫斯大海戰（Battle of Ecnomus）和艾加特斯大海戰（Battle of Aegates）這三大戰役中，迦太基艦隊受到了致命的重創，戰鬥力喪失殆盡。在民族存亡的緊要關頭，迦太基人為保存自己的殘餘勢力，不得不以賠償巨款和放棄西西里島主權為代價，含淚飲恨與羅馬人暫時講和。

這次被史書稱為「腓尼基戰爭」❶的結果，使羅馬人終於由嬰兒長成為西地中海區域的霸主。但是，羅馬人深知自己的第一把交椅坐得並不穩固，因為迦太基實力尚在，說不定哪一天會捲土重來，撼動它的地位。

羅馬人沒有看錯，就在他們慶賀戰爭的勝利而封功授賞之時，迦太基有一個六歲的孩子正在成長。這個孩子就是日後差點致羅馬人於死命的漢尼拔（Hannibal Barca）。

當漢尼拔九歲時，他的父親——迦太基著名的軍事將領哈米爾卡就帶他出征西班牙，在連續不斷的征戰廝殺中，漢尼拔逐漸成為一名出色的軍人。西元前二二九年，哈米爾卡患病去世，臨終前他沒有忘記讓他的兒子漢尼拔到太陽神巴力哈蒙（Baal Hammon）的神廟對神起誓：「不忘迦太基戰敗之恥，永遠與羅馬為敵。」

西元前二二一年，統率西班牙南部「新迦太基城」的漢尼拔的姐夫哈斯德貝（Hasdrubal）遇刺歸天，由二十五歲的漢尼拔取而代之。漢尼拔一經取得軍事權力，做的第一件事就是實現自己的誓言，與羅馬人決一雌雄。他故意挑起事端，以激怒羅馬人，從而贏得戰爭的機會。兵強馬壯的羅馬自然不能容忍他的無理，西元前二一八年，迦太基與羅馬的第二次大戰拉開了帷幕。

羅馬兵分兩路，一路挺進被迦太基人控制的西班牙，征討漢尼拔，另一路進攻「新迦太基城」，以切斷迦太基的中心指揮系統。

漢尼拔沒有列陣迎戰，而是率領六萬大軍北上，朝義大利領土撲去。他要把戰火引向羅馬本土，使羅馬軍隊首尾難顧，不戰而退。

這無疑是一個大膽而具有風險的軍事戰略。他率領的六萬大軍，有步兵五萬、騎兵一萬，外有三十七頭作戰大象。在他的東征西戰中，戰象是他對付敵人的一柄得意利劍。漢尼拔率領大軍越過庇里牛斯山脈，搶渡隆河（Rhône），迅速向內陸迂回。此時的羅馬人已明白了漢尼拔的意圖，急忙派重兵阻截，以打破漢尼拔的戰略計畫。當羅馬大軍匆匆趕來時，漢尼拔卻銷聲匿跡了。羅馬軍隊派出情報人員四處打探，仍不見漢尼拔大軍的影子。

羅馬人懵了，他們捶胸頓足地面對蒼天叫喊：「漢尼拔，你在哪裡？」

漢尼拔在阿爾卑斯山的山峰之間。

此時的羅馬人斷然沒有想到，漢尼拔居然開始了亙古未有的壯舉，翻越整個阿爾卑斯山。

綿延千里的阿爾卑斯山，早已是冰封雪飄、鳥獸難容的季節。

在險峻狹窄的山道上，漢尼拔率大隊人馬頂風冒雪艱難前行。蒼茫的雪野，雄峻的山峰，深不可測的大峽谷，使這支大軍付出了慘重的代價。當他們完成了這一偉大壯舉，越過阿爾卑斯山後，六萬大軍只剩四萬，三十七頭巨象也只剩二十頭了。但慘重的代價沒有使這支大軍沉淪頹喪，他們畢竟站在了義大利本土之上，而且處在羅馬軍隊的背後，勝利的前景已向他們展現開來。

漢尼拔率領大軍尖刀一樣直插羅馬的心臟，羅馬見這支恍若從天而降的神軍從背後猛撲過來，立即組織國內的軍隊進行抵抗。自小受到嚴格訓練的漢尼拔，以傑出的軍事才能指揮部下將羅馬軍一次次擊潰。漢尼拔抓住戰機率大軍在羅馬國土上縱橫馳騁，所向披靡，羅馬軍隊節節敗退，大片國土淪喪。直到西元前二一六年八月三日，羅馬人才在短暫的喘息之後，得以在義大利南部阿費多斯（Aufidus）河口的康尼（Cannae）平原上擺下陣勢，作決定性的一戰。

羅馬軍聯合各同盟諸侯的步兵八萬人，另有騎兵六千餘眾。而漢尼拔此時只有不足四萬步兵和一萬騎兵。

從兵力上看，漢尼拔顯然處於劣勢，更為重要的是沒有兵源的補給。

兩支大軍擺開陣勢，間距數公里，坦蕩無垠的康尼大平原上，暖風徐動，野花飄香，燦爛的陽光照耀著碧綠的草蔓，火獾在草蔓中流星般四散，整個康尼平原越發壯美秀麗。

羅馬大軍的右翼由包魯斯（Lucius Aemilius Paulus）指揮，中央正面軍由前執政官凱米奴斯（Servilius Geminus）指揮，左翼則是瓦羅（Caius Terentius Varro）將軍指揮。其軍陣布局為：左右兩翼均為雙層長橫式陣形，每一層六排步兵；後列是中央軍，由十二排步兵組成。他們的陣法顯然是以其兩倍的優勢兵力主攻漢尼拔的中央正面，為銳形陣法。

漢尼拔縱身馬上，巡視羅馬軍的陣形，躊躇了很久。隨後他猛地掉轉馬頭，大聲向部將下令：把中央正面部隊迅速調整為梯形，突出兩翼，並成為一列橫隊展開。漢尼拔所採取的陣形為斜陣法，也稱斜楔陣法，在當時，這是兵法史上劃時代的布陣方法。在此之前的西元前三七一年，希臘城邦底比斯的將軍伊巴密儂達斯（Epaminondas of Thobes）曾用此陣法於留克特拉（Leuktra）大敗常勝軍斯巴達。自小接受軍事訓練的漢尼拔自然通曉希臘時代的兵法，因此，他在這廣闊的康尼平原上，作出了驚人的傑出表演。

他高喊著：「我指揮梯形正面！」同時把兩翼的重裝騎兵分別委任其弟和波米卡爾（Bomilcar）指揮。

當他揮舞戰刀，策動中央軍急速突出，而羅馬軍的中央正面也在向前運動時，漢尼拔的左翼重裝騎兵隊以排山倒海之勢向羅馬軍的右翼撞來，並迅速向羅馬中央軍背後包抄，轉眼已達羅馬軍左翼的背後，形成了巨大的包圍圈。由於漢尼拔的梯形正面呈鐵錐狀插入羅馬軍正面，敵軍兩翼在他的騎兵包圍中又來不及合擊，結果羅馬軍的中央正面被穿透，兩翼被騎兵席捲掃蕩，主腦失去指揮能力，軍隊陷入全面的混亂。羅馬大軍當場陣亡七萬人，剩下的一萬全部被俘。

這便是流芳百世的最典型的以少勝多的「康尼之役」。漢尼拔由此在世界軍事史上留下了不朽的聲名。

第一次世界大戰時，德軍參謀總長希利芬（Alfred Graf von Schlieffen）元帥所擬定的著名的「希利芬計畫」❷，便是繼承漢尼拔的包圍殲滅戰略，在他的計畫中，若東、西兩線同時對俄、法作戰，德軍在東線只駐紮少數部隊，以遏制行動緩慢的俄軍。西線的南段多山，不利於大部隊快速行動，部署兵力也略少，重兵則集中於西線北段，於短期內可席捲比利時和法國北部，繞至法軍後方加以包抄殲滅，然後全力回擊俄國，迅速結束戰爭。這個完全師法於「康尼之役」的戰法，曾使法、俄兩軍在大戰初期大規模潰敗。

「康尼之役」完全是秦始皇陵兵馬俑坑軍陣陣法和戰術的西方版本，東西方形成的這種相通的戰略戰術，給後人留下了無盡的思索和回味。

然而，漢尼拔的好運隨著「康尼之役」的結束而一去不復返了。

羅馬人決定採取持久的拖延、牽制、消耗戰術，把漢尼拔這頭雄獅困死。同時讓另一條戰線上的軍隊直接進攻西班牙，以迫使漢尼拔後撤。

面對軍隊疲憊、勞累、補給不足的困難，漢尼拔心急如焚。這時，西班牙被羅馬人另一條戰線上的軍隊攻陷，迦太基政府遭到巨大威脅，漢尼拔思前顧後，不得不率已離羅馬城僅八公里之遙的軍隊返回故國。

西元前二〇二年，也就是漢尼拔回到故國的第二年，年輕的羅馬將領西庇阿（Publius Cornelius Scipio Africanus）率軍進入迦太基。漢尼拔立即組織軍隊，在札馬（Zama）地區同西庇阿軍隊進行了他有生以來最悲慘也是最後的一次大決戰。

深秋的札馬戰場，狂風怒吼，塵土飛揚，使這片無水、無山、無人煙的不毛之地越發顯得悲壯淒涼，這是蒼天向漢尼拔最先發出的不測的警告，可惜他沒有察覺。

兩陣對峙，威名赫赫的漢尼拔依然擺開了同康尼平原上相似的陣法。有所不同的是，大軍的前方安置了八十頭凶猛的戰象。兩軍勢力相當，步騎均為三萬人。漢尼拔信心十足地看了一眼自己的軍隊，發出了攻擊的號令。交戰開始了。

此時的漢尼拔沒有想到年輕的羅馬軍將領西庇阿，在徹底地研究了他的陣法之後，又以驚人的才華擬訂了使漢尼拔慘敗的神奇對策。八十頭戰象挾起了死神，以雷霆萬鈞之勢向羅馬軍隊撲來，隨之左翼的鐵騎也馳入敵陣。

羅馬軍隊面對滾滾風雷，既不退卻，也不避讓，呆了似的在原地不動。戰象、鐵騎狂奔著，離羅馬軍隊越來越近，死神已在眼前起舞。

西庇阿感到時機已到，迅疾發出了號令。頓時，羅馬軍隊鼓聲大作，號角齊鳴，其怪異的聲調震耳欲聾。在這奇聲怪響中，羅馬軍陣閃現出一條條通道。正勇往直前的戰象和鐵騎受到這突起聲響的驚嚇，頓時亂了陣腳。有的停滯不前，有的穿陣而過，有的則掉頭衝向自己的軍隊。漢尼拔軍陣一片大亂，無數步兵在戰象與鐵騎的衝擊、踐踏下成為肉泥。

西庇阿抓住這千載難逢的戰機，指揮中央正面部隊迅速揳入漢尼拔的陣中，在將對方的中央軍擊潰後，又轉身增援那些牽制漢尼拔兩翼的部隊。久經沙場、百戰百勝的漢尼拔，再也無力指揮軍隊反撲了，他遭到了平生最慘烈的大失敗。三萬軍隊除陣亡外，幾乎全部被俘。

初出茅廬的西庇阿第一次把聲學應用於戰爭，一舉擊潰名將漢尼拔而名傳青史。

這次交戰的結果是，迦太基無條件向羅馬投降，並接受羅馬人提出的一切條件：沒收軍艦、戰象，剝奪交戰權，放棄全部的海外領土，賠償五千公斤黃金，派一百名貴族子弟赴羅馬當人質等等。

於是，為期十九年的第二次腓尼基戰爭宣告結束。

羅馬徹底坐穩了在西地中海的霸主地位，然而，勝利者的欲望總是在不斷地膨脹。

羅馬人沒有就此止步，隨著著名的悲劇英雄凱撒大帝登上政治舞臺，他的大軍又征服了高盧、希臘、埃及和小亞細亞的所有敵人。稍後的屋大維大帝，繼續率領羅馬軍隊開拓疆土。大軍所到之處，勢如秋風橫掃殘葉，攻無不克，戰無不勝。羅馬的版圖變成東起幼發拉底河，西抵直布羅陀海峽，北至英吉利，南到北非北岸，整個地中海成為羅馬帝國的一個內湖。

嬰兒最終成為巨人，「金色的羅馬」達到了它最為輝煌的鼎盛時期。

千古一帝震華夏

當馬其頓的鐵騎踏上萬里征途，羅馬大軍於地中海的風浪中奮力搏擊之時，在喜馬拉雅山東部和天山、陰山、大青山區域的千里大漠上，同樣是刀光劍影、烽煙不斷、廝殺連年。淒淒大漠深處，匈奴、東胡、月氏族，展開了爭奪區域霸主的拚殺。戰馬的嘶鳴伴著勁風吹起的狂沙煙塵，在箭雨刀光的浪濤中起伏跌宕，滾滾前湧。

黃河、長江兩大流域的廣袤土地上，強盛的齊、楚、燕、韓、趙、魏、秦七家雄主，同樣為爭奪霸權而拚殺搏擊，逐鹿中原。黃色煙塵遮掩下，到處是大軍雲集，鼓號震天，車騎交錯，戈矛並舉，刀劍進擊，戰馬嘶鳴。其戰爭之頻繁、規模之巨大、兵車之眾多，遠非西方戰場可匹敵。而交戰雙方投入軍隊的數量隨著戰爭的發展急劇增多，幾乎每一次戰爭交鋒的人數，都有數十萬之眾。

戰爭的方式由較原始的車戰、陣戰的直接對抗，逐漸演變為以步、騎、弩兵為主的野戰和賦予多種變化藝術的包圍戰。著名的秦趙「長平之役」，兩軍從西元前二六二年一直拚殺到西元前二六〇年，結果是趙國四十萬大軍降卒被坑殺，秦國軍隊也傷亡過半。無數將士慘死沙場，流淌的熱血蕩滌著中原大地。

歷史的動盪亟需一位鐵腕人物站出來，用超人的智慧和強大的武力完成統一。秦王政正是在這歷史潮流的發展中挺身而出，「奮六世之餘烈，振長策御宇內」，以叱吒風雲的蓋世雄威，席捲天下，蕩平六國，完成了歷史賦予他的偉大使命。

西元前二三七年，秦王政親政並以他的機智與果敢粉碎了呂不韋和嫪毒集團。稍試鋒芒後，便開始實現吞併六國、統一天下的雄心壯志。

這一年，呈現在秦王政面前的是兩種針鋒相對的戰略主張：一是呂不韋之後繼任丞相的李斯提出的「先取韓」的戰略，另一種是大思想家韓非提出的「舉趙、亡韓、臣楚魏、親齊燕」的戰略。李斯的主張體現了先弱後強的作戰方針，而韓非的主張則體現了先強後弱、遠交近攻的戰略部署。

李斯與韓非雖係同學，一旦發生關係到自己前途命運的利害衝突時，由相知、相親變為相互殘殺便無法避免。既然衝突已經出現，殘殺也成必然。李斯聯合重臣姚賈先發制人，在秦始皇面前分析了韓非的戰略方針無非是「存韓」和「謀弱秦」。按照李斯的說法和觀點，韓非是韓國的宗室貴族，人雖在秦，其心向韓，故不讓秦討伐韓國而主張攻趙，不如及早殺韓非以絕後患。秦始皇為李斯所言而動心，下令將韓非關進監獄聽候發落。

既然衝突已經開始，就要置敵於死地，否則後患無窮。深知權術之道的李斯不會放過這個機會，他以毒藥將韓非毒死，從而取得了這場衝突的勝利。

韓非既死，李斯又備受秦王政重用，在這種情況下，如果對戰爭的形勢和六國的格局沒有深刻的瞭解，對敵我雙方的力量沒有正確的估計，缺乏戰

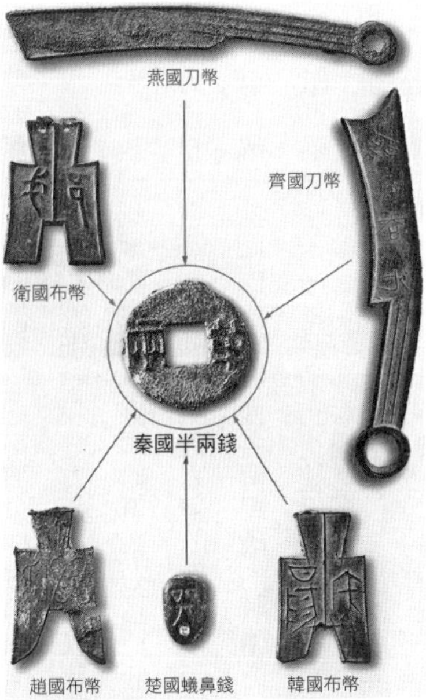

戰國時期的各國貨幣形狀，秦統一後全部改為圓形

略頭腦和眼光，此時的秦王政可能就要按照李斯的作戰方針行動了。然而，秦王政沒有行動。他開始以自己的宏才大略正確估計和判別敵我雙方的力量，以及韓非與李斯兩種不同方針的得失。

秦王政清醒地認識到，秦國的軍事力量比任何一個諸侯國的力量都要強大，若單個較量，秦軍無疑占絕對優勢。但是，秦國面臨的是關東六國的敵人，若以秦國兵力對六國總兵力，優勢則歸對方。

滅六國不能四面出擊，而各個擊破的戰略方針無疑是正確和明智的。

要想各個擊破，就必須防止諸侯合縱❸。六國中，韓國較弱、趙國較強，如按李斯的戰略方針，「先取韓以恐他國」，就很可能再「恐」出一個以趙國為首的合縱抗秦的強大勢力。西元前二四一年，趙將龐涓統率趙、楚、魏、燕、韓五國之師合縱伐秦，趙國就是這五國的盟主。前車之鑑就在眼前，不能再蹈覆轍。韓非的主張無疑是為打破諸侯合縱考慮的，是一種新的形勢下戰略目標的發展與轉移。「舉趙」以擊其頭，使六國群龍無首，同時「親齊燕」以斷其身，合縱難以形成。

秦王政以一個戰略家的傑出才智，不顧李斯等人的強烈反對，毅然決定採用韓非的戰略方針：遠交近攻，舉趙亡韓，作出了集中主力、打擊趙國的具有重大軍事戰略意義的抉擇。

西元前二三六年，秦王政派名將王翦、楊端和、桓齮率三十萬大軍進攻趙國。當時趙國大將龐煖正率兵與燕國交戰，秦軍乘虛而入，占領了上黨郡及河間地區。兩年後，秦軍又攻下平陽、武城。趙國軍隊陣亡十萬餘眾，大將扈輒死於亂軍之中。西元前二三三年，秦軍又一舉攻下了趙國的赤麗、宜安，兵臨邯鄲城下。趙國危在旦夕，急從北方調回正在防禦匈奴的名將李牧。當時李牧所率軍隊為趙國的精銳之師，從北方返回後，士氣高昂，銳氣逼人。李牧以出色的軍事才能指揮將士，與秦軍在邯鄲城外進行了一場血戰。結果是秦軍遭到了攻趙以來的第一次慘敗，指揮戰鬥的主將桓齮由於戰敗而畏罪潛逃燕國。第二年，秦國大軍再次進攻趙國，又被李牧指揮軍隊擊退。

儘管秦軍兵敗，但趙國的勢力已大大削弱。禍不單行，西元前二三〇年，趙國又出現了百年不遇的大旱災。戰爭的消耗，災情的折磨，政治的昏暗，此時的趙國已成強弩之末，滅亡之日已為期不遠。

趙國自身難保，聯兵合縱已不可能，乘此良機，秦王政派兵一舉將小小的韓國拿下，昏庸無能的韓王被俘。

李牧儘管兩次大敗秦軍，但未能挽救趙國滅亡的危局。西元前二二九年，秦國大將王翦、楊端和兵分兩路撲向趙國。久經沙場的宿將李牧、司馬尚率趙軍拚死抵抗。兩軍進行了數百次廝殺，均遭巨大傷亡。將士血染戰袍，屍骨遍地，雙方苦苦搏殺一年之久未分勝負。

秦王政親臨現場觀戰，以鼓舞士氣，並要不惜全力拿下邯鄲。與此同時，他採用尉繚的「離間其君臣」之計，派人用重金賄賂趙國權臣郭開。郭開貪利而向趙王誣告李牧、司馬尚欲謀叛亂，只守不攻，作戰不力。難辨真偽的趙王立即派趙蔥、顏聚去取代李牧和司馬尚的兵權，李牧深知趙蔥、顏聚皆非將才，絕不是秦國名將王翦的對手，在大敵當前的危急關頭，李牧以國家存亡為重，抵抗王命，拒不交出兵權。趙王與郭開密謀派人將李牧抓獲並處以死刑，司馬尚被免職關入大牢。可惜李牧忠誠一世，壯志未酬，沒有戰死沙場，卻被奸臣所害。

李牧一死，趙軍軍心大亂，結果秦軍不到三個月，便攻克邯鄲。

趙國從此不再存在。

強大的趙國一旦滅亡，弱小的魏國和燕國的悲劇命運已無法改變。儘管不乏有荊軻那樣的壯士，慷慨悲歌，以死相搏，但仍未能擺脫國破家亡的結局。兩國隨著趙國的滅亡，也很快走到了盡頭。

時勢造英雄，但英雄必須正確駕馭和把握時勢，否則便不再是英雄。

四國吞滅，秦國面臨的敵人便是齊、楚。很明顯，這兩國的實力，楚遠比齊強大，而秦與齊和親修好四十餘載，和楚數次結怨。

面對齊、楚兩國的不同局勢，如何確定征討戰略方針？

當秦王政徵求文臣武將的意見時，聽到的多是先攻齊、再伐楚的戰略理論。這個理論實則是李斯「先弱後強」作戰方針的延續。

秦王政依然沒有這樣做。他再次清醒地認識到，齊國雖弱，但有相當的軍事實力。若先攻齊，免不了還要和強楚進行一次惡戰。同時還要遭到齊、楚合縱的威脅。若先滅楚，可使齊秦之交不破、齊楚合縱不成。一旦楚國滅亡，齊國定不戰而降。

於是，秦王政再次使用了集中主力打擊主要敵人的戰略方針。

西元前二二五年，秦王政派大將李信率二十萬秦兵伐楚，因年輕氣盛的李信過分輕敵，秦軍遭到慘敗，退回秦國。

西元前二二四年，秦王政改派王翦率領六十萬大軍出征伐楚。當秦軍壓入楚境時，楚國名將項燕立即調動國內全部兵力迎戰。王翦吸取了李信兵敗的教訓，堅守營盤而不出戰。待秦軍養精蓄銳之後、鬥志旺盛之際，才下令出擊。六十萬大軍洪水般衝入敵陣，此時的楚軍已失去戒備之心，猝不及防，被秦軍一舉擊潰。楚國名將項燕也戰死於亂軍之中。不久，秦軍攻下楚都壽春，楚國滅亡。

未出秦王政所料，楚國一滅，齊國已成甕中之鼈，被王翦的大軍一觸即潰，齊亡。

齊楚征戰，在顯示了秦王政傑出的軍事戰略才能的同時，也暴露了他使用將領的失誤和弱點。但他的失誤和自身具有的弱點，並未妨礙他偉業的建立。至西元前二二一年，山東六國在秦軍十五年的征討中全部滅亡。中原大地上為期幾百年的割據混亂局面宣告結束，歷史由此揭開了新的一頁。秦王政認為自己德兼三皇，功過五帝，無人能及，故自號曰「始皇帝」。

然而，六國滅亡，中原統一，並未標誌著秦軍的征戰已經結束，因為此時中原北部的情形已發生了劇烈的

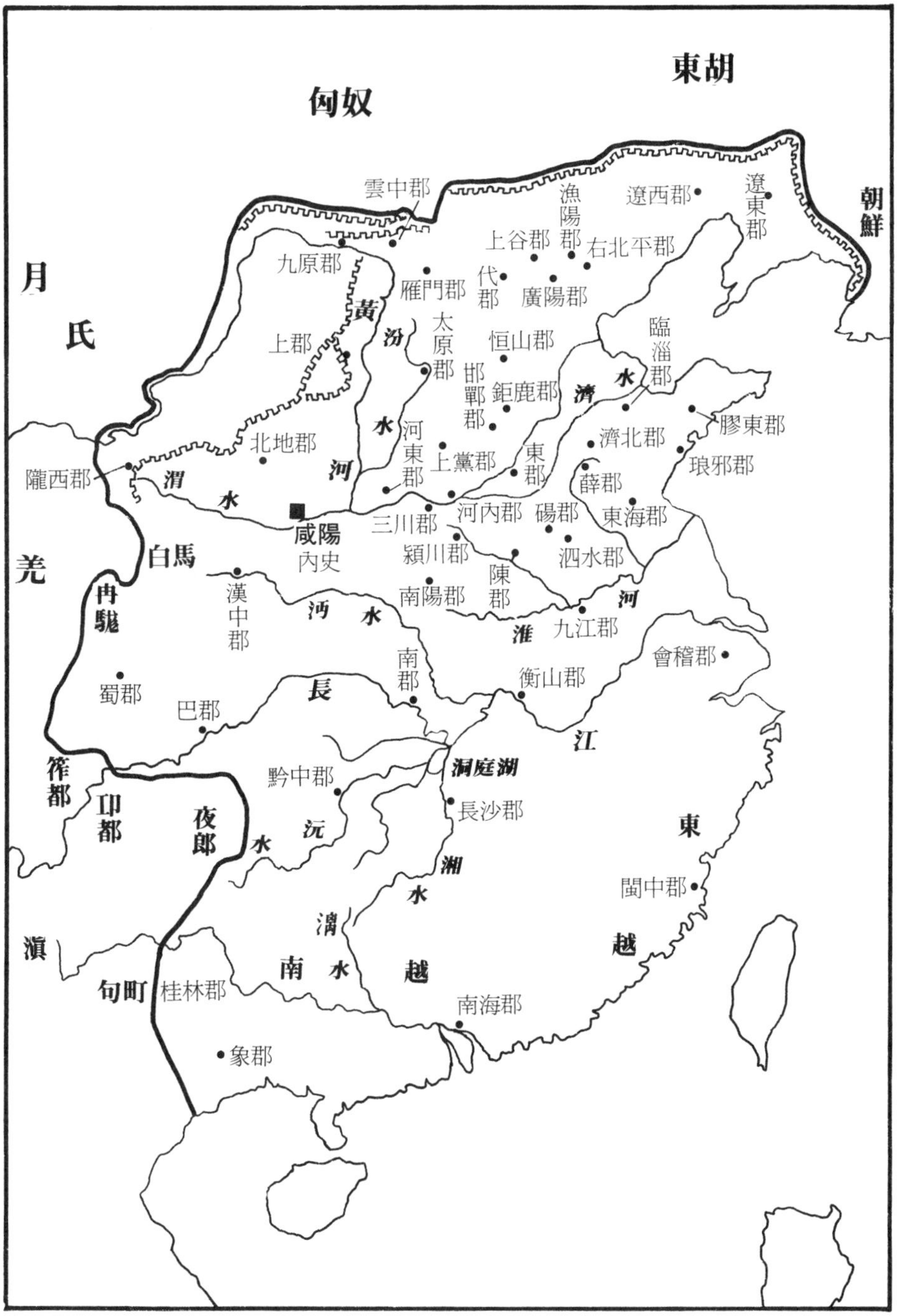
東胡
匈奴
朝鮮
雲中郡
漁陽郡
遼西郡
遼東郡
上谷郡
右北平郡
九原郡
月
氏
雁門郡
代郡
廣陽郡
黃
汾
太原郡
上郡
恒山郡
臨淄郡
邯鄲郡
鉅鹿郡
濟
水
膠東郡
水
河東郡
北地郡
上黨郡
東郡
濟北郡
琅邪郡
隴西郡
渭
水
河
薛郡
咸陽
內史
三川郡
河內郡
碭郡
東海郡
白馬
羌
潁川郡
泗水郡
陳郡
漢中郡
南陽郡
冉駹
沔
水
河
淮
九江郡
會稽郡
南郡
衡山郡
蜀郡
巴郡
長
江
洞庭湖
黔中郡
長沙郡
筰都
邛都
夜郎
水
沅
東
湘
水
閩中郡
滇
灕
水
南
越
越
句町
桂林郡
南海郡
象郡

秦代全盛時期疆域圖

變化。匈奴人由弱到強，乘秦滅六國之機，單于頭曼率匈奴大軍南下，攻佔了黃河河套以南的地區，致使秦都咸陽面臨嚴重威脅。「亡秦者必胡」的議論已在民間流傳開來。

同時，地處五嶺之南的「百越」陸梁人❹，對秦的統一和政治的穩定也造成一定的威脅與困擾。要建立一個強大而牢固的封建帝國，就勢必要對這兩股軍事力量給予打擊。

問題出現了。擺在秦始皇面前的是匈奴人，慓悍強壯，以戰征之，難攻難守；而「百越」雖遠隔千山萬水，路途遙遠，但部族分散，軍事力量相對較弱，攻取較易，守成也可能成功。

面對新的局勢，秦始皇毅然實行戰略大轉移，採取了先弱後強、先遠後近的征戰方針，這實則是十五年前李斯等人戰略思想的復活，秦始皇終於在歷史發展進程的這一階段付諸實施了。

五十萬秦軍兵分五路，以戰略進攻的姿態出現在「百越」戰場上，很快取得了佔領這塊土地的勝利。南海也因「百越」的征服而打通了。

隨著對「百越」戰爭的勝利，秦始皇立即派大將蒙恬率三十萬大軍攻擊匈奴，由戰略防禦轉為戰略進攻。結果匈奴退卻七百餘里，並最終形成了「胡人不敢南下而牧馬，士不敢彎弓而抱怨」的戰略局面。

在歷史的跑道上

人類的文明，是以一個社會已由氏族制度的解體而進入國家社會組織的階段為標誌的。在這種社會中，除了政治組織上的國家以外，還要有城市作為政治、經濟、文化各方面活動的中心。同時也應該發明文字和能夠利用文字作記載，並且要掌握冶煉金屬的技術。

當然，這一切的標誌中創造和使用文字則是最主要的。

一九六八年，英國劍橋大學丹尼爾（Glyn Daniel）教授在他的《最初的文明——從考古學看文明之起源》（*The First Civilization: The Archaeology of Their Orgins*）一書中，提出了全世界最古老的獨立發展的文明有六個。這六大文明分別為埃及、兩河流域、印度、中國、墨西哥和祕魯。

其實，丹尼爾的學說是荷蘭著名考古學家法蘭克福（Henri Frankfort）學說的繼承和發展。早在二十世紀五〇年代初，法蘭克福就指出全世界範圍內獨立發展的文明只有三種，即埃及與兩河流域組成的近東文明，中國文明，祕魯、墨西哥組成的中、南美洲文明。埃及與兩河流域、印度與兩河流域相互密切聯繫而形成的文明，已被考古資料所證實。儘管在中美洲和南美洲沒有發現直立人化石，但墨西哥與祕魯土著最早在世界形成獨立的文明，同樣被考古資料所證實。顯然，它們所形成的文明是獨立的，與舊大陸無關。只有中國文明的起源這一問題，成為傳播論派❺和演化論派❻爭鋒的焦點。而丹尼爾和法蘭克福正是站在演化論這一邊的主將。

十八世紀後半葉，法國人德經（Joseph de Guignes）提出了中國人乃是從埃及殖民過來的理論。與此不同但相似的是，法國的漢學家波提埃（M. G. Pauthier）和盧內爾曼將漢字與楔形文字❼做了一番比較後，提出了中國文明和巴比倫文明❽有親緣關係的學說。當時英國的東方學者拉克帕里（Terrien de Lacouperie）將中國文明與美索不達米亞烏爾地區的迦勒底（Chaldea）文明比較後，作出了兩者之間有某種關係的結論。當英國的理雅格（James Legge）提出了諾亞的子孫曾東行到中國一說後，德國的李希霍芬（Freiherr von Richthofen）則乾脆把中國文明解釋成是由西方移民的結果。

一九二四年，瑞典地質學家安特生❾在中國的甘肅、青海等地發現大批彩陶，他把這些彩陶和前蘇聯中亞的安諾（Anau）以及南俄的特里波列（Tripolye）等處的彩陶做了比較，以考古的資料為中國文明起源於西方的學說提供了證據。

中國的考古學巨匠夏鼐❿，在一九八五年將商代的冶鑄青銅技術與銅器上的紋飾，以及甲骨文字的特點等做了研究，和西方文明的考古資料比較後，提出了中國文明是獨立發展的、並非外來的學說，重新肯定了丹尼爾、法蘭克福的結論。

至今，關於人類的起源與文明的誕生問題，在世界科學界一直爭論不休。不管這場爭論最後的結局如何，人類的起源和文明的誕生到底最先來自西方還是東方，是中國還是外國，有一點是不可否認的，那便是人類終於以自己的智慧和不屈不撓的頑強意志，穿透了千萬年蒼茫迷濛的漫長歲月，在滴血的號子與沉重的足音中迎來了文明的曙光。當進擊的腳步邁到西元前三世紀和西元前二世紀時，世界的東方和西方所誕生的三個最強大的帝國，其政治、經濟、軍事、文化幾乎是達到了同等的高峰。在人類歷史的進程中，它們站在了同一條起跑線上，並且搏擊奔跑的姿態和方法又是出奇地相似。

亞歷山大不愧是一個有知識、有見地、有抱負的偉人。他不同於一般的昏庸帝君，只貪圖淫樂安逸，陶醉於奸佞小人的諂媚。從某種角度看，他的軍事行動、萬里遠征，頗有科學探索的性質。當年他在遠征波斯的初期，便隨軍帶有很多學者，使這些在科學、文化、政治領域裡頗有建樹的學者和希臘人，到了他們從來沒有去過的地方，從而開闊了視野，增長了知識。最典型的例子是他們知道了裡海並不是海灣，而只是一個大湖泊。在此之前，無論是聲名顯赫的學者還是一般的希臘人，對此一無所知，這不能不說是具有歷史和科學意義的幸事。

羅馬鼎盛時代的傑出人物凱撒大帝，雖出身貴族之家，但自己卻是一個平民黨人（Popularis），並同和平勢力的領導者泰納氏的女兒柯涅莉亞（Cornelia Cinnilla）結婚。

凱撒二十七歲時被選為羅馬大祭司及軍團司令官，三十一歲時擔任財政官，三十四歲時擔任市政官，負責祭典、競技等事務。三十七歲時成為大法官。

這時他離執政官的目標只有一步之遙了。

在此期間，為了得到民眾的普遍支持，他大量營建公共設施，其中包括組織羅馬人為之狂熱的競技活動。他曾一次同時舉辦了三百二十組鬥劍比賽，使成千上萬的羅馬城鄉居民全心投入賽局，並為之振奮不已。凱撒個人的生活極為節儉，但他不惜負債累累對平民慷慨樂施。

當他三十九歲時，率領軍隊出征西班牙，在佳德斯（Cadiz），他曾策馬衝到亞歷山大的塑像前，來來回回地徘徊了好久。亞歷山大的光輝業績和傑出才能，激勵著他完成了自己的偉業。

和亞歷山大、凱撒有所不同的是，秦始皇本人並未親自率軍廝殺疆場，但他卻站在了更高角度上駕馭群才，最終完成了統一天下的歷史使命。在秦始皇當政的歲月裡，修建鄭國渠本來是韓國的疲秦計，然而他能聽從諫議未殺水利專家鄭國，反而下令將渠修成，為秦所用。為奪得一個思想家韓非，他不惜發動一場戰爭。青年將領李信率軍伐楚，損兵折將慘敗歸來，仍受重用。在大規模的東征中，秦始皇手下有一大批第一流的政治家、軍事家、外交家和思想家，如李斯、姚賈、王翦、蒙恬、尉繚等人，均出色地發揮了自己的才能，共同完成了吞滅六國的大業。

在融合人種這一決策中，亞歷山大作出了前人未有的驚世之舉：令東西民族相互通婚。雖然他的最初目的是為了鞏固他所開闢的那個超大型帝國的統一，重點在於政治，但其間夾雜著一種明顯進步的、科學的思想，這種思想在客觀上促進了文明的傳播和發展。

羅馬的凱撒為加強屬州的統治，直接採用了移出八萬羅馬城市民，分別送到各殖民地區定居，令他們與當地人通婚，以進行人種的融合。這種抉擇和亞歷山大的移民思想具有異曲同工之妙。

秦始皇發兵五十萬一舉攻下「百越」，面對戍守的困難，毅然改變吞滅六國的戍守戰略，命部分將卒與越人雜居、通婚。這顯然出於政治與軍事戰略的考慮，卻使「百越」的文明得到了發展，並出現了「中縣人以故不耗減，粵（越）人相攻擊之俗益止」的局面。

亞歷山大遠在異邦建立了很多城市、軍港，無非是出於鞏固帝國的軍事上的考慮。而秦始皇面對當時無力徹底吞滅匈奴的現實，不顧時人乃至後人的詛咒，狠心築起了一條萬里長城，也同樣是出於鞏固帝國大業的軍事上的深謀遠慮。

無論是政治、經濟、文化，還是決定國家興亡的重要軍事力量，在人類歷史長河之中，這短暫的瞬間，東西方儘管沒有站在同一條跑道上，但卻是並駕齊驅，像天河中耀眼的星光，同樣地輝煌壯麗、光彩照人。然而，人類的足跡並未在此停留，文明也在不斷的創造中越發輝煌奪目。當歷史洶湧澎湃的潮頭奔騰到二十一世紀時，人們驀然回首，那三個古老的帝國早已流星般在夜空中隕落，所留下的只有一條不易察覺的殘跡。

但是，今天的人類並沒有因為這三個古老帝國的隕落與消失而遺忘歷史。與此相反的是，仍在不惜一切努力去探尋它們的蹤跡，聆聽遠古文明的足音，感知歷史的餘溫。只不過，由於歲月的久遠以及歷史煙塵的遮掩，當今人類已無法辨清三個古老帝國的真實面目。

甘肅出土的唐代羅馬金幣（右）與波斯銀幣

於是，主觀的臆想和推測就不可避免地相繼出現了。

亞歷山大東征遠至中亞的錫爾河，已被他所建立的城堡和考古資料所證實，但近來卻有史學家提出了亞歷山大曾進軍到中國境內，並且在西北地方修築了土長城和城堡的推論。隨後，又有人以羅馬地理學家斯特拉波（Strabo）在西元前一世紀所記載的「西元前三世紀至二世紀羅馬東向擴土，直達塞累斯國」為依據，結合近年來在陝西、甘肅等地出土的拜占庭和羅馬金幣的考古資料，提出了羅馬帝國東征至中國的說法。

這些說法一經提出，曾得到了部分人的認可。這部分人中，有西方人也有東方人。從這些認可者的心理分析，西方人無非是想證明他們的祖先一開始就比東方人偉大，這和他們提出中國文明來源於西方學說的心理是一致的。而東方人之所以能認可，無非是面對近百年來中國不爭氣的現狀，證明中國人從老祖宗起就是挨打受罰的料，今天的狀況亦是必然，從而獲得一種心理的平衡，達到麻醉的效應。

從殘存的史料看，當時的亞歷山大曾有過征服東方直至東海的計畫，那時他認為一旦到了東海，就踏上了世界的邊緣。假如此說真的能夠成立，對中國人來說不能不算一大幸事。試想，亞歷山大既然已到中國的甘肅，就不可能放掉中原這塊肥肉。那麼，在東方興起的「春秋五霸」必然要和亞歷山大的鐵騎決一雌雄。儘管西方的鐵騎驍勇善戰，東方的戰車也絕不是拉土塊的用具。亞歷山大雖通曉古希臘的兵書戰策，東方的孫武、孫臏、伍子胥等亦不是等閒之輩，可以說他們也對軍陣的妙用深得神髓。廝殺的結果應該是很清楚的。

假若，後起的羅馬大軍殺向中國，戰況也絕不是橫掃地中海那樣樂觀得意。「春秋五霸」雖不復存，但「戰國七雄」尚在。儘管羅馬有費比烏斯（Fabius Maximus）、瑪爾庫斯（Marcus Vipsanius Agrippa），斯以及後起之秀西庇阿那樣出色的軍事指揮家，但中國的尉繚、王翦、李牧、廉頗、項燕等輩也絕不是只能吃飯不能打仗的老朽，且廉頗雖老，壯心猶存。尤其是從兩千年後秦俑坑出土的軍陣以及將士的風範來看，足以令後人判別西方這支勁旅和中國軍隊交手後的勝負之況。

對此，中國人並不悲觀。一九八三年三月，中國考古學巨匠夏鼐在應日本廣播協會（ＮＨＫ）之邀的演講中，對亞歷山大和羅馬大軍進入中國的學說進行了公開的批駁。亞歷山大進入中國沒有確切的史料記載和實物證據，因而「只能算是傳奇小說，並不是歷史事實」。經過考證可知，羅馬地理學家斯特拉波記載的塞累斯，並非指中國，而是指中亞黑海一帶，即當時歐洲人知道的絲綢來源的最遠地點。

而在中國陝西、甘肅出土的羅馬、拜占庭金幣，似是在漢唐時期絲綢之路開闢後傳過來的，絕非當時的羅馬大軍來中國所留下的遺物。

此說一經否定，在中國古代歷史上就再也沒有顯露出東西方軍事力量大規模交手的例證。當然，軍事力量不曾交鋒，並不意味著文化藝術等諸方面沒有碰撞和交流，但這種交流始於何時，產生了怎樣的碰撞，這就牽扯到另一個命題，即中國雕塑藝術特別是秦始皇兵馬俑雕塑藝術的源頭到底始於何處？

東方藝術的奇峰

前文已述，秦俑三坑那八千件等身高度的陶俑以及碩大仿真的陶馬、戰車，其配置方式是按照古代軍事序列和陳兵布陣的形式，再現出秦軍列陣、駐營、擬戰、軍幕的生活場景，從宏觀上反映了秦國兵強馬壯、氣吞山河的風貌和秦始皇本人博大雄武的氣質。正是由於秦軍在烽火狼煙的戰國爭雄中取得的輝煌勝利和秦始皇本人的蓋世氣魄，才構成了秦俑藝術產生的社會基礎。可以說，沒有秦軍的勝利，沒有秦始皇帝，就不會有秦俑藝術的存在，更不會出現「前不見古人，後不見來者」這樣偉大的寫實藝術奇峰。

在秦代之前，以軍隊為題材塑造戰爭場面的藝術作品，如戰國時期的青銅器裝飾畫、河南汲縣山彪鎮出土的水陸攻戰紋銅鑑上面雕刻的二百九十餘名士兵在水面和陸地上拚殺攻堅的場景，以及洛陽金村出土的騎士持劍刺虎紋銅鏡中表現的武士著鎧、乘馬勇鬥的風姿等等，雖然在藝術上都不同程度地表現了軍旅生活和戰場搏擊的情景，但由於提供給後人的圖像大都是輪廓的側面剪影，無法看出他們的真實形象。在秦兵馬俑出土之前，咸陽楊家灣漢墓從葬坑出土了西漢前期的彩繪步、騎陶俑群，這些俑像造型優美，人體的各個部位結構合理，形態生動逼真並極富靈性，但可惜通高只有五十釐米左右，正因其體形過小，對於甲衣、芒鞋靴履、鞍韉等細部只能用顏色繪出，並不具備秦俑在塑型上塗彩的質感，故只能讓後人看其大體效果而無法弄清更為具體的細節。也正是由於這諸多的缺憾，使這些俑像在藝術上不同於秦俑並削弱了它的歷史研究價值和藝術魅力。

上：河南汲縣山彪鎮出土的水陸攻戰紋銅鑑上面雕刻的肩披旌羽的戰士
下：洛陽金村出土銅鏡上騎士持劍刺虎圖案

除人俑之外，中國自夏商以迄戰國，以馬為題材的雕塑作品比較罕見，而秦代的雕塑作品，後人也很少看到。人們對古代雕塑的瞭解，一般僅局限於漢代，並在相當長的一段時間內，把霍去病墓石刻為代表的漢代雕塑，作為中華民族雕塑藝術的頂峰。至於漢代之前的雕塑，則認為不具備寫實能力，只是一種粗獷的模仿而已。

秦始皇兵馬俑群像的發現，以史無前例的宏偉規模展示了中國雕塑藝術史上第一批紀念性大型群雕的傑出成就，其宏偉的規模和個體的藝術魅力可謂達到了空前絕後的境界，即使封建社會鼎盛時期的唐代皇陵前擺放的大型石像，也無法與之匹敵。秦俑坑發掘之後，面對秦代陵墓雕刻在製作目的到實際效果上所發生的巨大變化，許多研究者對此進行了較為科學而合理的解釋，也有一些人則僅憑臆想和主觀武斷就輕率地作出結論。如有一個名叫格爾曼·漢夫勒的德國學者跑到中國參觀了出土的秦兵馬俑後，竟大放厥詞，在他的一篇題為〈中國雕塑藝術的誕生——臨潼兵馬俑觀感〉的文章中，作出了中國雕塑藝術不是土生土長的，而是來源於與西方的交往，得益於亞歷山大的智慧和光彩照人的希臘藝術的結論。文中說道：

古希臘的雕塑藝術不只是給古義大利的伊特拉斯坎人（Etruscan）樹立了典範，並且它在羅馬帝國時期得到了發展。古希臘、古羅馬時期的整個地中海地區的人們掌握了這一藝術。邊遠地區的人們瞭解了這一藝術，但原則上卻予以否定。凱爾特人、斯堪特人和日爾曼人仍然保持他們自己傳統的藝術風格。他們選擇古典題材時，總是極力使之和其傳統藝術相適應，對雕塑和繪畫卻束之高閣。這一狀況持續了相當長的時間，直到凱爾特人和日爾曼人受到地中海沿岸各國藝術的刺激和推動，最終也開始接受中世紀造型藝術。這些以及文藝復興和以後時期的藝術都來源於希臘藝術。每尊雕像、每幅油畫所體現的完美當然得歸功於希臘藝術，這自然也包括歐洲和遠東的藝術作品。

這一觀點將會引起中國人的震驚。因為奇特的、自成體系的中國藝術給人這樣的印象，好像它們是與世隔絕的、土生土長的產物。那些廣闊的、毫無吸引力的、強盜出沒的荒原沙漠地帶，難道不是阻礙東西方來往的天然屏障？

以前，東方對西方並不遙遠，而且還有相互來往的道路。即使人們要耗費很多時間走完這段路程，時間在當時卻並不像人們現在所看重的那樣寶貴。在這一道路上，當然也經過中間地區，源於西方本土的藝術順利地傳到中國。因此，中國新石器時代陶器的裝飾圖案和烏克蘭特里波爾耶文化的相似性絕非偶然。當希臘幾何圖形藝術達到鼎盛時期（西元前一〇〇〇—前八〇〇年）時，恰好在中國的青銅器上突然出現了幾何圖形的裝飾圖案。其典型的波曲紋和相似的主題等都說明它們之間有很多聯繫。當希臘的幾何圖形藝術時代衰落的時候，這一聯繫又再度中斷。

自從亞歷山大大帝征服波斯王國繼續東進的時候，零星的東西方相會使這一聯繫更加緊密……

古希臘藝術在亞歷山大大帝時期達到了頂峰，並且得到了更為廣泛的傳播。中國古代藝術可與其相媲美。儘管這種東西藝術之間存在著根本的差異，但兩種藝術碰撞後還是產生了共同的藝術火花。古老的中國藝術打破了它們之間的界限，從而以古希臘藝術為模式的中國雕塑藝術便應運而生了。就同那些以敘事為內容的油畫一樣，這時在中國出現的陶俑也同樣意味著藝術的革命。難怪人們會為之感歎了，陶俑如真人一般，並繪有鮮豔的色彩。對於那些事先從未見過這樣的陶俑，並且認為它們是根本不可能出現的人來說，無疑深有感觸。陶俑看上去好似被夾板夾著的僵硬的真人一樣。這種感覺在他們再看到人物、動物以及表現事件的諸如狩獵和趕車場面的油畫時，一定會發現，而且還會相信眼睛的錯覺。然而，不管怎樣，新的藝術終究是產生了，而且為人們所接受，它取代了傳統藝術在工藝美術行業的地位。

這樣巨大的變化並不只單憑自己的力量，而是在西方藝術家的幫助下才得以實現的。有一條很重要的記載：西元前二四五年，曾有一位西方某國的畫家來到中國，原名不詳。他們後來在自己的新居自稱「利伊一世」。西方的畫家來到中國，而且也會有雕刻家，那麼中國的同行們肯定從他們身上學會了這種新的雕塑技藝。

臨潼兵馬俑以它們的風格證明了這種「洋為中用」的理論。

它們的風格就在於人物的各部位都進行了非常細微的技術處理，而這種風格正是追隨了後期希臘藝術的發展趨勢，古義大利伊特拉斯坎人的藝術作品與中國的陶俑特別接近。例如托迪的瑪爾斯像（羅馬神話中的戰神）和奧爾維托神廟山牆上刻的披著鎧甲的武士。伊特拉斯坎人以他們非常嫻熟的製陶技術而著稱，那麼可以這樣想像，中國人很可能在伊特拉斯坎人中找到了他們的師傅。相對伊特拉斯坎人的塑像來說，臨潼兵馬俑看上去十分「古老」，並且缺乏希臘雕塑立勢的虛實動靜，其姿態威嚴，富於軍事性。這是秦俑身分所要求的，而不是技術處理不當的問題。毋庸置疑，臨潼兵馬俑作為中國雕塑藝術誕生的最早標誌的出現，應歸功於希臘藝術給與的挑戰。

人們不禁要問，如果在西元前三世紀以前東西方就已經有了來往，為什麼中國藝術的這種根本性變革正值這時出現，而不是在此之前？

由秦始皇所造成的政治局勢是中國吸收西方雕塑藝術的前提條件，這種雕塑藝術象徵了皇權，表明了民眾的統一。到此為止，人們應該理解臨潼兵馬俑是怎樣產生的了。顯然，那認為雕塑藝術是在中國土生土長的論點是蒼白無力的，沒有西方藝術就不可能有中國雕塑藝術的誕生，甚至沒有亞歷山大大帝的吸引，也就不會有秦始皇建立的帝國——中國。

漢夫勒在既無確實的依據，又缺乏具體細緻準確分析的情況下，就信口雌黃，妄下謬論，這除了譁眾取寵之外，還體現出「歐洲文化中心論」的觀點在他的心中是何等的頑固和強烈。

在漢夫勒看來，世界文明產生於地中海，其代表是希臘，並由希臘這一個點把文化傳播到整個地球。其實，這就是前幾個世紀在西方頗為流行的所謂的「歐洲文化中心論」。

格爾曼．漢夫勒來中國參觀兵馬俑的時候是二十世紀末期，他所堅守的「歐洲文化中心論」在這時已顯得陳腐和淺薄，因而這種謬論一出，即遭到了許多學者和藝術家的批判。中國當代藝術批評家邱紫華針對漢夫勒的觀點曾批評道：早在十九世紀二〇年代，黑格爾在美學研究中就意識到了自己所持觀點「歐洲文化中心論」的偏頗，他已經認識到「在藝術類型方面，各民族的構思方式和表現方式往往彼此相混，使得我們認為特屬於某一民族世界觀的那種基本類型，在時代較晚的民族中也一樣可以發現」。這就是說，在不同地區不同民族的藝術中，存在某些相似性、一致性的因素，正基於此，黑格爾又才進一步認識到文化藝術在多民族之間的影響是相互的、彼此滲透的，交流是雙向的。邱紫華說：「如果說黑格爾關於藝術的原生論和雙向傳播的思想還處在天才的猜測階段的話，那麼本世紀以來，遍及世界的考古、探險所發現的文化材料和人類文化學、民族學、原始文化藝術以及文化傳播學等研究成果已充分

一號坑中的武士俑

一號坑中的兵馬俑

地證明，在遠古的舊石器時代，在五大洲的土地上都已產生了自己的文明和原始文化藝術。正是在這種文化理論背景下，『歐洲文化中心論』才顯得陳腐和淺陋。西方卓有見識的學者們紛紛指出，文明是原生的，傳播是雙向的，如美國著名的人類學家法蘭茲·鮑亞士（Franz Boas，或譯弗朗茲·博厄斯）認為，這種不同地區不同種族之間藝術的一致性、相似性是導源於『在所有民族以及現代一切文化形式中，人們的思維過程基本是相同的』，『儘管種族和文化不同，甚至有些地方的宗教信仰和生活習俗非常怪誕，但無論任何地區，人們的思維能力都是相同的』。」

漢夫勒在其文章中強調，「中國藝術與歐洲仿古希臘古羅馬藝術同根，均來源於希臘藝術」。對於這個論點，中國著名美術家張仃曾給予了批駁，並明確指出：「秦俑，是中國土生土長的雕塑。它樸素的雕塑手法，跟後來民間藝人的雕塑手法是一脈相承的。傳統的表現手法之所以能夠世世代代地流傳下來，是靠歷代民間雕塑藝人的繼承和創造。在表現手法上，中國雕塑的塑造，和西洋不一樣。西洋雕塑是把泥掇上去以後，一處一處往下減，一點一點往下揪，而我們中國雕塑與其相反，是往上加。看秦俑的許多鬍鬚、頭髮，像貼片子似的貼上去的。對這種表現手法要做深入的研究，這樣才容易理解和掌握中國雕塑的藝術語言特色。不同的塑造手法，效果是不一樣的。假如我們用西洋雕塑的辦法來摹塑秦俑，縱使形態上大體能像，但是神韻卻出不來。從藝術效果上看，中國畫和中國雕塑都是這樣，注重大的結構，注重神勢。表現手法上，注重用『線』。從六朝到唐代，雕塑作品上表現衣紋的線，跟繪畫作品中的線很相像，繪畫上的『曹衣出水』或『吳帶當風』，在雕塑上都同樣有所表現，繪畫上是這樣，雕塑上也是這樣。看六朝佛像上帳幔和衣褶的藝術處理，是非常考究的。所以秦俑藝術受外來的影響不多，不像希臘雕塑那樣太程式化，秦俑是中國土生土長的寫實的藝術。」

漢夫勒武斷地判定秦俑與羅馬雕塑的相似是技法、風格上的相似，其實，只要略作研究就不難發現，兩者只是審美追求上的相似，即注重人物面部的逼真、生動上相似。秦俑對人物面部的個性化、生動化追求是對中國人物造型傳統的繼承和發展，而不是學習希臘羅馬技法風格的結果，更不是希臘羅馬的西方畫家雕塑家之流來中國進行的創造！這一點，正如中國美術史專家王伯敏所指出的：「我國原始先民對於人體各部分的觀察認識，從來就不是平均對待的，而是把注意力放在頭部特別是五官部分。把刻畫面部神情作為表現人物形象的重點，這可以認為是我國美術史重視『傳神』的優良傳統的開端。」

就藝術的源流和發展而言，中國的造型藝術在形與神兩者的關係上，是趨向於重神而輕形的。因此，中國的人體藝術發展緩慢，缺乏科學的實驗性人體分析，不能說與重神輕形的理論思維無關。

這種傳統表現在雕塑上就是重頭部面部的刻畫與表現，而相對忽視身體的變化與描寫。這種傾向在秦俑的造型上已露出了較穩定的特徵，這正是中國秦俑雕塑與希臘羅馬雕塑大相逕庭之處。

秦俑以及古代中國藝術，不是漢夫勒所強加的那樣是來自古希臘羅馬藝術，是西方藝術的「功績」，更不是亞歷山大一世的「業績」，而是勤勞聰明的、極富美感的中國人民獨立自發創造出來的。

所謂的「歐洲文化中心論」和以歐洲為源的「一元化文化傳播論」，早被大量的考古發掘材料和人類文化學的研究拋入歷史的垃圾坑。

到了二十世紀末葉，漢夫勒又舉起早已被埋葬的招魂幡，狂舞一番，但這一切，除了表明「歐洲文化中心論」陰魂不散外，並不能喚回這具死屍的復活。

當然，這裡論述的秦俑雕塑與古希臘羅馬藝術的區別，並沒有貶低古希臘羅馬的藝術成就；反之，亦不能

秦俑不同的面部塑造特色與表情

說秦俑雕塑就是盡善盡美的藝術神品。

作為大型群體塑繪藝術的秦俑，無可諱言地存在著諸多缺憾，除了整體風格基調的沉鬱、壓抑和悲涼外，在造型上也是優劣參差。

有的陶俑結構鬆散，不合人體比例關係，如有臂短及腰者，有短頸壓肩者，有窄胸猿臂者，也有手特大者。而有的則動作異常，不明其用意何在。如有左手環握而拳眼外翻或者向上者，有半握拳而四指如矩者，也有曲肘環握如按者，這些均不是握兵器的正常姿勢。

尤為突出的是，有些俑的形象欠佳並帶有概念化，如相貌雷同有如父子或孿生兄弟，有許多不同的個體都可以找到不止兩件重複的形象。有些武士俑形象相當醜陋，幾乎到了猥瑣的地步，如一個車御俑的身軀如柴，四肢僵直，嘴歪眼斜，同其重要的身分極不相稱。

還有數量不少的陶俑雙眼與耳輪的連線並不在一個平面之上，這個缺憾當然不是燒窯或修復所造成的變形所致。還有的表情遊移，同肅穆的軍陣主題極不協調。有些陶俑毫無表情，極其呆板木然，大有神不守舍、遊移不定的情形。這種複雜多樣的面部表情，反映在這樣一個肅穆整齊的軍陣中既不協調，也與秦軍勇猛威武的整體精神相悖。但也有研究者認為，正是這些表情不同，如「輕愁」、「隱憂」、「譏誚」、「憨笑」的具體體現，才反映了秦軍的現實狀況，從而更具寫實主義的藝術特點，反映出的軍陣才更真實，也更像現實中的軍陣和軍人。

不管如何解釋，從一個大型的群雕藝術作品考慮，出現了這些與主題思想不協調的形態和表情，就勢必損害乃至破壞了整體的呼應關係。細究起來，造成這種缺憾的原因固然很多，但有一點卻不容忽視，那就是秦王朝的歷史背景和藝術家們當時所處的環境，只有在這個歷史的大背景下去審視秦俑藝術，對缺憾的原因才能更見分明。

毋庸置疑，藝術產生於勞動實踐。原始人類的藝術興起，主要集中在對物質產品進行美的加工上，如陶器的形態和上面的圖案等。在對美的加工過程中，又滲透著對圖騰的崇拜和對鬼神的敬仰。進入階級社會後，從事藝術勞動的下層人民，除美化生活之外，更多地是適應統治者「制器」的需要而做裝飾。秦俑藝術從工藝美術的範疇中脫穎而出，自然是由無數不知名的藝術勞動者適應了時代需要而作出的一種新探索。需要指出的是，這時的文人藝術並未形成，在很大程度上還停留在民間藝術的基礎之上。這種獨立的藝術形式，經過秦漢幾百年的發展之後，至三國以後才出現了以文人為主體的專業藝術家。由此可以看出，整個秦代尚處在一種新的藝術形式和藝術隊伍的形成階段，同時也是專業藝術家產生的前夕。正因如此，殷周以來鄙視藝術勞動的史家及士大夫們不可能去總結勞動人民的經驗，也不會上升到理論高度來指導藝術。固然先秦的美學思想或多或少地影響到藝術創作，但美學並不等於美術，秦代的雕塑工匠們還只能根據祖傳的經驗、自己的觀察和體驗來從事勞動。因此，參差不一的藝術作品便在這個時代同時出現了。

秦俑三坑的陶俑清楚而明晰地告訴後人，這是一個範模分析、組合安裝的手製體，這個手製體的製作過程，跟現代人類用零件組裝一臺機器幾乎沒有什麼區別。藝術創作本來是一種高級而複雜的思維活動，如果不是其中有藝壇高手做巧妙精到的處理，陶俑勢必會成為各部規格不一、整體不能配套的拙劣作品。

還有一個不容忽視甚至是極為重要的因素是，在秦代嚴刑峻法的惡劣勞動條件和生存環境下，工匠們的藝術勞動帶有很大的被動性，其對作品的熱情和創作激情也必然受到極大的壓抑。流傳至今的史料和秦俑坑考古資料表明，建於秦王朝統一前後的兵馬俑坑，在這裡從事藝術勞動的人群，除秦國原有的藝術人才外，絕大部分都是以徭役的形式徵發於六國的工匠，由於陵園的工程量極為龐大，除工師（師傅）領導工匠外，同時還把有技藝的「工隸臣」也編入其中。於是，在這些成分複雜的人群中有相當一部分人心懷國破家亡之恨，遭遇家世零落之難，身受鞭笞奴役之苦，常存懲罰治罪之憂，因而把陶塑的燒製不是當作一門藝術創作，而只是當作一種苦役來完成。由於工師和官吏們嚴格的監視和要求，這些在心靈上受到壓抑的民間藝術勞動者，不敢過多地隨心所欲，而是把自己的情緒融入所創造的藝術品之中。因此整個秦俑軍陣透露出一股哀愁、隱憂、憤怒、形似而神不足的韻味，這樣的遺憾，也是這種歷史環境中的必然。

當然，秦俑三坑的幾千件陶俑中，真正屬於劣質或者說是不太成功的作品，畢竟是為數不多的一小部分，且劣質和雷同的藝術形象也只限於一般的士兵俑，就其整體的俑群特別是各級將軍俑而言，其逼真生動的形象、鮮明光亮的個性，是完全可以作為一代藝術奇葩而流傳千古的。

玉雖有瑕，但畢竟瑕不掩瑜，浩大的秦俑軍陣以其科學的構圖、宏大的氣勢、優美的造型和絕妙的神韻，構建了中國寫實藝術的奇峰，並以無可替代的傑出地位，自立於世界藝術之林。

注釋

❶ 腓尼基戰爭又稱布匿克戰爭（The Punic War）。據傳，迦太基原為腓尼基人在西元前八一四年建立的殖民地。迦太基一詞的腓尼基語為Kart-hadasht，意思是「新的城市」。羅馬人稱腓尼基人為布匿（Poeni），故名。腓尼基戰爭共爆發三次（西元前二六四—前二四一年、西元前二一八—前二〇一年、西元前一四九—前一四六年），最後迦太基城被毀，土地併為羅馬的阿非利加（Africa）省，倖存居民被賣為奴。

❷希利芬，一八三三—一九一三年，是大規模作戰的思想家和籌畫家。他曾在參謀總長任內先後提出三份備忘錄，作為德意志帝國的戰爭行動綱領，而其中一九〇五年的第三號備忘錄，又被稱為「希利芬計畫」。第一次大戰爆發後，希利芬的繼任者小毛奇（Helmuth Johannes Ludwig von Moltke）雖堅持此一計畫的基本指導概念，但在細節上做了重要的修改，最終導致德國戰敗。

❸合縱：即「合眾弱以攻一強」，就是許多弱國聯合起來抵禦強國，以防止強國兼併。與之相對的是「連橫」，即「事一強以攻眾弱」，就是由強國拉攏一些弱國來進攻另外一些弱國，以達到兼併土地的目的。戰國時期各國之間對於爭取盟國和向外擴展的策略問題，有合縱和連橫兩種不同的主張，因此有所謂「縱橫家」的產生。

❹百越或作「百粵」。越人包括各種來源不同的氏族，形成了許多互不統屬的部落集團，他們廣泛分布於中國東南方以至西南方一帶，史稱為「百越」。唐·張守節《史記正義》云：「嶺南之人多處山陸，其性強梁，故曰陸梁。」秦時因稱五嶺山脈以南的地區為「陸梁地」，當地居民為「陸梁人」。

❺傳播論（Diffusionism）：考古學和民族學關於文明起源的一種理論。它認為文化的類似是由於傳播的結果，人類一切文明都是從少數中心擴散而產生的。「傳播論」流行於九世紀末到二十世紀初，後來一般認為它是錯誤的。但這並不排除傳播在文化發展中的作用。一地區先進的古代文明確實可以對周圍地區產生重要的影響。

❻此處的「演化論」，指的是文化演化論（Cultural Evolution）。它認為人類的文明各自獨立發展，由簡單往複雜的方向變遷，具有積累性、持續性和進步性。

❼楔形文字：又名「釘頭文字」或「箭頭字」。因筆畫一頭寬一頭窄，形似楔子，故名。係以削尖的蘆葦稈在半濕的黏土泥板上壓寫而成，也有的刻寫在石頭上。西元前二六〇〇年後由蘇美人創造，為西亞各古代民族所採用，西元一世紀中葉消失，發展過程中漸由表形、表意演變為表音。書寫方式是自上而下、自右至左。十九世紀以來陸續被學者釋譯成功。

❽美索不達米亞平原東南部，底格里斯河和幼發拉底河之間，古稱巴比倫尼亞（Babylonia）。巴比倫城是其中最大的城市，曾為古巴比倫王國（西元前一八九四—前一五九五年）和新巴比倫王國（西元前六二六—前五三八年）的首

都，所以人們通稱此一地區的古文化為「巴比倫文化」。

❾安特生（Johan Gunnar Andersson）：一八七四－一九六〇年。早年多次從事南北極的探險工作，曾任瑞典地質調查所所長、瑞典遠東古物館館長。一九一四－一九二四年應聘任中國北洋政府農商部礦政顧問，其間對周口店化石地點的調查，發掘出第一顆北京人牙齒；又在河南澠池縣仰韶村發現仰韶文化，還在甘、青兩省的洮河、湟水一帶，廣泛進行史前遺址的調查發掘。當時由於受到方法論和考古資料的局限，安特生主張中國文化西來說，後來他對此項觀點有所糾正，強調中國從仰韶文化經過商代直到今天，在人種和文化上是連續發展的。

❿夏鼐：一九一〇－一九八五年。字作銘，浙江溫州市人。早年畢業於清華大學歷史系，參加安陽殷墟發掘，後留學倫敦大學，獲埃及學博士學位。歸國後曾參加過甘肅的考古調查，主持發掘明定陵，首先在安陽以外發現比殷墟更早的商代遺址，並根據考古發現研究中西交通史和中國古代科技成就，致力於建立中國新石器文化的年代序列。他對中國考古事業的規畫、田野工作水準的提高和自然科學方法在考古上的應用作出了積極貢獻。

第五章

世界第八大奇蹟

古代人類的七大奇蹟不斷消逝，安提巴特的夢想復活成真。席哈克當仁不讓為秦俑命名，世界第八大奇蹟引起世界轟動。葉帥親臨兵馬俑坑，八年後，軍銜制再次得以實行。

令人難以置信的發現

世事興廢，自有它的規律。冥冥之中，有一種不可抗拒的力量在殘蝕著人類文明。當年安提巴（Antebater）向世人指出的七大奇蹟，隨著歲月的流逝，或毀於地震，或毀於大火，或毀於兵燹……迄今為止，只有埃及的金字塔還在風霜雨雪的剝蝕中傲立於尼羅河畔，目睹世間的滄海桑田。

今天的人們再也看不到那早已消失的偉大奇蹟的風采了。正因為如此，秦俑的出土才越發引起世人的矚目。一九七六年四月底，正在訪華的新加坡總理李光耀，聽到陝西省臨潼發現了真人大小的秦代兵馬俑的消息，極為震驚並感到難以置信。他向李先念副總理詢問並得知了確切情況後，提出要參觀秦俑發掘現場，這一請求得到了中國政府的准許並作了安排。

此時，秦俑發掘工地的建館工程遠比發掘複雜得多。早在三月九日，負責博物館籌建的人員就請來了省、地、縣、公社及生產隊的負責人和當地群眾代表，在臨潼縣華清池召開了協商會議，作出了「先進入場地做施工準備，修建道路、接通電路、解決施工用水問題，同時補辦徵地手續」的共同決議。決議雖已形成，但一接觸實際，麻煩便接二連三地出現了。有的社員見工地上的柿樹已萌芽，想收一季柿子到秋後再砍伐樹木。有的地塊麥苗一天天見青，靠土地活命的莊稼人心疼得遲遲不忍剷除。時間一天天過去，清明節就要到了，對祖宗的敬畏比對自己生命還看重的當地農民，逢節生情，更是不願遷移工地周圍的祖墳。

博物館籌建組的工作人員面對種種困難和阻力，不得不請來一位當地領導向社員做政治思想工作，企圖以政治感化來消除阻力。誰知這位領導不但未去施展他的政治演講才華，反而別出心裁地另出高招，建議把建館的投資辦一個工廠，或在當地辦，或者把陶俑分到各省去辦，如此方法既經濟又實惠……這些建議使博物館籌建組的工作人員頓時目瞪口呆。

正在紛紛揚揚、爭論不下之時，秦俑館籌建組接到了「新加坡總理李光耀於五月中旬來秦俑發掘工地參觀」的通知。儘管籌建組的負責人表示此處沒有通外界的公路，工地很亂，車進出困難，但陝西省外辦人員還是堅持說：「這是中央的決定，李光耀是華人，不是外人，他說就是土坑也一定讓他看一眼，在這塊土地上走一走。」既然如此，籌建組工作人員只好服從。時間如此緊迫，上上下下都焦慮不安，再也沒有耗下去的時間了，大家只好硬著頭皮搶修道路和停車場。面對幾百株碗口粗的柿樹，人力砍伐已無能為力，只好租用兩台履帶式拖拉機，用鋼絲繩一株株拉倒，再以人力清除。為防止場地下沉，拖拉機冒著濃煙，用笨重的軀體來回滾動、碾壓。同時，在修出的道路兩邊撒灰布線，以免轎車開出線外陷入泥潭發生意外事故。

五月十四日下午三時，由四十多輛車組成的車隊在灑水車的前導下進入鋪好的場地，新加坡總理李光耀走出紅旗牌轎車，向秦俑坑走來。

李光耀伉儷（左三及中間淺色上衣）參觀兵馬俑坑情形（馬青雲提供）

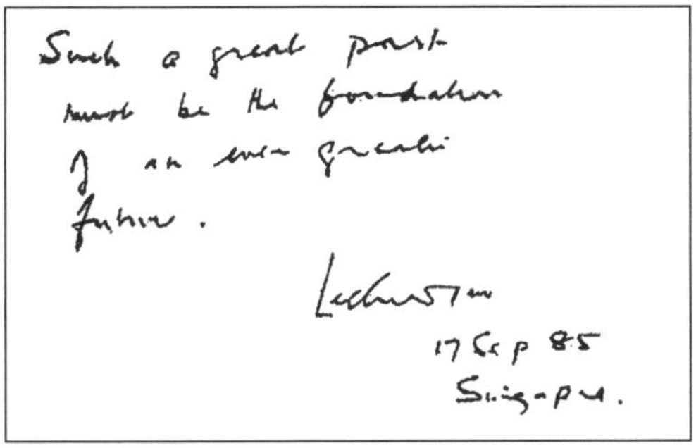

Such a great past
must be the foundation
of an even greater
future.

Lee Kuan Yew
17 Sep 85
Singapore.

李光耀題詞

祖輩未出過遠門的當地社員，突然見到如此龐大、華麗的轎車車隊出現在這荒野草叢，立即放下手中的農具，潮水般從四面八方湧來。負責警衛和安全工作的公安人員一看如此眾多的人群蜂擁而至，急忙在場地拉了幾道繩子，以阻擋人流的前進。於是，湧來的人群在工地兩旁築起人牆，紛紛爭搶著目睹他們也許永遠都不知道姓名的重要人物的出場。

由於建館的需要，秦俑坑已經用土回填，陶俑全部被重新埋入土下。這次為迎接李光耀的到來，考古人員又將陶俑清理出一部分以便於觀看。李光耀在考古學家袁仲一的陪同下來到秦始皇兵馬俑坑的一個高處，眼望這支氣勢磅礴的地下大軍，很久沒有說話，只是臉上不斷地泛起驚詫、興奮、迷惑和難以辨析的複雜表情。在圍著三個俑坑轉了四十分鐘後，就要離開此地時，李光耀才發出了他的肺腑之音：「秦兵馬俑坑的發現，是世界的奇蹟，民族的驕傲！」

當天，新華社向世界播發了李光耀總理參觀秦兵馬俑坑的消息。這個消息一經報導，立即在國際上引起強烈震動。沒有想到秦俑坑發現已兩年之久，從未讓一個外國人看到秦俑真面目，中國政府竟破例讓李光耀總理享受了這一殊榮，親眼目睹了兵馬俑的風采。極為敏感的外國人隱約地感到中國將逐漸擺脫封閉與保守，透出開放的曙光。既然曙光已從東方露出，他們就不會放過這個契機。

於是，不僅中國人，許多外國人也從世界各地奔向驪山腳下，肅然起敬地瞻閱起這支地下大軍。當然，行動最迅速、人數最多的是美國人。他們一旦出現在秦俑發掘工地，就顯示出與眾不同的「聰明」。幾個人悄悄來到負責接待和宣教工作的女講解員馬青雲跟前，用不太熟練的中國話問道：「我們可不可以到坑中去幫助發掘人員拉幾車土？」

年輕的馬青雲一聽，驚喜地問道：「你們想去？」幾個美國人不約而同地說：「當然想去。」馬青雲打量了一下面前幾個摩拳擦掌、躍躍欲試的美國人，心中暗想：這樣既不付工錢又幹了活的好事向哪裡去尋，看來不只是中國人在學雷鋒，美國人也在學雷鋒助人為樂了。她慷慨答道：「可以下去。」幾個美國人頓時高興得跳了起來，紛紛撲向俑坑，奪過了發掘民工的車子就拉起來，有的揮動鐵鍬，奮力向外揚土撒沙。這時的馬青雲沒有想到，自己已進入了別人設下的圈套，更沒想到他們拉土是假，沽名釣譽是真。當考古學家袁仲一發現工地多了幾個洋人，並在拍攝拉車、翻土的照片時，才意識到會有不測的事情發生。他立即下坑勒令幾個美國人停止拉車和拍攝，離開發掘現場。

幾個月後，一份外國雜誌登載了幾個美國人在秦俑坑發掘的照片和文章。隨後，圍繞秦始皇兵馬俑坑有沒有外國人參加發掘，是否中國獨立發掘完成這一題目，在世界上引起一場不大不小的波瀾。

這時的馬青雲才知道自己上當了，面對領導對她的批評和警告，自然是老老實實地接受並誠懇地作出檢討。當然，美國人發表的文章和對秦俑的探討，並沒有隨著馬青雲的檢討而結束。一九七八年春，美國女記者、自由撰稿人奧黛麗・托平❶來到了秦俑發掘工地。這位女記者的父親賈斯特・朗寧（Chester Ronning）於一八八四年生於中國，曾出任過加拿大的外交官，二十世紀二〇年代曾在中國任教，晚年和周恩來總理建立了深厚的友誼。一九五四年四月，周恩來總理在出席關於朝鮮和印度支那問題的日內瓦會議時，有兩位要好的客人經常出入他下榻的萬花嶺別墅，一位是戲劇大師查理・卓別林，另一位就是加拿大大使賈斯特・朗寧。正是由於這些特殊的原因和條件，奧黛麗・托平才在當時並未開放的中國，於一九七一年、一九七二年、一九七五年連續三次訪華。這次她又和女兒、妹妹、侄子以及她的父親一家五口，來到了中國臨潼秦始皇兵馬俑發掘現場。在中國有關方面特別准許的情況下，托平頂著濛濛細雨，參觀了兵馬俑坑，採訪了考古學家程學華、杜葆仁等，以極度的興奮之情很快寫出了長達一萬多字的通訊報導〈秦始皇帝大軍——中國令人難以置信的考古發現〉。這篇文采華美、激情蕩漾的長文，簡要敘述了秦始皇和當時秦國的政治、經濟、文化等各方面的背景，接著傾注筆力描述了秦始皇兵馬俑發現的盛況——

秦始皇帝大軍

——中國令人難以置信的考古發現

一尊高六英尺、身佩盔甲的赤陶武士俑像，栩栩如生地再現了中國第一個統一王朝的情景，而這僅是數以千計的兩千兩百年前常備軍武士之一。當羅馬帝國在西方擴展的時候，東亞一個秦國的國王吞滅了其餘各戰國國家，並建立了中國國家的核心。歷史上的這位勝利者就是秦始皇帝，他是第一位皇帝，也是萬里長城的建造者。西元前二一〇年，他被葬於一座稱為驪山的，相當於十五層樓高的大丘下。人們很早就知道陵墓的位置，然而如同中國的其他許多古墓一樣，它一直沒有被發掘出來。最近，在距此山丘不到一里處，挖井的人們偶然發現了一座巨大的地下墓穴，這是整個陵墓工程的一部分。現在考古學家正在探索其非凡的珍寶——六千餘個真人大小的，充作皇帝護衛軍的陶人、陶馬。

我們面臨的是本世紀以來最為壯觀的發掘。看到這些雄壯有力，全部真人大小的人、馬塑像從粗糙、潤濕的土地中出現，令人永生難忘。在那兒，在中國渭河河岸的黃色土壤下，掩埋著千百尊殘缺不全，然而依舊美麗的赤陶塑像。其中有全副武裝的戰士，還有載有士兵的戰車戰馬。這些都是統一中國的第一位皇帝的扈從……

我們站在雨中，激動得幾乎流下熱淚，如同每一個面對偉大藝術品的人。這些塑像一個個栩栩如生，其中一些還完好無損，直直地站著，擺好了姿勢，似乎正在等待攻擊的命令。另外一些則已殘缺不全，可憐巴巴地散落著，這是由於在皇帝死去四年以後，下一個朝代統治者的士兵們搶劫並燒毀了皇帝墳墓的一部分，這些塑像才破碎不堪，大批的武器也被偷走了。

然而我們看到的只是一個令人瞠目的考古發現的開端。專家們估計這些塑像是兩千兩百年前製作的一支六千人軍隊的前鋒。他們被埋在一個巨大的有門的地道中，以保衛秦始皇帝的墳墓。就是這墳墓的主人統一了中國、修建了萬里長城、燒毀了孔夫子所珍視的書籍並宣布自己為中國的第一個皇帝。

如此大的考古發現展示了歷經戰鬥與榮耀的中國歷史。我們在此處所看到的大軍只是一個歷史的開端，在不到三里遠的地方才是墳墓的本身和歷史的源頭。也許就在那個巨大的墳墓下面埋藏著帝國最大的祕密以及中國歷史上空前絕後的最為瑰麗輝煌的寶藏。

……

此文於一九七八年四月在美國久負盛名的《國家地理》雜誌全文刊發時，還以大幅的模擬圖畫對秦始皇陵地下宮殿進行了種種推想，古老幽深的地宮在推想中更加神祕、誘人，大有驚心動魄之感。

無論是從篇幅還是內容本身，這篇文章的發表，都蓋過了以前所有介紹秦兵馬俑及秦陵地宮情況的文章。在此之前，中國報刊所發表的有關秦俑及秦陵情況的文章亦無法和它相提並論。美國《國家地理》雜誌憑著它在世界報刊中的崇高聲譽和特殊地位，很快將此文推向美國乃至世界，並引起廣泛矚目。據後來有關方面的調查，整個二十世紀七〇年代中晚期，凡是來秦俑館參觀的歐美遊客，大多數是看了這篇文章後慕名而來的。也正是憑藉這次機遇，秦陵兵馬俑開始全面走向世界——儘管它令人難以置信。

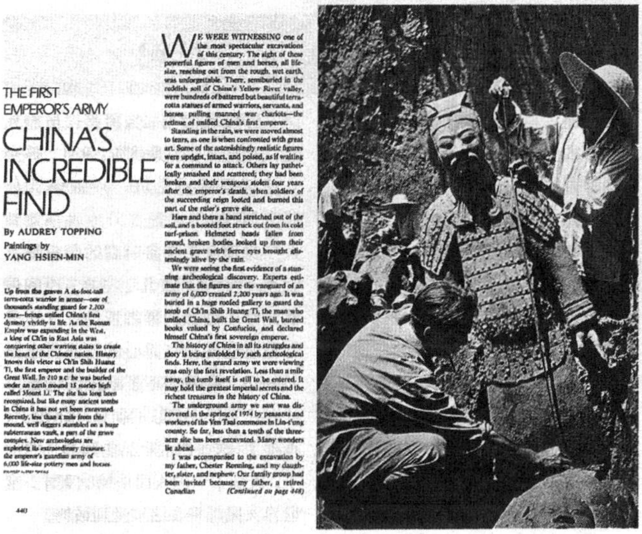

THE FIRST EMPEROR'S ARMY

CHINA'S INCREDIBLE FIND

By AUDREY TOPPING

Paintings by YANG HSIEN-MIN

Up from the grave: A six-foot-tall terra-cotta warrior in armor—one of thousands standing guard for 2,200 years—brings unified China's first dynasty vividly to life. As the Roman Empire was expanding in the West, a king of Ch'in in East Asia was conquering other warring states to create the heart of the Chinese nation. History knows this victor as Ch'in Shih Huang Ti, the first emperor and the builder of the Great Wall. In 210 B.C. he was buried under an earth mound 15 stories high called Mount Li. The site has long been recognized, but like many ancient tombs in China it has not yet been excavated. Recently, less than a mile from this mound, well diggers stumbled on a huge subterranean vault, a part of the grave complex. Now archeologists are exploring its extraordinary treasure: the emperor's guardian army of 6,000 life-size pottery men and horses.

WE WERE WITNESSING one of the most spectacular excavations of this century. The sight of these powerful figures of men and horses, all life-size, reaching out from the rough, wet earth, was unforgettable. There, semiburied in the reddish soil of China's Yellow River valley, were hundreds of battered but beautiful terra-cotta statues of armed warriors, servants, and horses pulling manned war chariots—the retinue of unified China's first emperor.

Standing in the rain, we were moved almost to tears, as one is when confronted with great art. Some of the astonishingly realistic figures were upright, intact, and poised, as if waiting for a command to attack. Others lay pathetically smashed and scattered; they had been broken and their weapons stolen four years after the emperor's death, when soldiers of the succeeding reign looted and burned this part of the ruler's grave site.

Here and there a hand stretched out of the soil, and a booted foot struck out from its cold turf-prison. Helmeted heads fallen from proud, broken bodies looked up from their ancient grave with fierce eyes brought glisteningly alive by the rain.

We were seeing the first evidence of a stunning archeological discovery. Experts estimate that the figures are the vanguard of an army of 6,000 created 2,200 years ago. It was buried in a huge roofed gallery to guard the tomb of Ch'in Shih Huang Ti, the man who unified China, built the Great Wall, burned books valued by Confucius, and declared himself China's first sovereign emperor.

The history of China in all its struggles and glory is being unfolded by such archeological finds. Here, the grand army we were viewing was only the first revelation. Less than a mile away, the tomb itself is still to be entered. It may hold the greatest imperial secrets and the richest treasures in the history of China.

The underground army we saw was discovered in the spring of 1974 by peasants and workers of the Yen Tsai commune in Lin-t'ung county. So far, less than a tenth of the three-acre site has been excavated. Many wonders lie ahead.

I was accompanied to the excavation by my father, Chester Ronning, and my daughter, sister, and nephew. Our family group had been invited because my father, a retired Canadian (Continued on page 448)

440

美國《國家地理》雜誌描述兵馬俑坑發掘的文章與配圖

風雨兼程

秦始皇兵馬俑的名聲越來越大，秦俑博物館建設的步伐也在加快。由於大批的業務幹部如王志龍、張文立、楊異同、李鼎弦等人的陸續調入，使籌建隊伍壯大起來。但一九七六年的中國政壇進入了多事之秋，許多驚心動魄、大悲大痛、大起大落的故事都彙集在這一年裡發生。秦俑館的建設者也隨著中國政壇的風起雲湧而顛簸動盪。許多年後，從秦俑博物館第一任館長楊正卿寫的一篇回憶文章中，可以較清晰地看到那個年代秦俑館建設者的生活面貌及心理狀態。

文章中，楊正卿在敘述了新加坡總理李光耀來秦俑坑參觀之後，在下一個段落中這樣寫道：「工地上熱火朝天，建館人員揮汗如雨，施工緊上加緊。忽然通知要抽調領導去參加學習班，接著又讓我們發動職工批『唯生產力論』。這個問題一傳達，大家意見紛紛，眾口齊說，連滾帶爬到年底都完不成任務，還批『唯生產力論』呢。有的說如果要這樣，乾脆散攤子，各回自己的單位算了。多數同志抱著為國爭光的決心，困難面前不動搖，提出要集中優勢兵力，打殲滅戰。經過考慮，要抓思想，頂歪風，戰惡浪，用毛主席著作來武裝。我們組織全體施工和籌建人員學習《毛選》中『集中優勢兵力，打殲滅戰』的一節和連續作戰的指示，統一了認識。不幸朱德總司令逝世，在全館沉痛悼念和學習總司令革命精神的會上，還有人指責我們跟不上形勢，只抓生產，不問政治。在這多災多難的歲月裡，開展工作十分不易。不幸又是唐山大地震，影響建館工作，因為油管斷裂，已安排好的機械化處理土方工程不能進行，已訂貨在唐山鋼廠的拱形屋架大角鋼落空，使人發愁……這時候，內部吵、地震擾、雨水淋、場地泥濘難工作，幾次搶修水泥庫，個個變成落湯雞，還是一人一把鍬，又堵牆，又搬磚，雖然身體累，心裡卻覺甜，想的是建館，防震棚裡學馬列，無人發怨言。」「東方拂曉，霞光照紅了萬山，一天的勞動開始了。推土機隆隆作響，架子車來往如梭，幾百人熙熙攘攘。由於大雨特別多，誰也不願放過一個好天氣。下午三點鐘，廣播中傳達通知，說有重要消息，頓時細聽，前頭是一段哀樂，接著宣讀訃告，毛澤東主席逝世了，許多人泣不成聲，我們連夜召開會議，以實際行動悼念毛澤東主席。決定一周內做好準備，在九月十七日正式開工建館，十八日停工參加追悼會。時間過得很快，轉眼到了開工的日子，天仍下著細雨，清早四百多名社員扛著工具來到工地，工程公司的技術人員也到了，九點鐘開始取土，到下午五點才收工，計算成績優異，全場齊呼初戰告捷。」……

在經歷了政治風雲的變幻和大悲大痛的折騰之後，一九七八年春夏之交，秦始皇兵馬俑博物館一號坑大廳的主體工程基本完成。此時，無論是工程的建設者還是工地的考古人員，不但沒有感到輕鬆，反而如同上緊的發條，越發緊張和忙碌起來，因為按照上級的指示，這個博物館要趕在一九七九年十月一日建成並對外開放，藉機向建國三十周年獻禮。

針對開館日期越來越近，而秦俑一號坑的發掘期限緊、任務重、修復緩慢等特點，「文化大革命」結束後恢復行政職能的陝西省文物局，從下屬幾個單位又調集了一批文物考古人員，如柴中言、王學理、張占民、劉占成等人進入現場工作（有的人員暫時搞基建，以後陸續參加考古發掘），並正式任命和調整了秦俑坑考古隊的領導班子：

隊長，杭德洲，負責全面工作。

副隊長，柴中言，主管文物修復。

當這個新整編的領導班子以及新加盟的考古人員全部到位後，根據毛澤東在著名的三灣改編時所立下的「支部建在連上」的規矩，考古隊成立了臨時黨支部，主抓考古隊員的政治思想工作。隨後由陝西省文物局指導協調，秦俑博物館籌建處同秦俑坑考古隊聯合召開了場面隆重的誓師大會。會上，各路代表在發言中慷慨陳詞、豪情滿懷，紛紛表示絕不辜負黨和人民的期望，一定在建國三十周年之際，實現預定的文物發掘計畫，將館建成開放等等。整個秦俑坑發掘現場，一個熱氣騰騰的新局面正在形成。

一九七八年八月五日，整編後的秦俑坑考古隊，對秦俑一號坑開始了自發現以來首次大規模的正式發掘。考古人員先把坑體部分劃成二十七個探方，每個探方的面積約二十乘二十米。如此大的探方，在中國考古史上頗為罕見，根據秦俑坑的整體規模，這樣大的探方又是合乎考古程序的。接下來，考古人員開始全面揭去棚木跡象以上的「表土」。為了追趕進度，秦俑館籌建處聯繫並請示有關部門，當地駐軍派出一個工兵連，共一百多名官兵攜帶九輛翻斗車前來支援。與此同時，還從附近農村生產隊招收了近百名農民參加發掘。整個秦俑一號坑內機車轟鳴，人聲鼎沸，紅旗飄飄，挖運繁忙，好一派生機勃勃的熱鬧景觀。待到了大面積發掘的後期，特別是深至俑坑棚木之下最為敏感的階段，由於考古專業人員在這樣一支龐雜的發掘兵團中所占比例極其微小，很難顧及方方面面，就不可避免地造成了人為的損害。尤其是當地農村生產隊的社員，上午放下手中的鋤頭，下午就來到秦俑發掘工地，在對文物價值和考古知識毫無認知的情況下，便揮動掏鑵、鐵鍬、钁頭挖掘起來，許多陶俑就這樣在他們揮動雙臂、汗流浹背的挖刨下，被砍掉了頭顱、削掉了鼻子、鏟掉了臂膀，甚至有些被搗得粉身碎骨。特別是早已腐朽的木製戰車遺跡以及陶俑陶馬身上的豔麗彩繪，都在沉重的钁頭和塵土的吞噬中蕩然無存。

至一九七九年四月初，經過短短八個月的大會戰，整個一號坑平均下挖約兩米，清理出的覆土全部傾倒在坑外不遠處的沙河灘上，堆成一米多高的平臺，給附近的王碱村一次造出良田二十五畝之多，其發掘規模之大、秦俑出土之多在中國考古史上前所未有。

根據邊發掘、邊修復、邊復原的指示精神，當俑坑中的陶俑殘片被提取出來後，即轉入考古隊專門設立的幾間修復室內，一塊塊進行沖洗、拼對、黏接、作舊，當這一系列工作完成時，再將陶俑抬出室外，進行返坑

「對號入座」，即按原來出土的位置重新復位。

就整個程序而言，較之單純的考古發掘工作，安放修復的陶俑更為壯觀並富有驚險和刺激意味。工作人員先要在高二十米左右的大廳梁架上安裝一個滑輪，待安好後，一根長長的拉繩從滑輪中穿過，一端捆住重達一〇〇—二二八公斤的陶俑，另一端由十幾個工作人員緊握在手。與此同時，另一根長長的定位繩攔腰將陶俑捆住，繩的兩端各有人把握。當哨聲響起時，只見拉繩和定位繩同時啟動，陶俑如同絞刑架上的囚犯，被緩緩升上空中。被吊起的陶俑像蕩秋千一樣在空中來回搖蕩，而拉繩的一干人馬又像正在舉行一場拔河大賽。

哨子聲、吆喝聲此起彼伏，不絕於耳。由於這時兵馬俑的聲名已揚播世界，前來參觀的人流成不可阻擋之勢。當眾多的人流進入大廳看到陶俑升空時，不禁大呼小叫、鼓掌加油，那些黃髮碧眼的外國女郎看到這一驚險而奇特的場面，也不住地驚呼：「ＯＫ！ＯＫ！」

就在秦俑發掘工地一片煙雨迷濛、熱火朝天之際，德高望重的葉劍英元帥到來了。

葉帥說，沒有軍銜是不行的

一九七九年四月九日，中共中央副主席、軍委副主席葉劍英元帥出現在秦俑發掘工地。這是中國領導人首次來到被譽為世界奇蹟的秦俑坑視察。

儘管葉帥已是八十高齡，但從他行走的姿態和面露笑容的臉上看得出，仍有寶刀不老的風采。

此時一號坑大廳正在興建，陶俑被回填土覆蓋，無法參觀，在陪同人員的導引下，葉劍英直奔正在發掘和清理的二號坑。當他看到坑中有近百名解放軍指戰員在翻土、拉車時，不解地問博物館籌建組負責人楊正卿，「怎麼這裡還有軍隊？」

「是駐軍的一個連在幫助我們搞考古發掘，他們在這裡已有一段時間了。」楊正卿解釋。

葉帥轉過身對陪同前來的駐軍首長笑了笑，「想不到你們還參加了考古工作，幹得好啊。」

站在坑邊的一個土坡上，葉帥望著這支以步、車、弩、騎四個獨立兵種組成的地下大軍，臉上泛起一絲不易察覺的表情。作為一個身經百戰的共和國元帥，他是深知諸兵種如此組合排列後，投之於戰爭將意味著怎樣一種撼人心魄的力量和變化無窮的奧祕。他在為出神入化、栩栩如生的陶俑雕塑藝術所折服的同時，更為古代傑出的陣法和戰術思想讚歎不已。假如在自己的戎馬生涯中能有這樣一個集古代兵法之大成的軍陣，也許會使自己的戰績再添榮光。可惜，戰爭結束了三十年他才看到，不能不感到些許遺憾。

但是，戰爭雖在自己這一代人的努力下漸漸遠去，但還有可能在下一代中死灰復燃，只要戰爭惡魔沒有從人世間完全消失，戰爭時刻都會發生。能夠親眼目睹這支古代大軍並領略其中的奧祕，對每個軍人都是有益的。

將要走下高土坡，葉帥兩眼放著激動的光芒，像是自言自語，又像是對身邊陪同的軍隊將領們說：「我看這個秦俑坑是我國最大的古代軍事博物館，這裡面有學不完的東西，希望今後我軍的高級將領都要到這裡看一看。」

由於博物館尚未建成，籌建人員只好把一間破磚房當作臨時陳列室接待貴客。因屋子小、空間窄，陳列的文物也較簡單，除了幾件陶俑，就是十幾件兵器，葉帥來前，才又加了幾件陶馬、騎兵俑等文物。

葉帥走進陳列室，望著剛出土不久的刀、矛、劍、戟、戈、殳、弩機、銅鏃等完好無損的實戰兵器，禁不住歎道：「兩千年的埋藏還這樣光亮，真是個奇蹟。」他順手拿起最引人注目的秦劍，反覆看了幾眼，又好奇地用手指摸摸刃鋒，輕搖了下頭，讚歎道：「想不到古代的劍這般鋒利，冶金工藝如此發達，簡直像神話裡說的那魔劍一樣，了不起啊，古人了不起啊！」

來到陶馬前，葉帥眯起眼睛瞅瞅馬頭，隨之打量了一下陶馬那頎長的身子，有些不解地問：「我和戰馬打過不少交道，這樣長脖子、長身子的馬卻沒有見過，這是什麼馬種？」

「從馬的形體來看，與當代甘肅河曲馬種有共同之處，由此可以推斷秦代馬多產自於中國西北地方，俑坑的陶馬儘管不完全相同，但仍可肯定為甘肅河曲馬種。」陪同的考古人員回答。葉帥用手扶著鞍馬，接著問道：「什麼時候才有馬鐙呢？」

身旁的楊正卿回答：「從考古資料和歷史文獻來看，兩晉時才有馬鐙。」

葉帥點點頭：「這麼多良馬都來自西北，我們的西路軍卻很少得到它們。要是西路軍配上這些良馬，肯定會是另一個樣子的。」他邊走邊說，聲音很小，只有近旁的幾個人聽清並隱約地感到這聲音的顫慄和葉帥面部表情的變化。

遙想當年，中共西路軍兵敗西北沙漠和河西走廊地帶，幾乎被馬步芳❷的戰刀殺戮殆盡，原因自然是多方面的，但假如那時他們配有這精良的戰馬，誰能斷定不能成功？

可惜這個假設沒有成為事實，無數將士的熱血灑在無垠的沙漠戈壁上，作為共和國元帥，觸景生情，對那

葉劍英在兵馬俑坑發掘現場參觀

段歷史悲劇不能不扼腕歎息。

葉帥在高大的陶俑前停下，指著鎧甲上明顯突出的花穗問道：「為什麼這件陶俑的鎧甲、裝飾和那邊兩件不同？」

「這是個將軍俑，鎧甲上的花穗是代表等級的。秦代軍隊不僅兵器精良、戰鬥力強，而且各種軍事制度也比其他六國完善，這代表等級的花穗就是一個例證。」楊正卿回答葉帥提問的同時，又做了簡單的補充。

「秦代軍隊有多少等級？」葉帥抬起頭詢問。

「據史書記載，有二十個等級❸，這些等級在秦俑軍陣中已做了明確而真實的反映。」楊正卿對答如流。

葉帥將右手放在頷下沉思片刻，輕聲說了個「噢」字，然後轉身走出臨時陳列室，面對高大秀麗的驪山山頂，自言自語道：「看來沒有軍銜是不行的。」

這聲音極小，似是即興說出的話語，在場的接待人員和考古人員沒有放在心上，更沒有領會其背後的真正含義。但葉帥身邊的幾位軍隊高級將領卻感到了這句話的分量，並以軍人職業的敏銳，預感到中國軍隊一次大的變革就要來臨了。

儘管這場變革在葉帥來秦俑館參觀的八年之後才最終付諸實施，但這幾位軍隊將領此時的預感並沒有錯。變革的源頭正可以追溯到一九七九年，起因則是一九七九年二月十七日中國對越進行的自衛反擊戰爭。中越戰爭正式打響後，這天清晨，集結在中越邊境上的十七個師，共二十二萬五千人的中國軍隊，以十二個師的兵力，在國境線上對越南六個省十一個縣開始進攻。其中高平正面投入的兵力是六個師，諒山方向三個師，老街正面三個師。

二月十八日午後，中國軍隊在老街、高平、同登等地的進攻，受到越南軍隊的抗擊而一度停止。十九至二十日，諒山正面加強了一個師及四十輛坦克，高平正面加強了一個師及四十輛坦克，老街正面加強了兩個團及四十輛坦克，再度展開攻擊。在大炮的呼嘯和坦克的隆隆進擊中，中國軍隊終於將敵擊退，於二十日佔領老街、包圍同登。其後，中國軍隊猛攻同登、高平，於二十四日佔領同登，二十七日再佔高平。中越雙方在諒山展開了激戰，雙方不斷增加兵力和武器，中國軍隊在陸續投入八個師的兵力之後，於三月四日佔領諒山。此時的中國軍隊距越南首都河內只有一百三十公里之遙了。

三月五日，中國軍隊全部撤回境內。為期十六天的對越反擊戰，在充分反映了中國軍隊有較強戰鬥力的同時，也暴露了在現代戰爭背景下存在的問題。

老帥們通過衛星回饋到電視螢幕上的圖像，驚奇地看到中國軍隊在進攻途中出現的混亂現象。當幾路素不相識的軍隊在通過同一座橋時，由於互不相讓而擠成一團，長達四十分鐘未有一支部隊能夠順利通過。戰場上也時常出現因指揮員官銜不明而導致指揮失靈、貽誤戰機的情況……在嚴峻的事實和新形勢面前，老帥們驀然想起了一個與軍人密不可分的制度——軍銜制度。

於是，中國軍隊已取消十四年的軍銜制度，再度在最高軍事決策者的心中萌發、醞釀。葉劍英來秦俑館參觀，無疑加快了這項制度的確立。一九八八年八月一日，中國黨、政、軍領導人正式決定在人民解放軍行列裡恢復軍銜制，從此，中國軍隊進入了一個新的時代。

葉帥參觀完畢，上車時又似乎想起了什麼，他招招手示意楊正卿走到自己的跟前。

「秦始皇為什麼要用兵馬俑從葬呢？」葉帥問。

「他憑藉武力統一了六國，死也不忘兵馬，這就叫事死如事生。」楊正卿答。

葉帥點點頭又問道：「你們什麼時候開館？」

「今年國慶日。」

「好啊，可是要快！要快！要快噢！」葉帥一口氣說出了三個快字，看得出他對兵馬俑傾注了很深的感情。眼看葉帥就要離開了，楊正卿才想起了一件對博物館來說很是要緊的大事。原來，早在秦始皇兵馬俑博物館籌建組成立不久，楊正卿等人就開始琢磨請誰來題寫館名的問題。由於此前大家知道建國後郭沫若對名勝古跡的題詞、題名比較多，就提議找郭老題寫這個館名。此時任中國社會科學院院長的郭沫若雖年老體衰，又重病在身，但為了滿足秦俑館的願望，還是堅持在病中寫就了館名。一九七八年初，當博物館籌建處收到郭老的手跡後，從字裡行間已看出郭老病情十分沉重，筆跡已失去了往昔的風采，只能作為珍貴的收藏品，不宜鐫刻並作為館名展出。同年六月十二日，郭老與世長辭，不可能再為博物館題名了，籌建處的楊正卿等人再度琢磨題寫館名較合適的人選。正在這時，聽說葉帥來工地參觀視察的消息，大家一合計，乾脆就請葉帥來題寫館名吧。於是楊正卿在這個時候急忙提出：「葉帥，我們想請您為博物館題寫館名。」

葉帥沉思片刻，謙虛地說：「我的字可是寫得最醜。」

「這是兵馬俑博物館，您是元帥，題字最合適。」楊正卿說著叫人拿來事先準備好的館名遞了上去。

葉帥戴上老花眼鏡仔細看了一下，讓祕書將紙疊起放入公事包內，說：「主席三周年前我不題字，這樣吧，三周年後我再寫好寄來好嗎？」說完握著在場工作人員的手同大家告別，隨後乘車而去。

危機的爆發

就在葉帥走後的第三天，即四月十一日，秦俑坑考古隊接到上級部門的通知，暫停發掘，以接待考古學會代表們的參觀考察。

原來，全國考古規畫與考古學會成立大會於四月三日在西安人民大廈開幕，在會議期間，中國社會科學院考古研究所所長夏鼐聽到不少關於秦兵馬俑發掘的傳聞，如考古隊招收的農民像刨土豆一樣挖掘秦俑，修復人員將一塊塊陶俑殘片，採取熱水燙、開水煮的方法進行清洗……面對這些傳聞，夏鼐放心不下，利用會議討論時，曾專門來到秦俑發掘工地實地察看，結果看到發掘現場沒有傳的那樣糟糕，但也的確存在著與考古這門科學相違背的嚴重問題。回到西安後，夏鼐把看到的情況向陝西省委做了反映，同時幾次在大會發言中，對秦俑的發掘狀況表示不滿。

四月十一日，夏鼐率領會議代表專程來到秦俑發掘工地參觀、考察，秦俑坑考古隊安排老隊員屈鴻鈞負責接待。當代表們陸續來到一號俑坑後，夏鼐問陪同的屈鴻鈞：「這樣大面積的揭露，有沒有紀錄？」

「有，有紀錄。」屈鴻鈞回答。

「拿來我看一看。」夏鼐窮追不捨，嚴肅而認真地說。

屈鴻鈞怔愣了一下，但很快又鎮定下來，他讓人速去將考古隊員王學理找來抵擋。

王學理平日看守秦俑一號坑幾個大型探方，每日在坑下觀察和處理陶俑的出土情況並做了幾個筆記本的記錄，這天因有代表參觀，發掘暫停，他就回到宿舍整理資料。就在漸入佳境之時，突然有人闖進來告知：「拿上你全部的記錄，越多越好，快到大廳！」王學理不知發生了什麼大事，順手摸了幾本筆記本，跟著來人一路小跑來到發掘現場夏鼐和黑壓壓一大片代表面前。夏鼐微笑著和王學理握了手，然後接過筆記本問：「你記錄的是哪些地方？」面對這突如其來的提問，王學理先是「啊、啊」地敷衍應對了一會兒，待他從懵懵懂懂中回過神來時，便指著被稱作Ｔ４的探方說：「在那邊。」

夏鼐站在一號大廳Ｔ４坑邊上，翻看著王學理所做的Ｔ４、Ｔ５兩個坑的文字和繪圖紀錄，一直板著的面孔稍有舒緩，繼而說道：「好啊，就是要記詳細些，要多畫圖啊！」

聽到這幾句話，原來滿面嚴肅的屈鴻鈞臉上洋溢出喜悅之色。隨後，夏鼐由屈鴻鈞陪同，王學理手拿記錄本跟在身後，離開Ｔ４、Ｔ５坑，緩緩向東走去。夏鼐邊走邊說：「你們看，發掘要講究科學，不能比速度。

修復陶俑又怎能限制時間呢？把陶俑修成水泥人總不好吧？我不是對你們這些具體工作的同志有意見，我知道你們很辛苦，我的意見是會向陝西省委轉達的。」

當天下午，夏鼐在臨潼華清池同陝西省委有關部門的負責人，連同早一天從北京趕來的國家文物局文物處副處長黃景略，就秦俑發掘中存在的問題和改進的措施進行了討論。討論中，夏鼐明確指出，陝西方面的有關負責人主張將秦俑一號坑在國慶日前全面揭開的做法是不妥的，為全面揭露而進行的「大兵團作戰」的發掘方法也是不可取的，是違反科學的。至於在對陶俑的修復中用開水煮、熱水燙的方法更是荒唐的胡鬧……對此，從北京趕來的黃景略根據自己的調查專門做了如此解釋：陝西有關領導的指導思想和秦俑實際發掘情況有些脫節，發掘中的確存在著過快、過亂的問題。至於修復中的問題，由於冬天天氣寒冷，修復人員曾經用溫水洗過陶俑殘片，但不像所傳言的用開水煮、熱水燙等荒唐做法。經過黃景略在中間的「和稀泥」，會議最後決定：收縮戰線，改變「全面開花」和「大兵團作戰」的做法。在國慶日到來之前，只發掘一號坑東端前廊部分的五個探方。挖出的土不再為附近農村製造良田，而是直接倒在後邊的探方上。依然採取邊清理、邊修復、邊復原的方法，於九月底結束。

之後，夏鼐向陝西省委提出，重新改組秦俑坑考古隊的領導班子，由夏鼐本人出任考古隊隊長，國家文物局的黃景略和陝西省考古所的考古學家石興邦任副隊長。這一提議令陝西方面深感不快，一位負責人對夏鼐說：「您如果能住在工地，這個發掘隊長就由您當，要是掛個空名，我們覺得這件工作做起來有困難。」話雖婉轉，但實際已是拒絕，作為中央考古所的所長，當然不可能長期住在秦俑發掘工地。在這種情況下，夏鼐做了退讓，但仍堅持讓黃景略和石興邦主持秦俑的發掘工作，陝西方面不想把關係弄僵，雖不情願，但只好硬著頭皮暫時答應下來，以作權宜之計。

這次夏鼐跟陝西省委較勁兒的結果是，石興邦到秦俑發掘工地只住了一天一夜就返回西安再也沒來過。黃景略見沒有人聽自己指揮，作為光桿司令在工地住了五天五夜，吃飯都成了問題，無奈之中，索性跑到西安買了張車票一走了之。但事情並未就此了結。

八月二十一日，陝西省委宣傳部部長來到秦俑坑考古隊，傳達了夏鼐等十六位考古專家給華國鋒主席、國務院、全國人大常委會的報告和報告中提到秦俑考古發掘存在的問題。

九月二十日，國家文物局的黃景略再次來到秦俑坑考古隊，專門傳達了胡耀邦總書記給陝西省委的批示：要組織檢查……一是考古隊要對前段工作進行總結，吸取教訓；二是建立領導小組；三是制訂出秦俑發掘的總體規畫。

大兵團作戰式發掘現場

九月二十六日，由國家文物局局長齊光、文物處處長陳滋德，中國社會科學院考古研究所所長夏鼐和考古專家石興邦、馬德志等組成的考古工作檢查團進入秦俑發掘工地。

九月二十七日，秦俑坑考古隊召開全體人員會議，由隊長杭德洲宣布：「考古工地停止發掘，從今天起放長假，全體學員（技工）辦理手續回家，什麼時候復工，等待通知。考古隊的業務人員回到室內總結教訓，準備編寫發掘報告。」

就在秦俑博物館即將開館的前夕，在沙場上奮戰了五年之久的秦俑坑考古隊陷入了一片孤寂。

一九七九年十月一日，在建國三十周年的日子裡，秦始皇兵馬俑博物館正式對外開放，聞訊趕來的遊客一大早就擁入館內廣場等待。上午十時，國家文物局和陝西省領導人乘車進入秦俑館，霎時，廣場上鑼鼓喧天，鞭炮齊鳴，人頭攢動，車水馬龍，在眾目注視下，葉劍英元帥於毛澤東主席逝世三周年之後題寫的「秦始皇兵馬俑博物館」的匾額被揭示，廣場上掌聲雷動，人聲鼎沸。參加博物館建設的工作人員，每人胸前佩戴著紅底金字條紅花和開館紀念章，滿懷自豪地迎接著四面八方的觀眾。而此時的秦俑坑考古隊，沒有一個人接到前來觀禮的「請柬」。考古隊隊長杭德洲等懷著不解、困惑的心情，於開館的前一天悵然若失地回到了西安，晚上翻來覆去不能入眠，第二天懷揣一絲希望，一大早又從西安返回秦俑館，在館領導人辦公室前徘徊並故意高聲說話，以引起對方的警覺，但直到開館儀式將要結束，也沒有人發現他們。在確知沒有被列入邀請名單之後，杭德洲一行便在會場外望著獵獵旌旗和喧囂的人流，嗟歎幾聲，然後悻悻離去。此時的秦俑坑考古隊已是暮氣沉沉、風雨飄搖，只等待某個時辰分崩離析了。

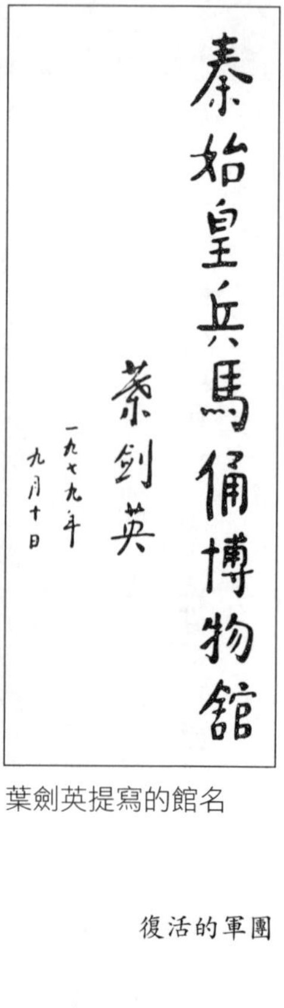

葉劍英提寫的館名

世界第八大奇蹟

就在秦始皇兵馬俑博物館成立十一年之後的一九九一年早春，我穿過尚披著皚皚白雪的黃土高原，第一次來到這裡採訪，此時的博物館已具備了相當的規模和氣勢，也正值此時波斯灣戰爭的炮火同時引起了世界人民的極大關注。透過朦朧的硝煙，人們都在對這場幾十年後仍將意義非凡的世紀末之戰，做著各自的判斷和推測。博物館正在參觀的遊客面對這支秦代的地下大軍，在觀賞之餘也不時地議論著波斯灣戰爭的局勢。或許，置身於這彎弓執劍、駕車騎馬的兵馬俑前，人們更能感受到戰爭的氣氛，更能想到波斯灣戰爭的現代化武器裝備、戰略技術與古代戰爭的相同與差異之處。

早在一九七八年九月，法國前總理席哈克經不住秦始皇兵馬俑這支地下大軍的誘惑，毅然來到驪山腳下的秦俑發掘工地，那高大眾多的秦俑和宏偉壯觀的整體場面，使席哈克心中受到極大的震懾。這位見多識廣、後來成為法國總統的政治家，躑躅流連，不禁讚歎道：「世界上已有七大奇蹟，秦俑的發現，可以說是第八大奇蹟。不看金字塔不算真正到過埃及，不看秦俑不算真正到過中國。」席哈克可謂把秦俑的價值和地位，十分鮮明、生動地表達了出來。這一評價被隨行的法新社（AFP）記者喬治．白昂尼克和《世界報》記者安德列．帕斯隆奇率先向西方國家做了報導。幾乎與此同時，新華社記者王兆麟，從這段評價中聯想到人們說起蘇州、杭州之美，就會想到千古流傳的「上有天堂，下有蘇杭」之妙語，突然來了靈感，一篇文章的標題躍出腦海。很快，長達四千多字、標題為「世界第八奇蹟」的文稿由新華社向全世界播發，國內外報刊紛紛採用，其中香港《新晚報》破例以半個多版篇幅，未作任何刪改，標題套紅並配四張照片予以發表，結果引起了讀者的廣泛興趣。世界第八奇蹟由此成為秦始皇兵馬俑軍陣的代名詞。

注釋

❶ 奧黛麗．托平（Audrey Topping），美國女記者，自由撰稿人。其父一八八四年生於中國，一九二〇年在中國任教，是周恩來之好友。一九七八年，托平與父親及家人獲邀至陝西觀光，被特別批准採訪了發現不久的秦兵馬俑坑，於

是撰寫了長文並配有插圖及照片，這是外國人最早向世界各國介紹秦兵馬俑的文章。

❷馬步芳：一九〇三—一九七五年。字子香，教名呼賽尼，甘肅河洲（今臨夏）人，回族。馬家集團的父叔兄弟俱依附馮玉祥，分任西北軍政長官。一九三六年十月，馬步芳任西北第二防區司令兼第五縱隊司令官，曾率軍攔截中共紅軍西路軍，使其蒙受重大損失。

❸商鞅變法時，曾將秦國官兵的身分劃為「二十等爵」。軍隊中地位最低的兵叫小夫，無爵位，往上則有二十等級，包括：公士、上造、簪嫋，不更（以上四等相當於士卒）、大夫、官大夫。公大夫、公乘、五大夫（以上五等相當於大夫）、左庶長、右庶長、左更、中更、右更，少上造、大上造、駟車庶長、大庶長（以上九等相當於卿）、關內侯。徹侯（以上二等相當於諸侯）。秦國規定，不論官、兵，立了軍功，爵位就逐級遞升。按爵位的高低，可享受各種特權。

第六章

陵園探寶

巍峨壯觀的秦始皇陵，禁不住歲月的侵蝕，千年荒塚埋白骨，洛陽鏟下見真情。馬廄坑、禽獸坑、殉葬墓昭示於世，久遠的宮廷血案水落石出。秦始皇步上死亡之旅，胡亥繼位殺戮皇族親屬，萬世帝國頃刻化為灰土。

站在秦始皇陵的封土上

就在秦俑博物館如日東升、光耀全球，秦俑坑考古隊江河日下、風雨飄搖，同時又在總結教訓與編寫發掘報告的雙刃劍下相互推諉、相互扯皮之時，由程學華率領的鑽探小分隊，如同二戰時期盟軍在歐洲開闢的第二戰場，在極端困難的情況下卻縱橫馳騁、連連得手，步步向前推進。

早在一九七六年秋，秦俑三號坑被發現試掘之後，在省文物局的支持下，程學華從考古隊分離出來，單獨率領部分從當地招收的「亦工亦農」考古訓練班學員，組成一支鑽探小分隊走進秦始皇陵園，開始大規模的鑽探，以期揭開秦始皇陵地宮周圍埋葬於地下的所有祕密。

毫無疑問，秦始皇陵在中國幾千年陵墓建造史上，可謂是最偉大、最輝煌、最令世人充滿遐想的頂級帝王陵墓，但在時間的排序上卻不能稱之為最早的。陵墓在中國的起源要早於這位始皇帝的時代。

研究資料表明，最初在陵墓上築丘和植樹的陵園形式，來自春秋時代的孔子❶。在孔子之前的葬儀極為簡單，死去的人一旦抬到野外，就挖坑埋掉，坑的上方不加封土，周圍不種樹木。有研究者認為：這種葬儀是由於當時人們的物質條件簡陋和思想方式簡單所決定的，簡陋的物質條件賦予人類一種深刻的思想內蘊，使他們相信人類來自於自然的潤孕，最後必然要回歸到自然的懷抱之中。

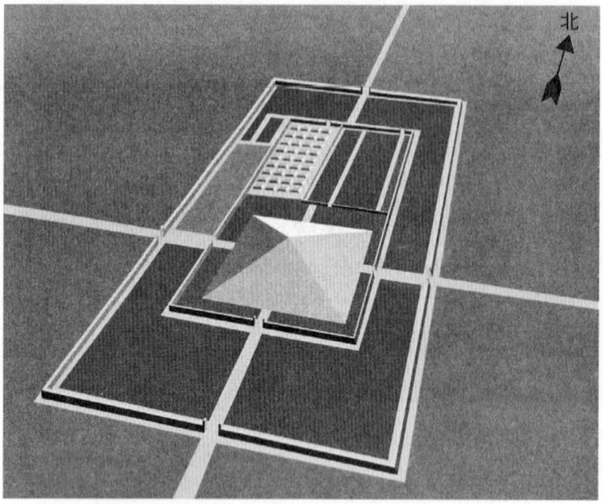

秦始皇帝陵園模擬圖

儘管殷商時代葬儀已實行棺槨和墓穴制，但仍未起陵丘。而春秋末期的孔子之所以在父母的墓穴上築起四尺高的土丘並種植幾棵小樹，實則是因為他四處奔走，怕回來時找不到父母的墓地，而無法行施其一生為之苦苦宣教的兩個字「禮制」而已。這時的孔子想不到他推行的禮儀收效甚微，而在陵上築丘和植樹卻在各國風行起來，並且愈演愈烈，直到塗上了一層濃厚的政治色彩。

秦始皇一生討厭儒學，但唯獨在陵墓的興建上沒有拒絕孔子最先創立的在陵上封土植樹的禮制，並把它加以發展而系統化，建造了在中國封建歷史上空前絕後的陵墓陵園機構，從而開創了兩千多年來歷代帝王在陵墓建制上的先河。

據西漢史學家司馬遷記載，秦始皇在十三歲剛剛登上國王寶座時，他的陵園建造工程也隨之開始，建造人數最多時達七十萬人。直到他死亡並葬入地宮後，陵園的工程尚未全部完成，前後修建時間達三十九年，其規模之龐大、建築之豪華可想而知。

西元前二一〇年，秦始皇帶著左丞相李斯和小兒子胡亥，在近侍中車府令趙高等臣僚、衛隊的簇擁下，開始了第五次出巡，也是他一生最後的一次出巡。

大隊人馬伴著初升的旭日從都城咸陽起程，在金風麗日下出武關、過丹漢兩水域，沿長江東下分別到達虎丘山和會稽嶺。秦始皇在

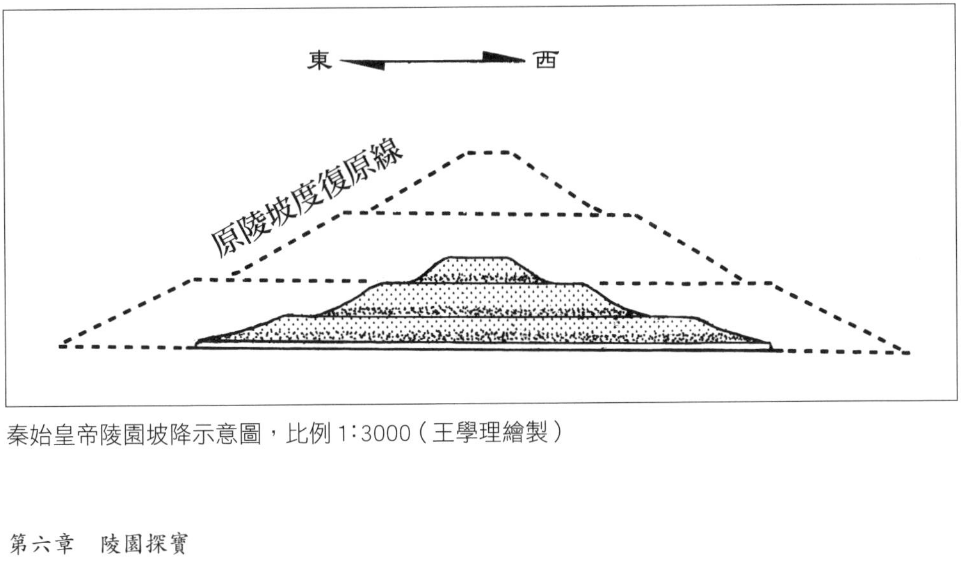

秦始皇帝陵園坡降示意圖，比例 1:3000（王學理繪製）

會稽嶺祭奠大禹，刻石頌功，並針對東南地區存在的氏族社會婚姻習俗和男女淫亂的現狀，提出了「要大治濯俗，天下承教化之風，使民俗廉清」的新型封建思想。同時刻石宣示，以醒時勢臣民。

離開會稽嶺，秦始皇率大隊人馬從長江渡江沿水路到達琅琊。在方士徐福的誘說下，秦始皇親率弩手進入東海尋找鮫魚作戰，並將一條巨鱗可辨、若沉若浮的大魚用連弩射死。

當秦始皇滿懷勝利的喜悅，在琅琊台飲酒作樂之時，忽感身體不適，只好下詔西還。車隊到達平原津，秦始皇竟一病不起。左丞相李斯見狀，急令車駕速返咸陽。

時值盛夏，如火的烈日灼烤著這支車隊，大路上彌漫升騰著黑黃色煙塵。李斯、胡亥心急如焚，秦始皇痛苦不堪，不時發出陣陣呻吟，死神在一步步地向他逼近。

當車隊到達河北境內的沙丘時，病入膏肓的秦始皇自知將不久於人世，彌留之際，他強撐身體，把李斯和趙高叫到跟前，讓他倆草擬詔命，傳詔在北疆防禦匈奴的長子扶蘇速回咸陽守喪。

李斯、趙高匆匆把詔書擬好，秦始皇過目後，用顫抖的手把玉璽遞給李斯，有氣無力地說道：「速派使者送達扶蘇……」餘下的話尚未說出，便撒手歸天了。

這位在中國政治舞臺上翻雲覆雨、改天換地的一代偉人，終於走完了他那輝煌的人生途程。死時年僅五十歲，從他自稱始皇帝算起僅為十二年。更令人扼腕的是，當秦始皇的屍骨進入他生前修築的那座地下迷宮時，大秦帝國已是日薄西山，只靠慘澹的光暈來照耀這塊板結、乾裂的黃土地了。

西元前二〇七年九月，起義軍將領劉邦率領軍隊攻克了函谷關，直撲秦國都城咸陽。這時秦始皇已命喪三年，其子胡亥也被丞相趙高所殺，帝國古船只有靠秦始皇的孫子秦王子嬰獨自支撐，並向著死亡之海作最後的航行。

待劉邦率大軍兵臨城下，子嬰大驚失色，眼前的現狀使這位倒楣的末世皇帝清楚地認識到，大秦帝國已經徹底走向沉淪。既不能出戰，也無力守護，唯一的選擇就是開城投降。年輕的子嬰乘白馬素車，以繩套頸，手捧傳國玉璽，滿面淚痕來到劉邦跟前屈膝下跪，俯首請降。劉邦面對這位只做了四十六天皇帝的秦王，冷笑幾聲，命部下收起玉璽、兵符和節杖，並把子嬰看押起來，揮軍攻城而入。

至此，秦始皇東征西討所創造的偉業，僅在世上存續了十五年就煙消雲散、分崩離析了。

劉邦進入咸陽，遍召當地豪傑長老，公開宣布自己的政見：「現與諸位父老約法三章：『凡殺人者死，傷人及盜抵罪，餘悉除去秦法。』」劉邦引軍離開咸陽還駐霸上，不久項羽率大軍趕來。當這支江東大軍進入咸陽後，竟在一天之內就將秦國皇親國戚八百餘人，連同四千名文武官員全部斬首示眾。秦王子嬰也被項羽親自用方天畫戟扎入胸腹，扔到街心而氣絕斃命。隨後，八千江東子弟兵潮水般湧入秦宮，將財寶、美女搶劫一空，緊接著又一把大火將包括阿房宮在內的宮殿、樓閣燒成一片廢墟。這支以復仇為目的的軍隊，在東返路過秦始皇陵園時，項羽又下令挖掘陵墓、搶劫財寶，搗毀一切可能搗毀的建築。大火在陵園升起，數日不滅。七十萬人費盡三十九年心血建築的陵園，在大火中變為一片焦土瓦礫。這是有史可查的秦始皇陵園遭到的第一次也是最為致命的一次劫難。

之後，劉邦與項羽在中原大地上展開了爭奪最高權力的交鋒，直至項羽兵敗自刎烏江，為期四年的楚漢戰爭才告結束。

對於「力拔山兮氣蓋世」的項羽這一悲劇性命運，千百年來，令無數文人墨客為之扼腕歎息，並發出了「至今思項羽，不肯過江東」的哀惋之情。可惜，歷史沒有倒轉的機會，即使項羽當年真的渡回江東，歷史也未必重新改寫它的結局。項羽的失敗絕非偶然，早在他火燒咸陽、焚毀秦始皇陵、砸碎兵馬俑之時就注定了。因為，一支連人類文化都不認識和不珍惜的軍隊，他還能認識和珍惜什麼？

劉邦稱帝後，隨著國家的日趨穩定，他下令對秦始皇陵墓妥為保護，並安排二十戶人家具體負責陵園的看管事宜。劫後餘生的秦始皇陵園總算得到暫時的安息。

自項羽的洗劫之後，儘管漢以後的歷代統治者，對秦始皇陵園都做了適當的看管，但依然沒有斷絕陵墓被盜掘的厄運，一隻黑手不時地伸向地宮。後趙時，曾割據為王的關中人石勒和石季龍❷兩兄弟派人來到河南，用探錐探到了戰國時期趙簡子❸墓的確切位置後，趁夜深人靜偷偷地挖掘起來，很快進入墓穴隧道。此時趙簡子墓已滲入數尺積水無法行進，他們便以盜墓人特有的方法製作了絞車，用牛皮囊向外排水。時值秋天，當他們剛剛將墓道中的積水排完時，外面的雨水又沿著挖開的通道灌了進來，反而積水更多。眼看著一個月過去了，積水始終沒有排除，盜墓者不得不先堵死通道，棄趙簡子墓而來到秦始皇陵，並在封土以外不遠處挖掘起來。這次他們的苦心沒有白費，終於打通了地宮隧道，盜走了隧道門旁安裝的銅柱數根。正在他們進一步向地宮深處挖鑿時，被守陵人發現，並迅速報官，才不得不含恨忍痛棄陵而逃。

唐末黃巢起義軍攻克長安後，作為叛軍首領的黃巢本人親自下令派兵公開盜掘秦始皇陵園❹，以補充軍費和兵器的不足。這次盜掘是繼項羽之後對秦始皇陵園的第二次大規模洗劫。也就在這次洗劫之後不久，黃巢軍兵敗長安，皇帝之夢也從此破碎了。

兩千多年來，民間的許多人把項羽與黃巢的失敗之因，說成是秦始皇陰魂的報復，這顯然帶有迷信色彩而不能使人信服，但從另一個側面也反映了人們對文化的敬畏。

清道光年間，秦始皇陵封土遭到了暴雨流水的衝擊，陵墓北面的半腰間，也在暴雨衝擊中塌陷出一個很深的洞窟。這個洞窟被附近的岳家村一個老漢發現，並立即傳播開來。消息被一個外號叫「白狼」的當地土匪頭子知道後，他立即率人以探測陵園為由進入洞窟。令所有入洞者大吃一驚的是，這個洞窟竟通入陵墓地宮。「白狼」命人取了大批的珍寶帶出洞外，溜之大吉。守陵人得知後立即報告了官府，洞窟由此被堵死，隨之加緊了陵園的看管，洞窟再未被掘。

據清朝官員推測，這個洞窟很可能是當年黃巢大軍掘陵時所打開的通道之一，掘陵的將軍在離開時，草草地將洞掩飾起來，以備將來再盜時能順利打開。但隨著黃巢的兵敗，這些當年封洞的將軍再也沒有回來。隨著歲月的流逝，洞窟也就成了不被人知的祕密。只是偶然的一場大雨又使它重見天日，從而使陵墓再一次遭到洗劫。

清朝滅亡後，隨之而起的是天下紛爭、軍閥混戰的局面。陝西軍閥派兵挖掘了秦始皇陵，並取走了大批珠寶。這是項羽、黃巢之後又一次對秦陵的大規模兵燹。解放戰爭時期，國民黨駐西北軍隊為抵抗解放軍的攻擊，以秦陵為制高點，在封土四周挖掘出數條戰壕應用於戰爭❺，致使面目全非的秦始皇陵園雪上蒙霜，千瘡百孔。

千載風雨剝蝕，無數場戰爭的摧殘，使後人已無法得知陵頂封土當年的形狀。有人認為封土最初的形狀為圓錐形，有人認為是方錐形，有的則推斷為覆斗形，雖無數研究者為此爭相探討，卻遲遲未得出一致的結論。導致這種原因和狀況的自然是史料記載者的忽視，但史料記載也不是永恆不變的，關於封土的高度，西漢時記載為「墳高五十餘丈」。按當時每尺二十三釐米折算，封土高度應為一百一十五米甚至還要多些。風雨的沖刷無疑逐漸降低了它的高度，漢之後的官方資料沒有對封土沖刷後的高度作出詳盡的記載，倒是中國的國門被外國人用大炮轟開之後，封土的高度才有了較確切的記述。

一九〇六年，日本學者足立喜六來中國對秦陵做了考察後，在他的著述裡有了「陵高七十六米，中間稍平，且有階梯，頂上廣闊平坦，陵墓近於長方形，東西寬約四百八十八米，南北寬約五百一十五米……」的記載。

二十世紀初，曾有三個法國探險者來到驪山考察，其中之一的維克多·薩加侖（Victor Segalen）在一九一七年這樣描述秦始皇陵：「是中國現存陵墓中最為不朽和高大的一座。它每一邊都長於一千英尺，有一百五十英尺高，外形經過精心設計，共有三層起伏的封土，就如一座小山一層層疊在一起……」

一九六一年，中華人民共和國國務院將秦始皇陵作為全國第一批文物保護單位予以公布。同年，陝西省文管會王玉清等考古、文物管理人員對陵園進行了勘察和測量，這時的陵頂封土已被雨水沖刷到不足當初高度的二分之一，僅為四十三米。

當然，王玉清等人這次的勘察對陵區文物的分布及地下深埋的祕密仍一無所知。要真正弄清陵園的一切，還要等到兵馬俑被無意發現後程學華率考古鑽探小分隊到來之時。

一九七六年秋天，在清風吹拂中，程學華翩然而至。

馬廄坑與珍禽獸坑

考古學家程學華站在秦始皇陵封土之尖，舉目四望，陵園周圍的莊稼多已收割，大片的田疇只有銀白色的荒草在秋風中搖擺。他反覆察看了地形，悄然走下陵頂，率隊來到陵園東側的上焦村外，開始了漫長的鑽探歲月。

一把把洛陽鏟鑽入當年的皇家聖土，一塊塊黃土碎石被切割開來，三個晝夜過去了，鑽探小分隊一無所獲。程學華憑著多年的考古鑽探經驗和對秦始皇陵的研究，隱約地預感到這一帶肯定會埋有為陵墓的主人陪葬的器物，這裡將是整個陵園隨葬品地下布局的探查開端。由此，他才把小分隊最先帶到這裡鑽探。但是，三天毫無收穫的事實，又不能不

秦陵鑽探小分隊人員在陵園內持續鑽探三十餘年尚未停止。

讓他重新考慮鑽探方法的得失。他在經過了一夜的深思後，毅然決定由原來間隔兩米的疏探改成間隔半米的密察。這個鑽探方法一經實施，很快證實了這一戰術轉變的正確。

那是一個秋日的黃昏，如血的殘陽灑映在高大的秦始皇陵上，晃動的野草泛起點點赤紅色的光，如同飄蕩的流火。天地輝煌，大自然再度張開生命的活力，接受蒼茫寰宇的熱切親吻。歷盡滄桑劫難的秦始皇陵園，也在這天地的饋贈中孕育著一個燦爛的未來。當程學華的探鏟再度穿入地下時，隨著鏟杆的微微顫動，傳來一聲微弱但異樣的聲音。據傳，凡是富有經驗的盜墓賊在鑽探時，都能從鏟杆和聲音的變化中，確切地感知和判斷出地下的器物。作為考古專業人員，其鑽探技術當然要遠勝於盜墓賊一籌，否則便稱不上是考古學家，而只能算是掘地的農民了。尋的東西就要從這裡面世了，他沒有聲張，而是拔出探鏟移動了位置繼續鑽探。此時的程學華期望這裡會再度出現像一號兵馬俑坑那樣龐大的地下軍陣，再現人類文明的奇蹟。但事實卻使他失望並陷於迷惑，緊隨探鏟帶出的不是一塊塊陶片，而是朽骨的殘跡。

他把所有的鑽探人員叫到面前，對兩種不同的跡象做了細緻入微的分析。憑聽到的聲音和鏟杆賦予的感覺，他第一次所碰到的是個陶俑已成定局，而在這陶俑的旁側出土一堆

秦始皇陵園陪葬坑位置

朽骨殘跡該作何解釋？況且從朽骨的形狀、粗細來分析，又不像人骨。這就否定了會像一號兵馬俑坑那樣出土的朽骨多為漢唐之後葬屍的可能。為解開這埋藏地下的玄機奧祕，程學華決定將鑽探情況上報後再進行試掘。

周圍五米見方的土層很快被掘開。當深入地下二米時，一個陶俑的頭蓋露了出來，這就是程學華在鑽探時感知的陶俑。當發掘人員將坑全部試掘完後，呈現在鑽探人員面前的是一幅和一號兵馬俑坑完全不相同的畫面。

一個高約七十釐米的陶俑背西面東安詳地跽坐著，臉部和手背分別塗有粉紅色顏料，頭後部挽有細長的髮辮，衣袍呈淡綠色，兩眼平視前方，面帶慈容，雙手平放在腿上，似在觀看和等待著什麼。在跽坐俑的面前，放置著陶罐、陶盆、陶燈等不同形狀的陶器，陶盆內有朽爛得發黑的陳跡，隱約可辨出是穀子和穀草。在陶器的前方，則是一副碩大的骨架，雖經兩千年的掩埋，但考古人員一眼便看出這是一匹馬的屍骸。

事情已經清楚，這是一幅完整的圉人❻餵馬圖的再現。只見馬骨的身下有四個不粗的小孔，馬腿置於孔中。前端有一小土坎，坎上挖有缺口，其大小剛好把馬的脖子卡在缺口內，雖然沒有發現專門的葬馬輔助設施，但從馬的骨骼作掙扎狀和殘存於骨架上繩索的痕跡推斷，馬是被捆綁後抬到坑中活埋的。

程學華根據坑的位置和出土的器物推斷，類似的馬廄坑絕非僅此一處，它像兵馬俑軍陣一樣應為一個龐大的整體，從而構成秦始皇陵園整體陪葬布局的一個完整單位。

根據這樣的思維和推論，程學華開始率隊在坑旁分南北兩路進行鑽探。一個月後，馬廄坑的位置和排列形式全部探明，整個單位布局為南北向三行排列，每行千餘米，以坑的密度推算，至少有二百座陪葬坑。為確切證實鑽探後的結論，程學華又率隊試掘了三十六座陪葬坑，出土器物除跟第一座坑類似外，還發現了陶盤、銅環、鐵斧、鐵鏟、鐵燈等不同的陪葬品，並在陶盆、陶罐裡意外發現了陶文：

大廄四斗三升

左廄容八斗

大廄　中廄　小廄　宮廄　左廄

這些陶文的發現，為確定陪葬坑性質提供了確切的依據。「大廄」、「中廄」、「小廄」等文字，當是秦代宮廷的廄名，這就進一步證實陪葬坑象徵的是秦始皇宮廷的馬廄，或者說象徵著秦始皇生前宮廷養馬的場所；鐵叉、鐵鏟、鐵斧為養馬的常用工具，陶盆、陶罐為養馬的器具，穀粒和穀草是馬吃的食物，陶燈和鐵燈則是夜間餵馬人的照明燈具。

馬廄坑的發現，為研究史料缺少記載的秦代養馬習俗和馬廄的編制機構，提供了極為珍貴的實物資料。

馬廄坑發現和試掘後，鑽探小分隊分成兩組，一組在陵園東側繼續擴大鑽探範圍，

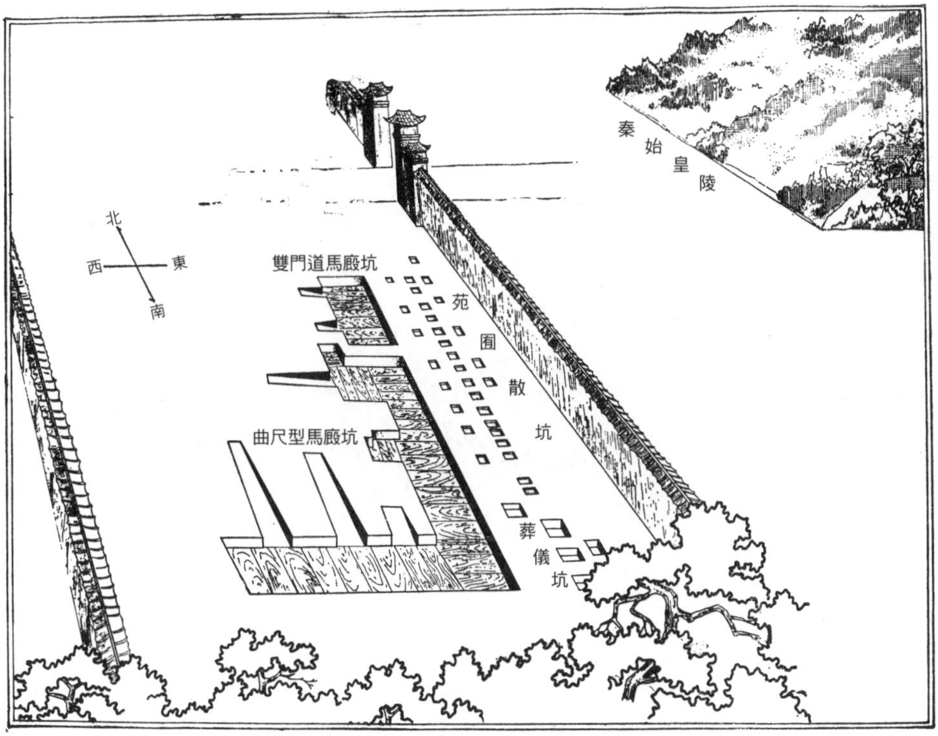

秦始皇陵園西部內外城間的馬廄坑、苑囿坑鳥瞰圖（引自王學理《秦俑專題研究》）

一組赴陵西開闢「第二戰場」。

一九七七年春，陵西鑽探組在內外城之間發現了和馬廄坑類似的陪葬坑三十一座。排列形式亦是南北走向的三行排列法，只是間隔比馬廄坑大些。為揭示陪葬坑的內容和奧祕，鑽探隊對中間一行十七個坑進行了試掘。出乎意料的是，這十七個坑中只是各自存有一個長方形的瓦棺，沒有其他器物出土。考古人員將瓦棺的頂蓋揭開，只見裡面存有一具動物骨骸和一個小陶盆，陶盆的形狀與馬廄坑出土的相同，只是動物骨骸要小得多，顯然不再是馬。經過科學研究鑑定，這些動物分別為鹿及禽類。

既然已有動物骨骸，說明它的性質和馬廄坑是相同的，只是這裡的飼養者沒有在坑內。那麼，這組陪葬坑是否不再設飼養的圉人？

考古人員帶著疑問，對東西兩側陪葬坑又進行了局部發掘，發現每個坑中都有一件跽坐俑，其造型和神態與馬廄坑出土的跽坐俑極為相似，只是有幾尊陶俑和一號兵馬俑坑的陶俑一樣高大，姿勢不是跽坐而是站立，雙手不同於跽坐俑平放於腿上，而是雙手揣在袖中。對於這個奇特的現象，考古人員從姿態和服飾推斷，多數

馬廄坑中的殉葬馬與圉人俑

人認為這幾尊俑的身分要高於跽坐俑，可能是主管飼養事務的小官。❼

試掘情況分析，中間的十七座應為珍禽異獸坑，而兩邊則為跽坐俑或立俑。如果馬廄坑象徵的是秦始皇的私人養馬場所，珍禽異獸坑也該是宮廷的「苑囿」。兩組不同的陪葬坑在充分揭示了秦代宮廷制度和皇家生活習俗的同時，也讓後人透過歷史塵封，更加清晰地窺測到秦始皇的思想脈絡和政治心態。

儘管千百年來人們對秦始皇的所作所為議論紛紛、褒貶不一，但馬廄坑和珍禽異獸坑的發現，無疑揭示出秦始皇時代對於「人的價值」這一思想主題的認識和對人本身的尊重。兩組不同的陪葬坑，分別埋有活生生的馬和珍禽異獸，但飼養者或主管飼養事務的小官卻都是陶俑。如果沿著這樣的思想去觀察整個秦始皇陵園布局，就不難發現三個兵馬俑軍陣同那個秦大墓聯繫的內涵。

作為軍事指揮部的秦始皇兵馬俑第三號俑坑的幾十件俑中，沒有發現具有特殊地位的將帥俑，均為普通的幕僚，其身分和地位遠比一、二號坑發現的將軍俑要低。作為一個軍陣的指揮部而沒有將軍和元帥，就不能不讓後人產生種種疑問。直到今天，博物館講解員代表的主流說法是：軍隊的最高統帥是秦始皇本人，按照秦代制度，軍隊在出征時才由秦始皇臨時任命將帥，交給象徵兵權的虎符❽，而平時則不任命，軍權集於自己手中……所以三號俑坑沒有將帥俑。

這種說法自然有它的道理，但並不能令人滿意。因為任何一個軍事集團不管在平時還是戰時，總要有一位將領具體負責管理或帶領作戰。假設秦兵馬俑模擬的是一個陳兵圖而非戰時的出征或作戰圖，那麼這支軍隊同樣應有一位將領來負責管理和承擔具體責任。如果不是這樣，這支大軍豈不成為群龍無首、各自獨立的烏合之眾？一切訓練、防衛、後勤供給將如何實施？

正是基於這樣的事實，我們才不能撇開位於三號兵馬俑坑西側而尚未發掘的那座秦大墓，草率地把這個軍陣的最高指揮者讓秦始皇來擔當。馬廄坑和珍禽異獸坑在賦予後人諸多啟示的同時，也同樣折射出秦大墓的主人可能就是兵馬俑軍陣的最高指揮者，而墓的主人也許正是生前為秦國統一天下立下過汗馬功勞、自蒙驁之後的秦國著名將帥之一。他與兵馬俑軍陣的聯繫同馬廄坑和珍禽異獸坑中的所有動物與飼養者一樣不可分割，並成為一個整體。有研究者曾經提出：「假如秦大墓的主人是軍陣的最高統帥，那麼秦俑軍陣的性質將發生根本的變化，就是說俑坑軍陣不再是為秦始皇陪葬而變成為墓主陪葬了。」

坑內出土的袖手立俑，當時推斷此為主管飼養事務的小官有誤。

但馬廄坑賦予我們的認識是，馬與俑雙方不存在誰為誰陪葬的相互關係，它們作為一個整體共為秦始皇陪葬。同樣地，墓主和兵馬俑也是作為一個整體為秦始皇陪葬的，兩者在陶俑與真人真馬的關係中，儘管做了完全相反的安排，但正是這樣的安排，才更令人看出秦始皇對人的自身價值的尊重和良苦用心。

當然，鑽探小分隊不久發現的殺殉坑，則是另一種背景下的政治產物，這和死去的秦始皇本人已不再有任何關聯。悲劇的發生同秦帝國的隕落一樣，實在是這位叱吒風雲的千古一帝始料不及的。

淒壯的祭壇

秦始皇在出巡途中於沙丘撒手歸天後，丞相李斯深知在新主尚未確定和登位的情況下，就貿然宣布先帝死訊將意味著什麼，於是斷然決定祕不發喪，知情者僅限於胡亥、趙高和幾位近侍。李斯與趙高祕密籌畫後，秦始皇的遺體被放入一輛可調節溫度的轀輬車❾中。放下車帷，令其他臣僚無法知道車內虛實，每日照常送飯遞水，臣僚奏事及決斷皆由胡亥、中車府令趙高和李斯代傳批示。在這新舊政權交替的危急之時，李斯急催趙高速發詔，召扶蘇立即趕回咸陽守喪和繼承皇位，以免發生不測。

然而這時的趙高卻另有打算，在他的威逼和誘勸下，李斯終於被迫同意竄改了秦始皇的遺詔，派使者賜劍給屯守北疆的公子扶蘇，羅織罪狀命他自殺，改立胡亥為皇帝。

為等待扶蘇的死訊，車隊故意從井陘繞道九原再折回咸陽。漫長的旅途和酷日的曝曬，使秦始皇的屍體已腐爛變質，惡臭難聞。李斯、趙高速命人買來幾車鮑魚隨轀輬車同行。以鮑魚之臭掩飾屍臭，使隨行臣僚不致看出破綻。當車隊就要駛進咸陽時，扶蘇自殺的消息傳來。於是，李斯、趙高才公開秦始皇的死訊。九月，將秦始皇早已腐爛的遺體草草葬於驪山陵中。胡亥由此登基稱帝，趙高隨之升為郎中令，李斯仍為丞相。

在趙高的唆使下，胡亥登基後辦的第一件大事就是命人用毒酒將北疆屯邊的將軍蒙恬賜死，然後將六位王子和十位公主逮捕，押往長安東南處一一殺死，緊接著又逮捕十二位王子押往咸陽鬧市斬首示眾，其餘皇親宗室，有的被迫自殺，有的則在出逃中被「御林軍」截殺……所有這一切，都是為了確保胡亥的帝位不受侵害。為徹底斬草除根，胡亥下令對朝廷中那些持有異議的臣僚也一一斬殺。最後，曾為趙高所惑，昧著良知和冒著政治風險進行投機、幫助胡亥登上帝位的丞相李斯，也在趙高的操縱下被腰斬於咸陽……

隨著秦帝國大廈的傾塌和歷史的延續進展，這段震驚天下的血案，也漸漸埋沒於歲月的塵埃之中。後人再也無法見到朝廷內外湧動的血水，更聽不到那淒厲悲愴、撕心裂肺的呼號了，一切都成為夢境般遙遠的過去。

然而，一九七七年十月，程學華率領的秦陵考古鑽探小分隊，在陵東發現了十七座殉葬墓，無意中為後人打開了一扇透視兩千年前那段血案的窗戶。

為弄清墓的形制和內容，考古人員對其中的八座進行了試掘，發現墓葬形制均為帶有斜坡墓道的甲字形狀。其中斜坡道方壙墓二座，斜坡道方壙洞室墓六座。墓的獨特形制表示了墓的主人應是皇親宗室或貴族大臣，因為秦代的平民不享有這種帶墓道的安身之所。從墓中發現的異常講究的巨大棺槨推斷，也非一般平民所能享用。

之所以把這些殉葬墓看作是窺視那段歷史血案的窗口，是由於棺內屍骨的零亂和一些異常器物的發現。有的屍骨下肢部分被埋入棺旁的黃土，頭骨卻放在槨室⑩的頭箱⑪蓋上。有的屍骨頭蓋骨在槨室外，其他骨骼卻置於槨內。更為奇特的是，一具屍骨的軀體與四肢相互分離，零亂地葬於棺內，唯獨頭顱卻在洞室外的填土中。經考古人員仔細研究後發現，這個頭顱的左額骨上有一塊折斷的箭頭，顯然是在埋葬前被射入頭部的。在已發掘的八座墓中，共有七具屍骨存在，其中有一座竟找不到一塊殘骨，卻發現了圓首短劍一柄……一切跡象表明，墓的主人是受到外力打擊而死亡的。從屍骨凌亂和出土的器物推斷，這些墓主大多是被砍殺、射殺後又進行肢解才葬於墓中的。

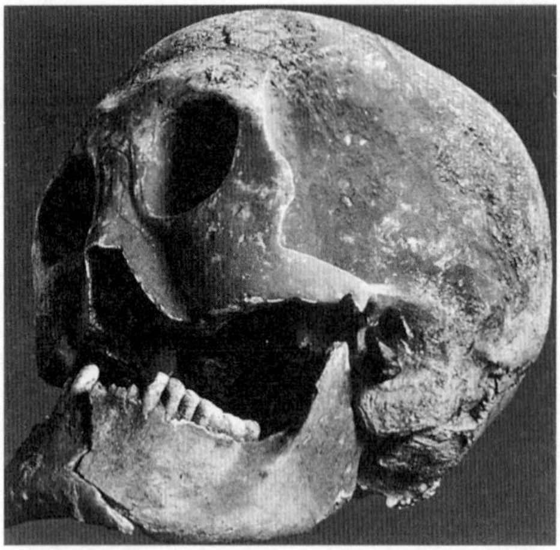

左額骨上嵌進的箭頭

證明墓主是皇親宗室、臣僚貴族的理由，除獨特的斜坡墓道外，考古人員還在墓中發現了極為豐富的金、銀、銅、玉、漆器及絲綢殘片⑫。其中一件張口鼓目、神似鮮活的銀蟾蜍，口內側刻有醒目的「少府」二字，說明此件葬器來自秦代少府或由中央鑄銅官署——少府製造，後為墓主所有。如此珍貴的器物，亦是平民所難擁有或見到的。

面對這樣的歷史事實和見證物，不能不令人想起胡亥製造的那場宮廷血案。這一具具凌亂的屍骨，無疑都是被殺的王子、公主或宗室大臣，絕非正常死亡。因為科學鑑定的結果表明，這七具屍骨除一人為約二十歲左右的青年女子外，其餘均為三十歲左右的男性，如此年齡相當又一致的正常死亡是不可能的。更值得研究者注意的是，考古人員在墓中發現了挖墓人員當時取暖留下的灰燼，這就進一步說明挖墓時間是在冬季，而胡亥誅殺王子、公主、臣僚貴族的時間也是在冬末春初的寒冷季節，這個並非偶然的巧合，更能令人有理由相信這十七座墓的主人，就是那場宮廷血案的悲劇人物：他們的慘死以及慘死後給秦帝國帶來的毀滅性結局，恐怕是秦始皇和胡亥未曾預料到的。

千百年來，人們往往把秦帝國短命的原因，一味地歸結為秦之暴政以及刑罰的殘酷、勞役和兵役的繁重，使「苦秦久矣」的天下百姓揭竿而起，將剛剛誕生不久的中國第一個封建帝國扼殺於幼年。

兵役勞役的繁重、刑罰的殘酷，這不能不說是導致秦帝國滅亡的重要原因之一，但非根本的原因。秦亡的根本原因是胡亥篡位後的倒行逆施，人為地造成了秦統治集團的矛盾和分裂，削弱了統治力量，終於使秦王朝快速滅亡。正如三國時期著名政治家諸葛亮所指出的，「秦王以趙高喪國」。或如明代傑出的政治家張居正所言：秦王朝的「再傳而蹙」，是由於「扶蘇仁儒，胡亥稚蒙，奸宄內發，六國餘孽尚存」等一系列原因造成的。這裡的「奸宄」無疑是指趙高之流。

假如，胡亥繼位後勵精圖治，稍微緩和一下社會矛盾，秦帝國也就不會如此之快地大廈傾塌；假如，胡亥能團結朝廷內部官僚集團，並維護其利益，即使山東起亂，秦王朝尚有足夠的力量對敵。試想，當年的章邯匆匆武裝起來的幾十萬驪山刑徒，就能將農民起義軍周章打得大敗。那麼，在北疆屯守的秦王朝三十萬精兵及大將蒙恬如果和章邯合兵一處，共同對敵，劉邦、項羽大軍就未必能越過函谷關，至少不至於如此迅速地殺進咸陽，置秦於死命。

歷史沒有重演的機會，事實讓後人看到的是秦帝國迅疾消失的結局。秦始皇陵的十七座殺殉墓，以及秦都咸陽城內的血雨腥風，無不昭示著這種結局的真正原因。誠如明末思想家李贄所歎：「祖龍千古英雄，掙得一個天下……卒為胡亥、趙高二豎子所敗，惜哉！」

注釋

❶據《禮記．檀弓上》記載：「孔子既得合葬（父母）於防，曰：『吾聞之，古也墓（壙穴）而不墳（積土）。今丘也，東西南北之人也，不可以弗識也。』於是封之，崇四尺。」

❷石勒，即後趙明帝（西元三一九—三三三年在位）。石季龍，原名石虎，字季龍，石勒之姪（或說石勒之弟），石勒死後廢其子石弘，自立為帝，即後趙武帝（西元三三五—三四九年在位）。石勒與石虎好盜掘墓塚，據《晉書．載記．石季龍下》云：「勒及季龍並貪而無禮，既王有十州之地，金帛珠玉及外國珍奇異貨不可勝記，而猶以為不足，曩代帝王及先賢陵墓靡不發掘，而取其寶貨焉。」

❸趙簡子，即趙鞅，又稱趙孟。春秋末年晉臣，六卿（趙氏、魏氏、韓氏、范氏、知氏、中行氏）之一。自晉定公十五年（西元前四九七年）起為晉政，歷時三十三年。

❹關於黃巢盜掘始皇陵一事，始見於明．都穆的《驪山記》：「陵高可四丈，昔項羽、黃巢皆嘗發之。其地老人云：『始皇葬山之中，此特其虛塚。』老人之言當必有所授也。」此說被清代一些文人反覆轉述。如袁枚的〈過始皇陵〉一詩說：「生則張良椎七荊軻刀，死則黃巢掘之項羽燒。居然一抔尚在臨潼郊，隆然黃土浮而高。」

❺此戰壕遺跡位於封土頂部及中腰第二階梯部分，寬七〇—一〇〇釐米，深約八十釐米。

❻圉人是秦朝管理馬廄、飼養馬匹的人。

❼這個觀點於二十五年後被另一群年輕的考古學家推翻，這類陶俑的身分被看作是秦代高級文官。時程學華已去世。

❽虎符：「符」是古代傳達命令或調遣兵員的憑證。一符剖為左右兩半，分存兩方，使用時兩半相合，稱為「符合」，表示命令驗證可信。戰國時期兵符呈虎形，世稱「虎符」。現存最早的虎符是一九七五年西安市南郊出土的秦惠文君時期（西元前三三七—前三二五年）的杜虎符。

❾轀輬車：或作轀涼車。一種古代的高級臥車，旁開窗牖，閉之則溫，開之則涼。原供皇帝乘輿，但因秦始皇崩於沙丘，棺載轀輬車中，故後世專以此為喪車。

❿槨室：中國古代棺、槨並稱，兩者同屬葬具，但木槨墓中的木槨其實是墓室內的構造，故稱「槨室」。

⓫內外槨板之間留有四個空間，鄰近頭頂的稱「頭箱」，鄰近腳底的稱「腳箱」，分列身體兩側的稱「邊箱」；中央則為棺室，內置棺木。

⓬在上焦村十一號女墓和十六號男墓中，還各發現了一枚銅印，印文分別為陰刻小篆「陰嫚」和「榮祿」。這兩個人名未見於史籍記載，為研究墓主身分提供了資料。

第七章

跨過歲月的長河

踏破鐵鞋無覓處，一枚金泡建奇功。考古人員苦心鑽探，銅車馬破土而出，陵園內外上演奪寶大戰。二號車馬修復展出，精美工藝震寰宇。遙想當年始皇帝駕車出巡，儀仗之盛威風八面。尋仙取藥，鎮撫天下，忙忙碌碌未得永年。英雄西歸，帝業無繼，大秦帝國煙消雲散。

神奇的金泡

繼馬廄坑、珍禽異獸坑和殉葬墓的發現之後，程學華率領考古鑽探小分隊，又陸續發現了一、二、三、四號建築遺址❶，秦陵修建者墓地遺址，陳家溝秦陵陶窯遺址❷等多處遺址和陪葬坑。至一九八〇年春，整個陵園外側的地下祕密大部分被揭開。

一九八〇年夏，程學華率領小分隊由陵園外側轉入陵園內進行鑽探，想不到幾個月後，又一震驚世界的考古發現悄悄揭開了帷幕。

洛陽鏟在秦始皇陵封土西側不遠處單調而疲憊地發著悶響，四年的辛勤鑽探，儘管發現不斷，但再也沒有像兵馬俑軍陣的出土那樣令人激動和振奮，剛來陵園鑽探時的新鮮感和神聖感已漸漸在隊員們心中消失，周而復始的鑽探形成了一種單調的近似機械操作的模式，這就更令那些需要不斷變化和刺激的男女青年隊員有些精神不爽與疲憊，既然單調的鑽探生活不能改變，就企望著一次重大發現的到來，以填補生活中的諸多不足。

這一天終於到來了。

一九八〇年十月三日，當鑽探隊員楊續德將已深入地下七米的探鏟吃力地拔出來，開始仔細觀察帶出的泥土時，一個指頭肚大小的金泡映入眼簾，「這是什麼東西？」他心中自問著，順手擦去了蒙在金泡上的濕潤泥土。霎時，金泡在麗日的照耀中發出刺人眼目的光

出土金泡的具體位置

芒。他好奇地把金泡攥在手裡，跑到正在不遠處指揮其他隊員鑽探的程學華跟前，輕輕地說：「程老師，我鑽出一個圓珠。您看，像是金子做的。」

程學華接過金泡，心驀地抖了一下。這一剎那，他隱約地感到了什麼，忙催促楊續德：「快帶我去看看。」

程學華按捺住心中的激動，詳細察看了金泡出土的位置，此處約離秦始皇陵封土二十米左右。在這樣近的距離內陪葬的器物一定非同尋常。他把金泡交給楊續德，拿起探鏟伸入地下。

又是一堆濕潤的黃土被帶了上來。程學華小心地扒著土層，一個銀泡和一片金塊顯露出來。他的心開始急劇地跳動，手在微微發顫，憑著多年考古所得的知識和經驗，他已預感到地下埋藏的器物會是怎樣的一件稀世之寶。當最後一塊金絲燈籠穗出現在眼前時，他「啊」了一聲，蹲著的身子像被擊了一棒，倒坐在地上。

他的預感已完全被這塊光彩照人的金絲燈籠穗證實了，在這七米深的地下，暗藏著的正是他苦苦尋找了四年的稀世珍寶——銅車馬。

多少次，他曾一人坐在高大的秦始皇陵封土上，面對龐大而神祕的陵園陷入深深的沉思。四年來的辛勞和探尋結果，使他在興奮中也像年輕的鑽探隊員一樣漸漸滋生了一種不滿足的情緒。當然，作為一名考古學家所產生的這種情緒，和年輕的隊員是不盡相同的。他懂得，每一次細小的發現，都是解開秦始皇陵園及秦代歷史不同階段和區域難得的鑰匙，事實已經證實了他和同伴們四年來的鑽探成果，對瞭解秦帝國政治、經濟、文化所發揮的重要作用。他也時常憶起自己在北大考古訓練

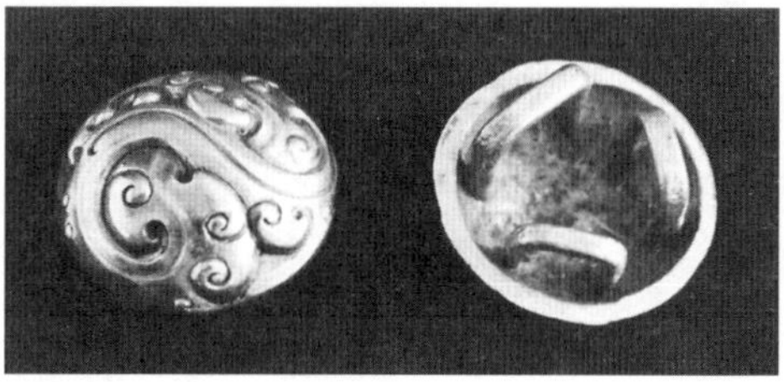

出土的金泡

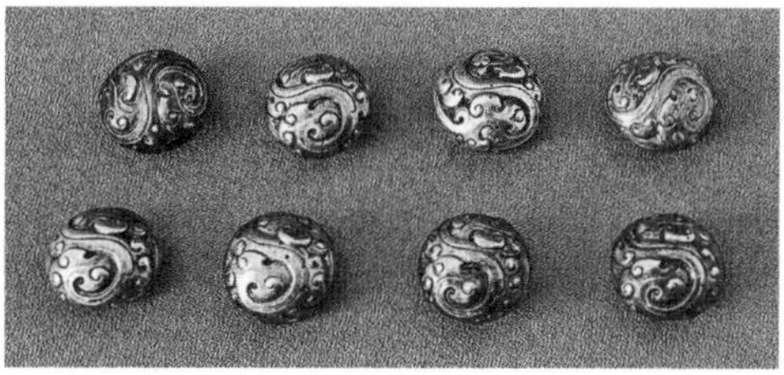

出土的銀泡

班讀書時的老師、考古巨匠夏鼐先生的忠告：「看一個考古工作者的水平和成績如何，主要不是看他發掘出什麼東西，而是要看他用什麼方法發掘出這些東西而定。」老師的話雖如是說，但作為考古工作者，誰都希望通過自己的努力成為重大考古發現的主持者或參與者。秦始皇當年那輝煌的政治生涯，一直吸引著他去作種種推想，面對氣勢磅礡的兵馬俑軍陣，他無法忘記秦始皇統一天下後五次出巡所率領的精美華麗、氣勢非凡的龐大車隊，以及那浩浩蕩蕩的威武陣容。按照古代「事死如事生」的思想脈絡，秦始皇不會忘記把伴他度過了一生的車馬儀仗為自己殉葬。那麼，這支華麗的車隊到底躲藏在哪裡？

今天，終於發現了它的蛛絲馬跡。

憑著眼前這細小的痕跡，程學華當場斷定，地下就是他苦苦探尋的銅車馬。

一九三九年，在河南安陽武關村出土了重八百七十五公斤的商代司母戊方鼎❸，曾使東半球的考古界為之震驚。一九七二年，在義大利里亞契海灣（Riace Marina）發現了兩尊希臘青銅武士像❹，使整個歐洲為之狂歡。此時程學華清楚地意識到，這不同於以往任何一次的考古發現，將使世界又一次為之震撼。

憧憬著將要成為現實的壯觀前景，一股熱流在程學華心中奔騰翻湧，似乎要把那顆急劇跳動的心臟推擁而出。他當即命令楊續德停止操作，對探孔嚴加看守，然後將出土器物用手帕小心翼翼地包好，推起工地上停放的自行車向陵園外走去。

此時的楊續德沒有意識到他所發現的那個金泡意味著怎樣的重要意義和價值，他只是清楚地看到了程學華在回眸向他微笑的瞬間那雙濕潤的眼睛。

陵園內奪寶大戰

程學華來到秦俑博物館館長楊正卿的辦公室，將手帕在桌上鋪開，臉上掛著緋紅的神色：「楊館長，你看這是什麼？」

「發現什麼了？」楊正卿從對方的眼神中已感到陵園將有重大的考古發現。

「不得了了，陵園裡發現了銅車馬。」程學華用有些顫抖的手指著桌上的金泡、銀泡和金絲燈籠穗說：「從一號俑坑發掘的陶馬、木車遺跡看，這些東西就是馬頭上的裝飾，如果發掘出來，一定能震驚世界……」

楊正卿望著面前金光燦爛的器物和程學華激動的面龐，眼睛隨之明亮起來，驚喜中他仍不放心地問道：「你能肯定是銅車馬？」

「完全可以肯定。除了銅車馬，別的陪葬品不會有這些器物。」程學華嚴肅而認真地回答。

為確切地證實銅車馬的存在，楊正卿又找來袁仲一等幾位考古隊員進行辨別，結論完全同程學華所推斷的一樣。楊正卿立即將情況上報，同時又讓程學華回陵園進一

銅車馬出土現場，旁邊草棚為程學華等考古人員日夜留守看護的「窩」

步鑽探。

一九八〇年十月十五日，國家文物局局長任質斌在陝西省委領導人和省文物局局長楊達的陪同下，來秦俑博物館視察工作。楊正卿讓程學華將發現銅車馬的情況向任質斌局長做了彙報。

「根據是什麼？」任質斌興奮中提出疑問。

程學華指著出土器物一一分析。這時除金泡、銀泡和金絲燈籠穗，經過鑽探又發現了飾有花紋的銅片。

「如果真的是銅車馬，我們將會再一次震驚世界。」任質斌說著，當即作出了「先挖探溝，弄清虛實」的決定。

十一月三日，考古學家袁仲一和程學華根據鑽探的情況，做了周密的計算。在銅車馬的覆蓋土層上畫出一個長方形圖路（即第一過洞），鑽探小分隊隊員依照圖路往下挖，開工第一天就深入地下五十釐米。

十一月十九日，當考古人員挖至地表下二・四米深的時候，發現了一塊完整的秦磚。再往下挖，發現了棚木朽跡和下面的木槨。這些棚木和木槨在黃土的重壓和泥水的浸蝕下，全部腐朽塌陷，考古人員只好按發掘程序一層層、一點點，認真細緻地清理。十二月三日，就在離開工剛好一個月之時，當清理至五米多深的時候，在五花土中發現了青銅殘片。此時，無論是在場的考古學家還是參與發掘的考古學員，精神為之大振，一鼓作氣向下清理。大

程學華（左）與考古人員王玉清在清理被壓碎的銅馬

家一鏟鏟剝去雜土，銅車的車蓋漸漸顯露出來。緊接著，銅馬的馬頭露了出來，銅俑露了出來，最後，二乘金光燦燦、五光十色的大型彩繪銅車，以及八匹銅馬、二個銅御手在七．八米深的地下顯露出來。儘管經過了兩千多年埋藏的漫長歲月，銅車馬被上面的覆土壓塌變形，但整套車馬披掛俱全，銀質飾品色澤光溜，金質器物閃閃發光。眼前的一切，充分證實了程學華的推斷，銅車馬將由此以它那精美絕倫的稀世身價和神奇風采，跨過漫長的歲月之河，向後世人類一展它的雄姿。

十二月四日，根據陝西省文物局的指示，秦始皇兵馬俑博物館領導小組成員張寧鑫和考古隊修復人員吳永琪攜帶銅車馬出土的照片，乘飛機抵達北京，火速趕往國家文物局彙報。

正在辦公室召開黨組會議的國家文物局局長任質斌被悄悄地叫了出來，走進接待室。

「根據您的指示，我們已在銅車馬四周挖了探溝。二乘銅車、八匹銅馬和二個銅人已完全暴露出來，請局長過目……」張寧鑫將照片遞給任質斌。

任質斌一看，揮手猛地拍了一下茶几，脫口而出：「太好了，這麼偉大和珍貴的文物，怎麼能不讓世界震驚，你們的工作做得不錯……」說著，他情不自禁地站起身，拿著照片走進會議室。

驚歎、讚譽、議論……會議在這一重大考古發現的新消息衝擊下無法進行下去，任質斌讓張寧鑫、吳永琪速到中國社會科學院考古研究所找夏鼐所長彙報，同時指派國家文物局副局長孫軼清立即乘飛機趕往秦始皇兵馬俑博物館，處理一切具體事宜。

當張寧鑫、吳永琪興匆匆地來到中國社科院考古所夏鼐的辦

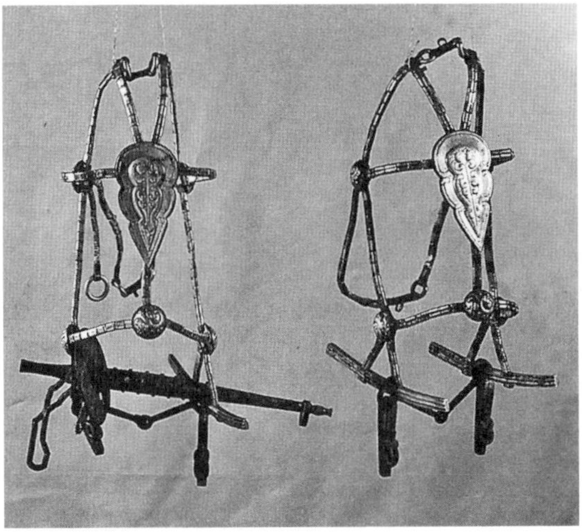

出土的馬籠頭

公室彙報了銅車馬出土的情況後，意想不到的是，夏鼐不但沒有喜悅之情，反而面帶慍色質問道：「誰叫你們在陵上亂挖的？挖壞了誰負責？」

冷水澆頭，張、吳兩人怔愣了半天後，吳永琪解釋道：「我們鑽探人員發現有異常情況，任局長在秦俑館視察工作時，我們向他做了彙報，他指示挖條探溝，後來發現了銅車馬……」夏鼐聽後似乎仍餘怒未消，說：「以後沒有批准，不許在陵上亂挖。」

張寧鑫對夏鼐的話點頭稱是，並談及國家文物局孫軼清副局長將趕赴秦俑館指導工作，同時邀請夏鼐一道前往，夏鼐說：「孫局長去了就行了，我這裡有事就不去了。」事已至此，張、吳兩人只好悻悻告退。待他們在北京向有關部門彙報完情況返回秦俑館時，秦始皇陵園的情況卻發生了巨大的變化。

就在銅車馬剛露出土層的當天，消息已在當地群眾中風傳開來。先是「秦陵挖出了和真馬真車一樣大小的銅車馬」，再是「秦陵挖出了金馬金車」，最後變成「秦陵挖出了活馬真車」。

消息越傳越神，越傳越遠，很快在臨潼和西安市流傳起來。當地的農民，西安、臨潼的幹部、職工、市民，還有不少正在當地旅遊的外國人，紛紛趕到秦始皇陵園欲一睹這「活馬真車」的風采，陵園內外到處蕩動著參觀者的身影。

面對這意想不到的局勢，為保證文物的安全，根據省文物局的指示，袁仲一和程學華在銅車馬坑邊用乾草搭起一座棚子，日夜守護，以防不測。

銅車馬出土的位置，正在附近農村社員的麥地中，這些社員眼看著人流源源不斷湧來，成大軍壓境之勢，青色的麥苗被踩成泥土，便急中生智，立即找來繩子、木樁等，將銅車馬坑包圍起來，並在參觀銅車馬的必經之路設卡堵截，找些廢紙胡亂剪成長條設卡兜售，凡進銅車馬坑參觀者，需先買票才能進入。票價不貴也不賤，按秦俑館票價一半銷售。遠道而來的人參觀心切，不顧這賣票者是公是私，是合理還是非法，紛紛掏錢買票，衝進卡內直達銅車馬坑邊。整個銅車馬坑四周已被當地社員控制，所有秦俑館和考古隊工作人員要進入銅車馬坑工作，也必須和外地群眾一樣過卡買票。陝西省文物局幾位領導因未遵守規矩，闖進卡內，被當地社員連推帶拉轟出卡外，領導者威風掃地，只能抓耳撓腮遠望土坑興歎。

面對這混亂緊張的局勢，秦俑博物館派張寧鑫和當地駐軍聯繫，要求部隊派兵守護。為確保文物安全，當地駐軍調撥一個排的兵力進駐秦始皇陵園。當地社員一看自己的財源之地被解放軍佔領，毫不退讓，大有與陣地共存亡的氣勢。解放軍自感此次行動是為國效勞，自然是據理力爭，大踏步前進。

為爭奪守護權，一場軍民糾紛在所難免。最後的結果是解放軍數人受傷，其中一名戰士被急送醫院搶救才保住性命。一年後，他帶著一張三等甲級殘廢證退伍還鄉。

解放軍官兵眼看無法繼續守護，只得退卻，重新把控制權讓給當地農民。

面對這劍拔弩張的局勢，秦俑館無計可施，不得不派人向臨潼縣委、縣政府求救，希望能夠得到支持。然而，臨潼縣沒有站到秦俑博物館一邊，他們有足夠的理由對這場紛爭作出裁決：「秦始皇陵園是臨潼縣管轄的範圍，並沒有劃給秦俑博物館。在陵園裡挖出東西自然歸臨潼縣保管，秦俑館應知趣地自動退出。」

事情已經挑明，局勢急轉直下。隨

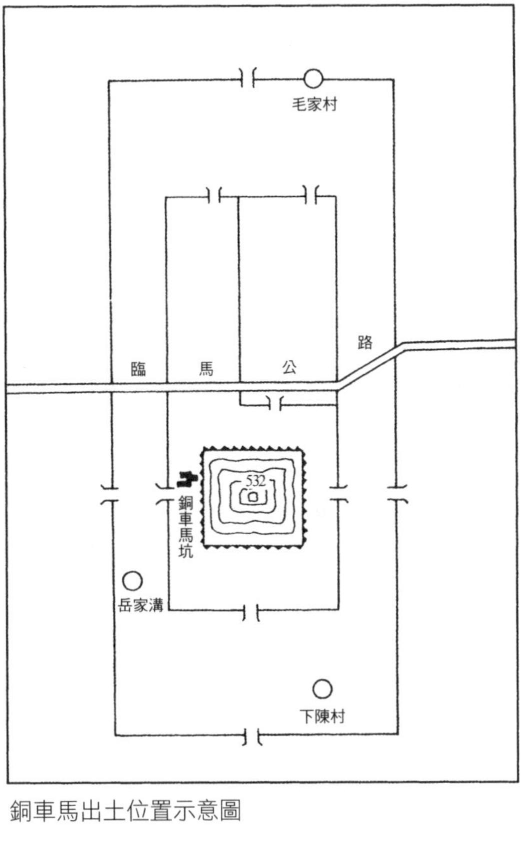

銅車馬出土位置示意圖

著時間的推移，問題的焦點已不再是誰守護的事情，而是這銅車馬應該歸哪家所有的矛盾紛爭，整個事情已變得非同尋常起來。

為爭取主動，秦俑館向陝西省主管部門求援，但陝西省文物局也毫無辦法，只好再打電話向國家文物局求援。此時國家文物局副局長孫軼清已從秦陵發掘工地返回北京，並和中國社科院考古所副所長王廷芳一起，將秦陵發現銅車馬和面臨的歸屬權問題，匆擬報告，向中共中央和國務院做了彙報。在中央的批示沒有下達之前矛盾自然無法解決，秦始皇陵園每天仍有四五千人來回蕩動，社員設卡、售票依舊，只是秦俑博物館的工作人員越來越難以接近銅車馬。只有袁仲一和程學華仍堅守陣地不放，守在車馬坑邊的小草棚裡日夜監護。

臨潼縣在等待中央的批示。

秦俑博物館在等待中央的批示。

雙方在經過幾個晝夜痛苦的等待之後，中央宣傳部向陝西省委發出了急電：

秦陵出土銅車馬，運至秦俑博物館進行清理、修復和展出。

電報很快轉至臨潼縣委和秦俑博物館，秦俑館立即派人持電報趕往臨潼縣委和縣政府協商。面對電文，臨潼縣委書記不再爭辯，說了句：「按中央的指示辦，交。」

一錘定音，秦俑博物館和考古隊如釋重負，懸著的心砰然落地。

銅車馬深在地面七米以下，況且已被土層壓碎，僅一乘銅車就破碎成一千五百餘塊，按考古人員的計算，光清理一個馬頭就需要半年時間。如何將銅車馬安全、完整、儘快地運往博物館，成為一個重大而首要的難題。

複雜的現狀，使秦俑館每個人都知道，不能再有絲毫的耽誤。必須打破常規，另闢蹊徑。秦俑坑考古隊負責修復的副隊長柴忠言建議：採取整體提取的方案，即在銅車馬底部鋪上一塊大鋼板，四周用土板釘成一個大盒子，頂部用木板封蓋，這樣，銅車馬就從整體上被加固封閉起來。因為是一個整體，用吊車吊裝就成為不算困難的事情。吊出後，可運至室內慢慢清理修復。這一方案不僅可以儘快將銅車馬一次性提取，而且最關鍵的是可以防止銅車馬等文物在發掘工地夜長夢多，遭遇意想不到的閃失。

方案一經通過，接下來就是付諸行動。為了確保地下文物不鬆裂、不移位，一次性提取吊運成功，柴忠言決定先做模擬試驗。於是，柴忠言、吳永琪買來鋼板，到附近的鼓風機廠、縫紉機廠加工成大簸箕，又用四立方米木材做成四個大箱子，然後拉著這些工具，帶領邢天堂、楊省民等十餘名考古訓練班學員，來到秦始皇陵東側的上焦村，選擇了一處低凹的土坑進行試驗。經過十餘天的努力，終於獲得了重要的資料和經驗。省文物局在聽取了彙報後，決定由秦俑博物館領導成員、早年曾任解放軍某團參謀長的張寧鑫擔任現場總指揮，全權負責銅車馬的提取工作。

十二月十九日，銅車馬的提取工作正式開始。

當汽車拉著碩大的鋼板簸箕駛入工地時，同樣受到了設卡農民的阻攔。具體負責遷移工作的張寧鑫拿出中央發來的電報，示意農民放行。

「我們不認中央的電報，只認麥子，把麥子壓壞，我們吃什麼？」農民的口氣依然強硬，汽車無法越過關卡進入工地。

急紅了眼的張寧鑫一咬牙，當即決定：「所有壓壞的麥子都由秦俑館賠償。」

「賠償多少？」農民開始放緩口氣，討起價錢。

「產量的兩倍。」張寧鑫回答。

「不行，進一次三百元，少一個子也甭想過去。」農民毫不退讓，提出了驚人的價格。

「就這樣定了，進一次三百元。」張寧鑫果斷而堅決地當場拍板。

「拿現款來。」農民望著張寧鑫漲紅的臉龐，伸出了沾滿泥土的手。

張寧鑫摸摸衣兜，掏出一個筆記本：「現款我沒有帶，但可以寫條子，你們憑條子到秦俑館領錢怎麼樣？」

「寫吧。」農民放下手，瞪大眼睛看著面前這位黑大個兒的動作。

按群眾要求，汽車進一次工地由秦俑館付三百元現金。

張寧鑫

一九八一年十二月十九日

紙條從筆記本上撕下，遞到農民手中。汽車冒著藍煙，穿越防線，駛向銅車馬坑。隨著張寧鑫手中條子的不斷書寫「付三百元現金」，汽車、吊車一次次駛入工地而暢通無阻。

一次準備就緒。銅車馬的四周挖出了幾條深達十米的寬溝，以四立方米木板的代價，將銅車馬連同一米厚的土層包裹起來，成為四個大型木箱。鋼板簸箕用吊車放入坑中，簸箕口對著銅車馬，板臺架設千斤頂，逼使簸箕向銅車馬的底層慢慢推進，以使整個木

起吊銅車馬現場

箱進入簸箕。為了確保起吊的成功與安全，張寧鑫又派人向附近駐軍請求援助，部隊當即派來官兵守衛，同時派出吊車、汽車全力協助起吊。十二月二十八日，吊車開始起吊，四個木箱裹挾著銅車、銅馬完整地進入汽車拖斗，在一片歡呼聲中，汽車冒著濃煙，轟鳴著駛往秦俑館。至此，歷時五十餘天的銅車馬發掘提取工作總算畫上了句號。

四天後，張寧鑫來到當地農村，找農民商量賠償事宜。

「我已經寫了條子，你們看怎麼賠償，是不是按條子寫的辦？」張寧鑫問。

「秦俑館哪來那麼多錢，賠償的事就不要提了。」憨厚樸實的農民回答著，遞過一碗熱茶。

張寧鑫望著農民們那黑瘦的臉頰和一雙雙粗糙的手，想起這些天發生的一串串故事，心中滾過一陣熱浪，似乎這時他才真正認識了這些普通農民的內心世界。臨走的時候，張寧鑫真誠地對那黑瘦臉頰的農民說：「不能讓你們吃虧。我回去和館領導研究一下，就按五倍的糧食價格賠償這次造成的損失吧。」

一個月後，秦俑館按張寧鑫提出的要求，向農民兌現了經濟賠償費。

轟動、轟動

銅車馬運到秦俑博物館後，於一九八一年五月由柴忠言、吳永琪等人開始修復。為保證工作順利進行，館內採取了對外暫時保密的措施，使外界半年多不知道銅車馬運入秦俑館後的具體情況。

一九八一年八月七日，中央人民廣播電臺突發專稿，詳細介紹了銅車馬的發現和修復情況。這封閉了大半年的消息一經播出，立即在世界上引起強烈震動，中外遊客紛紛奔向秦俑館，爭相一睹銅車馬的風采神韻。然而，他們沒能如願，秦俑館仍恪守保密的決策，使無數遊客望館興歎，掃興而歸。

一九八一年九月十八日，瑞典國王卡爾十六世古斯塔夫來到秦俑博物館，當這位一生愛好考古，並對世界性的考古事業作出過重大貢獻的國王走出兵馬俑坑時，委婉地向中方陪同團領導人習仲勳提出了參觀銅車馬的請求，他說道：「這裡是我嚮往已久的地方，壯觀的兵馬俑軍陣已使我深深地感到了中國古代文明的偉大。如果再能參觀一下貴國剛剛出土的銅車馬，那將是一生的幸事。」

習仲勳理解古斯塔夫的心情，但在此之前銅車馬從未對外做過展出，這不能不說是一個難題。

古斯塔夫國王被安排在接待室暫時休息，習仲勳走出來悄悄和秦俑館領導人商量如何解決這一難題。秦俑館領導人當然不能擅自做主，立即電話請示省文物局，省文物局又電話請示國家文物局，終於得到了一個令古斯塔夫國王滿意的答覆：「接待瑞典國王。從今日起，銅車馬作為特殊之物，作為外國元首參觀的特殊待遇。」

古斯塔夫國王終於如願以償，作為世界上第一位享受這種特殊禮遇的國家元首，面對正在修復的銅車馬，他以敬佩和感激的心情對身邊的工作人員說道：「這次有幸親眼目睹了中國燦爛的古代文明，西安一行，將令我終生難忘。」

一九八三年八月，經秦俑博物館修復人員柴忠言、吳永琪等人的共同努力，被編為「二號銅車馬」的一乘銅車、四匹銅馬及一個銅御手全部復原歸位。九月，國家文物局組織專家在驪山賓館召開了「二號銅車馬清理、修復鑑定會」，並很快通過了鑑定。十月一日，在秦俑博物館建館四周年之際，被一批批中外遊客千呼萬喚的二號銅車馬終於掀掉紅色的蓋頭和神祕的面紗，從容地走出修復室，進入展廳，正式接受世人的檢閱。

很顯然，要公開展出，最起碼的一點就是要告訴遊客兩乘銅車馬各自的名稱。此前，考古人員在清理和修復二號銅車馬的過程中，在一條轡繩上發現了朱書「□車第一」四個字，由於首字磨損較為嚴重，已很難辨認，後來秦俑博物館專門邀請著名文物專家孫機前往考證，得出的結論是「安車第一」，由此可知二號車是依照秦代安車❺的形狀製作的，於是，二號銅車馬的名稱算是有了一個了結。

一號立車上站立的御手俑

這組銅車馬為二十世紀世界考古史上發現的最大青銅器，總重量達一千二百四十三公斤，其形制相當於真馬真車的二分之一。如此裝飾豪華、完整齊全的古代青銅車馬，在世界上是首次發現。它那無與倫比的工藝技術和高超的冶金鑄造水準，為同代任何青銅器物所無法匹敵。

從總體看上去，安車的四匹銅馬驃肥體壯，仰起的額頭上戴著光彩耀目的金銀絡頭❻，圓睜的二目虎視前方，翹起的鼻孔似在喘息中微微顫動，整齊的牙齒緊咬銜❼、鏑❽，聳起的鬃毛在塵風中飄蕩。狀如削竹的馬耳斜立在額頭的兩側，似在靜心聆聽主人的號令，只待一聲脆鞭的炸響就毫不猶豫地仰頭躬身，撒蹄奔騰。趕車的御手俑高五十一釐米，重五一．九五公斤，呈跽坐式，身穿戰袍，腰間束帶，腦後梳扁髻，面龐豐腴，瀟灑自如。兩片浮雕式的八字鬍鬚更增添了他的神韻。頭頂的切雲冠、腰懸的青銅短劍，代表其官吏身分，又使他嚴肅而威武。稍彎的秀眉掩護著一雙半瞇起的雙眼，手中抓住六條御馬轡韁❾，長鞭高懸，嚴陣以待，時刻準備驅車前行。

穹窿式的車蓋❿和車廂四壁，絕妙地繪製著色彩豔麗的變形夔紋⓫、菱花紋、幾何紋、卷雲紋和絲縷交錯的雲氣紋圖案，鏤花畫鳳的銀器環抱著車衡兩端和駕馬的軛軥。輪塗朱彩⓬，軸懸飛軨⓭，馬帶繁纓⓮與纛⓯。整個銅車馬華貴中透出莊重，瑰麗中帶有古樸，動中有靜，靜中寓動，工藝絕倫的造型使兩千年前的青銅再度泛起了勃勃生機。

而銅車馬的冶金鑄造技術更令後人歎為觀止。製造者根據車馬的不同結構、不同用途的構件，把戰國以來的冶金鑄造技術推向了一個新的高峰，使銅車馬剛柔相濟，歷兩千年依然金光燦爛、光彩照人。據測定，銅車馬修復後的光潔度達到八至十級，如此高超的工藝技術和冶金水平，不能不令人為中國古代文明的輝煌成就而拍案叫絕。故此，它在世界上引起轟動是理所當然的。

一九八三年十月二十日，羅馬尼亞社會主義共和國團結陣線代表團團長塔瑪拉．多布林作為第一位參觀的外國知名人士，看了剛剛公開展出的銅車馬，曾興奮地寫道：「我們為此歷史性的考古發現而深深感動，它是兩千多年前偉大文明創造者智慧的結晶。世界冶金史應重新編寫，一切從這裡開始。」

一九八三年十一月六日，聯合國兒童基金會駐東京辦事處主任埃克雷斯，在參觀後驚呼：「參觀精美絕倫的古代銅車馬，是一次令人終生難忘的、最愉快的經歷。這組銅車馬是中國藝術文明的楷模。」

一九八四年八月二十二日，日本訪華團團長井上裕雄，在秦俑博物館幾乎是滿含激動的熱淚，揮毫潑墨寫下了發自內心深處的話語：「我感謝中國古代之文化。兵馬俑和銅車馬是一棵古樹上盛開的兩朵鮮花，它們是相互輝映相互媲美的人類瑰寶。兵馬俑以它那宏偉的軍陣和千軍

吳永琪等修復人員將修好的傘蓋插在一號立車上

萬馬的龐大氣派贏得讚歎，銅車馬則是以它那精湛、神妙的冶金工藝震撼人類的心靈，我為此歷史性的考古發現深深感動，我向偉大的中國人民致以敬意！」

銅車馬的展出引起了世界性的轟動，陝西省文物局以及秦俑博物館上上下下都為之精神振奮，原打算一鼓作氣，將另一組銅車馬一併修復展出，但一九八四年上半年，秦俑博物館館長楊正卿離職，而考古隊搞修復的主力人員吳永琪到上海復旦大學進修，被編為一號銅車馬的修復工作暫告停止。

一九八六年春天，吳永琪完成學業回館，一號銅車馬的清理、修復工作再度被提上議事日程。一九八六年七月二十一日，陝西省文物局副局長張廷皓來到秦俑博物館召開有關人員參加的會議，指示要加快一號銅車馬清理、修復的步伐。會議決定：一、從即日起，十天內清理組向修復組移交文物，於八月五日交完；二、八月六日開啟銅馬木箱，清理四匹銅馬，三個月清理完畢；三、銅車馬的清理工作由繼楊正卿之後出任秦俑博物館館長的吳梓林負責。自此之後，一號銅車馬的清理、修復工作正式開始，至一九八七年五月修復完畢。這乘被文物專家稱作立車[16]的銅車馬，隨著對外公開展出，所引起的世界性轟動，自然也是預料之中的事情。

車馬走向的昭示

車作為一種運載工具，在中國最早發明於何時已很難作出一致的結論。有文字可查的是，在殷商早期，商王相土曾發明了馬車，另一位叫王亥的商王發明了牛車，給人們的生產運輸以及交通都帶來了極大的方便，從而提高了車的功用。二十世紀三〇年代考古學家在河南安陽小屯出土了數十輛木式戰車，這是中國境內發現最早的車，距今已有三千七百多年的歷史。此後的商代、春秋、戰國、秦漢、隋唐各代，都有車出土，遺憾的是多為木式戰車，出土時均已腐朽變質，後人很難辨清古代車駕的真實面目。秦陵銅車馬的出土，無疑為現代人類親眼目睹古代車駕的真實面目，提供了鮮活的見證。

從形制上看，二乘銅車均為方輿、雙輪、單輈⑰，駟馬並駕齊驅。輈前面有挽駕的衡⑱，衡上縛雙軛，雙軛套在兩邊馬頸上。每匹馬皆有一條靷，與軛一起挽車前行。這種繫靷、負軛⑲、駕衡、曳輈的形式，稱為「軛式繫駕法」。

根據車的形制，再結合史料的記載，專家們通過考證並達成共識，一號車為古代的立車，御手和乘人都站在車上；二號車為安車，御手坐在前御室，乘人坐在左右兩側開窗、後部留一單扇門的主室。從安車車頂那穹窿式的繪有花紋的篷蓋和室內鋪有質地柔軟、狀若毯墊的車底襯推斷，當為高級臣僚所乘之車。而這兩乘銅車只不過是秦始皇陵整個銅車馬陪葬坑的一部分，尚有大量的車馬沒有出土⑳，從某種意義上說，這也只是秦始皇當年出巡車隊的一組，但並不是秦始皇本人所乘之車。據蔡邕的《獨斷》記載，秦始皇所乘坐的車為「金根車」㉑，由六匹馬並駕齊驅，從屬的車隊中按陰陽五行分別配製五色立車和五色安車㉒，外加通過窗戶的啟閉可調節溫度的轀輬車。秦始皇每次出巡，總是先以蒙飾虎皮的警蹕車保駕開道，文武百官、近侍寵臣、皇后嬪妃、王子公主隨行，浩浩蕩蕩，威風凜凜，大秦帝國的風貌在這龐大華貴的車隊中一覽無餘地展現出來。

秦始皇陵出土的銅車馬，使人們在窺視到秦代卓絕的工藝技術和冶金水準的同時，也不難想像秦始皇一生五次出巡的輝煌宏偉的氣勢，從而進一步看清這位一代雄主的性格和思想內蘊。

秦始皇一生叱吒風雲，在中國歷史上留下了吞滅六國、南取百越、北築長城、五次出巡等幾個清晰宏大的腳印。千百年來，人們在讚譽他吞滅六國、統一天下的輝煌業績的同時，也對他北築長城、巡視天下、求仙取藥等提出了種種非議。秦始皇由此成為毀譽不一、爭論不休的歷史人物之一。

長城被視為中華文明的象徵，已毋庸置疑。面對這綿延萬里、穿山越嶺的偉大建築，在讓人們為中華民族的勤勞和智慧驚歎的同時，也清楚地看到長城的構想者心胸寬廣、勇於探索的開創精神。秦始皇是在世界東方這塊黃色的土地上建立起千古偉業的，他對這塊土地的愛戀至死不渝。但透過他複雜多彩的一生，讓人們看到的卻是他不斷摒棄黃色文化而苦苦探尋更具魅力的蔚藍色文化的心態和抉擇。這種開放的心胸和思想脈絡，從長城的修建中便可察覺。

萬里長城的修建，當然有軍事上的考慮，但這並不是主要的，其主要的指導思想則是秦始皇利用這堵大牆逼迫他的人民去擁抱藍色的大海。這種思想早在秦國大軍席捲百越時就已顯露。面對東南沿海這塊神祕的土地，他命令他的士卒和當地人通婚，在此長期生活、繁衍。這種方式的意義同樣地不只局限於軍事戰略上的考慮，而更在於使他的人民接觸和創造蔚藍色文化。秦始皇所親手圈定的帝國版圖，我們看到的是一個巨形的「簸箕」，牢固地嵌在世界的東方。生活在這塊土地上的人們背對的是一堵堅硬的大牆，面臨的則是廣闊無邊的海洋。後路已被封死，只有義無反顧地前行，前行於波濤滾滾的大海，前行於一種新的更文明、進步的文化之中。這正是秦始皇不顧時人的反對和後人的詛咒，狠心地在中國北部和西北部而不在東部和南部修築萬里長城的原因所在。

正是基於這樣一種思想的指導，才有秦始皇五次出巡遠行、四次走向東海岸的具體行動。從東海岸的會稽嶺、琅琊臺、芝罘山、碣石島那高高築起的樓臺上，透過秦始皇看海觀景、飲酒作歌的雲層，不難發現他對那藍色文明的嚮往。而樓臺與長城在不同地理位置上的修建，也絕非是他的隨心所欲，兩種不同的建築格局昭示給後人的是同一主題：讓思想與智慧的光芒射向更加廣闊的遠方。

當然，秦始皇的特點不只這些，就他的性格而言，暗含著強烈的征服欲，他短暫的一生，可以說把人類征服的天性發揮到了極致。當他用鐵腕在腥風血雨中扭轉乾坤蕩平天下之後，征服的欲望並未枯竭衰落，他把目標對準死亡，他要以自己的蓋世威力，向死神挑戰。

這個挑戰一開始就帶有極大的悲壯色彩，但這位始皇帝依然慷慨悲歌，義無反顧地踏上了征途。他先是派徐福等人到隱藏在蔚藍色海洋中的神祕國度尋求藥物，後又親自登船到海洋中與一切阻礙他取得勝利的力量進行搏擊，他將連弩射向龐大蛟魚的同時，也射向了一條萬物生死、往復循環的真理。他以人生固有的最大張力向自然界的法則發出了挑戰，但是他最終沒有成功並遭到了平生最為慘重的失敗。在他的帝國才誕生十二載之時，死神以極大的報復之心，把他毫不留情地帶走了。

哀哉，秦始皇！

注釋

❶在秦始皇陵北面約一百七十米，有一處密集而成組的建築遺址，南北長七十米，東西寬六十米。一九七六年冬和一九七七年三月，考古人員曾在其南緣清理出四座建築基址，由西向東分別編為一至四號。毀損嚴重，僅二號基址的輪廓和格局較為完整清晰。經分析研究，判定此組建築群當是陵園的便殿（又稱別殿，是供皇帝靈魂休息閒晏之處所），由布局、結構和出土的建築材料，可見其當日之富麗豪華。尤其一件夔紋遮朽瓦（用於建築物的檁頭，既可防腐朽，又具裝飾作用），呈半圓形，直徑達六十一釐米，高四十八釐米，形制之大令人稱奇。

❷在秦始皇陵周圍的趙背戶村、上焦村、西黃村、陳溝村、下和村、魚池村等地均發現有陶窯遺址，秦俑坑考古隊清理了已知的七座。這七座陶窯皆為地下式，由前室（包括斜坡道、燃料堆放地）和後室（包括火門、火膛、窯室、窯床、煙囪）兩部分組成。但各窯的形狀和具體細部有別。這些陶窯與戰國時期的陶窯相比，窯室容量增大，窯床升高，火膛降低，使火焰由立焰變為半倒焰，既增加了燒焙量，又使窯內靭火溫均勻提高。在考古清理中還在遺址內發現了許多製陶工具、磚瓦及盆、罐等器皿。根據陶窯的形制結構及出土文物分析，它們當是修建秦始皇陵園時燒製磚瓦、水道管及生活器皿的陶窯。

❸司母戊方鼎：屬商代晚期的青銅鼎，是商王為祭祀其母戊而作。出土於當地的吳家柏樹墳園。鼎高一百三十三釐

米，長一百一十釐米，寬七十八釐米，長方形，立耳，柱足。腹部主飾饕餮紋，雙耳飾兩虎食人頭紋，足部飾獸面紋，腹內壁鑄銘文「司（或釋為后）母戊」三字。其造型莊重，形制雄偉，花紋繁縟，是中國及世界考古史上發現的最大青銅禮器。現藏北京中國歷史博物館。

❹ 這兩尊希臘青銅武士像，比真人大，現藏大希臘國立博物館。A雕像年代為西元前四六〇年，據信是雅典雕塑家菲狄亞斯（Phidias）所作，一般所見都是羅馬時代的仿製品；B雕像年代為西元前四三〇年，被視為是希臘雕塑家波利克里圖斯（Polyclitus）所作，可能來自德爾菲（Delphi）神廟，為紀念西元前四九〇年雅典擊敗波斯軍隊的馬拉松戰役（Battle of Marathon）而鑄。

❺ 安車：古代一種可以坐乘和臥息的馬車。可分大小兩種，小型安車車蓋低矮，車輿窄小，只駕一馬，是尊賢敬老用車；大型安車，駕四馬，蓋下有屏蔽，旁開窗牖，車輿寬廣，舒展自如，裝飾華麗。秦陵二號銅車馬在轡端有小篆刻銘「安車第一」，即屬後者。

❻ 絡頭：又名羈、勒，俗稱馬籠頭。為御馬的鞁具之一，套於馬頭部。秦陵二號銅車馬的絡頭，由金當盧一件、金泡兩件、銀泡三件以及金銀鏈條編綴而成。金當盧位於馬面中部，呈葉形；金泡分別位於馬口兩側；銀泡分別位於兩頰及鼻梁正中；金銀鏈條則以金節與銀節相間組成。另外，在驂馬內側面頰部位懸下的金銀鏈條末端，還繫有一件銀環，以便讓內轡從中穿過後行至御手處。

❼ 銜：又稱馬嚼子，絡頭的附屬構件之一。一般由兩根銅棒扣連而成，橫勒在馬口中，以發揮擠壓馬唇、控御馬匹的作用。秦陵二號銅車馬的每匹馬口內都有一枚銅銜。兩端各有一橢圓形銅環，扣連著馬的左右轡索，環內縱貫著曲成弧形且與絡頭的兩根金銀鏈條相繫結的銀鑣，以固定位置，不使銜從馬口中滑出。

❽ 鏑：絡頭的附屬構件之一。秦陵二號銅車馬御官左後方，曾出土兩枚罕見的銅鏑，形狀與銜相似。共由六節組成，節典節之間以鼻鈕套合。中間四節成漫長的球形，上面布滿短小的細刺；兩端的兩節為一帶刺的半球，上面各連一橢圓形帶扣。據推測，它應是一種為了控御服馬的備用鞁具。當服馬特別凶悍時，就將鏑加置於馬口中。

❾ 關於古代車馬轡的數目，文獻中多言六轡。如《詩經．秦風》曰：「四牡孔阜，六轡在手。」但每匹馬有兩條轡

索，四匹馬應有八轡。秦陵銅車馬的發現，解答了這個問題。原來車軾（車廂正前方供人扶持憑倚的橫木）前有一爪形銅觼（或作鐍），中間兩服馬的內轡因不須牽挽，拴於觼上不用（這個動作稱為「軜」）。御官手執著兩驂馬的外轡，另外四轡（包括兩服馬的外轡和兩驂馬的內轡）的後端曲成鉤形，掛於俑前面的車軾上，它們實際也應握在御官手中。因此，左服、左驂的外轡和右驂的內轡執於左手，右服、右驂的外轡和左驂的內轡執於右手，御官牽動左轡索，車即向左轉；牽動右手轡索，車即向右轉。

⑩ 秦陵二號銅車的車蓋，由支撐的銅骨架和一塊橢圓形的銅片（即篷蓋）組成。骨架呈魚脊骨形，中間是一條縱行的脊梁，脊梁兩側等距離，魚刺對稱地分布著蓋弓（即「橑」），每側十八根。弓為圓柱體，呈弧形，末端都套一銀質弓帽（即「華蚤」）。為了把分散的弓固定，在各根弓之上連接一銅條（即「榑」），整個骨架渾然一體，置於車輿後室屏蔽的上端。屏蔽上端和弓相應的部位鑿有一個個圓形卯口。把弓的末端分別卡入卯口內。篷蓋中間拱起。狀如龜殼，覆於骨架之上，四周邊緣被蓋弓帽末端的倒鉤鉤住，以免移位或滑脫。出土時篷蓋的外面殘存絹帛的痕跡，證明其外面原來覆有絹帛。似為文獻中所說的「羽蓋」。

⑪ 變形夔紋：或作變相夔紋。「夔」是中國古代傳說中一種奇異的動物，外形如龍，一足一角，張口捲尾，商周彝器上多雕鑄其狀作為紋飾。秦陵裝飾圖案中也承襲了這種紋飾，但變通較多，故名。秦陵二號銅車的車蓋和車廂四壁，以深藍或白色為底色，上繪一朵朵虯曲蜷縮的變形夔紋，夔的顏色或藍或綠，紋樣單位有的是雙夔盤結，有的是雙夔一鳳，皆彩色點畫勾勒，華麗瑰異。

⑫「輪」轉動致遠，是車賴以行進的主要部件之一，以堅木製成，包括牙（輪的外周）、轂（輪中間的圓木）、輻（連接轂和牙的直木條）三大部分。秦陵銅車馬的輪係以銅鑄，牙的斷面呈腰鼓形，轂呈腰鼓形，三十輻共一轂。車輪上有彩繪，在牙的內側和牙的兩側外周寬一．三釐米的部分，輻近轂、近牙處的局部，以及轂上均塗有朱色，當寓意為朱輪。《漢書．輿服志》曾提到天子乘輿「輪皆朱班重牙」，與此情形暗合。

⑬ 飛軨：車輿上的飾件，繫於軸頭，隨車行飄動，用以顯示車主的尊貴身分。秦陵二號銅車馬的軸為圓柱體，塗朱色，兩端持輪部分成紡錘狀，輿下部分為空心，持輪部分為實心。軸末端各套一圓筒形的銀害（軸頭，或作鎋），

軎上穿孔插入扁平長方形的銀轄（固定輪軸位置的銷釘），在轄孔的下方內側有一鼻鈕以繫飛軨。飛軨狀似箭尾形，分為上下兩節，上節為圓柱形鏈條，下節由三片銅片疊成，通體塗朱。

⓮繁纓：或作樊纓、鞶纓，古代車馬裝飾的一種，僅供天子或諸侯王使用，臣下不得僭用。秦陵一、二號銅車八馬項下均懸掛穗形飾物，是考古資料中迄今僅見的繁纓。其內部結構為在一銅球上鑽許多細孔，內穿徑約〇．〇五釐米的細銅絲，銅絲扭曲，波折而成穗形。繁纓頂部有一半環鈕，鈕上套一銅環，環上連一條銅絲鏈條，以繫結於服馬絡頭上。

⓯纛：古代帝王車輿上以犛牛或雉尾製成的裝飾物。與文獻記載的「左纛」相反，秦陵兩乘銅車馬的纛是置於右驂馬額頭上。以二號銅車馬為例，纛為一半球形銅泡，正中鑄一根銅柱，柱端有一銅球，球上穿銅絲並紐結成穗形。

⓰立車：古代一種只可倚乘的馬車，又稱高車，漢代稱軺車。民間和宮廷都有使用，但宮廷立車的規格較大且裝飾華麗。

⓱輈，即轅，車前牽挽牲畜的直木。用於大車上的稱轅，用於兵車、田車、乘車上的稱輈。單轅是商周以來流行的車式，到漢代才有雙轅車出現。秦陵兩乘銅車的輈均置於輿下軸上，輈與軸十字相交，中間墊一上下兩面各呈凹口形的「當兔」，以皮革纏紮固為一體，避免左右移動或紐戾。輈上部為平面，兩側及下部呈圓弧形，前端呈鴨嘴狀，尾端（即「踵」）呈圓柱形伸出後軫（軫是輿底四周的枕木，包括橫向的前、後軫和縱向的左、右軫）。輈在輿下的一段平直，與軸同高，伸出輿前的一段上曲，與馬頸同高，如此可使馬不壓低，軸不提高，車輿保持平正。

⓲衡：轅前端的橫木。衡離轅端兩側的長度必須相等，若向左或向右偏，車行就會失去平衡。秦陵兩乘銅車馬的衡近似圓柱形，兩頭細中間粗，縛軛處呈扁長方體，兩末端鉚有銀質套管。與轅交叉處的衡上有一半環形銀質鼻鈕，轅端另有一粗繩狀的半環索形鍵（即「輗」）穿過鈕環，緊緊固著一起，並以皮條纏紮，使之不易滑動。

⓳軛：或作軶，挽車的鞁具之一。呈人字形，縛於車衡兩端內側，駕車時套在馬頸部，用以駕曳。秦陵兩乘銅車各有軛兩副，製作精美，結構清楚，是迄今最完整的車軛資料之一。其軛體呈鞍橋形，軛首上套有銀帽。軛的兩肢扁平，兩腳（即「軥」）翹起向外翻捲成曲鉤形，鉤上各套一銀質蟬形鉤首。軛肢內側似有皮質的柔軟襯墊，襯墊亦呈鞍橋形，底角收殺成圓弧形，以作為支墊，防止軛體磨傷馬頸，並增強軛的承力曳車性能。軛的雙腳連接著兩條

橫帶，稱為頸靼，結實柔軟，其作用在縛軛，防止它從馬頸上滑脫。

⑳後來，考古隊又對陵西車馬陪葬坑二區做進一步勘察．原來當初探出金銀泡的地方是三行木車馬，已腐朽，但遺下許多金、銀、銅製的飾件。兩邊兩行為銅車馬，現已出土一行，還有一行尚未清理。另據考古鑽探顯示，在陵東有三坑，內藏攜帶武器的木車馬；陵北有十五個坑，其中闕門以東、臨馬公路南邊的一大坑，在其兩耳室內藏有木質和銅質車馬，銅車馬的數量比陵西車馬陪葬坑還多，但形體較小。陵東和陵北這兩處車馬坑，位居秦始皇陵墓外側，內實車馬，顯然是配屬於地宮的「御府」（掌供御用車服器玩的官署，隸屬於少府）之一部分。

㉑根車是古代一種象徵祥瑞的車。《孝經．援神契》曰：「德至山陵則景雲現，澤出神馬，山出根車。」秦統一天下後，改易三代禮制，採殷代車制中的根車，並用青銅、黃金、白銀等裝飾，名為「金根車」，專供皇帝乘坐。

㉒五色立車與五色安車，兩者合稱為「五時車」，是天子法駕的副車。即隨著春、夏、季夏、秋、冬五時，按青、白、赤、黑、黃五種正色（分別代表東、西、南、北、中五方），配備立車、安車兩種車輿。秦陵出土的兩乘銅車馬，馬身通體為白色，車體彩繪都以白色做底色，花紋的色調也偏素，形成「白馬素車」的基調，有些學者認為即是五時車之一。

第八章

將軍俑頭被盜案

秦俑坑考古隊氣數已盡，一場人事變動來臨。一份關鍵性政府檔的頒布，導致後來理不清的千頭萬緒。內外勾結，將軍俑頭不翼而飛。警方緊急出動，明察暗訪，又牽出另一樁要案。公安人員與走私分子鬥智鬥勇、奇計連環，稀世國寶終於完璧歸趙。

起死回生

就在銅車馬從發現到發掘，從修復到展出，裡裡外外搞得分外火爆之時，秦俑一號坑的計畫性發掘，自一九七九年開館前夕宣布停止之後，五個年頭過去了，秦俑坑考古隊在鬱悶彷徨、風雨飄搖中總算編寫完成了上級交給的「考古報告」任務。在這期間，國家文物局原打算讓秦俑坑考古隊繼續發掘，但要做到「科學發掘」，首先應該認真總結過去的經驗教訓，這樣做，也算是對中國社會科學院考古研究所所長夏鼐等一大批專家的一個交代和說法。但是，秦俑坑考古隊自始至終竟沒有認真開過一次總結會議，即使開會，也只有成績沒有過失，最後乾脆關起門來寫了一份「報告」，鑑於這份「報告」把應有的「教訓」變成了「經驗」、「過失」變成了「成績」，國家文物局相關負責人一氣之下，索性將這些「成績」和「經驗」鎖進抽屜，再也不提兵馬俑坑是否發掘之事。眼看一天天過去了，秦俑坑考古隊在紛爭與散漫中氣數已盡，一場大的組織人事變動來臨了。

一九八五年二月四日，陝西省考古研究所受省文物局的委託，重新組建了一個「秦始皇陵兵馬俑考古隊」。八月二十三日，陝西省文物局就陝西省考古研究所組建考古隊的報告做了批覆，並印發了（85）85號文件。文件規定：

一、將「秦俑坑考古隊」改名為「秦陵考古隊」。

二、陝西省考古研究所所長石興邦任考古隊長（兼），王學理、袁仲一、吳梓林任副隊長。王學理主持考古隊日常工作。

（下略）

陝西省文物局印發的（85）85號檔，標誌著持續了十一年的秦俑坑考古隊壽終正寢。原考古隊隊長杭德洲調任省文物局文物處處長，根據規定，原隊員中有研究能力，並願意繼續從事秦俑考古工作的，組織關係調轉陝西省考古研究所；不願繼續留在秦俑發掘工地的，返回陝西省博物館、文管會等單位。經過一番調整，新組建的秦陵考古隊除杭德洲、柴忠言等人調離外，大多數老隊員如屈鴻鈞、王玉清、程學華以及青年隊員張占民、劉古成等仍留了下來，繼續從事秦俑坑的考古發掘工作。王學理作為秦陵考古隊常務副隊長走馬上任。

王學理，一九三四年生於陝西蒲城縣，一九六〇年畢業於西北大學歷史系考古專業。此後在陝西省考古研究所工作，「文化大革命」中下放農村勞動，旋即轉入公安部門做偵破工作。一九七二年回應「業務歸隊」的號召，又成為省文管會的業務人員，一九七六年調秦兵馬俑博物館籌建處工作，一九七七年六月調秦俑坑考古隊參加發掘，一九八一年組織關係回到已恢復的省考古研究所，但人仍在秦俑坑考古隊工作。關於這段時間的情況，從王學理後來撰寫的回憶文章中可見一斑。王學理說：「那時考古隊的很多同志一起去了南方參觀，發掘人員靠的是臨時工，以亦工亦農考古隊學員的形式進行技術培訓。程學華同志負責陵園鑽探和秦俑坑工地的發掘，他讓這些學員上班時帶一塊小黑板，上面寫著學員們作的詩，這些詩每天一首首地輪換。鑑於我剛到考古

王學理（右一）與考古人員在秦俑坑發掘現場工作

隊，程學華對我說，你是搞研究的，就不要下坑了，發掘的事讓他們學員幹就可以了。根據程學華的安排，我的工作任務是編印一百多名學員的詩作，並每隔幾天就把掛在食堂的黑板報換一次。那些詩句多半是『手握寶書心向黨，一心一意把古考』、『毛主席的話是真理，字字句句記心上』之類。因為詩的水平有限，我又不懂詩，只是很認真地從內容上分了類，冠以標題，設計了封面和版式，交給學員班的吳耀武刻印。之後我把刻印好的詩裝訂成冊，整整齊齊地交給了程學華，老程看後很滿意，一再當著這些十幾歲的娃娃學員的面稱讚我細心、字寫得好、畫得也不賴……頗費時日的這種勞作，博得幾聲不記功的表揚，也覺得很有意思。生活就是這樣，有很多時候是荒唐的。說實在的，對我而言，編詩和換黑板報的工作只不過是完成了一件任務罷了，很快

新招收的考古女學員在剛剛建成的秦俑館大廳前留影

考古隊招收的亦工亦農考古班學員在一號俑坑發掘

就遺忘了。我沒有完全聽老程的話，一有空我就鑽到坑裡去同學員們商量發掘之事，晚上則在西楊村的黑屋子裡挑著煤油燈夜讀。

「秦俑二號坑共開了十九個試掘探方，寫簡報的執筆人是領導早先定好的王玉清同志。他不是採用等待發掘結束後綜合記錄的常規做法，而是在發掘過程中，根據簡報體例，到各探方觀察後記在自己的筆記本上，再形成文字。因此，在試掘期間，我們兩人探討的問題就很多，我提供給他很多文獻記載和論文材料。但在他拼對探方圖紙時，總是兩過洞相連而不是中間隔梁，連整個坑形也變了。十一月十六日，考古隊幾位業務幹部冒著寒風複查，找到坑邊和方邊，由我用測量儀把結果測繪到圖紙上。以後『簡報』發表的、很多書刊採用的秦俑二號坑平面圖，就是這次經我測繪復原的結果。不過，因為原來開方放線時用的是手持指南針，差之毫釐謬以千里，故而測繪在圖紙上的探方無一是正方向的，其四角不是鈍角就是銳角，過洞數不是十三個，而是十四個，從而也確定了二號坑中由四個單位組合的布置關係。

「因為秦俑三號坑是個小坑，面積只有五百二十平方米。但工程量較其他考古發掘也不見得小多少，所以全面揭露幾乎用了一年的時間。我沒有具體任務，也甘當配角，因為老程強調由他主持來培養學員。不過，他還是發揮了我的示範作用，比如：我跟班發掘時，他讓大家學我的細部清理手法，他用海鷗牌照相機照了不少照片，但總是不滿意，期間一定要我照文物照片。我測繪的三號坑平面圖，他也讓學員照著畫一張裝入資料袋……就這樣，在秦俑坑考古隊，我作為一個極普通的人物一直到一九八五年。這一年的二月四日，陝西省考古研究所任命了一批中層領導幹部，我被任命為秦漢研究室主任，不久又兼任秦陵考古隊常務副隊長……」

秦陵考古隊在紛爭與危機中誕生，陝西省考古研究所領導這樣一支新組建的考古隊，正處於「群雄爭霸」的氛圍中，為了理順各種錯綜複雜的關係，在陝西省文物局領導的直接主持下，召開了陝西省考古研究所、秦俑博物館、陝西省博物館、秦陵考古隊、秦俑坑考古隊等「三單位五方」聯席會議，就秦俑文物、資料、財產、財務的歸屬問題進行了磋商並達成協議。為防止發生混亂和出現糾纏不休的問題，一九八五年十一月二十九日，陝西省文物局專門下發了一個至關重要的、對後來發生的一連串故事都有決定性作用的文件：

關於秦陵考古隊移交問題的決定

省考古研究所、秦俑博物館、省博物館：

為了迅速做好秦陵考古隊與秦俑館、省館等單位之間的移交問題，我局與上述單位負責人召開了專門會議，現將會議通過的有關決定下發給你們，請你們督促有關人員按此決定加緊完成有關移交手續，以便秦陵考古隊早日開始發掘工作。

一、修復二號銅車馬購置的設備、工具及剩餘材料等全部移交給現銅車馬修復小組。二號銅車馬本身及全部文字、照片資料交給秦俑館，其文字、照片資料複製一份給秦陵考古隊。此項工作限於十二月五日前完成。

二、一號坑內已展出的五個方內全部出土文物（包括此展室的全部文物），由原考古隊移交給秦俑館，未修復的秦俑由秦俑館負責修復、復位及五個方的安全、衛生工作。該項工作由杭德洲牽頭[1]交；馬秀青接，限年底以前完成。考古隊編寫發掘報告時所需文物，由秦俑館負責提供。報告編好後給秦俑館留一套副本。

三、省博物館原借秦俑坑考古隊的文物，開出清單交秦俑館保存，文物歸省博物館所用。此項工作限於十二月五日前完成。

四、原考古隊將所有文字、照片資料一式三份，分別移交給秦俑館、省文管會和現秦陵考古隊，該項工作由杭德洲牽頭，限年底以前完成。

五、原考古隊修建的東臺以東房屋交秦俑館，秦俑館在考古隊西部（三號坑以東）蓋給考古隊同數量房交考古隊使用。原考古隊占秦俑館房屋一律退還。

六、原考古隊房屋購置的設備交現秦陵考古隊，該項工作限於十二月十五日前完成。

七、財務移交按我局發（85）85號文件規定辦理。限於年底前完成。

各接交單位務必按上述決定按期完成各項移交工作，逾期不交者要追查責任。

陝西省人民政府文物事業管理局

一九八五年十一月二十九日

在這之前，國家文物局鑑於發掘機構已經變更的實際，為了照顧上下左右的面子，提出要新組建的秦陵考古隊從正面闡述對秦俑坑發掘的設想，以材料的形式上報。據後來王學理回憶說，「遵照這個要求，我們首先擬定了一個非常詳細的《關於秦俑一號坑恢復發掘的有關技術性規程》，並於一九八五年十月八日逐級上報。這個《規程》從五個方面對田野發掘中的控制點、

兵馬俑坑展廳蓋好並投入使用後，周邊的小平房又存在了很長一段時間，有的作為考古隊修復室，有的作為考古人員和秦俑館人員的家屬房使用。

坐標、細部清理、工作日記、資料積累、顏色、保護措施等等，都有明確規定，從而使考古隊工作進入了一個井然有序的良好狀態。按照陝西省文物局（85）66號文件精神，原秦俑坑考古隊副隊長柴忠言於一九八五年十二月十五日，為秦陵考古隊清理了修復設備和記錄資料，羅忠民移交了一號坑現存的照片資料。為恢復秦俑一號坑的發掘，準備工作正在一步步有序地進行著。進入一九八六年三月，秦陵考古隊即著手清倉盤庫，檢修設備，在坑中灑水回潮，並同秦俑館就考古發掘與開放參觀問題達成互讓協議。但是，人言可畏，積習難改，秦陵考古隊一開始的組織整頓、人員整頓、思想整頓，就遇到了難以言狀的是是非非，而謠言往往是借助看似簡單、實則隱蔽的複雜關係，再通過權力、地位等滲入組織管道而發生作用。這些謠言經過多重折射，便黑白顛倒，變得撲朔迷離，雖似險灘行船，卻渾然不覺。豈知，名利關係設置的暗礁正等著我呢……」

王學理這最後一段話指的是後來發生的故事還是另有隱情不得而知，但歷史呈現給世人的是，經國家文物局批准，已停工近七年的秦俑坑得以再度發掘。一九八六年三月二十四日下午一點三十分，秦俑一號坑第二次發掘典禮在博物館內隆重舉行。為了這次考古發掘的起死回生，陝西方面給予了高度重視，中共陝西省委副書記周雅光到會祝賀並剪綵，陝西省文物局副局長陳金方和省考古研究所副所長鞏啟明分別到會講話，秦陵考古隊常務副隊長王學理當眾宣布了《關於秦俑一號坑恢復發掘的有關技術性規程》。由於這是繼一九七九年後秦俑坑再度大規模正式發掘，社會各界同樣給予了廣泛關注，有十四家新聞媒體聞訊前來採訪，並很快做了報導。

一九八六年四月五日，秦俑一號坑再次正式發掘。考古人員陸續開挖了五個探方共二千平方米，其面積同第一次發掘相等。整個一號坑內又恢復了七年前那種繁忙景象，坑內坑外再度出現了勃勃生機。

但是，在這繁忙和生機盎然的背後，卻潛伏著新的危機，幾個月後，這個危機竟導致了秦俑一號坑第二次停止發掘的厄運。

將軍俑頭不翼而飛

就在秦俑一號坑第二次發掘十個月之後的一九八七年二月十八日晨，秦陵考古隊學員趙永峰剛來到工地，發現考古隊西邊的倉庫門開著，便好奇地向前觀看，當他發現門鎖脫落後，立即意識到什麼，馬上向居住在不遠處的考古隊員劉占成報告。劉占成聽後先是一驚，隨之跑到倉庫門前仔細觀察，一切跡象表明房門是被撬而開的，房內放置的東西可能被盜。

此時，秦陵考古隊常務副隊長王學理正在北京參加《中國軍事百科全書·古代兵器》一書的編纂會，尚未回歸。劉占成急忙找到考古隊員王玉清、孟占先商量該如何應付，商量的結果是由劉占成立即向駐地派出所報案，同時派考古隊學員楊團生趕往西安去找老考古隊員屈鴻鈞，因為他有庫房鑰匙並知道房內存放文物的情況。派出所民警王登明接到報案，立即趕來察看現場。這是三間一通的簡陋庫房，內有鋼筋、汽油桶、水管、木板等雜物，顯眼的是有兩匹複製的陶馬，而北牆根一塊朽木上則放有一個出土的秦俑武士頭。

「丟失了什麼東西？」王登明問。

「房內的具體情況我們不知道，鑰匙由老屈掌管，我們已派學員到西安詢問，等回來就知道了。」劉占成回答。

王登明只好派人將現場保護起來，等待西安方面的消息。

這邊派出所和考古隊的人員心急如焚，而派往西安的楊團生卻如泥牛入海，直到夜幕完全籠罩了大地也沒見他回來。

第二天上午，楊團生終於回來了，但他沒有去找考古隊彙報，而是像什麼事也不曾發生過一樣走進自己平時工作的修復室和幾個人閒聊。

劉占成得此消息，立即趕往修復室找到剛拿起一個饅頭啃吃的楊團生。

「昨天找到老屈了沒有？」劉占成顯然是帶著怒氣詢問。

「難找得很。我先去省博物館他的家，沒有任何人，別人說他生病住院了。後來我等他老伴回來，才一起到陸軍醫院找到了屈老師。」楊團生嚼著饅頭，一吞一嚥地像回憶著一段久遠的往事。

「你屈老師說些啥？」劉占成焦急地問。

「屈老師說那個房子沒有什麼重要的東西，只是幾塊木板，有一點鋼筋、鋼管，他還說有一個俑頭。」楊團生依舊不緊不慢地回答。

劉占成仍不放心地問道：「你問他登記清冊，他怎麼說？」

「清冊？」楊團生抬起頭略作思考，「屈老師說清冊他記不清了，不知有沒有，即使有，在西安房子還是在工地房子也記不清了，再說一時也難以找到……」

劉占成把情況再次向派出所彙報，並一同到倉庫複查了現場。既然俑頭尚在，其他的破銅爛鐵被盜也就無須大驚小怪，於是派出所便以一般盜竊案立案。

劉占成、王玉清派人把房門重新釘好封嚴，只等隊長王學理和屈鴻鈞來後再做處理，事情似乎極簡單地了結了。

五天之後，劉占成到西安出差，順便來到醫院探望屈鴻鈞的病情。

「前幾天的事兒好險，倉庫被撬，罪犯也沒抓到，多虧武士俑頭還在，要是把這個俑頭丟了，事情可就大了。」劉占成如釋重負地隨便聊著。

「那個將軍俑頭呢？」屈鴻鈞躺在病床上問。

「啊?!將軍俑頭，什麼將軍俑頭?!」劉占成不解地問。

「就是要修復的那個將軍俑頭。」屈鴻鈞有氣無力地說。

劉占成一下站起來，驚瞪著眼睛，忘記了是在病房還是在自家的客房，大聲呼叫起來：「你老漢可要說清楚，到底是幾個頭？怎麼團生回去說就一個頭？」

屈鴻鈞從劉占成心理的變化中意識到了什麼，他掙扎著坐起來打著手勢說道：「我跟他說是兩個頭，一個是將軍頭，一個是武士頭。武士頭在房北的木板上，將軍頭在南邊的油漆桶上。」

「完了！」劉占成拍了下大腿，顧不得再說下去，立即走出醫院趕往省考古研究所找到已成為副所長的袁仲一報告：「老屈說倉庫裡有兩個頭，可我們只發現了一個，很可能那個將軍頭丟了。」

袁仲一聽後，大驚，立即找到考古所所長石興邦彙報。這一天晚上，王學理也從北京趕回西安。

第二天一早，省考古研究所派車將石興邦、王學理、劉占成拉到秦陵考古工地。劉占成一下車忙找到王玉清打開重新安置的鐵鎖。

考古人員屈鴻鈞（左）在兵馬俑坑發掘現場

「趕快查找將軍頭。」幾個人說著爭先恐後地擁入庫房四處尋覓，然而，除一個武士俑頭瞪著眼睛似在無言地憤怒外，沒有發現將軍俑頭的蹤影。

「完了，看來將軍俑頭被盜了！」幾個人緊張而不安地歎著氣走出庫房。

隨後，秦陵考古隊立即把丟失將軍俑頭一事向臨潼縣公安局寫了報告，並分別抄報當地派出所、省公安廳、省文物局。二月二十八日，臨潼縣公安局派出兩名刑偵技術人員到現場勘察，省文物局保衛處也迅速派出工作人員到考古隊調查。三月五日，省公安廳、西安市公安局、省文物局和考古研究所的領導人一起分析了案情，省公安廳決定由西安市公安局會同臨潼縣公安局共同破案，並迅速成立由三十多人組成的特大案件專案組，以儘快破獲此案。與此同時，西安市公安局向全國發出了請求協查的通知書，一張巨網全面撒開。

為破案懸賞一百五十萬

在秦始皇兵馬俑坑出土的近八千件陶俑中，將軍俑僅為六件，因此它的價值也就越發顯得珍貴，被列為國家一級甲等文物，堪稱無價之寶。

將軍俑頭的突然失蹤同將軍俑的發現一樣震驚了世界。

就在公安人員迅速投入破案行動的同時，國內外的文物走私分子也紛紛行動起來，並企圖搶在公安人員破案前將文物偷運國外。據公安部情報部門獲悉，有兩個國外文物走私集團在得知消息後，已潛入中國境內和國內的走私犯罪分子聯繫，四處尋找將軍俑頭的蹤跡。

面對嚴峻的局勢，公安部在廣州召開的反文物走私犯罪活動的座談會上，命令陝西迅速破案，一位主管刑偵工作的副部長說：「誰破獲了將軍俑頭案，就可以獎給他一百五十萬元。」在座的公安人員都知道，懸賞一百五十萬元不太可能，但公安部領導人的迫切心情是可以理解的。

一場國寶爭奪戰，在關中大地上拉開了帷幕。到底頭落誰手？

一九八七年三月八日，西安市公安局終於得到了一條線索，本市黃某有文物走私嫌疑，即對其依法傳喚。在審查中，黃某對他的犯罪活動百般抵賴、滿不在乎，對公安人員的審問採取了問東答西、避重就輕，或者死不開口的態度。公安人員知道，自己遇到了一個狡猾而富有經驗的對手。

知己知彼才能百戰百勝，這是古人留下的遺訓，面對黃某的狡黠，必須改變戰略和對策方能取勝。

公安人員在採取了從黃某的隻言片語中尋找蛛絲馬跡的同時，瞅準了他心理和生活中的某些弱點展開攻勢，終於使他流著熱淚對自己的犯罪行為作出了懺悔：「我有罪，我對不起政府，對不起父母雙親、老婆孩子，我的問題這麼嚴重，你們不打不罵，教育我，啟發我，從生活上關心我。我再不向政府交代問題，就是罪上加罪……」

看來世上並沒有刀槍不入的人，黃某一口氣交代了自己的犯罪事實，並提供了陝西省金屬結構廠職工蕭建國有一秦俑頭準備倒賣❷的重要線索。專案組及時將這一情況向市局和省公安廳領導人做了彙報，經過研究分析，蕭建國要倒賣的秦俑頭如果不是複製品，一定是秦陵考古隊丟失的那件國寶將軍俑頭。根據黃某的犯罪事實和他交代尚好及願立功贖罪的要求，經市公安局批准，決定將其取保候審並發展為專案特情人員。

三月十八日，根據專案組的指示，黃某找到了蕭建國，詳細瞭解了俑頭的情況，得知蕭建國正在四處尋找買主，想儘快將俑頭脫手。市公安局領導人和專案組經過研究，提出了一條引蛇出洞、欲擒故縱的偵破方案。指使黃某不露聲色地為蕭尋找買主。經過黃某的數次尋覓、聯繫，終於找到了一個走私集團願買俑頭，黃某又以中間人的身分和蕭建國具體磋商，最後達成了以二萬元的價格成交的協議，並定於三月二十七日十二時在西安市西郊公園當場付款交貨。

專案組得到黃某的確切情報後，立即做了張網擒敵的部署。二十七日上午，數名公安幹警身著便衣，按各自的任務提前進入指定的位置，等待蕭的到來。十一點三十分，蕭建國懷揣一把鋒利的剪刀，將陶俑頭放入黑提包內，走出家門騎上一輛三輪摩托車向西郊公園趕去。

為避免公安人員發現，蕭建國不時地停車到隱蔽的角落更換衣服，然後向西郊公園急奔。在通往西郊公園的必經之路長樂坡交通檢查站口，一個公安人員化裝成交通警正在值勤，周圍埋伏了數名便衣公安幹警，準備在此將蕭擒獲。

對講機傳來沿途盯梢公安人員的報告：「蕭犯已到三號方位」，「蕭犯已到二號方位」，「蕭犯已到一號方位，請注意，車型為半舊的三輪摩托車，蕭犯身穿……」

蕭建國已到交通檢查站跟前，「交通警」根據報告的情況，立即將一輛三輪摩托車截住，令其駛到路的旁側，蕭建國無可奈何地跳下車，懷揣一顆怦然跳動的心驚恐地注視著「交通警」。

「夥計，我用一下你的車到前面拉點東西，只需十幾分鐘，你看怎麼樣？」扮成交通警的公安人員問。蕭建國稍作沉思，牙齒輕輕咬了下嘴唇：「好吧，用完後你把車放在這裡就成，我先到前邊商店轉轉。」說完來到車後，從車廂的雜草中拽出一個黑色提包。

「交通警」看到蕭建國提起那個包時格外小心，似乎裡邊的東西比較重，立即作出了俑頭就在包中的判斷，他當即摘下頭上的帽子在手裡轉了一圈。這是行動的信號。幾支烏黑的槍口突然出現在蕭建國的眼前，數名公安人員已將他死死困在中央。

「打開你的包。」公安人員命令著。

蕭建國沒有動作，兩隻眼睛四處窺探，以尋找突破口企圖逃跑。

「打開不打開。」槍口已抵於前胸。蕭建國長噓一口氣，黑提包被慢慢打開了，圖窮匕首見，俑頭顯露出來，蕭建國當場被捕，在西郊公園等候的走私集團也相繼落網。

經省文物鑑定小組鑑定，蕭建國倒賣的俑頭確屬真品，但不是公安人員苦苦探尋的將軍俑頭，而是一個鎧甲武士俑頭。武士俑頭的出現和將軍俑頭的失蹤一樣，使公安人員陷於困惑。為解開這個疑惑，公安人員到秦俑博物館和秦陵考古隊詢問，這個俑頭是屬於誰的，但兩方都不承認是屬於自己負責的文物。於是，新華社於五月二十六日發出了一條消息：「記者從公安部獲悉，今年二月十七日，陝西秦始皇陵兵馬俑中一個保存在秦陵考古隊倉庫的將軍俑頭不翼而飛，至今下落不明。三月二十七日西安市公安局抓獲了一名以二萬元價格出售一秦武士俑頭的犯罪分子，當向秦陵兵馬俑博物館和考古隊詢問這個武士俑頭的情況時，這兩個單位竟誰也不承認是自己丟失的……」

神祕人物

既然公安人員繳獲的武士俑頭找不到失主，也就不再顧及秦俑館與考古隊之間的是是非非，還是把主要精力用於追蹤將軍俑頭，以期儘快破獲這個舉世震驚的要案。

西安市公安局經過苦心孤詣的反覆研究，終於確定從三個方面展開攻勢：除對已破獲的武士俑頭案案犯蕭建國等犯罪分子的所作所為深挖細追外，對臨潼縣及秦俑館周圍的走私、倒賣文物的違法分子進行排隊摸底、深入調查，同時指揮祕密力量主動出擊，發現並控制西安市常去秦俑館附近收購文物的不法分子。

一張巨網在看不見的關中大地撒開了，接下來的便是走私與反走私、擒拿與反擒拿的國寶大角逐。經過三管齊下，第一方面的力量在對蕭建國的攻勢中有了明顯進展。蕭建國除全部交代了作案經過外，同時供出了一個只知姓氏和籍貫的神祕人物。但這個神祕人物是否與將軍俑頭被盜案有關，蕭建國也不清楚。看來只有找到這個神祕人物才能水落石出，捨此別無選擇。

專案組再次行動，在茫茫人海裡尋找神祕人物的蹤跡。西安古城的大街小巷到處散落著身著便衣的公安人員，利用一切可能採用的偵查手段實施公開與祕密的偵查。西安市監獄、看守所、法院、檢察院所有關於走私犯罪分子的檔案都被一一翻閱。然而，近兩個月過去了，這個神祕人物沒有露出一點蛛絲馬跡，偵查工作陷於困境。

天無絕人之路，希望正潛藏於絕望之中。六月六日，專案組接到了省公安廳轉來的福建省晉江縣劉某的信，信中揭發西安市某單位經理有經濟詐騙和倒賣文物的問題。公安人員按照劉某提供的線索，很快找到了這位經理，經審查得知，這個經理正是公安人員兩個月來踏破鐵鞋而始終未覓到蹤影的神祕人物。

遺憾的是，這位神祕人物數次倒賣文物及與蕭建國來往情況屬實，但與將軍俑頭案的確無關。從審訊中得知，這兩個多月來他也在四處尋覓將軍俑頭的蹤跡，只是未得到一點線索，而和他有走私聯繫的兩個倒賣文物集團，也正在陝西及沿海海岸撒網，四處探尋將軍俑頭的下落，同樣也沒有得到絲毫音信。面對神祕人物的供詞，專案組人員的心情更加緊張和不安，萬一這時將軍俑頭已出境怎麼辦？如果連老祖宗留下的一個泥頭都找不到和追不回，堂堂公安局還能幹點什麼？身穿警服，腰掛手槍、警棍的公安人員還有什麼用處？

將軍頭，你在哪裡？

神祕人物的確神祕莫測。在審訊中公安人員發現此人出奇地聰明靈活，膽識兼備，絕不同於一般罪犯所流露出的那種自以為聰明、實則愚蠢的小家氣度。無怪乎公安人員費盡兩個月的心機都沒發現他的蹤跡。

根據他的出色才能和願意立功贖罪的要求，專案組對其取保候審，發展為臨時情報人員，為專案組偵破將軍俑頭案服務。神祕人物使出看家本領四處探尋將軍俑頭的下落。六月十五日，終於得到了一條重要訊息：西安市北新旅社女旅客樊春梅為該旅社經理孫振平的朋友尋找買主，要出售一個將軍俑頭，要價三十萬元。

專案組得到報告，欣喜若狂。如果這個事實不假，說明將軍俑頭沒有出境仍在國內，但樊春梅所出售的是否為真正的秦俑，只有深入內部才能窺測虛實、辨清真偽。於是專案組指示神祕人物以中間人身分深入北新旅社，要求見貨，試探虛實真偽。

當天下午四時，神祕人物向專案組報告，已和樊春梅約好，於六月十六日上午十二時讓他看貨，樊為防止意外，沒有約定具體看貨的地點。專案組告訴神祕人物，十六日上午十時，在北關大街十字路口交通崗樓前，由兩名公安人員和他見面，商量具體對策。

第二天上午，兩名公安人員身著便服來到約定地點悄悄等候，但直到十一點三十分，離約定時間已超過了一個半小時，神祕人物還沒有趕來。看來事情比預料的還要複雜。兩名公安人員走進崗亭，按原規定的聯絡信號給神祕人物所在的單位辦公室掛通了電話，但神祕人物沒有在辦公室，單位的人也沒見他的蹤影。

「我是黃雁貿易商行的王經理，找他有要事相商，請轉告，下午一點三十分我在北門里十二路公共汽車站站牌西側等他。」公安人員向神祕人物的女祕書留下了新的聯絡信號。

下午一點三十分，神祕人物終於出現在約定地點，向公安人員報告了情況：「樊春梅極為狡猾，當我和她再次聯絡時，她說讓提前看貨，可我一直等到中午十二點，樊又說主人不在，時間改在下午三點，具體地點仍未定。」

「下午見貨後一定想法子給張畫像……」公安人員叮囑幾句，迅速離開談話現場。

下午三點，神祕人物在北新旅社一所隱蔽的房間裡，終於等來了該社經理孫振平。孫振平指著身後跟來的一個大漢介紹道：「這個老哥姓唐，俑頭是他賣的。」

唐某瞪著鋒利的眼睛在神祕人物的全身掃了一遍，沒有說話，迅速從床底拖出一個黃色提包。隨著拉鍊的張開，俑頭露了出來。

「這是別人從秦陵考古隊偷來的，為了慎重，由我幫他處理。」唐某終於說話了。

神祕人物裝作毫不在意，以走私老手的神態斜著眼向提包裡的俑頭瞅瞅，又慢慢點了點頭，作滿意狀。隨後對唐某說：「幹這一行你知道都要慎重，我看你給畫一張將軍俑頭的正面和側面圖，把修補過的地方用箭頭指出來，這樣我回去好讓老闆鑑別是真是假，這個要求我想唐兄不會推辭吧。」

唐某沉思片刻，答道：「可以。」

於是，兩張將軍俑頭不同角度的畫像很快勾勒出來，唐某為取得神祕人物的信任，同時畫出了一張盜竊圖交給對方。經過一番討價還價，神祕人物以出色的口才和社交能力將原價降為二十五萬成交。對方約定於十七日上午十一時在北新旅社付款取貨。在買方老闆驗貨的同時，要先付押金一萬元給唐某……

神祕人物結束了旅社的會談，於當天下午六時向專案組做了彙報。

當天夜裡，專案組研究制訂了翌日的行動方案。由公安局七處二科副科長高西元扮成文物走私者，以給住在金花飯店的澳門「表哥」代買將軍俑頭為名，和案犯直接聯繫，以便掌握破案的最佳時機，同時挑選十八名公安幹警在旅社內部和四周布設三道防線：首先由五名便衣員警以旅客的身分進駐北新旅社觀察罪犯的動向，控制內部情況，接應打入內部的高西元及時向外傳遞訊息。第二道防線由八名幹警化裝成各種身分的人員，控制旅社的前後門，防止案犯逃跑。第三道防線是在北關大街十字路口布置五名幹警，配備三輛汽車、二輛摩托車和二輛自行車，防止案犯衝破一、二道防線，實施公開抓捕。各路防線均由市公安局一名處長或副處長指揮。

抓捕方案已定，但對現場可能出現的意外情況和應急措施，專案組同樣進行了細緻、周密的研究：如果罪犯改變方案，變換交貨地點和方法，公安人員必須隨機應變轉移陣地，爭取當天破案。假設罪犯不讓見貨或改變交貨日期、地點，打入內部的高西元則以對方不講信用為由，「憤」而離去，由控制周邊的幹警跟蹤唐犯，查實其落腳點，再做進一步偵察。

一切準備就緒，公安幹警紛紛行動，一場奪寶擒敵的戰鬥就要打響了。

雙方爭搶將軍俑頭

不入虎穴，焉得虎子。西安市公安局以其冒險的行動，希企將罪犯一網打盡。

六月十七日上午，古城西安雨後初晴，人們為連日陰雨後的第一個晴天而興奮，紛紛走出家園來到大街，目睹陰雨過後古城的風采。北新旅社門外的馬路上，人流如潮，小商小販的叫喊和各種車輛的轟鳴聲匯集在一起，顯得擁擠而雜亂。

各道防線的幹警按既定的方案提前進入陣地。十一時，一輛超豪華尼桑（NISSAN）出租轎車緩緩駛進北新旅社院中，隨著車門輕微的開啟，一個西裝革履、風度翩翩的青年，手提棕色小皮箱走了出來，青年衝四周看了一眼，掏出良友牌香煙引火點著，深深吸了一口，隨著噴出的濃濃煙霧，大搖大擺地走進旅社，此人就是高西元。

神祕人物和樊春梅在服務臺前閒聊著，見高西元進來，輕聲打了個招呼：「在老地方。」於是，神祕人物隨高西元來到一樓六號房間，向正在等候的旅社經理孫振平介紹道：「這是老闆的表弟，他以全權代表的身分來驗貨付款，你們談吧！」

神祕人物說完輕輕把門帶上，又悄悄地溜出旅社躲了起來。他知道一場決戰就要來臨了，到底誰勝誰負、誰死誰活以及頭落誰手，他不再顧及了，只要能保住自己的性命也就算是幸事。

「你是哪裡人？」孫振平將手中的一張報紙放在床上問道。

「幹這行的不要多問，這是規矩，誰是貨主，趕快驗貨。我表哥下午就要乘機飛往澳門。」高西元沉著流利地回答。

「貨主還沒到，可能馬上就來。」孫振平不再追問，眼盯著高西元回答。

「你和老王（神祕人物姓氏）是怎麼認識的？」高西元為轉移孫振平的精力和視線問著。

「是通過一位朋友介紹認識的。」孫很簡單地回答，看來對這個話題不感興趣。

「這人不錯，很可靠，我已跟他做過幾次生意，辦得都很好，要不，我是不會來這裡的。」高西元不顧對方的情緒繼續說著。

「要是人不可靠是不敢出手的，這一行風險太大。」孫振平依然情緒不高，看得出他是在為唐某未及時趕來而著急，或有什麼心事。

「老王已把情況都向我講了，只要是真的，價錢不變。」高西元將話引入正題。

孫振平一聽錢字，似乎來了幾分精神，他站起身說：「這個沒問題，你等一會兒，我去看看。」說完走了出去。

在另一個房間裡，孫振平撥通了電話：「喂，是老唐嗎？怎麼還不來，人家都在這兒等你多時了……什麼？沒有變化，我盤查過了，沒問題，你趕快來……」

極富經驗的唐某怕發生不測，遲遲沒有赴約，直到孫振平打過電話後，他確信無意外事情發生，便匆匆趕來。見到孫振平又密謀一番後，兩人才抬著黃提包走進六號房間。

「這是我們的老闆。」孫振平把唐某介紹給高西元。

高西元微微點了點頭，掏出一支良友牌香煙遞給唐某：「先抽支煙再談。」

「抽我的，是蘭劍牌的，比你的好。」唐某氣勢逼人，抽出一支香煙甩給高西元。

「有肉不吃豆腐。」高西元順勢說著，點燃了香煙。

老謀深算的唐某眼睛在高西元的身上轉了一圈，突然問道：「你是幾處的？」

「七處。」高西元就要出口的兩個字瞬間又落入心中，他在大吃一驚的同時，意識到自己確實遇到了強有力的對手：「我不能回答你的提問，這是規矩，我也不問你，只要貨是真的，一手交錢，一手交貨。」高西元不露聲色地回答。

「你表哥是哪兒的，現住什麼地方？」唐某仍不死心地追問。

「我表哥是澳門的商人，家住澳門提督馬路一二五號A樓C座，現住金花飯店三一〇房間。」高西元回答極為迅速流利，他事先就想到對方可能要追問這位「表哥」的情況，自然也就想好了對策。

「只要貨是真的，馬上就將錢給你。」高西元說著瀟灑地打開棕色小皮箱，亮出一萬元人民幣：「這是看貨的押金。」

唐某一見成捆的錢壓在箱中，立刻精神起來，但他畢竟不失走私老手的風度和狡詐，他在房間踱了幾步，突然轉過身滿臉殺氣地恐嚇道：「今天我帶來了八個人，兩個在旅社裡，六個在外邊，身上都有傢伙。如果出了事，哼！」唐某停頓了一下：「我就叫你站著進來，躺著出去，像電影裡幹的一樣。」

高西元的心砰砰地跳盪起來，他知道眼前的唐某絕非等閒之輩，所說的話也不僅僅是恐嚇，一旦被他識破，一場血戰在所難免。他強按住跳動的心，故作怒氣地說：「你這是什麼意思？要是為了搶這一萬塊錢，我把錢放下就走，連頭都不回！」說完作欲走狀。

唐某已是黔驢技窮，面對高西元的從容不迫，只好賠起笑臉做著攔截的姿態，「別誤會，別誤會，你知道幹咱這行風險大，我不得不加小心。」

「貨帶來了沒有？我要馬上驗貨。」高西元仍假裝怒氣未消地提出了要求。唐某和孫振平將提包抬到桌上，拉開鎖鏈，取出俑頭。高西元抱起來仔細觀察。他發現俑頭的臉上有淡淡的彩粉，眼珠中殘存著白色的彩繪，耳朵裡有少許的泥土，脖子後邊有一條經過修復的裂痕……一切跡象表明，眼前的俑頭和被盜的將軍俑頭完全吻合。

高西元激動地望著，心中暗說：「將軍俑頭，你可出現了。你讓我們找得好苦啊！」

「是真的，沒錯兒。」高西元微笑著望了唐某一眼。唐某得意地伸手拍拍高西元的肩膀，「夥計，我出手的東西還有假的？」

「怎麼交錢？」高問。

「價格不變，叫我的朋友跟你去取。」唐答。

「不行，我給表哥打個電話，叫他把錢送來。」高提出了不同意見。

唐搖了搖頭，「那不行，為怕出事，我們已把旅社的電話線掐斷了，還是叫我朋友跟你去取吧！」

高西元想想，一咬牙說道：「也行，這一萬元先給你。」隨後同孫振平走了出去。當邁出房門時，高西元又回頭對唐說：「從現在起你不要離開這個房間，要是我取來款，你再換成假的，那就跟你沒完。」

「你儘管走，我絕對不會那樣幹。」唐一揮手，將房間閉死。

「夥計，這事兒你幹得漂亮。」高西元長噓一口氣，拍了拍孫振平的肩膀。

「是很漂亮。」孫點頭回答著，臉上泛著紅潤。這時他沒有發現高西元已經摘下了眼鏡，更不會知道這副眼鏡的摘落意味著一種行動信號的發出。隱蔽在旅社內外的公安人員蜂擁而上，孫振平的頭還沒有完全抬起來，就被高西元一拳擊倒在地。房內的唐某聽到動靜剛開門窺探，就被趕上來的公安人員三拳兩腳打入床底。在服務臺望風探信的樊春梅聽到樓上傳出的響聲，知道大事不妙，急忙溜出服務臺想向外逃竄，結果被守候的公安人員像抓小雞一樣按在了地上。將軍俑頭完好無損地落入公安人員手中。

三名罪犯被捕後，公安人員進行了密集的審問，得知唐某原名唐輌。據他供認，將軍俑頭是臨潼縣小張和小王託他出售的，他曾去過小張住的地方。

機不可失，西安市公安局立即派出幹警押著唐輌趕往臨潼縣指門認人。在臨潼縣公安局的協助下，當天晚上就將該縣第三運輸公司單身宿舍中的案犯「小張」抓獲。小張原名張傳秀，據他交代，那個小王叫王更地，是通過臨潼火車站客運員權學力認識的，王更地在哪兒不知道。

公安人員迅速將權學力抓獲。據權學力供認：王更地原在臨潼火車站派出所當治安員，後被辭退，現不知在何處。公安人員經過調查得知，王更地正在臨潼縣康橋鄉家中收麥子。十八日黎明時分，公安人員驅車直奔康橋鄉灣里村，將正在熟睡中的王更地從被窩裡提出來，押入警車。

王更地雪夜盜俑頭

一九八六年隆冬。臨潼火車站站前的飯店裡，王更地和權學力在一個僻靜的角落裡，兄弟般親熱地對飲。窗外大雪正緊，兩人越喝越酣，話題由女人轉向了金錢。

「你說幹什麼最能賺錢？」權學力漲紅著臉問。

「我看現在幹個體戶或做買賣最賺錢。」王更地未加沉思地回答。

權學力笑了笑說：「不對。」

「那是搞長途販運？」王更地想到權學力的職業，又見他一副得意的樣子，便想到了長途販運。

權學力搖搖頭，仍說道：「不對。」

王更地再也想不出有什麼賺大錢的新招，只好求教於對方：「那你說是什麼？」

「現在做什麼生意都能賺錢，但最賺錢的是販古董。我正在渭北搞一座古墓，弄到了一個梅花針，有九兩重，估計能賺幾萬元。」權學力醉意朦朧地說著自己的罪惡行動。

王更地噓了一聲。出身農家的他連五千元錢放在一起是什麼樣子都沒見過，何況是幾萬元。他的心跳動起來，金錢的誘惑使他向權學力討起具體的方法：「你看我咋樣賺錢？」

「坑裡有的是，搞一個就是幾十萬。你要能搞到，我包著給你賣，保證你一夜之間發大財。」權學力在酒力的衝擊下，搖晃著上身，半閉著眼，給王更地指出了到秦始皇陵兵馬俑坑盜竊俑頭的路子。

「你這話靠得住嗎？」王更地還是半信半疑地問。一夜之間就可賺幾十萬，這對於他來講太難以置信了。

「咱哥們啥時說過謊話，保證不出縣城就能脫手。」權學力拍著胸脯，作出了豪俠仗義的姿態。

「那我就瞅機會去試一試。」王更地終於下定了決心。

兩人越說越投機，越喝越迷糊，直到爛醉如泥才被服務員架出飯店。

飯店聚會之後，王更地念念不忘權學力對他說過的賺錢方法。他自幼生在臨潼，熟悉當地的風氣，這些年靠吃國家、賣祖宗遺產發財的不少。自己曾當過四年兵，算是在部隊盡了四年義務，不但沒有發財升官，退伍後託關係找門子才弄了個臨時治安員的差使，一月的工資只是吃喝就很緊張，要是再找個對象、成立個家庭，這日子怎麼過？他瞭解秦陵考古隊的情況，要偷，定能成功。但他又有些擔心，要是在行竊中被抓住咋辦？偷回來賣不掉咋辦？讓公安人員抓進監獄咋辦？種種問號使他遲遲未動手。

數日後，王更地又與權學力相會於酒館，當權學力知道王更地因害怕而未動手時，又進行了一番開導鼓勵：「常言道，撐死膽大的，餓死膽小的，捨不了孩子打不著狼，冒一次險可保證一輩子的清福……」王更地終於下定了決心，他要孤注一擲，以自己的人頭押上這個生死賭注。

一九八七年元宵節後的第五天，王更地在臨潼縣城西邊的一個商店裡買了一把中號螺絲刀（起子）。晚飯後，租一輛三輪車到縣旅遊局門口下車，步行向秦俑館趕去。

天越來越黑，紛紛揚揚的大雪覆蓋了整個大地。王更地頂著風雪，帶著輝煌的金錢夢，於次日零時左右到達秦俑博物館牆外。他倚著牆根稍作歇息後，來到秦俑館的門前悄悄向裡窺探，見無異常動靜，便開始了進一步行動。

此時，天上的大雪夾帶著細雨仍飄灑不止，四周漆黑一片，只有秦俑館裡亮著星星點點的燈光。大門上了鎖，門房黑著燈。王更地轉到右邊，從北牆下繞過去。到了西北角，是一道三角牆。牆上有洞，他一抬腳，踩著洞口就上了牆。那牆原有二米高，因為牆外堆著土，只剩下不到七十公分，因而不費吹灰之力，向下一溜，便雙腳著地，進了秦俑館。這個動作，比白天買票進館還方便得多。王更地從兵馬俑坑的牆北邊馬路樹下走過去，看見一道鐵門，門旁邊掛著牌子。有門但沒有關閉，一邁腳便走了進去。

正當王更地懷揣一顆砰砰跳動的心準備下手時，從第二排平房一間屋子裡突然跑出來一個男人，王更地嚇了一跳，趕緊貓下身仔細觀察。只見此人只穿一條短褲衩，顯然是被尿憋急了，正在找地方撒尿。燈光下，穿褲衩的男人看見地上有自己的身影，可能覺得如此光屁股外出不妥，因為旁邊房裡還住著一群亦工亦農的女考古隊學員，萬一讓對方聽到或看見，面子上講不過去，便返身拉了屋簷下的電燈，然後放了一大泡，凍得縮著身子，雙手抱臂稀

這是案發當日秦俑館攝影師楊異同拍攝的館外雪景

溜稀溜地跑回屋內。

電燈突然一滅，王更地覺得天更黑了。他順著牆根過去，來到剛才那個光屁股男人撒尿的地方。在一間房子門前，用手一摸，門用明鎖鎖著。心中一喜——門鎖著，說明屋裡沒人。又伸手一摸，在牆上摸到了一根細繩子，一拉，電燈竟亮了，嚇了一跳，又一拉，滅了。一亮一滅的空間，王更地看見了鎖，也看見門邊一塊耷拉著的封條——有封條，更說明這房子長期不住人了。

他掏出螺絲刀，慢慢地在那鎖扣上鼓搗起來。按他的想法，是先把鎖扣上的母螺絲擰下來，可怎麼也摸不到螺絲眼，情急之下只好一咬牙，來了個霸王硬上弓——撬鎖。持續十幾分鐘後才把鎖扣弄開。輕輕推門進屋，什麼也看不見，往前跨了兩步，被一捆散亂的鋼筋絆了一下，差點栽倒，幸虧摸著了一張桌子。王更地順著桌子又摸著了另一張桌子，爾後悄悄順著桌子摸了一圈，又轉到門口，在門口的桌子上摸到了一個俑頭——這正是自己夢寐以求的東西。

王更地驚喜交加，心就要跳到了嗓子眼，他強作鎮定，將俑頭抱在懷裡走出房門，順原路返回。當來到秦俑館外牆前時，由於俑頭太重，他不得不先將俑頭放在牆頭之上，等自己翻牆而過後，又將俑頭從牆上拿下，然後背在肩上迅速溜走。這時天已破曉，大雪早已停歇。王更地怕暴露自己的罪惡，於是來到火車站北部的松樹林中將俑頭藏於一棵枝葉茂密的松樹上，自己空手返回家中，一頭扎入被子昏睡起來，直到晚九時他才來到松樹林取走俑頭，帶到臨潼縣權學力的宿舍，稍後又將俑頭裝入一個紙箱，轉移到車站一間平房內隱藏起來。十幾天後，又轉至臨潼縣客運公司行政科幹部張傳秀的住處。從此，權學力、王更地、張傳秀三人開始了密謀出售將軍俑頭的計畫。

一九八七年三月，張傳秀在西光廠招待所和人交談包裝生意時，結識了西安美麗華大酒店籌建處的臨時工唐軻，並請他幫助代銷將軍俑頭。

唐軻原為走私文物的老手，為辨別俑頭的真偽，他於四月的一天來到臨潼張傳秀的宿舍，親自查看了將軍俑頭。狡猾詭詐的唐軻為得到確實證據，和張傳秀一起來到秦俑博物館，對俑坑的將軍俑頭做了細緻的觀察，然後又來到館外的文物複製品市場，對真假俑頭進行了對比後，才確信該俑頭為真品，要求將貨送往西安。

四月二十九日，王更地、張傳秀將俑頭送到了唐軻家中，並達成協議：俑頭賣價七萬元，如果唐軻賣到一百萬元，王、張也只要七萬，其餘歸唐所有。一場交易很快做成。

一九八七年五月中旬，北新旅社經理孫振平在唐軻家中見到將軍俑頭，在唐的要求下答應為其銷贓，但尋找了近一個月仍沒找到買主。這時，孫振平又求助於以北新旅社為落腳點，長期流竄在外搞「金盒子」❸和股票生意的情婦樊春梅，讓其幫助代尋買主，樊春梅當場答應並付諸行動……

一九八七年六月二十二日，新華社向世界播發了電訊：「本社五月二十六日曾報導了保存在陝西省秦陵考古隊倉庫中的一個將軍俑頭不翼而飛，記者近日從公安部獲悉，這一案件已被西安市公安機關破獲。六月十七日，案犯唐軻、孫振平、樊春梅在出售這一將軍俑頭時被公安幹警當場抓獲……」

隨著全國各地報刊的轉載和電臺的播發，仍在四處探尋將軍俑頭蹤跡的國內外走私倒賣集團，只好仰天長歎，罷陣休兵。

儘管罪犯已被抓獲，俑頭完好無損，但每個人都知道，這個案子並未到此了結，隨之而來的則是關於和此案有關的不同人物不同命運的轉折。人們仍在熱切地注視著將軍俑頭案的最終結局。

他的人頭落了地

一九八七年六月十九日，陝西省委、省政府分別作出批示，嘉獎在破獲將軍俑頭案中的參戰人員。六月二十四日，公安部向西安市公安局發來了賀函：「將軍俑頭案破得漂亮，破得及時。此案偵控措施精心設計，行動迅速果斷，參戰幹部機智靈活，為偵破類似案件提供了有益和重要的經驗……」

隨後，國家文物局、公安部刑偵局、陝西省人民政府在西安聯合召開大會，隆重表彰西安市公安局在偵破將軍俑頭案中有功人員。公安部為「秦陵將軍俑頭被盜案專案組」記集體一等功，並同陝西省公安廳為偵破人員高西元記個人一等功，為偵破人員安坤生、馬軍記個人二等功，為偵破指揮員董儒、張斌生、張志明記個人三等功，給以上人員一定數量的獎金。

涉及將軍俑頭案的六名罪犯被抓獲後，被關入看守所。一九八七年六月二十三日，西安市公安局向西安市人民檢察院提請批准將六名罪犯逮捕，西安市人民檢察院在查看了罪犯的案卷後，為慎重起見，同市公安局一起，共同委託省文物局文物鑑定小組對將軍俑頭的真偽進行了鑑定。鑑定結論書如下：

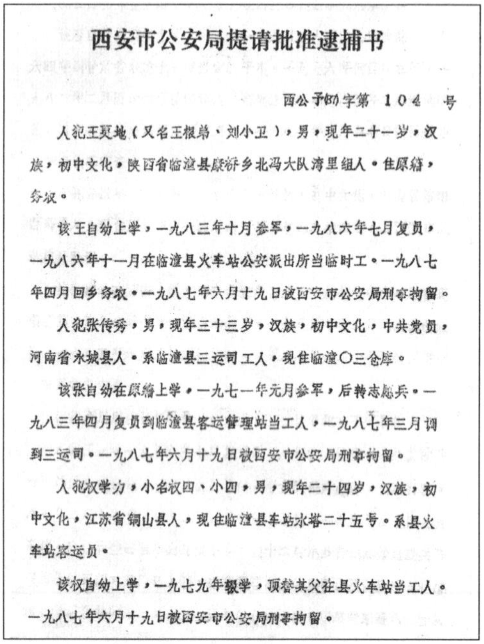

西安市公安局提请批准逮捕书

西公予(87)字第 104 号

人犯王更地（又名王根弟、刘小卫），男，现年二十一岁，汉族，初中文化，陕西省临潼县康桥乡北冯大队湾里组人。住原籍，务农。

该王自幼上学，一九八三年十月参军，一九八六年七月复员，一九八六年十一月在临潼县火车站公安派出所当临时工。一九八七年四月回乡务农。一九八七年六月十九日被西安市公安局刑事拘留。

人犯张传秀，男，现年三十三岁，汉族，初中文化，中共党员，河南省永城县人。系临潼县三运司工人，现住临潼〇三仓库。

该张自幼在原籍上学，一九七一年元月参军，后转志愿兵。一九八三年四月复员到临潼县客运管理站当工人，一九八七年三月调到三运司。一九八七年六月十九日被西安市公安局刑事拘留。

人犯权学为，小名权四、小四，男，现年二十四岁，汉族，初中文化，江苏省铜山县人，现住临潼县车站水塔二十五号。系县火车站客运员。

该权自幼上学，一九七九年辍学，顶替其父在县火车站当工人。一九八七年六月十九日被西安市公安局刑事拘留。

西安市公安局向檢察機關提請批准逮捕書

公安人員從犯罪分子手中繳獲的將軍俑頭

參加鑑定人：

李長慶　鑑定組成員、文物鑑定專家

王長啟　鑑定組成員、文物鑑定專家

韓保全　鑑定組成員、助理研究員

吳雙喜　鑑定組成員、助理館員

石興邦　研究員

袁仲一　研究員

名稱：秦高級軍吏俑頭（俗稱將軍俑頭）

時代：秦

質地：陶質

規格：將軍俑頭從頸底部到髮冠頂處通高為三十八釐米，面部長度為二十七釐米，從下頷到上額寬二十一．五釐米，其右耳廓中上部有三乘以二釐米不規則殘缺一處，左耳廓上部有不規則殘缺一．七釐米一處，在右冠尾右側近末端上有寬一．五乘以六．五釐米修補痕跡一處，在右冠的右頂部有長四乘以二釐米的修補痕跡一處。髫鬚總長五釐米，右下髫鬚殘缺不齊。重量為十三千克。脖頸處環繞一周有高七釐米、低為二釐米的修補痕跡，冠上殘存有褐色彩斑。

鑑定結論：此係秦陵一號兵馬俑坑第20方第10過洞出土之將軍俑頭，出土號為T20G10:1，整編號為T20G10:97❹，是八號戰車上之將軍俑頭。目前，俑坑出土此類俑僅有六件，是秦俑藝術中典型的代表作品，為國家一級甲等珍貴文物，屬稀世珍寶。

西安市人民檢察院接到文物鑑定結論書，根據犯罪事實，於七月二日將六名罪犯批准逮捕，並於八月十六日向西安市中級人民法院起訴。西安市中級人民法院受理此案後，經公開審理，於一九八七年十月七日作出如下判決：

王更地，二十一歲，以盜竊罪被判處死刑。

權學力，二十三歲，以盜竊罪被判處無期徒刑。

唐軻，四十三歲，以投機倒把❺罪被判處有期徒刑十五年。

張傳秀，三十三歲，以投機倒把罪被判處有期徒刑十三年。

孫振平，二十九歲，以投機倒把罪被判處有期徒刑十年。

樊春梅，四十六歲，以投機倒把罪被判處有期徒刑八年。

一審判決後，王更地以盜竊文物是受他人脅迫，並非本案主犯為由；權學力以未指使王更地盜竊文物，量刑太重為由；張傳秀以原判認定的犯罪事實個別情節不實，沒有從中牟利的目的為由；唐軻、孫振平以在銷售將軍俑頭中只起聯繫作用，原判定罪不準，量刑太重為由；樊春梅以在聯繫買主時，不知道是將軍俑頭，且沒有參與倒賣，不應以投機倒把罪論處為由，分別向陝西省高級人民法院提出上訴。

陝西省高級人民法院接到上訴後，立即進行了審理，作出了如下結論：

王更地攜帶工具，隻身撬門入室，盜竊國家珍貴文物，並積極聯繫銷贓，顯係本案主犯，上訴理由純屬推脫罪責，不能成立。

權學力主動與王更地共同策謀盜竊國家珍貴文物，並向王更地提示盜竊目標，事後又為其尋找買主，在盜竊活動中起了重要作用，上訴理由不能成立。

張傳秀積極聯繫買主，進行投機倒把、牟取暴利的犯罪事實，不僅有王更地、唐軻的供詞可證，且張傳秀亦有多次供述在卷，足以定案，上訴理由不能成立。

唐軻明知將軍俑頭係國家珍貴文物，勾結他犯積極進行倒賣活動，顯係投機倒把主犯，上訴理由不能成立。

孫振平身為北新旅社的經理，為牟取暴利，積極參與倒賣將軍俑頭的犯罪活動，提供犯罪場所，上訴理由不能成立。

樊春梅明知是將軍俑頭，為牟取暴利而參與倒賣文物的犯罪活動，有證人證言及同案犯孫振平、唐軻的供詞為證，上訴理由不能成立。

原審判決認定事實清楚，證據確鑿，量刑適當，適用法律正確，審判程序合法。

一九八七年十月十五日，陝西省高級人民法院審判委員會討論裁定：駁回上訴，維持原判，並根據最高人民法院依法授權高級人民法院核准部分死刑案件的規定，核准西安市中級人民法院以盜竊罪判處王更地死刑、剝奪政治權利終身的判決。

就在王更地等罪犯判刑的布告貼出來的同時，另一張布告也醒目地出現在西安市街頭：

文物盜竊犯蕭建國判處無期徒刑

蕭建國，男，三十三歲，漢族，安徽省金寨縣人，住陝西省金屬結構廠家屬院二區平房十五號，一九八七年三月二十七日因盜竊被收審，已逮捕，現在押。

蕭建國於一九八七年三月的一天，竄至臨潼縣秦始皇兵馬俑博物館，從博物館北邊的地道口進入一號坑展廳西側，盜走從T20方位出土修復的武士俑頭一個，於一九八七年三月二十七日中午，在西安市長樂坊附近給他人倒賣時，被公安機關當場抓獲，並繳獲了所盜俑頭。

蕭建國目無國法，盜竊國家一級珍貴文物，已構成盜竊罪，情節嚴重，審理中認罪態度不好，應依法懲處。茲依照《中華人民共和國刑法》第一百五十二條、第五十三條第一款之規定，判決：蕭建國盜竊罪判處無期徒刑，剝奪政治權利終身。

一九八七年九月七日，陝西省人民政府文物事業管理局作出了《關於考古隊將軍俑頭被盜案對有關責任人員的處分決定》。全文如下：

一九八七年二月十七日夜，省考古研究所秦陵考古隊發生秦俑一號坑T20方出土的將軍俑頭在雜品庫被盜。西安市公安局於六月十七日破案，追回了將軍俑頭。這以前，西安市公安局於二月二十七日曾破獲了去年六月和今年三月秦俑一號大廳後部兩起武士俑頭被盜案。秦陵考古隊連續發生文物盜竊案，暴露了該隊文物管理混亂和在安全保衛方面存在嚴重的漏洞。盜竊案雖已破獲，但至今還有一個武士俑頭沒有追回來，給國家造成了重大損失，在國內外造成了很壞的影響。

為了查清事實、分清責任、吸取教訓，切實加強文物安全工作，局整頓檢查組於六月二十九日進駐秦陵考古隊，進行調查和停工整頓。責令副隊長王學理、幹部劉占成停職檢查。經過近兩個月認真的調查，查清了將軍俑頭和武士俑頭被盜案發生的原因和責任。現對有關責任人員處理決定如下：

一、秦陵考古隊臨時工簡七一，無組織無紀律，亂拉關係，不經領導批准，私自將外單位人員王更地先後兩次領進放有貴重文物的隊部秦俑頭顏色保護室內。簡給王說，「秦俑頭價值很高，雷根總統來了，我國才送了個複製品。」同時取出一張彩色俑頭照片請王更地看，並告訴王隔壁一排房子是秦俑修復室等。簡七一在客觀上為罪犯王更地到考古隊踩點和盜竊將軍俑頭提供了重要情況。簡七一對這次被盜案件負有直接責任，其錯誤所造成的危害很大，影響很壞，已不宜繼續留隊工作，立即解雇。

二、省考古研究所秦漢研究室主任、秦陵考古隊副隊長王學理同志，一九八五年七月主持該隊工作以來，做過有益的工作，但忽視文物安全。他主持隊務工作時間不長，就將原考古隊部院內經常性晝夜值班制度取消，撤銷了值班人員；省文物局針對秦陵考古隊文物管理混亂、文物安全有漏洞，去年十二月二十二日專門發了陝文物發（87）97號緊急通令，提出加強該隊文物安全工作的要求。但該隊沒有認真落實，文物管理依然混亂，該移交的不移交，將軍俑頭被盜後，又在繪圖室、修復室發現了俑頭和箭頭；該隊內部紀律鬆弛，無章可循，漏洞很多；對臨時工缺乏嚴格的安全管理教育。臨時工簡七一向罪犯王更地洩露了內部情況，在客觀上為其作案提供了條件，是造成這次將軍俑頭被盜的重要原因。這次將軍俑頭被盜時，王學理同志雖不在考古隊，但在去北京出差前沒有具體明確指定幹部暫時負責隊裡工作。王學理同志工作嚴重失職，對連續發生的俑頭被盜負有直接領導責任。茲決定撤銷其省考古研究所秦漢研究室主任、秦陵考古隊副隊長職務，取消考古隊領隊資格兩年。同時根據省考古研究所黨總支的意見，局直屬臨時機關黨委決定：撤銷王學理同志省考古研究所第二黨支部委員職務。

三、省考古研究所秦陵考古隊幹部屈鴻鈞同志，身為老文物工作者，去年七月發現隊部雜品庫內有兩個俑頭後，本應及時告訴隊領導或將俑頭存放到正式庫房。特別是去年十二月向秦俑館正式移交一號大廳前五方文物時，明知雜品庫有兩個俑頭屬於應交之列而未交，同時也沒有明確向隊領導報告，仍放在雜品庫內。對這次將軍俑頭被盜負有重要責任。鑑於該同志一貫表現較好，且本應退休，因缺乏文物修復骨幹，仍留在工作崗位，帶病堅持工作。發案時他正在醫院動眼疾手術。當向其詢問有關情況時，他態度明確，回答肯定，為立案提供了可靠證據。同時對自己的錯誤認識較好。茲決定給屈鴻鈞同志行政記大過處分。

四、省考古研究所秦陵考古隊幹部劉占成同志，在考古隊做過有益的工作。去年十一月二十五日，考古所領導當面指定他負責秦陵考古隊保衛工作，他強調自己是業務幹部，不願兼做保衛工作，但所領導沒有同意他的意見。今年二月，在副隊長王學理出差不在時，雖未明確他代職，但讓他招呼隊裡的工作（劉占成說：招呼只是大廳的發掘工作），在此期間發生了將軍俑頭被盜案件。特別是隊上明確他負責一號大廳的安全，但他對大廳值班人員缺乏嚴格管理，致使大廳發生了武士俑頭被盜。劉占成同志對連續發生文物被盜案負有一定的責任。茲決定給劉占成同志行政記大過處分。

五、省考古研究所所長、秦陵考古隊隊長石興邦同志，有官僚主義作風，對秦陵考古隊工作長期讓一名副隊長主持隊務，親自檢查指導少，對反映該隊的問題處理不得力，致使發生將軍俑頭被盜，對此負有領導責任。但該同志係高級知識分子，是我國著名的考古學家，在我國考古事業上作出了突出貢獻。因年齡較大，兼職過多，工作中有失誤，這次整頓中尚能檢查認識自己的責任，責成石興邦同志作出深刻檢查。

六、（略）

震驚世界的將軍俑頭案就此了結。劫後餘生的將軍俑頭失而復得，又重新被安在了它那硬邦邦、黑乎乎的身子上，重新恢復了它昔日的威嚴與豪氣。抱著這尊將軍俑的頭四處兜風、企圖發筆橫財的王更地，不但好夢難圓，最終把自己的頭也弄丟了。西安郊外，隨著一聲槍響，一顆「黑棗」穿過頭顱，他撲倒在地，腦漿迸裂，結束了二十一歲的人生。真可謂「機關算盡，反誤了卿卿性命」。跟他一樣做著黃粱夢的男男女女，在看遍了花花綠綠的世界之後，一覺醒來，看到的是黑洞洞的牢房和一日千年的歲月。世事難測，善惡自有分明時，想來那一幫男女蹲在幽暗的牢房，該對自己的人生好好感歎一番的。

當然，感歎的何止他們，即使那些尚且自由的人，也由於這將軍俑頭案的最後結局而感歎不已。他們的感歎，在某種意義上，或許又意味著這個案子第二個階段的開始。

注釋

❶牽頭：中國大陸習慣用語，具體負責的意思。應為「簽頭」，原義是在某份文件上簽名於首位。後引申為多方合作時，由一方出面進行組織與聯繫。

❷倒賣：中國大陸習慣用語，倒手販賣的意思。指投機買入大量暢銷貨品，以牟取暴利。

❸前幾年，大陸有一些不法分子，謊稱國民黨軍隊撤往臺灣後，有一大批黃金被祕密埋藏在幾座大山深處。不法分子偽造宋美齡、蔣經國，陳立夫、中統局、軍統局等手諭，四處召集百姓挖寶，以便從受騙上當者那兒撈取好處、詐取錢財，此做法就稱為「金盒子」生意。

❹依中國考古學界的慣例，在發掘報告中，探方一般縮寫為英文字母T，過洞縮寫為英文字母G。出土號是文物剛出土時的臨時編號。整編號是文物經過整理後的統一編號。

❺投機倒把：中國大陸習慣用語，指以買空賣空、囤積居奇、套購轉賣等欺詐手段牟取暴利。

第九章

時代的悲傷

槍聲響過，黃土原上血跡未乾，將軍俑頭案再掀波瀾。被處分的考古人員或說有功，或稱無罪，或感委屈，或自哀歎。多少是非恩怨，多少悲歡離合。世事滄桑，竟使英雄末路淚沾襟。

劉占成說：我有功

將軍俑頭案過去四年之後的一個晚上，在秦俑博物館院中一間極普通的平房裡，我見到了在將軍俑頭案中受處分的秦陵考古隊隊員、青年考古學家劉占成——一個三十多歲的壯漢。也許常年的田野考古生活使他的臉看上去有些粗糙和黑紅，但從那雙烏黑明亮的眼睛和魁梧的身材看去，又不失為英俊威武，這是一個典型的關中漢子形象。

劉占成於七〇年代末期畢業於西北大學歷史系考古專業，不久即到秦俑坑工地參加考古發掘，在不算太長的歲月裡，寫出了幾篇頗有價值的研究論文，尤其是對於銅鈹的論證，引起了學術界的關注。在秦俑一號俑坑的發掘工作中，考古人員於一九七九年六月二十六日發現了一件類似短劍的青銅兵器，以後在一九八〇年和一九八一年又相繼發掘出土同類兵器十餘件。這種銳利的兵器堪稱冷兵器家族中重要的一員，然而不幸的是，在相當長的一段歷史時期內，它的名字幾乎不被人所知。特別是自東漢以來，各家對這種兵器的解釋有誤，後人也誤將這種兵器稱為「短劍」、「長矛」等等，這種狀況一直延續到一號坑發現之前。待出土之後，參加秦俑一號坑發掘的劉占成經過研究認為：此兵器雖似短劍，但有的有莖而無首，柄後有帶銅鐓之長木柄遺跡，因而這種兵器並非短兵，而

劉占成在兵馬俑坑現場記錄

是長兵，以前稱為「短劍」或「長矛」是不正確的，應稱為「鈹」。這一考證，首次恢復了鈹的本來面目，使千餘年的歷史懸案得以澄清。

面對這樣一位青年考古學家，我本打算瞭解一下整個案子的細節，可他卻抱給我一堆油印和手寫的材料，我順手翻動著。

「這是我這些年上訪（陳情）的材料，你先看看吧，我要告訴你的可能大多是關於我個人的事。」他說。

「你還在上訪嗎？」我問。

他點上一支煙，深深地吸了一口，又吐出濃黑的霧，望著我說：「上訪，一直在上訪。有些好心的人勸我，事情已經過去了，就算了吧，不要再費腦筋，點燈熬油地寫材料了。你再反映也是枉然。但我不相信，青天白日之下，怎會翻白為黑？我就不相信沒有個包青天，找不到個說理的地方。最近，國家最高人民法院院長鄭天翔，在陝視察時強調：『人民法院在任何情況下都要堅持實事求是的根本原則，堅持做到以事實為根據，以法律為準繩，在準字上狠下工夫。要嚴肅執法，不屈服外界的壓力。』何謂『外界的壓力』？我認為就是有關行政部門以權壓人。關於將軍俑頭案，省文物局處理十分不公。我記得一九八七年《中國法制報》曾登過一篇〈法律作後盾，農家勝官家〉的文章，說的是淮北市公安局侵犯公民民事權利，受到了法律的處罰。我感到社會主義的法律還是公正的。作為我個人，將接受任何公正的處理，但也決心同任何不公正的處理作鬥爭。」

「你感到對你的處理在哪些方面不公正？」我問。

「我認為首先是侵犯了我的公民名譽權。一九八七年六月二十九日，在未落實任何問題的情況下，因將軍

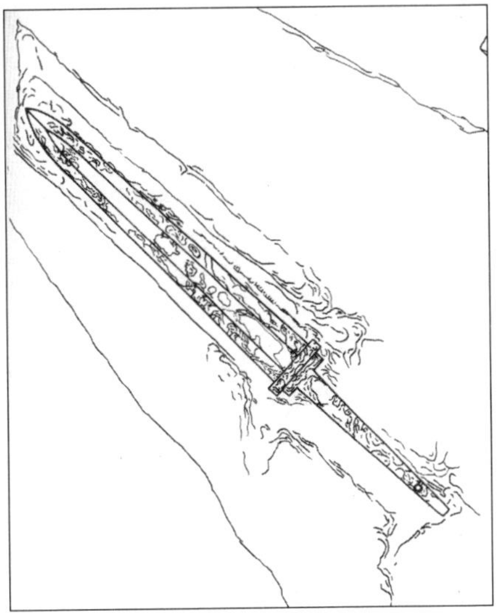

青銅鈹出土時情形

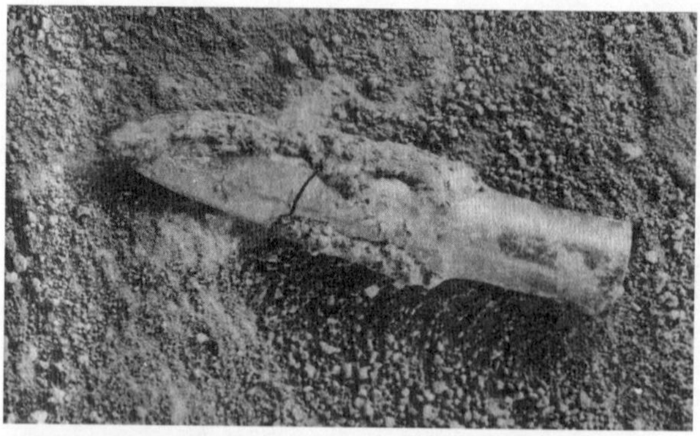
青銅矛出土時情形

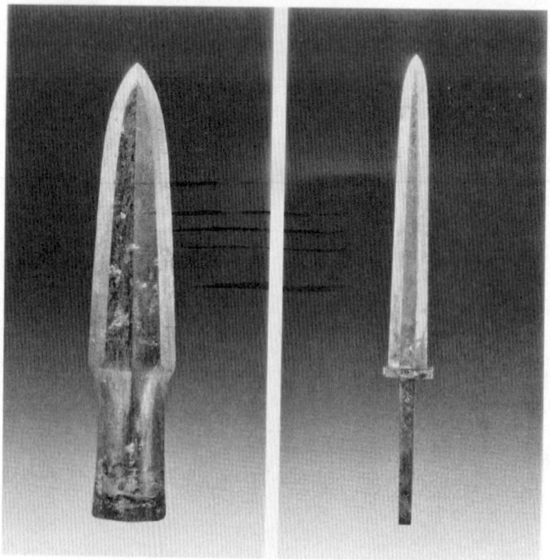
左圖為銅矛，右圖為銅鈹

俑頭案，省文物局就宣布讓我停職檢查，這是不合乎情理的。事實是，我作為考古隊的一名普通隊員，在將軍俑頭案問題上，不但無任何責任，而且是有功人員。」

「有功人員？」這個說法令我在感到新鮮的同時，也吃了一驚，一個有功的人何以又受到處分？吃驚過後，激起了我聽下去的興趣。

「之所以說我有功，是在二月十八日早晨案發後，是我首先組織報案，派人保護現場和派人去西安向屈鴻鈞瞭解情況的。二月二十五日，又是我第一個核實案情，及時向所領導人彙報的。二月二十六日，還是我對放置雜品的倉庫進行認真檢查，最後從事實上落實將軍俑頭確實被盜的。這一切，足以表現一個普通考古隊員、業務幹部對國家文物的高度責任心。而文物局黨組竟不顧事實，顛倒黑白，冤枉無辜，打擊有功者，宣布讓我停職檢查，至今我也不明白，這到底是為什麼？我一無任職，二無問題，停的什麼職？檢的什麼查？難道積極報案、負責就有罪嗎？」

「由於局黨組的錯誤決定，使我不明不白地接受停職檢查，遭受冤屈竟長達七十餘天。在那段時間裡，我背著停職檢查的黑鍋，精神上受到極大折磨，人不像人，鬼不像鬼，不能正常工作，無法搞業務研究，同志間的正常接觸和交往也受到限制，給家屬的思想也帶來了沉重的負擔，並在相當廣的範圍內造成極大影響。我總覺得，我黨在對人權的問題上歷來是相當慎重的，我認為局黨組宣布讓我停職檢查的決定，違反了《中華人民共和國民法通則》的有關條文規定，嚴重侵犯了我的名譽權，侵害了我的人格尊嚴。

「文物局所派來的整頓檢查工作組，經過大量的調查和落實工作，於八月二十九日找我談話，也承認將軍俑頭被盜與我沒有責任。那麼，因將軍俑頭案宣布讓我停職檢查，顯然是錯誤的。而文物局不但不糾正錯誤，反而在無事實責任的前提下，以莫須有的罪名，於九月四日，要求我在處分決定上簽字。我在上面所簽的字是：處分完全是強加於我頭上的。

「之所以說處分是強加於我頭上的，是因為我只兼管了一段一號大廳的值班人員。從工作上說，考古隊的發掘和修復是分為兩攤的，保衛工作也是一分為二，我本人從來沒有負責過修復工作方面的保衛安全，也沒有任何人讓我修復一片紙、一個字的文物冊表，更沒有交代過一件文物實物。再說，分工兼管和保衛幹部有質的區別，分工兼管，那就可以分給你、我、他任何一人。考古隊的發掘、修復上曾兼管過與保衛工作有關的人員除我外，還有其他四、五個人。特別是王學理同志主持隊務工作後，對有關保衛工作，不是兼管而是主管，難道把他也叫做隊上的保衛幹部？

「事實是，上級組織從來也沒有發文或以其他方式任命過某人是隊上的專職或兼職保衛幹部，只有等案發後，才根據臨潼縣公安局的整改通知書，派來一名保衛幹部。當然，在上級未派保衛幹部的情況下，隊上的業務幹部不管是誰都有責任兼管安全工作，但不能說誰管了一點保衛工作，誰就成了保衛幹部。

「在杭德洲主持工作期間，我管過一段保衛工作，那時院子裡安有報警器，具體值班的有三人，後來報警器壞了，各修復室又安排了值班人員，直到王學理到來前，院子裡還有五人長期值班，可王學理上任後，就將五名值班人員減為三人，兩個值夜班，一人值白班，餘下的工人專管打掃院內衛生。

「一九八五年十一月九日，王學理同志在考古隊幹部、學員大會上，以整頓人員為名，宣布將院子僅有的三名值班人員雇傭到一號大廳，從此徹底撤銷了多年來院子的夜間和白天的值班人員，致使庫房無人值班，才為將軍俑頭案發釀下了禍根。即使我是保衛幹部，這時一個人也沒有，我去管誰？

「一九八五年十一月九日，王學理同志開會宣布，撤銷大廳後面長期堅持值班的人員，從此大廳後面再無人值班。」

「一九八六年十二月五日，王學理同志把大廳前五方的文物保衛工作正式全部移交給秦俑館，值班人員也全部撤回。王學理對我講：今後大廳後面他準備在外地找一個老漢來值班，在未找來前，叫我先從發掘隊抽上兩個人臨時值幾天班。於是，我從發掘隊抽調三人值班，直到一九八六年十二月二十七日王學理從咸陽找了一個叫馮孝民的老漢，接替了發掘隊抽調的三名值班人員。從此大廳後面就由馮孝民老漢一個人值班。直到將軍俑頭案發後的三月五日，我提出大廳後面要再增加人員值班，只一個老漢晝夜值班恐怕要出事。會上，王學理才同意增加一人，後來我又堅持增加了一人，這時大廳後面包括老漢在內共有三人值班。當時值班人員問我，已交給秦俑館的文物咱管不管，我說都是國家文物，也應該給看管。

「在這期間，王學理多次找我談話，讓我戴上徒有虛名的保衛幹部的帽子，但均遭到了我的拒絕。我知道自己擔不起這個擔子，也無能力無條件負這麼大的責任。因我不接受，還和他吵過幾次，我曾經對他說：你不要一口一個保衛，具體地說我只是負責兼管大廳的幾個值班人員，要搞隊上的整個保衛，咱們工地大，文物重要，我是個業務幹部，既看兩個探方，又分工管理考古發掘現場，還要抽時間搞業務研究，是根本兼管不了整個保衛工作的，你從上面要個專職保衛幹部不是更好嗎？王學理對我說：『我養活不起一個專職保衛幹部。』

他這個話我曾向工地的王玉清、張占民等人講過，就在將軍俑頭被盜的前一兩個月，王學理個人和我談不通，又從考古所叫來兩位領導跟我談，當時我仍未接受，並且態度堅決地重申了我以上的理由。那次的談話考古所領導都有記錄，可以證明我沒有接受這個要求。既然隊上找不到保衛幹部，作為常務隊長的王學理，就應及時向上級申請要專職保衛幹部，落實安全措施，但可惜的是，王學理同志沒有做這個工作，致使將軍俑頭被盜。」

劉占成說到這裡停住，眼睛閃著激動的光望著我，似要聽我發表自己的見解。然而，我沒有吭聲，只是將煙蒂輕輕地捏壓在煙灰缸裡，繼續聽他按原有的思路講下去。

「處分決定稱：『今年二月，在副隊長王學理不在時，雖未明確讓他代職，但讓他招呼隊裡的工作，在此期間發生了將軍俑頭被盜案。』事實是，今年二月，正值工地春節放假，王學理和我是節日值班帶班幹部，但他卻不來工地，後來不知誰批准，有何事，他突然決定去北京。在王學理去北京前，不是指明讓我代職，而是根本就沒有讓我代職，只是分頭安排了一下工作而已。當時他說去四、五天，但卻遲遲十幾天才歸。

「我清楚地記得，王學理走前，交代給我的工作有兩件：一是招呼好節日值班人員，二是管好開工後的發掘現場工作。對於修復上的工作，以及存放將軍俑頭的倉庫鑰匙，他是通過屈鴻鈞另外安排的，與我毫無關係。二月十二日，我結束了院子管理節日值班人員的任務，十三日正式轉向大廳發掘現場的管理，十八日修復中的將軍俑頭被盜，這能說是我的責任嗎？」

劉占成說著，站起身，顯然是有些過分激動以致使他焦躁不安，在屋裡來回踱步。坐在我們身旁始終未作聲的劉占成的妻子，望著丈夫越發黑紅的臉，小聲說道：「算了吧，說這些有啥用？還是喝點水，說些令人痛快的事吧。」

屋裡出現了短暫的沉默。

「那武士俑頭的丟失是怎麼回事？聽說公安機關破獲此案後，秦俑館和考古隊都不承認自己丟的，那到底是誰丟的？」我想起新華社曾向世界播發的那條令人困惑的電訊之後問道。

劉占成再次點上一支煙猛吸著，點點頭，沉思片刻：「這個問題比較複雜。」他似乎已沒有了先前的怒氣，嘴角露出了一絲苦笑。

「我這樣說吧，在武士俑頭丟失時，秦俑坑一號大廳已被分割成前、中、後三個部分，你知道，在蓋大廳時這些兵馬俑已全部用土回填，也就是又全部用土埋了起來。到一九八〇年時，前部的兵馬俑已重新發掘出來，並經過修復，大部分又在原地站了起來，你現在看到的就是這一部分。

「前部修復好後，考古隊又將後部的兵馬俑發掘出來，並修復了一部分，只有中間一塊還沒動。這時，秦俑博物館和考古隊進行了移交，事情也跟著來了。按規定秦陵考古隊要將前部和後部全部移交給秦俑館，屬於考古隊管理和發掘的只有中間那一部分。可王學理同志聰明一世糊塗一時，在全部移交了這兩部分文物後，又在自己起草的關於文物保衛的協議中寫道：『前五方坑中存放的文物由秦俑博物館承擔文物安全及衛生工作。』至於後部的文物安全保衛工作歸誰管，協議中卻沒有提及。如果不出事，雙方都你好我好相親相敬，可偏偏事情就發生了。一九八七年三月二十七日，蕭建國混進了展廳後部，趁值班人員不注意，脫下褂子將一個武士俑頭包起來悄悄地順著地道口也就是一號展廳的後門溜走了，這時博物館和考古隊誰也不知道。」

「案子破獲後，公安機關來問，說是蕭建國盜走的俑頭是大廳後部的，而這一部分的文物就是屬於秦俑博物館的，如果沒有協議書，責任肯定要秦俑館承擔，可這時秦俑館將協議書拿出來，禍就落到了考古隊的頭上。剛才我已經說過，王學理跟人家簽的協議書是前五方的文物安全由秦俑館負責承擔，那麼中間和後部誰承擔？儘管協議上沒有寫明，當公安機關來人詢問時，考古隊一方咬定文物是秦俑館的，應由秦俑館承擔責任，與考古隊無關。秦俑館一方卻在協議書的文字中做文章，儘管文物屬於秦俑館，但安全保衛卻歸考古隊，武士俑頭的被盜責任應由考古隊來承擔。所以就有了新華社發出的令人困惑的消息。可事情推來推去，還是秦俑館占了上風，這個糊塗協議給考古隊帶來了本來不應該有的大禍，我自己也在這場大禍中倒了楣。更令人感到氣憤的是，王學理同志起草的這個協議書以及和秦俑館的簽字經過，我一點也不知道。所以說文物局把武士俑頭丟失的責任推到我頭上，是毫無道理的，給我的處分是不實事求是和完全錯誤的。這個錯誤決定是對一個公民人格的公然踐踏。」

「那麼您認為將軍俑頭和武士俑頭被盜的責任應該由誰來負？」我瞥了一眼腕上的手表，已是十點多鐘，決定在臨走前提出最後一個問題。

「秦陵考古隊連續發生俑頭被盜的重大責任事件，主要原因固然在主持隊務工作的常務隊長王學理身上，但是作為主管部門的省文物局、考古研究所領導人，他負有不可推卸的重要責任。前幾年大興安嶺發生了火災事故，將林業部長撤銷了職務；駐湖南空軍某部戰士毆打學生致死，中央軍委決定對該師師長撤銷職務。那麼，林業部長、駐湘空軍某師師長為什麼要撤職？主要原因是他們犯有嚴重的官僚主義錯誤。無數事實證明，一些因官僚主義造成的嚴重後果，其危害及影響遠遠超過違法亂紀、貪污盜竊等問題的本身。許多重大事故，大多與官僚主義者失職、瀆職、怠忽職守有密切的關聯，因為一切事情都不會是孤立的。作為文物局、考古所一個下屬單位的秦陵考古隊，連續發生秦俑頭被盜這樣重大的責任事故，主管領導的官僚主義和嚴重失職也是毋庸置疑的，他們理所當然地負有不可推卸的領導責任。可奇怪的是，關於將軍俑頭案重大責任事故的處理，對本來沒有責任的普通考古隊員強加處分，做了錯誤處理。而對主管的領導者，卻避重就輕、應付過關，對他們應負的責任事故不作任何處理。這難道說他們真的沒有責任和不該受到處分嗎？我認為至少有這幾方面的事實足以使他們受到處理：

「第一，作為主管部門的文物局、考古所，對秦俑這樣大、這樣重要的考古發掘工地，一不配備保衛專幹，二不撥保衛專款，並對文物管理長期混亂的現狀不認真檢查，同時不認真落實安全制度和防範措施，導致了俑頭連續被盜，使國家遭受了重大損失。

「第二，秦陵考古隊修復方面的值班撤銷長達一年之久，將軍俑頭這樣貴重的一級甲等文物長期放置在雜品庫中，局所領導竟全然不知，這不是嚴重的官僚主義和嚴重的失職又是什麼？

「第三，作為主管安全的局領導×××來工地檢查，當要查看雜品庫時，王學理同志說裡邊沒有啥，他竟輕信了王學理的話而沒有認真履行自己的領導職責，對雜品庫未作任何檢查，以致釀成了庫內將軍俑頭被盜的重大事故。

「第四，一九八六年十一月二十五日，我當面對來工地的局領導×××和隊長王學理等明確指出：秦俑工地大，文物貴重，需派一名專職保衛幹部，但他們卻置若罔聞，既不認真落實，也不採取任何措施，其最後的惡果是將軍俑頭案發。

「記得在影片《汀泗橋之戰》中有這樣一個令人難忘的鏡頭：葉挺❶曾當面嚴厲批評他的老同學黃琪翔❷，對汀泗橋戰役❸失敗的責任難道要推到一個下級軍官的身上嗎？這話寓意深刻，值得每個主管秦陵考古隊的領導者深思和反省。將軍俑頭案處分了考古隊的三個人，事情似乎結束了，但事實上是對沒有責任的普通業務幹部不公正的處分，又製造了一樁新的冤案。正因為如此，我才不得不發出呼籲，讓上級領導和紀檢機關對將軍俑頭案的處理作進一步徹底的複查，對事故主要責任者應嚴肅處理，對官僚主義應予以追究，對受錯誤處理的人應儘快平反昭雪……」

牆上的時鐘敲響了十二聲，打斷了劉占成滿含冤屈悲憤的敘說，也向我提出了應迅速離開的警告。我草草地收起採訪本，道別了劉占成和他的妻子，在漆黑的夜色中向我所棲身的秦俑館家屬院最後一排單身職工樓摸去。

我躺在床上，腦海中依然顯現著劉占成那慷慨悲歌式的音容聲貌。四周極靜，只有風聲不斷傳來，我越來越感到劉占成的敘說已遠遠超出了案情本身，而具有了更加深層的意義和內涵，這個案子才更加撲朔迷離，像一團迷霧，難以令我看到真實面貌和窺視那曾發生及存在過的恩恩怨怨、是是非非。既然我已踏進了這個神祕的區域，就索性辨清整個事情的真偽，透過彌漫的迷霧，去尋求一種更合乎情理的真實。

我決定去一趟西安，找當年的秦陵考古隊常務副隊長王學理，也許在他的心中會裝著對事情的另一種全新的見地，我想在他的內心世界裡，尋求一種更清新的東西。

王學理說：我無罪

三天後，在古城西安陝西省考古研究所家屬院的一幢半舊的樓房裡，我見到了當年的秦陵考古隊常務副隊長王學理。和劉占成相比，他顯得過於消瘦和衰老，但那雙明亮的眸子和頗有些瀟灑的舉止，又讓人明顯地感到這是一個精力充沛的典型的知識分子。

我說明了來意。

他望了望我，微微地露出一絲笑容，看得出這種微笑的背後帶著一種憂鬱和苦澀。他說：「現在報刊對這個案子及失盜原因的宣傳已經不少了，也有這方面的報告文學出現，但這些文章又大多把我王學理漏掉了。我沒有功勞，連苦勞也沒有，現在是孤單無援。一些無聊的文人墨客貪財忘義，崇權諂媚，憑藉手中的筆杆子樹起了一些高大的偶像，並在這些偶像身上附會了一些近似傳奇的故事，以歌功頌德，使偶像更加高大壯觀。而把我的形象從反面來描繪，甚至寫成小丑。讓一個小丑來主持考古隊的工作，那麼丟東西就成了必然結果，文章也就更具有了典型性和轟動效應。」

「請您不要誤會，我只想瞭解一點將軍俑頭案的真實情況，並不想把誰樹成偶像，同時也不願意把誰寫成小丑。何況從美學角度上看，旦角、生角與丑角一樣地令人喜愛。大醜即大美，或許醜到極致便是美到極致呢！」我說出了我的本意，希望走向他的心靈深處。

「你的話倒是蠻有些戲劇意味。」王學理依舊微笑著，但看得出他的情緒漸已爽朗起來。

「生活本身就是一場你方唱罷我登場的大戲嘛！」我答。

他站起身，走到另一間屋裡，然後抱出一捆列印好的材料，順手取了一份遞過來。我一看，吃了一驚，足有三萬字的材料，在封面上清楚地印著一個醒目的標題：

將軍俑頭失盜的責任冤案為何平反不了

——我的第三十次申訴　王學理

「你也在喊冤叫屈？」我問。

「有冤必喊，有屈必叫，這是我們國家賦予公民的合法權利。」他答。

王學理在秦俑坑發掘現場

我點點頭，望著材料暗暗地想，如果這份申訴書從第一稿起，每投寄一次便謄抄或修改一遍的話，到現在應該是共有九十萬字經過了他的筆端。如此浩大的文字工程，即使是專寫「三部曲」的作家也不得不為這位申訴者的毅力和精神所折服。由此可以想見，這個案子耗費了他多少精力和心血。如果把這些精力和時間用之於學術研究，那又是怎樣的一種景況？

「這三十次的申訴稿合起來可相當於三部長篇小說的文字數量。」我說著，內心為他的徒勞而深感惋惜。

他歎了口氣，目光黯淡下來，似在為我的惋惜之情作解釋：「作為一名高級知識分子，正在用自己的知識和才智向國家和人民作奉獻的時候，卻遭到政治上的打擊、人格上的侮辱、學術上的限制，儘管從中央到地方已申訴二十多次，但卻猶如石沉大海，杳無音訊，眼睜睜地看著釀成的這樁歷史冤案不能平反，我不能不再次提出申訴，我覺得爭回人格和人權比做什麼都重要。」

「您覺得文物局對您的處理不恰當？」我小心地問。

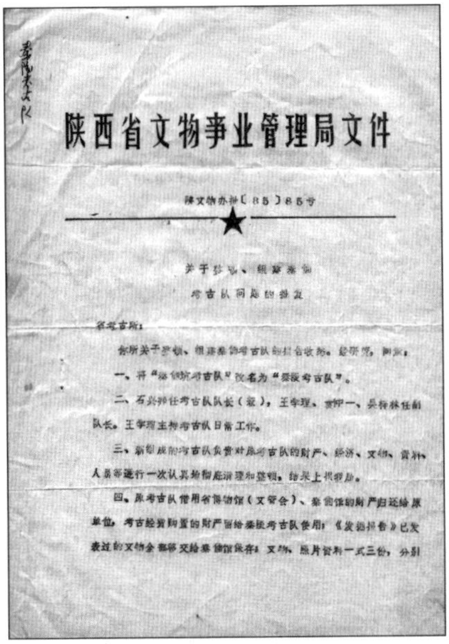
陕西省文物事业管理局文件

陕文物办[illegible]〔85〕85号

关于整顿、组建秦俑考古队问题的批复

省考古所：

你所关于整顿、组建秦俑考古队的报告收悉。经研究，批复：

一、将"秦俑坑考古队"改名为"秦陵考古队"。

二、石兴邦任考古队队长（兼），王学理、袁仲一、吴梓林任副队长。王学理主持考古队日常工作。

三、新组成的考古队负责对原考古队的财产、经济、文物、资料、人员等进行一次认真彻底清理和整顿，结果上报我局。

四、原考古队借用省博物馆（文管会）、秦俑馆的财产归还给原单位，考古经费购置的财产留给秦陵考古队使用；《发掘报告》已发表过的文物全部移交给秦俑馆保存；文物、照片资料一式三份，分别

王學理拿出保存的省文物局檔——點評

「不是不恰當，而是完全錯誤的。省文物局置自己於一九八五年下發的行之有效的第六十六號文件於不顧，並置管理混亂、文物數量不清、該移交而不交，致使隱匿的俑頭失盜的原秦俑坑考古隊隊長杭德洲的直接責任於不顧，濫用權力，借助社會上不明前後兩個考古隊真相的錯覺，巧妙地移花接木，撤銷了與此案毫無牽連的我的一切職務，並取消兩年考古隊領隊資格。這既推卸了自己按文件早應追查的逾期不交的責任，也庇護了關係網上的責任者。」當王學理一口氣說完這番話

時，臉漲得通紅，顯然他開始激動了。

「我看過文物局下發的一九八五年第六十六號文件，但對您說的前後兩個考古隊的真相和巧妙地移花接木等不明白，希望您能對此解釋一下。」我說。

王學理從材料堆裡找出一份複印的一九八五年第六十六號文件，用紅藍鉛筆在上面圈點著：

> 一號坑內已展出的五個方內全部出土文物（包括南北展室的全部文物），由原考古隊移交給秦俑館，未修復的秦俑由秦俑館負責修復、復位及五個方的安全、衛生工作。該項工作由杭德洲牽頭交、馬秀青接，限年底以前完成……原考古隊將所有文字照片資料一式三份分別交給秦俑館、省文管會和現秦陵考古隊，該項工作由杭德洲牽頭，限年底以前完成……逾期不交者要追查責任。

如果按此種圈點法，把所有帶點的文字排列起來，就成為：

> 全部出土文物，原考古隊移交，由杭德洲牽頭。原考古隊分別交，不交者要追查責任。

王學理放下鉛筆，望著我的臉：「這下你該弄明白了吧，原考古隊發掘的這批文物的交接雙方是在它同秦俑館之間進行，可以說是有單位、有人、有時間、有責任人。這一切理所當然地同陝西省考古研究所無關，同秦陵考古隊無涉，也自然同我王學理本人毫無牽連，當然我也就不負什麼責任。需要進一步說明的是，一九八六年七月二日，在省文物局一位領導的辦公室裡，杭德洲問我：『省文物局叫把以前的文物交給秦俑館，你說咋辦？』我回答：『由你交文物是早有規定的，還是按局裡的文件辦。』杭德洲說他工作忙，要屈鴻鈞協助，並令我通知屈，我說我不能通知他，由你同他商量，他如果願意協助你，只要他給我說一聲，就算是把人交給了你。當屈告知我時，我說這不是咱隊上的安排，你聽老杭的吧。因為他們沒有陶俑的詳細數量，不是照冊清點，而是臨時見俑登記，但從登記到同秦俑館交涉，一直到一件件的點交，都是由杭德洲與屈鴻鈞經手的，我並沒有參與和過問，當然不能說我有工作上的責任。何況原秦俑坑考古隊向秦俑館移交的這批文物沒有按時交付，從一九八五年十一月二十九日文件下達到一九八六年十二月二日，拖延長達一年之久不見移交。在這期間，文物局沒有任何文件或是口頭通知委託現秦陵考古隊代管。別說他們之間一年之久不交接，就是十年，或更長的時間不交接，都與我毫無關係，因此，我沒有事實上的責任。至於雜品庫內存放的將軍俑頭，我王學理壓根兒就不知道。一號坑在第一次發掘時，共出土四個將軍俑，但原考古隊向秦俑館移交時，卻少交一個將軍俑頭，並將其擅自藏匿於現考古隊的雜品庫內。因為在一九八五年十一月七日，秦俑坑考古隊副隊長柴中言把鑰匙交給屈鴻鈞時，它只是一間放雜貨的普通房子，裡面除兩盤鋼筋、九根半鋼管、十多塊雜木板、一個木案子，還有其他一點雜物外，並沒有任何文物。有這兩人移交簽字的清冊可證，而掌管鑰匙後的屈鴻鈞從來沒對我說過裡面有俑頭。既然我不知道，當然也就不負法律的、事實的和工作上的責任。這一切責任應當歸於把貴重文物不交，並亂塞於雜品庫中的原考古隊隊長杭德洲。可文物局不但對此不予追究，反而卸責於他人，企圖不是昭然若揭嗎？

「將軍俑頭案發後，有人向公安機關建議將我王學理逮捕，但臨潼縣公安局卻明確表示：只是發案時本人不在工地，就沒有直接責任，因此也就不能逮捕。一九八七年二月十七日，雜品庫內的將軍俑頭被盜時，正值我在北京參加《中國軍事百科全書》的編寫會議，在二月十三日去北京前，我曾三次委託主管考古隊安全的劉占成負責保衛工作，並向考古所石興邦所長彙報過。二十五日晚，我從北京返回西安後，得知雜品庫門被撬開，二十六日趕到工地摸清了情況並及時向省文物局和臨潼縣公安局報案，這一切足以說明，我非但沒有事故責任，而且盡到了道義上的責任。因為這是『鄰居』家中失盜，並非秦陵考古隊失盜，由我主管的秦陵考古隊文物庫房和發掘現場，文物是清楚的，有安全保障的，並沒有發生任何失盜事故。至於發生在一九八六年七月和一九八七年二月十七日的兩次一號大廳後部武士俑頭被盜事件，責任者很明確，前者是原考古隊在移交過程中丟失的，後者是秦俑館接收後丟失的，兩個俑頭各有屬主，均未交秦陵考古隊代管。而一九八七年二月十七日被盜的將軍俑頭則是原考古隊該交而不交的私藏之物，理應追究其栽贓之過，怎能說是秦陵考古隊連續被盜呢？三個俑頭的連續被盜，恰恰反映了文物局主管領導的官僚主義和原考古隊的管理混亂。捨此，別無他責。

「我王學理主管的經過重新組建的秦始皇陵考古隊，闢有專用文物庫房，新購有六個鐵皮文物櫃子，還有一系列安全措施。新發掘的五個探方，對出土的文物及時入庫，庫有登記，發掘現場又無文物差錯。就原考古隊掘的前五個探方文物及整個安全問題，我曾多次給省文物局呈送過報告，並進行過不止一次的敦促，可說是盡到了道義上的責任，但可惜沒有引起文物局領導人的足夠重視。早在一九八五年第六十六號文件下達後，我就給局領導談過這批文物的安全事宜，當時得到的批示是：馬上就移交，你們應做好新的發掘工作。一九八六年六月二十九日之後，我曾多次報請確定考古隊保衛關係，時至俑頭被盜三個月後才口頭答覆，整整拖延一年的時間。一九八六年七月二十四日，省文物局一位領導人關於未移交陶俑入坑問題來到考古工地，當時我闡明了局文件規定的責任範圍，也沒有接受放俑的任務。按理說，應引起局領導人關於拖期文物安全的關注和重視。可惜的是，領導者事發前麻痹大意，事發後憑權推諉。一九八六年十一月十九日之後，就個人佔有文物、拒絕入庫問題，我向局報告並多次催促儘快解決，直至將軍俑頭被盜後四個月還遲遲沒有得到落實，從我報告之日起又整整拖了八個月之久！兩相對比，誰有功，誰有罪，這不是很清楚嗎？說穿了，這次將軍俑頭被盜事件，我只不過是當了個替罪羊而已，我相信這個冤案總有一天要平反的……」

「請問您在取消考古隊院內經常性的晝夜值班制度、撤銷值班人員時是怎樣考慮的？」未等對方把話全部講完，我又提出了這個關鍵性的敏感問題。

「我沒有取消值班制度，更沒有撤銷值班人員，你的提問使我感到茫然。」他答。

「那……」我沒有說出我所看到和聽到的訊息，但王學理分明已經窺知了我的心情，他在猛喝了一口茶水之後，再次解釋起來：「一九八五年我接手工作後，鑑於人浮於事，在七月三日召開的幹部會上，就臨時工做了明確的安排，幹部也有了具體分工，同時加強了值班制度和人員的管理。在一號大廳內共安排九人值班，日班五人，夜班四人，每班二人，日夜輪流，並由業務幹部劉占成負責保衛工作。在生活區安排值班三人，另有二人做雜工並隨時頂替，由業務幹部魚龍負責管理。

「一九八五年十一月八日，根據文物局及考古所關於人員整頓、確定放假的指示精神，我在學員大會上明確宣布：大廳留值班人員八人，生活區留二人值班，由劉占成同志管理安全保衛和統籌工作。至一九八六年二月五日，在安排春節值班期間，確定大廳的八人不變，生活區增加到三人。三月下旬，由於考古隊即將進行發掘工作，根據新的情況我做了周密的安排。原來考古隊的院子是向外開通的，遊人可隨便穿過，所以派人值班。而自從春節後有武警中隊進駐秦俑館，我親自跑材料、找人員在營房與考古隊中間修築了一道隔牆，並請人焊接了兩扇鐵柵門安上，規定晚上十一點鎖門。從此，考古隊有了自一九七四年發掘以來一直未有的獨立的大院。這期間，我多次拜訪武警中隊，加強聯繫，以取得事實上的支持。

「將軍俑頭被盜前夕，我在安排春節值班時，明確指出責任範圍仍是大廳和生活區，帶班幹部是家住考古隊院內的劉占成同志，在我去北京前夕，就考古隊工作先後給劉占成安排過三次，令其負責隊裡的工作。劉占成滿口答應，一再說：『你放心地走，隊裡有我呢！』就在我去北京時，將文物庫房的鑰匙交給了劉占成。這一安排在二月十日，我曾向考古所石興邦所長做過彙報。事實上，在我離開工地未赴北京期間，劉占成已開始主持隊上的工作了。但當將軍俑頭案發後，劉占成竟置事實於不顧，強詞奪理說，石所長沒叫他負責考古隊工作，考古隊也沒有安排春節後值班，開工後值班制度是自然取消的云云。當我拿出紀錄後，他又說他只負責大廳的安全保衛工作。而偏偏不久大廳後部又丟失了武士俑頭，這時劉占成怕承擔責任，便又對前來工地調查的工作組說他只負責大廳前邊的發掘，大廳後邊是王學理主管，將責任無辜地推到我的頭上。更令人奇怪的是，在春節放假期間幹部未歸的情況下，作為副隊長的王學理給劉占成交代了工作，文物局調查組則認為不算數，兩人為啥不簽字？而劉占成在案發後為逃避責任，竟編造出王學理只讓他招呼大廳的假話。我們的文物局不但予以相信，並且形諸文件，這到底是一種什麼樣的邏輯？領導機關的文件，還有什麼嚴肅性可言？

「我認為，連續發生俑頭被盜的事件，正像主管陝西省文博考古事業的副省長孫達人在省文物局的報告上所批示的那樣：秦將軍俑頭的丟失，反映了你局所嚴重的失職和瀆職。除此之外，我還認為俑頭被盜事件的發生，也是原秦俑坑考古隊杭德洲的過失。客觀而實事求是地說，我非但沒有直接責任，連間接責任也沒有。要說有責任的話，也只能是鄰居失盜我沒有看見和沒有聽見的責任……」

時間在沉悶、激昂、憂鬱、傷感等極為複雜多變的氛圍中飛快流逝，我藉王學理再度掀動杯蓋喝水的空隙提出辭別。當我站起身時，禁不住又看了一眼那堆傾注了申訴者心血和精力的材料，搖搖頭，沒有說話。王學理似乎已明白了我的心理，在送我下樓的同時做著最後的解釋：「想我王學理已年屆五十，正當拚搏報效國家而取得成果之時，卻遭受如此不白之冤，身心受到嚴重創傷。我數次不懈地申訴的目的，就是要求上級派人做翔實的調查，恢復冤屈者的名譽，解我於倒懸。」

屈鴻鈞說：我委屈

在淒酷的寒風中和王學理握別，我向位於他後一排的屈鴻鈞家中走去。見面之前，我讀過這位考古學家的一篇名為〈參加秦俑坑發掘的回憶〉文章。那清新的筆調、優美的意境，無不令人感到作者心中熱血的蕩動和激情的噴湧——

麥苗返青，布穀聲聲。我和幾位多年的老夥伴告別了曾是周、秦、漢、唐等十一個王朝建都的西安，來到了風景秀麗的驪山北麓，在秦始皇陵東側三里的西楊村卸下了行裝，安營紮寨，開始了新的、頗為漫長的秦俑發掘工作。……新的、美好的事物，對一個陌生的人來說總是好奇的、迫切的，如同戰士進入戰場，一切全都拋於腦後。投入新工作的急切感，使我覺得這裡的一切都是美好的，有意義的，連露水珠兒都帶著泥土的清香。一棟茅屋、一座帳篷、一杯泥腥未退的淡水，勾住了我們的心，成了我們新生活的一部分。

我們的新生活從這裡開始了。每天，我們和學員們一起帶上背包、相機、經緯儀、皮尺、鋼尺、手鏟、棕刷、標本布袋、紙盒、繪圖工具、記錄本等考古發掘工具，在試掘方裡，頭頂烈日，腳踏大地進行工作。

時間一天天過去了，秦俑的分布情況在複雜地變化著，它的本來面目也一天一天地清晰了。而這個時候是做考古工作的人精神最集中的時候，也是最感興趣的時期。什麼是幸福？工人造出了合格的產品是幸福，農民獲得了糧食大豐收是幸福，考古工作者在工地上發現了重要遺跡、遺物更是幸福。……明人有一首詩，其中最後兩句是：「英雄事業昭前哲，看取秦皇漢武功。」我願以此自勉，為秦俑的發掘考古工作再出一把力，發揚祖國文化，激勵後人奮發。

……

當我走進住在一層樓房的屈鴻鈞的家時，迎接我的是一位白髮蒼蒼、步履艱難的老人。自然規律不可抗拒，那個青春勃發、豪情滿懷的時代一去不返。歲月的流逝、生活的磨難已使他垂垂老矣，再也難顯昔日的激情和神采了。

望著他因患眼疾而雙目近乎失明的病體，我不忍心將那件不快的事情提出來，去喚起他痛苦的記憶，給他多病的身心再蒙上一層冰霜。但當我們的交談就要結束時，他還是將那件事情毫不掩飾地提了出來。這讓我深感不安的同時，也更清晰地感悟到了他內心的疾痛與苦衷。

「事實上將軍俑頭丟失與我有啥關係？這個庫房以前是柴中言拿鑰匙，柴調走後將鑰匙交給王玉清，後來王玉清退休又把鑰匙轉給我。將軍俑頭案發後，一些人跟著瞎起哄，有家雜誌載文說我是保管員。我這個保管員是怎麼來的？是會上決定的還是上級任命的？」屈老先生停頓了一下，接著說：「我拿著鑰匙，一沒給賊娃子提供線索，二沒給賊娃子開門，可有人卻造謠說我和賊娃子監守並盜，引狼入室，這是哪家的邏輯？我從事考古工作三十餘年，在許多遺址、墓葬的發掘清理中，我一個人用篩子篩出金豆、金泡之類的珠寶都如數上交。如果我有盜竊文物之心，就說沒篩出來，或者篩出三個金豆我說兩個，你又怎麼去證實？人總得憑良心說話和辦事。

屈鴻鈞（前）在俑坑中進行清理工作，身後是劉占成

「將軍俑頭案發後，不知為什麼，處分就落到了我的頭上。為這事我感到委屈和冤枉，表示不能接受，可有的領導說，給你老漢個處分，沒有啥。既然沒有啥，怎麼不給你自己記一個？有些當領導的在如何對待人的問題上，胡研究、胡決定，說鑰匙你拿著，記個處分也不為重。我拿著鑰匙就有罪？要是你拿著鑰匙外出，你家中的錢財被賊娃子破鎖而盜，還要給你治罪？

「現在我已經老了，無力再去為這些是是非非、恩恩怨怨四處奔走呼號，爭取平反昭雪。你說有罪就有罪，你說沒罪就沒罪。現在看電視，哪個朝代還沒有幾個屈死鬼。你再翻騰，是上級大，還是你大？任他們去吧，反正我感到自己的有生之年也不會太長了……」

握別的時候，屈鴻鈞站在門口，左手扶住門框歉意地說：「我的眼睛看不清路，我不能遠送你了。」

我點點頭，默默地一個人走了出來。在即將跨出那個並不算大的小院時，猛回頭，見他依然立在那裡靜靜地望著我。滿首的白髮、如柴的身體、遲鈍的目光……無不做著風燭殘年的警示，我感到在這一切的背後潛藏著一個可怕的徵兆。

我再次邁開步子向外走去，一陣涼風吹過，竟有兩顆溫熱的淚珠從臉上滑落下來。

螞蟻的故事

懷揣一顆沉甸甸的心，我走進陝西省文物局的辦公樓，希企在這裡能對積聚在腦海中的諸多問題有個全面的解答和感悟。在一間掛有「黨委」和「紀委」兩種名稱的辦公室裡，我向工作人員出示了介紹信並說明來訪之意。

看得出，負責紀檢工作的兩名工作人員對我的來訪很感為難和棘手，他們以政府職員慣有的極度小心，謹慎、簡單地回答著我的提問。這種小心謹慎以致使他們自始至終都未向我透露自己的姓名和職務。

「我們對這幾位同志的處理情況及事實依據都根據省人大、省政府領導的意見重新做了複查，複查後仍然沒有發現新的證據和理由推翻原來的決定。」工作人員說著從櫃子裡拿出一份「陝文物黨（八十八）二號」文件遞給我。由於他們事先向我做了只准看、不許記錄和複印的規定，我只有憑記憶大體地記下了文件的內容：

一、省文物局正式對省考古研究所批覆，將「秦俑坑考古隊」改為「秦陵考古隊」。考古隊除改換名稱和更換領導外，其餘工作人員基本未動。將軍俑頭被盜案發生在王學理任期內和直接管轄的考古轄區內。

二、將軍俑頭被盜原因是取消值班制度，王學理於一九八五年十一月八日親自將晝夜值班改為只在重大節假日值班。由於王學理同志的錯誤安排，致使院內空虛，出現俑頭被盜的重大責任事故。

……

將複查文件交還對方後，工作人員總結性地對我說：「這個問題從最早的處理一直到後來的複查，我們都比較慎重。局長帶人做了幾個月的調查瞭解工作，證實了以前的處理是正確的，沒有新的理由和新的事實可以推翻原來的處理決定。國家珍貴文物丟失了，內部沒有一點責任嗎？如果平時安全保衛措施落實得好，文物是不會丟失的。作為考古隊的直接領導者和管理者受個處分並不過分。在案發後不久，司法部門要追究相關人的刑事責任，我們文物局領導出面把事情承擔了下來並作內部處理，他們才免於刑事責任。現在領導有些後悔了，要是當初不出面，推給司法部門處理，就不會有今天這麼多麻煩……」

臨走的時候，一位工作人員反覆地親切叮嚀我：「你最好不要捲入這個是非之中來，試想，你否定文物局，說文物局處理得不對不行，要說文物局處理得對，受處理者不對也不行，只要你的態度傾向一方，另一方就可能和你打官司或到單位去告你，到那時你就會感到進退兩難、無法自拔，別想再有清靜的日子了……」

我點頭稱是，我說我沒有對這類問題作出對與錯的判別的義務，只有客觀描繪生活、再現生活的責任，而文學的迷人正是確有那麼一些作家出神入化地描繪了生活，而不是生硬地去干涉生活，甚至去當一個紙糊的法官。作家有對生活參與的權利，但這種權利是受到局限和有尺度的。或許，正如英國天才導演兼詩人、畫家、植物學家和同性戀權利活動家德里克·賈曼（Derek Jarman, 1942-1994）所言：「作為見證人，寫下這個時代的悲傷，但並不是要拂去你的笑容。」

這樣想著，我按事先打聽到的路線來到了原秦俑坑考古隊隊長杭德洲家門口，迎接我的是一位身材高大、相貌堂堂、頭髮斑白的大漢。儘管對方已過花甲之年，周身少了些虎虎生氣，但沒有人生晚年的暮氣，只是他同大多數剛從位子上退下來的普通機關官員一樣，心靈中蕩漾著一股莫名的失落、迷惘、慌恐和無奈，這一切都從他那對什麼都不太專注的眼睛和身體的一舉一動中折射出來。此時，杭德洲已從省文物局文物處處長的位子上退休，在家閒居兩年了。

我說明了來意，並讓他談一下對將軍俑頭案處理結果的看法。

杭德洲點點頭，略微沉思了一會兒說：「當時局裡為什麼這樣處理，我是一個中層幹部，不太清楚。不過我認為這樣處理應該是合理的，文物局沒有什麼大錯，過去我們常說，要相信群眾，相信黨，這是一條根本的原則，離開了這條根本的原則，便什麼事情也辦不成了，我想現在也如此，你不相信文物局，不相信共產黨，還能相信誰？」

「那您在這個事件中有沒有責任，比如說在移交文物等問題上？」我問道。

對方聽罷，顯得有點激動，渾身好像增加了不少活力，說話的聲音也洪亮起來：「這個事件可以說跟我沒有絲毫的關係，你想一想，我都走了一年了，你那裡出了事，怎麼就成了我的責任？顯然是荒唐的邏輯嘛！」

「那文物局讓您在調離赴新任之前，把考古隊保管的文物全部移交給秦俑館，您到底交沒交？」我提出了這一在整個事件中最為敏感的問題。

對方的情緒已從短暫的激動中漸漸恢復平靜，他不緊不慢地說：「我知道你問這個問題是什麼意思，有的人也抓住這個問題不放，說我杭德洲沒有移交文物，將軍俑頭丟失的責任就應由我來負責。我認為這種說法是不理智的，是荒唐的，是毫無根據可言的。且不說在我走時已將大部分文物移交出去，即使沒有移交，我人已離開臨潼到西安工作一年了，你臨潼出了事，這與我有啥關係？」說到這裡，杭德洲抬頭望了我一眼，怕我不明白，又說：「這樣吧，我給你打個比方，這就如同我奉命帶兵把守潼關，突然有一天上級來了一道命令，說你杭德洲不要守潼關了，潼關我們另外派人守，你趕快去守長安吧，這樣我就奉命棄潼關而守長安了。就在我守長安一年之後，潼關被敵人攻陷了，你說這潼關失守之責該由誰來負？」

「可是我覺得將軍俑頭事件並不如您說的這樣簡單，比如說，在您到西安上任之前，那個後來丟失的將軍俑頭到底是移交了，還是沒移交，若移交了，交給了誰？若沒有移交，又為什麼不移交？」

我再度提出了這個關鍵的問題。

杭德洲依舊顯得不緊不慢，他呷了一口茶水說：「你想我的權力都交了，人都離開了，文物還能不交，不交我留著幹什麼？其實我走之後，所有的人、財、物都被新組建的那個考古隊接收了。退一步說，即使我走時，沒有明確將所有的文物一一交代清楚，其實那還用交代嗎？那一攤子不是明擺著是後來者的嗎？你比如說，清朝宣統皇帝退位後，天下就是袁世凱、段祺瑞他們掌握了，後來溥儀跑到天津張園去了，不在北京紫禁城了。如果這個時候北京的前門樓子被兵匪砸了、燒了，或故宮的什麼寶物被盜走了，你再找溥儀算帳，說一年前你是大清國的皇帝，儘管大清不在了，我們接管了政權，但以上發生的事還得由你來負責。你說這能成嗎？儘管溥儀到天津時，北京的一切他沒有和段祺瑞辦什麼交接手續，但事實在那裡擺著，大清不存在了，江山易主了，段祺瑞、張作霖成立了一個新的政府，那麼以上發生的一切都應由段祺瑞執政府負責。而原秦俑坑考古隊和後來的秦陵考古隊也是類似這樣的情況，所以不管當時的交接情況怎麼樣，秦陵考古隊的人都應為將軍俑頭丟失事件負責，而我沒有一點責任。」

在返回秦俑館的路上，我為我的西安之行暗自叫苦。我知道自己已陷入了一個爭論不休、難以決斷的泥沼。問題的本身如同我的採訪，轉了一個大圈後又回到了原來的位置，一時難以找到新的路子去衝破這個圈子從而擺脫困惑。這種企圖尋找一種理想答案而面對現實又無可奈何的困惑，一直纏繞著我的心，直到我返回北京後的若干時日都未能擺脫。

在極度的困惑與痛苦中，我把將軍俑頭案發生的經過以及對王學理等人的處理情況向我的軍藝讀書時的同學、正在文壇走紅的著名評論家、詩人何三坡和盤講出，希企得到他的幫助。

「我想在作品中再現這個案子以及和這個案子有關的所有的是是非非、恩恩怨怨，只是不知從什麼角度寫起，如何寫起？」我說。

何三坡在屋裡走了幾個來回，沉思了足有半個小時，突然抬起頭說：「我想給你講個故事。」

「不管講什麼，只要能給我一點啟示就算沒白費時間。」我點頭應允。

「在非洲的原始森林裡，生長著一種不大的螞蟻，這種螞蟻深感自己弱小的個體無法和其他強壯的動物爭食覓生，便組織起來，在森林裡排開數十米的陣線向前推進，於是，奇蹟出現了，森林中無數巨蟒在牠們的攻擊中最後只殘存骨架，威震山野叢林的虎豹也望蟻而逃。小小的螞蟻幾乎成為非洲原始森林的主人。一天，當螞蟻大隊人馬開到一個高坡時，突然遇到了一股山火，大火在風的席捲中向牠們撲來，成千上萬的螞蟻瞬間將有化為灰燼的可能。就在這危急時刻，排開的螞蟻大軍迅速向中間雲集，最後抱成一個巨大的圓團向山下滾去。烈焰升騰，煙霧彌漫，滾動的蟻團在大火的灼烤中發出叭叭的炸裂聲，周邊的螞蟻紛紛墜入火中化為灰燼。但蟻團沒有散開，仍舊越抱越緊、越滾越快地向坡下衝去……最後，巨大的蟻團終於擺脫了大火的包圍，避免了整體的覆滅。這支大軍又排開數十米的陣線，縱橫於叢林之中……」

何三坡講完這個故事，靜靜地望著我，很是自信地說：「將軍俑頭案的一切是是非非、恩恩怨怨，其最深層的原因和悲劇性結局都可從這個故事中得到揭示的鑰匙和答案。」

我一時沒有完全感悟這個故事與將軍俑頭案的內在聯繫，但卻隱約地體會出一種味道，一種只可意會、不可言傳的滋味。

注釋

❶ 葉挺：原名葉為詢，字希夷，廣東惠陽人，一八九六—一九四六年。保定陸軍軍官學校畢業。北伐戰爭期間，為國民革命軍第四軍獨立團團長，率部先遣作戰，曾參加攻克平江、汀泗橋、賀勝橋、武昌城等戰役。

❷ 黃琪翔：字御行，廣東梅縣人，一八九八—一九七〇年。保定陸軍軍官學校畢業。一九二六年參加北伐，戰功卓著，升任國民革命軍第四軍軍長兼第十二師師長。

❸ 汀泗橋戰役：北伐戰爭中的著名戰役。一九二六年八月，北伐軍由湖南向湖北挺進。直系軍閥吳佩孚集結主力部隊二萬餘人，據守湖北咸寧境內的汀泗橋。該橋扼粵漢鐵路線，三面環水，一面依山，形勢險要。二十六日，北伐軍進攻受挫。次日凌晨，葉挺獨立團在當地民兵的配合下，繞至敵後，出其不意，插進吳軍陣地，擊潰吳部，佔領了汀泗橋，並乘勝佔領了咸寧，為北伐軍直取武漢打開了通道。

第十章

再驚世界殊

梅開二度，陽關三疊，兵馬俑坑的大規模發掘再次展開。盜擾坑的發現，引火口的推斷，彩繪俑的出土與保護，奏響了時代的主旋律。石鎧甲、百戲俑、文官俑、青銅仙鶴，以及秦代首腦機關的連續面世，再度震驚寰宇。

秦俑坑的再度發掘

秦陵考古隊在經過了八個月的風起雲湧、大喜大悲之後，隨著將軍俑頭案的爆發而宣布夭折。又經過了一陣的喧譁與騷動，陝西省文物局從文物安全保衛方面考慮，同時也為了便於工作，報請國家文物局批准，將秦陵考古隊的部分人員如王學理、屈鴻鈞、程學華等人的組織人事關係留在省考古所，其他的人員從一九八八年十月起重新組成秦陵考古隊，由袁仲一出任秦俑博物館館長兼考古隊隊長，吳永琪、張仲立、張占民擔任副隊長（後為劉占成），考古隊直接隸屬於秦俑博物館領導。

這支新組建的考古隊，經過一段時間的準備，於一九八九年春對已回填的三號兵馬俑坑進行了第二次考古發掘清理。經過幾個月的努力，發掘清理工作大功告成，除清理出六十六件陶俑和一輛戰車外，還獲得了許多重要資料，其中包括十多萬字的文字記錄和幾千份圖紙、照片和拓片等。這些考古資料對全面認識整個秦俑坑、完整地向人們展示秦俑坑的全貌發揮了重要作用。一九八九年九月二十七日，三號俑坑在隆重的儀式中宣告正式對外開放。

劉占成帶領考古隊員在重新開啟的坑中測量出土陶俑

自一九九〇年春開始，秦陵考古隊又組織人員對一號坑東端前五方底部所留的考古遺存進行了細部清理。為了進一步給觀眾提供更多的展覽內容，讓遊人更直接地感受秦俑坑整體氣勢的宏偉，考古隊對原留的部分地層土臺和探方間的預留隔梁進行了清理。就在這漫長的細部清理中，考古人員共處理各種遺跡四百餘處，提取入庫文物約七千七百六十件。至一九九三年八月，一號坑發掘清理的考古工作暫告一個段落，工作重心轉入二號坑。

由於此前所敘述的各種複雜的原因，兵馬俑坑的發掘一直在發掘─停止、停止─發掘─再停止這個怪圈中打轉。因而，在相當長的一段時間內，秦俑博物館所展示給觀眾的只有三號坑和一號坑的部分兵馬俑的雄姿，二號坑遲遲沒有向觀眾開放，號稱八千之眾的兵馬俑群，仍有大部分在短暫的面世之後又被迫重新埋入三尺黃土之下。那氣勢磅礴、恢弘雄壯的軍陣；那奧妙無窮、深不可測的軍事戰略戰術；那精美絕倫、蓋世無雙的整體雕塑藝術群，都無法讓慕名而來的觀眾親眼目睹，也無法讓研究者作更加深入的瞭解和全面的探究。種種原因和現象，給這裡的考古工作者和管理工作者所帶來的遺憾與前來觀光的遊客及不同學科的研究者是相同的。面對這諸多的遺憾，陝西方面為二號坑的再度發掘曾作出了不懈的努力。在經過中央和地方的一番漫長的關係調整、理順後，一九九四年三月一日，經國家文物局批准，秦俑二號坑才得以發掘。

為保證發掘工作的規範化、科學化，國家文物局專門成立了一個由國家文物局副局長黃景略為組長，徐苹芳、石興邦、任式楠、胡繼高等著名考古學家和文物保護專家為組員的專家組，具體對秦俑二號坑的發掘給予指導。

由於秦俑二號坑的考古發掘被列為國家重大發掘專案，所以從一開始就備受國內外傳媒關注，並給予了廣泛報導。這次發掘分為兩個階段，第一階段從一九九四年三月至一九九六年年底，主要對二號坑建築棚木層以上進行發掘和清理。通過一系列工作，基本搞清了二號坑遺址的地層堆積和平面形制，同時揭示了坑內約一千

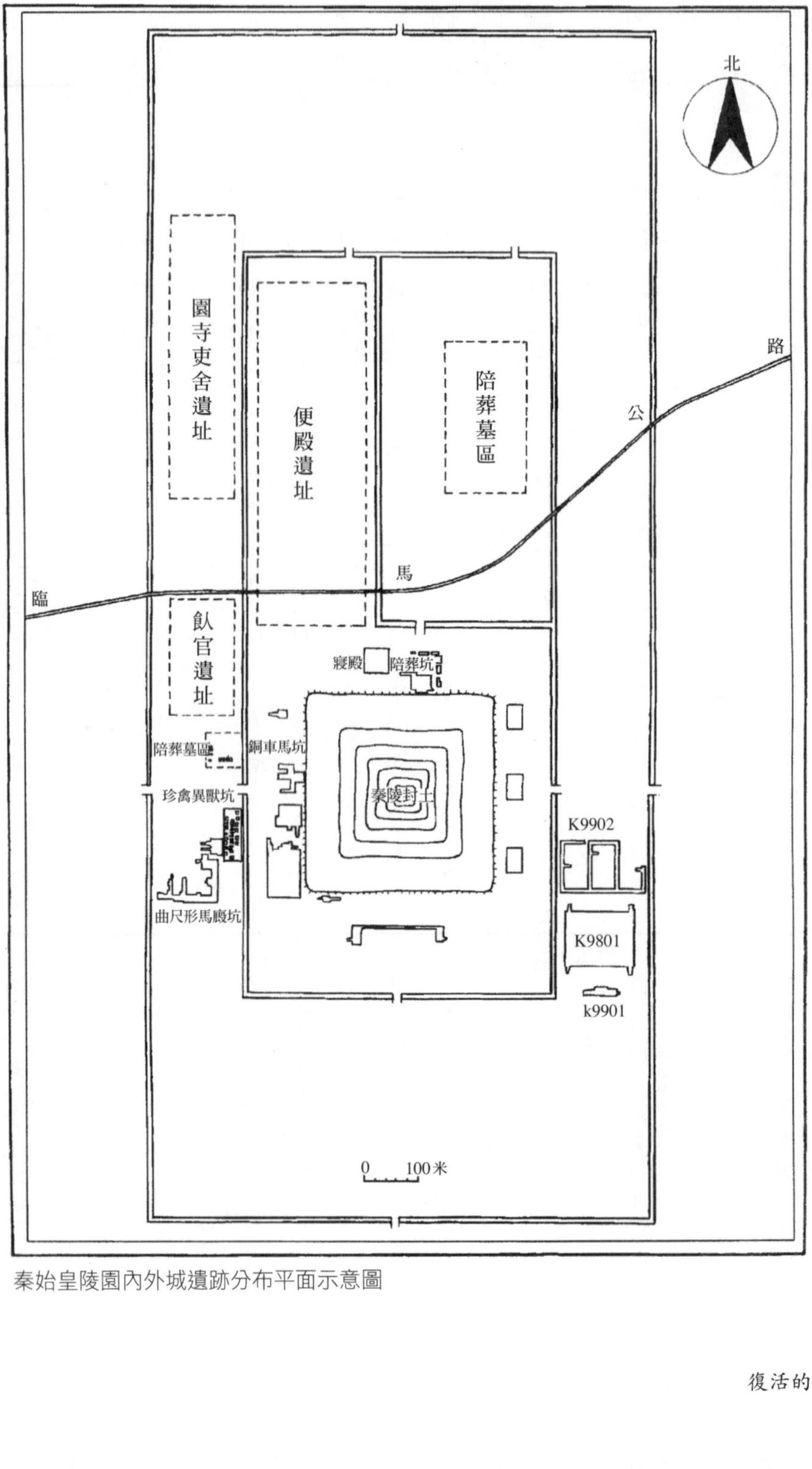

秦始皇陵園內外城遺跡分布平面示意圖

五百多根棚木及建築遺跡，較確切地推斷出二號坑共有車、步、騎、弩四個兵種陶俑九百三十九件，挽車戰馬和乘騎戰馬四百七十二匹，戰車八十九乘，整個俑坑應屬於一個屯居待命的陣營體系。在第一階段俑坑上層的考古工作中，除清理數座現代墓葬、擾坑、近代水井和秦末盜洞外，尤其重要的是發現了一個早期盜擾坑（編號為H8），根據其開口層位及有關跡象推斷，不但是一個早年的盜擾坑，而且是一個點火口。這一發現，為二號坑早期的人為破壞和焚燒提供了極其珍貴的考古依據。為了滿足觀眾早日瞭解二號坑真相的渴望，同一號坑一樣，二號坑的發掘採取了邊發掘邊開放的模式，於一九九四年十月十四日正式對外開放。

由於二號坑的發掘越來越受到社會各界的關注和重視，考古隊又在原有隊領導的基礎上，先後增補劉占成、張穎嵐、張天柱三人為考古隊副隊長，其他各方面的力量也不同程度地得以加強。在這種社會大背景下，參加發掘的考古隊員把二號坑的發掘看做是時代所賦予的特殊責任，無論是盛夏還是嚴寒季節，隊員們都在陰暗、潮濕的環境下，堅守崗位，一絲不苟地從事著一個個細部的清理和發掘。每一位參與此項工作的考古人員，都為自己能夠在這世界第八大奇蹟的考古事業中貢獻一份力量而感到光榮和自豪。

當二號坑發掘告一段落後，秦俑館的主體工作進入了研究、保護出土文物階段。二〇〇九年六月十三日，經國家文物局批准，考古人員重返一號坑，進行第三次發掘清理。本次發掘的地點位於一號坑北側中段，具體區域包括三個隔牆和兩個過洞。經過三年的努力，共出土了陶俑、車馬器、兵器、生產工具等各類文物共計三百一十餘件（組），其中揭露陶馬三組十二匹，陶俑一百零二件；清理戰車二乘、戰鼓二處、漆盾一處、兵器柲十處、弓弩箭箙十二處，另有建築材料朽跡如木、席、夯窩等痕跡多處。鑑於以往的發掘經驗，一號坑遭多次破壞且焚燒嚴重，出土文物的顏色應大部分脫落，即使有也不會保存太好。但經耐心細緻的發掘，還是在陶器和漆木器上發現了不少彩繪，且比預想的要好，其中柲、弩、鼓等各種器物上的彩繪均有保留。出土的陶俑彩繪雖然保存面積較小，但數量卻很多，秦俑服飾上的顏色也非常多，有的極為鮮豔。發掘中，考古人員還先後發現了黑色眼睛、灰褐色眼睛的兵馬俑，甚至發現了一個眼珠為紅色、瞳仁為黑色的彩繪兵馬俑頭，讓人驚喜不已。如此明顯的服飾和人體不同器官的不同彩繪，使考古人員對兵馬俑「千人千面、千人千色」的猜測進一步得到印證。

在出土文物中，令考古人員特別是新聞媒體格外驚喜、興奮的，是一個級別頗高的將軍俑。因為俑的鎧甲甲片較小，說明其級別相當高。（甲片越大、越粗糙，級別越低。）俑身的魚鱗甲做工精細，鎧甲邊緣處有彩繪圖案，呈現幾何形狀。腰部以下保存完整且殘存顏色較濃的彩繪，「這在歷次出土的將軍俑中是罕見的，而且顏色的鮮豔程度也突破了我們的想像。」考古隊專家申茂盛如是說。

到了二〇一二年六月十日，一號坑的發掘又有新進展，且有喜訊傳出，考古人員在一輛戰車上發現了秦軍使用的盾，屬於皮質漆盾，這是三座秦始皇兵馬俑坑中出土的第一件盾。經測量，盾牌高七十釐米，寬四十餘釐米，有些殘破。其尺寸恰好是秦始皇陵銅車馬上發現的銅盾的一倍。因秦陵出土的銅車馬各部件是按原尺寸的二分之一製造，剛好印證了之前考古學家對秦軍使用盾牌大小的推測。因這件盾位於九號過洞第二輛車的右側，考古學家認為是車右側的武士配置使用。但因使用者級別的關係，與銅車馬上的盾紋飾差別很大。當年發掘秦陵一號銅車馬時，在車輿右欄板內側前部發現一銅盾，為實用盾的一半大小，銅盾邊欄內繪有天藍色的流雲紋飾，雲頭波折捲曲相互勾連，流雲外的空白區域填滿白色的穀壁紋，在邊欄圍繞的中央界域內繪有四條變相夔龍紋，兩兩左右相對回顧成為一組。而此次在一號坑清理出來的漆盾，邊欄繪製多層幾何紋，線條隱約，有紅有綠有白。背面朝上，因此可看到握手部分，只髹漆（油漆）未彩繪，雖然因為等級的區別，此次出土的秦漆盾比不上秦陵一號銅車馬所攜銅盾精緻，但這是秦始皇兵馬俑三座俑坑中出土的第一件皮質漆盾，正確的稱呼是「孑盾」。因其出土在車上，應是與劍、矛等武器配合使用的實用兵器。此前，考古學家根據兵馬俑坑出土的戈矛劍戟等兵器，認為秦軍在戰場上的格鬥搏殺是沒有防禦器具的，只是一味向前、向前，要麼死去，要麼殺死對方取得勝利，拎著敵人的頭顱活著回來領賞晉職加爵。秦俑一號坑漆盾的出土，對這個推斷產生了動搖，秦軍還是有一部分防禦器具的。但是，仍不能以這件漆盾的出土改變秦軍在戰場上總體的以進攻為主的制度，所謂攻防之戰的「防禦」仍微乎其微，偶爾有軍吏手持防禦器具，或只是象徵性的擺設——這是秦的政治、軍事制度以及最高統治者的意志所決定的。

除了新出土的秦漆盾外，在兩輛戰車的前後，考古人員還發掘出較為完整的以竹子為框架、四面包皮像個小箱子的東西，專家推斷是弓弩箭箙，稱為韜（裝弓弩的袋子），屬於車上配器。因此類器物易腐難存，發掘中稍不仔細就會與腐土一起鏟掉，再也難尋痕跡，窺其原貌，這件器物的出土極其珍貴並引起媒體的關注報導。從考古價值上講，一號坑所有發現新物件、新材料，都有其獨到的重大意義。如已發現的立射俑或跪射俑等手勢，多呈四指彎平狀伸開，但手裡空空如也，因為手握的弓弩已經被燒毀或朽爛成泥了，考古學家只能根據史籍記載中弓弩的形狀判斷，認為他們可能手執弓弩，但也僅是推斷而已。秦俑發掘從袁仲一、程學華、屈鴻鈞、王學理這一代考古專家開始，就在苦苦尋找未朽爛的弓弩，並進一步夢想，如果機緣巧合，能發現一個手執木弩的兵馬俑，就能證明此前的推斷是正確的，對弩兵及其整個秦軍裝備的研究將具有無可替代的重大價值和意義。意想不到的，當一號坑第三次發掘快要結束的時候，考古學家的夢想成真，一件帶有弓弦的弩悄然出土，以獨特的魅力衝入考古人員與媒體的視野，由此引發了本次考古發掘又一輪轟動。

這件弩出土於一號坑靠近坑壁北沿的過洞中，位於一件陶俑身上，應是陶俑隨身佩備的兵器。當考古人員小心撥開覆在弩機上的黃土後，發現最易損毀的弓弦清晰可見，整體保存較完整。此前，秦兵馬俑坑發現的弩弓遺跡多達數百處，惜沒有一處存有實物可供觀賞、研究。此次發現的弩弓為木質，保存最為完好，弓弦、弓背、弩機等均輪廓鮮明。其中，弓背彎曲長度一百四十五釐米，弓弦長度一百三十釐米左右，弓弦的直徑〇·八釐米，表面光滑圓潤，非編織物。據推測，弓弦的材質可能是動物的筋。末端安有青銅弩機括，機括通高十

六．五釐米，望山高五．五釐米。這件實物弩的發現，在秦兵馬俑考古發掘史上尚屬首次，尤其弓弩上「檠」的發現更為重要。此前，「檠」這一器具見諸史書，如《說文》：「檠，榜也。」朱駿聲《說文通訓定聲》：「弛弓防損傷，以竹若木輔於裡，繩約之。」朱熹《集傳》：「以竹為閉，而以繩約之於弛弓之裡，檠弓體使正也。」《淮南子．脩務訓》：「故弓待檠而後能調。」這些記載不能說不準確，但令後人還是難以捉摸，並產生了爭論甚至懷疑。

前已所述，秦軍弓弩之強大乃戰國時代的翹楚，且基本上都是「蹶張弩」，也就是腳踏弓幹，臂拉腰拽，以全身之力上弦。雖然弩在發射速度上遠不如弓靈活快捷，但發射出的箭鏃飛行速度幾倍於弓，威力大、殺傷距離遠，秦軍的攻無不克的戰績，與弓弩部隊的密切配合是分不開的，秦兵馬俑坑賦予執掌弓弩的軍吏與部隊以特殊地位，並不是偶然的。但是，對於秦時的弓弩，由於主體為木質，易爛速朽，很難傳之久遠，因而漢之後的碩學大儒、兵家、陰陽家等，很少有人見過實物，宋元之後就更是渺茫無知了。考古學家申茂盛說，由於秦俑坑發掘沒有見過弩的實物，只見到草蛇灰線的模糊遺跡，對其結構的認識眾說紛紜，尤其是「檠」的作用更不甚明瞭。有學者認為「檠」是弩的輔助杆，但這樣會把弓弩固定死，無法打仗。也有人說是韜的撐木，但是韜比弓弩大很多，檠的作用不應該與韜有關。這個「檠」到底是何模樣，起何作用，在學術界一直爭論不休。這件較為完好的帶「檠」弓弩的發現，使歷史謎團迎刃而解了。

考古人員發現，每根檠木上都有三個等距離小孔，直徑為○．六釐米。據此推斷，小孔應是用來穿繩子作捆綁之用的。如此這般，檠的謎團也就隨之破譯。據考古人員申茂盛說，秦軍進行戰鬥時，這個弓弩是張開的，繼之手腳並用，張弓引箭，向敵陣射擊。戰爭結束，弓弩自然要收起來，如果保護不好，則容易變形，下一次戰爭應用時，無論是威力還是準確度等都會受到影響。而檠的存在，則起到保護弓弩的作用。不使用弓弩時，通過這三個小孔用繩將檠與弓綁縛在一起，再用一個短的撐木支撐，形成三角形，將弓固定，使弓在鬆弛的狀態下不變形走樣。一旦戰爭來臨，則把檠取下，進入射擊狀態。這個相依相存的工具與方法，類似於現代人對皮鞋的保護，不用時在鞋子裡放入一個鞋模，保持鞋子不變形。除防止變形，在戰前和戰後運輸時，也用檠固定，既方便運輸，也把途中損壞的程度降到最低。

由於這件弓弩的出土，又引發了關於秦時弓弩射程到底有多少的問題討論。按秦俑博物館原館長袁仲一的說法，秦時的強弩最遠能射七八百米，弱弩有效射程一般在百米左右，但兵馬俑一號坑發現的到底是強弩還是弱弩，現在還不清楚。史書上記載秦國有連排弩，但是秦俑坑目前還沒有發現。袁仲一認為，分辨是否強弩，主要看弓背的硬度，硬度越大射程越遠。秦國弓弩的性能也許沒有傳說的那樣強悍，射程與威力當與山東六國的弓弩不相上下，秦國的勝利主要還是在於作戰勇猛與一往無前的精神。至於這種精神是強迫的還是自願的，則又是另一個話題了。

若按袁仲一所說，秦國強弩射程八百米，就是蘇製AK47步槍四百米左右的有效射程的兩倍。消息傳出後，許多網友與兵器愛好者不以為然，認為是「磚家胡說」，同時認為史載秦國的弓弩射程在二百米左右，絕不可能超過四百米。當然，這個演算法是指平地而言，如果是由山上往下發射自是不同，假如這座山足夠高的話，哪怕用手投擲一根木棍也會飛行一、二千米，別說投擲一隻雞毛令箭了，很可能會飛行幾十里云云。

針對上述評論與諷刺，秦俑考古專家介紹說，秦國或整個戰國時代的弓弩射程，不是坐在家中想出來的，也不能盡信史書的記載，現在有了發掘的實物就好辦了。在不遠的將來，我們根據已發現的弓弩，復原出接近真實的實物，根據機械運動學以及機械設計原理，推算出弓弩的射程，然後再進行實際測試，如此這般，就能對當時弓弩的射程等作一個正確的評估，一個爭論不休的歷史謎團就算徹底解開了。

鎧甲坑的驚世發現

就在秦陵考古隊對秦俑坑的發掘及對文物的保護取得重大成果之時，在秦始皇陵氣勢磅礡的陵園內，又爆出了石質鎧甲大發現這一震撼人心的消息。

自一九七四年兵馬俑坑發現之後，考古學家程學華率領的鑽探小分隊，對秦始皇陵園進行了長達十年的勘探調查與試掘，在考古人員的共同努力下，一座座陪葬坑、府藏坑、陪葬墓、地面建築、地宮形制、陵園形制等重大遺址與現象相繼被發現。尤其是銅車馬的發現與發掘，更是舉世震驚，四海流傳。當年程學華帶出的這支小分隊，後來正式組建了秦陵考古工作站，隸屬於陝西省考古研究所，專門負責秦陵陵園的勘探。遺憾的是，自一九八五年之後，除兵馬俑坑之外的秦始皇陵園考古工作因故被擱置下來，在相當長的時間內，幾乎完全處於停頓狀態。這種半死不活的狀況大約持續了十年之久，直到一九九五年，秦陵考古工作才起死回生。這年三月初，為配合臨秦公路的拓寬工程，秦陵考古工作站站長張占民等考古人員，於陵北發現並清理了六組形制不同的大型建築構成的陵寢遺址群。一九九六年又在陵園以北、外城東北七百五十米處，發現了一座動物陪葬坑。就在考古人員對這座動物坑進行發掘清理時，又一條重要線索出現了。

這是一九九六年的盛夏，這個盛夏格外炎熱，熱得人心裡發慌、頭腦發脹。就在這樣的季節裡，對動物陪葬坑的發掘工作，也進入了最繁忙、最關鍵的階段。一天早晨，主持發掘工作的張占民剛來到發掘工地，擅長鑽探技術的老學員丁保乾報告說：「楊四娃（一名老學員，在秦陵考古隊工作）昨天上午來尋你，沒有碰見，他讓俺告訴你，四娃他舅陳爭在平整土地時挖出了紅燒土。陳爭曾對四娃說，他在種麥前平整土地，幾鍁下去便碰上了紅燒土。他覺得情況異常，就把這事兒反映給秦陵文管所（隸屬西安市臨潼區），文管所的人好像沒有明確啥，後來楊四娃去陳家閒聊，陳爭又提起在地裡發現紅燒土一事。四娃認為這個線索很重要，於是和陳爭一同去現場做了察看，昨天又來找你反映。」

張占民聽罷問道：「是哪個村子的？」

「下陳村。」丁保乾回答。

「是不是秦始皇陵南側的那個村子？」張占民接著問道。

「就是那一個。」丁保乾答道。

得知這一消息，張占民點點頭，默不作聲地在坑邊轉了兩圈，沉思了一會兒，突然對丁保乾說：「保乾，你帶上探鏟，騎上摩托車，和我一同去下陳村現場看一看。」說完又簡單地對其他發掘人員交代了一下工作，便搭上丁保乾的兩輪摩托車駛往發掘工地。

約十分鐘左右，張占民和丁保乾來到了下陳村楊四娃的岳父家中。待兩人說明來意，正在家中收拾糧食的楊四娃妻姐，主動帶領兩人來到村北她家的一塊承包地中，並指著一個土坑說：「這就是看得見紅燒土的地方。」

張占民在一塊低凹的空地內，面對一個大約一．三乘以〇．六米的小土坑仔細察看起來，只見坑平面為梯形，深四十釐米左右，坑旁有不少紅燒土，土塊特別堅硬，表面的顏色和形狀都與正在發掘的動物坑內的紅燒土完全相同。張占民和丁保乾分別撿起土塊察看了一會兒，在相互交換了看法後，認為此處可能會有「情況」，因為按多年積累的經驗來看，一般出紅燒土的地方，不是陵園地面建築便是地下建築。

既然已有了這樣的初步推斷，就不能輕易放過，幾十年的秦始皇陵園考古工作，已使這裡的每一個隊員都明白，哪怕看上去僅是點滴線索，都有可能牽拉出震驚世界的偉大發現。

丁保乾取出探鏟，在翻出紅燒土的小坑內鑽探起來，張占民則在一邊焦急地等待結果。當然，這個結果是什麼，張占民心中並不清楚，此時只是有一種朦朦朧朧的感覺，這種感覺在他心中膨脹，並壓迫著他的神經，使他在沉悶中隱約觸到了一絲甘涼。就在這甘涼匆匆掠過心田之時，丁保乾的探鏟已碰上了一層堅硬的紅燒土，經過一陣頗費時力的鑽探，紅燒土層被穿透。繼續往下探到四米處，探鏟帶上來的是比較純淨的細夯土。這一鏟細夯土的發現，使張占民兩眼頓時放出明亮的光芒，已是大汗淋漓、氣喘吁吁的丁保乾，也隨之露出了欣慰的笑容。

接下去的鑽探，仍然是純淨的細夯土，張占民和丁保乾蹲下身掰開夯土仔細觀察，發現夯面非常平整。根據多年的勘探發掘經驗，秦始皇陵地下陪葬坑一般都是坑道式的建築，這種地下建築一般都應有土隔梁，而土隔梁又大多是利用比較純淨的黃土夯築而成，其特點是夯層較薄、夯面平整。如果將這些現象同在上部發現的紅燒土聯繫起來考察推斷，則可以肯定此處就是一個地下陪葬坑。至於這個坑的規模、結構及內涵當然現在還不敢貿然作出結論，一切尚待未來的勘探與試掘。

幾年後，張占民在敘述這一段經歷時，曾充滿激情地說道：「當日勘探的收穫如獲至寶，我們商定暫且祕而不宣，消息只局限於隊內的幾位幹部和學員，計畫待動物坑發掘完畢再行勘探，後來也只是向省考古所主管業務的王占奎副所長做過彙報。」

這樣，新發現的這座陪葬坑除張占民身邊的幾人外，一直不為外界所知。而陝西省考古研究所亦未作出發掘的反

張占民（左二）向前來考察的專家介紹發現情況

應，事情似乎沉寂了下去。直到一九九七年春末，情況才有了新的轉機。

這一年的四月，北京大學考古系趙化成教授率領部分學生來陝西省實習，被安排在秦陵考古工作站。由於對事先預定的秦陵刑徒墓的發掘遲遲不能開工，在張占民的建議和陝西省考古研究所領導人的批准後，擬對陵南下陳村原發現的陪葬坑進行發掘。

一九九七年四月十七日上午，張占民率領工作站的部分考古人員，偕同北京大學趙化成等四名師生趕往下陳村工地，開始在去年夏天發現的紅燒土的周圍展開鑽探。經過一個上午的努力，終於在即將下班午休的一瞬間，丁保乾最後一鏟帶上了純淨的木炭灰。在大家的驚喜與期盼中，接著又是兩鏟，帶出的遺物同樣是紋路清晰的木炭灰。根據以往的勘察、發掘經驗，有木炭灰意味著陪葬坑坑底原來鋪有木板，而秦始皇陵區凡是鋪有木板的陪葬坑規格都相當高。這一發現令在場的考古人員和北京大學師生歡欣鼓舞，興奮異常。

自此之後，丁保乾等鑽探人員繼續在紅燒土的周邊鑽探，每隔二米的間距布一個探孔，很快找到了坑的西壁。鑽探人員以此為基點沿西壁向北鑽探，只打了幾個探孔，向北延伸不足十米便找到了北壁。這一發現使在場的考古人員備受鼓舞，遂兵分兩路，一路沿著西壁向南探索，尋

丁保乾在陵園鑽探

找坑的南壁位置，另一路人馬則順著北壁向東鑽探，以尋找坑的東壁位置。想不到僅僅三五天的時間，坑的南壁又被鑽探出來。有了南壁與北壁的具體位置，坑的寬度和長度也就自然地顯現出來。在初步丈量之後，發現此坑南北長達一百零五米，東西超過了八十米，總面積已超過了八千平方米。但這個數字並不全是坑的面積總和，因為東界仍在向外延伸，如此之大的陪葬坑，出乎大家的預料並為之驚訝。為了不影響北大師生在有限的時間裡進行田野考古實習，張占民決定一面繼續尋找東壁，一面打南北剖線，瞭解勘探坑的結構與內涵。

經過大約十天的重點勘探，考古人員在坑的中部發現了夯土隔梁和過洞，同時還發現了兩處斜坡門道。沿斜坡門道探到坑底，發現整個底部木炭灰厚達三十釐米。從這些跡象可以看出，該坑建築結構與兵馬俑坑基本上相似，兩者均為土木結構的過洞式建築。所不同的是，兵馬俑坑的過洞均為東西向，而這個坑的過洞既有東西向又有南北向；兵馬俑坑過洞底部鋪有青磚，而這個坑底部鋪有三十釐米厚的木地板；兵馬俑坑的斜坡門道均呈對稱狀，而這裡的門道南北並不對稱，只是西南角與東北角兩個門道位置相似，由於當時東南角的門道尚未探出，是否與西北角門道相對稱仍處於猜測之中，但整個坑的大致規模、結構已有了一定的眉目。

五月七日，丁保乾、楊四娃等鑽探高手又來到了現場，開始了尋找東壁的行動。當時整個坑從西壁往東延伸的距離超過一百米還不見東壁，再往東便是通往下陳村的一條小路。丁保乾等在路東約六米處開始布打探孔，隨後一直向東延伸，當延伸到一百二十八米處時，終於找到了東壁。東壁的出現，意味著考古人員苦苦探尋的一個大型陪葬坑的形制與結構大致搞清。這是一個平面輪廓為長方形，主體部分東西長一百三十米、南北寬一百米；南北兩邊的東西端各有一條斜坡門道，平面均呈梯形，大端接於坑內。整個坑的總面積達到了一萬三千多平方米，這是已知秦始皇陵園城垣以內發現的面積最大的陪葬坑，與外城以外的兵馬俑一號坑面積相當略有超出，坑的方向與陵園整體方向相近。尤其令人欣慰的是，這是秦陵開展鑽探工作二十多年來，考古人員在陵園東內外城垣之間首次發現的陪葬坑，其位置較此前發現的兵馬俑坑距陵墓地宮更為接近，從而為進一步在此區域尋找新的陪葬坑提供了極為重要的例證和線索。

神祕的石質鎧甲

為了早日揭示陪葬坑的內涵，由陝西省文物局、國家文物局批准，陝西省考古研究所組織人員進行了局部試掘。秦陵考古工作站的王望生等人先在坑西端開挖了兩個五乘以五米的小探方，挖下去的情況與鑽探結果完全相同，除發現過洞棚木及坑底的木炭灰外，未發現明顯的器物。面對此情，考古人員陷入了困惑。按照以往的發掘經驗，秦陵區域內如此重要的位置、如此龐大的陪葬坑，不會沒有陪葬品。

於是，王望生等考古工作者又在坑的中部開挖了兩個四乘以十米的探方。到了九月二十五日下午，當考古人員在探方中挖至六米深的時候，突然發現了一大片石質甲片。經過仔細清理，發現這些甲片原來是用銅絲連起來的青石鎧甲，其甲衣形制與秦俑坑陶質武士俑的甲衣基本上相似。

在兩個不大的探方內，先後發現了七十餘領石質鎧甲和石質馬轡構件、青銅構件、青銅車馬器構件等器物。這一發現，立即引起了文物管理部門的高度重視，在社會各界產生了強烈反響。

十月十五日，由陝西省考古研究所與秦始皇兵馬俑博物館合作，組成優勢互補的秦始皇陵考古隊，對陵園開始進行有計畫的考古發掘、保護和全面的勘探工作。原秦陵考古工作站主要整理此前的發掘資料，不再參與發掘和勘探。新組建的秦始皇陵考古隊隊長由陝西省考古研究所研究員吳鎮烽擔任，副隊長由秦俑館研究員吳永琪和陝西省考古研究所副研究員段清波擔任，主要由郭寶發、王望生、周鐵、楊忙忙、張穎嵐、馬明志、申茂盛、張衛星、劉江衛、馬宇等中青年組成。

秦始皇陵考古隊組建後，立即著手展開了對石甲冑的提取、修復工作。與此同時，專門聘請了北京大學考古文博院白榮金、楊憲偉兩位教授前來助陣。

秦始皇陵園內的考古工作沉寂了多年之後，終於隨著石質鎧甲坑的發現而再度勃興起來。由於石質鎧甲坑很明顯地遭到大火的焚燒，而坑內又是由棚木、鋪地木、邊廂木等木材構成的全木結構，所以坑內的鎧甲和冑均被不同程度地燒及。有的甲冑大致完好，燒痕並不嚴重；有的則被燒成白灰狀，僅能看出甲片輪廓；有的被徹底燒毀，甲片的形狀已難以辨認。另外尚有相當一部分甲片由於受壓和傾倒等原因，已經殘破或者脫離了所屬甲冑的本體，這就給甲冑的辨認和甲片的歸屬帶來了相當大的困難。幸好有相當一部分甲冑的甲片仍然保持著基本的形制和局部連綴關係，提取人員可根據這些現有的跡象將散亂的甲片進行歸屬，並由此對現有的出土標本作個體辨認和形制分析。

石鎧甲坑試掘現場

經過一段時間的努力，考古人員共發現可辨認的石鎧甲八十七領、石冑四十三頂、石馬韁殘件三組。在所有出土的鎧甲中，除一領為特大型甲——可能為馬甲之外，其他均為人的鎧甲。這些鎧甲的甲片類型各不相同，經考古人員初步鑑別、提取，將甲衣的典型甲片分為石鎧甲右腰處的開合部位四類，即長方形、方形、等腰梯形、魚鱗形。至於還有一些特殊部位的不規則形甲片，考古人員將其定為第五類。在這五類形制的石質鎧甲中，最為罕見的當屬魚鱗甲，這類鎧甲只發現了兩領，而且甲衣形制、甲片形狀等特徵非常相似。其最明顯的特徵是，上下兩排甲片相互錯置，下排甲片正好位於上排兩片甲片之間，甲片和甲衣的外觀均酷似魚鱗狀，顯得曲線起伏流暢，結構緊湊和諧，穿扁銅絲的方形孔與魚鱗狀曲線相互襯托，使其外觀方圓結合，更趨美觀雅致。秦代魚鱗甲的首次出現，為諸種秦甲的研究提供了極其珍貴的實物資料，對研究秦甲以及先秦時期中國馬甲的發展史具有重要的價值。

至於發現並清理出的那具獨特的馬甲，總的甲片數為三百片左右，名稱和用途據考古人員考證，可能是保護轅馬或者驂馬的披甲，而不太可能是「甲騎具裝」中的「具裝鎧」。從甲片和披甲的大小、形制等特徵分析，這副馬甲當是仿皮革製成的。至於為何於此處埋葬馬甲，在關於秦的文獻和考古資料中均未提及。參加發掘的部分考古人員認為，馬甲的出現，可能要涉及對兵馬俑坑的陶俑所代表的軍隊性質作重新的思考和定性，不過在鎧甲坑的內涵未得到全面揭露之前，尚不能貿然作出最後的結論。

這批石質鎧甲的發現，標誌著秦始皇陵園的考古工作繼兵馬俑坑和銅車馬發現之後，又一次新的飛躍。特別需要指出的是，用銅絲和石片編綴製成的石質甲冑在中國乃至世界考古史上也是前無先例的。

石鎧甲右腰處的開合部位

試掘出土的一大批造型精美、工藝高超、分布密集、種類繁多、保存相當完好的以扁銅絲連綴的石質甲冑，為世人展現了秦代甲冑的真實形態和風格，填補了考古資料包括秦兵馬俑坑甲士俑裝備中均無秦冑的空白。而此次發現的石質甲衣做工精細，比已發現的兵馬俑坑甲士俑的模擬性鎧甲形制更精美、類型更豐富，大大增進了秦甲的研究內容。從古代文獻和考古材料來看，中國古代甲冑在殷商、西周、春秋戰國時期主要以皮革為原材料，成書於春秋戰國之際的《考工記·函人為甲》，較系統地記載了皮甲製作的工藝流程。而考古發掘所見的中國最早的皮甲實物則出土於河南安陽侯家莊殷代大墓南墓道之中，發現時甲片皮質已腐朽，僅留有痕跡及黑、白、紅、黃四色的圖案花紋。時代為春秋戰國時期的長沙瀏城橋一號墓、湖北隨縣擂鼓墩曾侯乙墓等大墓，都有皮質甲冑出土，這表明至遲到戰國時期皮革還是防護工具的主要材質。秦始皇陵園內石質甲冑的出土，在讓現代學者們開闊了眼界、拓寬了思路的同時，對甲冑的製作、發展演變史，也有了一個更清晰的認識。從秦始皇陵考古隊段清波、馬明志等考古學家的研究成果中可以看到，秦代的甲冑在中國古代甲冑發展史上起著承上啟下的重要作用，是中國古代甲冑發展史上的一個轉捩點。這一時期雖然處於青銅時代和鐵器時代的交合處，但進攻性兵器仍以青銅質地為主。與此相適應的、作為防禦性兵器的甲冑，其質地仍以皮革為主，並且在此時已達到了頂峰時期。此次發現的甲冑標本絕大多數是仿皮甲製作的，真實地反映著當時皮甲冑的形制特徵。在這批甲冑中，也有極少數如造型精美的魚鱗甲和方形小甲片組成的札甲，這些甲衣則是仿照鐵甲的模式製成的。相較而言，這種仿製標本比之其他同坑出土的鎧甲，其形制更加完美和成熟。從史料中可知，仿鐵甲在西漢特別是漢武帝以後逐漸取代了皮甲冑的主體地位，並在戰爭中發揮了重要作用。儘管這批石質甲冑從功用上看防護功能並不突出，可能是用作隨葬的明器。

自一九九八年年底到一九九九年年初，秦始皇陵考古隊在北京大學文博院著名修復專家白榮金教授的指導下，分別採用套箱提取和分層提取的方式，成功地提取了兩領甲衣與一頂冑。經過嚴謹、細緻、科學的修復，終於使沉睡了兩千餘年的一頂石冑和一領石鎧甲得以復原面世。

從復原的一副甲衣看，其總體結構由主體、左右披膊、前後下旅（腰際以下的甲衣）五個部位組成，整體上下高一百二十五釐米、左右寬四十三釐米。從理論上推算，一副甲衣應由六百一十二片各種形式的甲片組成，如果再加上串連用的青銅絲，一副石甲的總重量當在十八公斤左右。另從已復原的石冑可知，其總體結構是由頂部圓形片及一至五層側片組成，基本的編綴原則是「上片壓下片，前片壓後片」，片與片之間用扁銅絲連綴，最下層冑片下部外翻，以適合冑下部與肩部的貼合。通體由七十四片不同形制的石片組成，總重量達三．一六八公斤。

就在白榮金與其他考古隊員對秦始皇陵園出土甲冑的工藝製作流程展開研究之時，秦始皇陵考古隊的段清波、馬明志等部分學者又組成調研小組，對甲冑的選材、取材、運材、加工片材、鑽孔、打磨、拋光、連綴等環節分頭展開調研。儘管這些學者們為此做了許多努力，但仍有不少疑問沒有得到令人滿意的破譯。顯然，秦始皇陵鎧甲坑的面世，在給了世人以重大驚喜的同時，也將一串串謎團長久地留在了人們的心中。

白榮金（舉杆者）與考古人員在鎧甲坑工作

百戲俑的發現

鎧甲坑的不解之謎尚未得到全面破譯，新的發現就接踵而至了。

一九九八年十一月二十八日晚飯後，秦始皇陵考古隊駐工地副隊長段清波和鑽探專家丁保乾興致勃勃地談論著秦陵的考古工作，展望著未來的前景。當段清波問下一步秦陵鑽探工作將打算如何展開，從哪裡下手會有大的收穫時，丁保乾沉思了一會兒說道：「今年四月中旬，下陳村隊長劉建良來這裡反映情況，說是約一年前該村村民在村東取土時，在距地面深三米多的一條土壕內發現有紅燒土，他們感到有些異常就向秦陵考古工作站站長張占民做了彙報。當時張占民的工作很忙，又缺少經費，只讓我去看了看，沒有展開探查。」

「這個地方的具體位置在哪裡？」段清波問道。

「就在我們發掘的鎧甲坑以南三五十米的一處現代取土壕周圍。」丁保乾答。

「這麼近，這個地方和鎧甲坑有沒有關聯？會不會像兵馬俑坑那樣，幾個坑組成一個整體？」段清波聽罷，心中猛地一震，下意識地將這個地方同兵馬俑坑做了聯繫。

丁保乾輕微地搖搖頭：「有沒有關係不好說，但在那樣的地方發現情況，如果是陪葬坑，規格應該不一般。」

「是這樣，你明天一早就去找下陳村隊長，然後帶幾個人開始鑽探。」段清波覺得事關重大，不能遲緩，當場作出了如上的決定。

第二天早上九點，丁保乾騎摩托車來到下陳村隊長劉建良家，說明了情況，然後率領幾個探工來到發現紅燒土的土壕處，對地形做了簡單的考察。此處位於驪山北側的沖積扇地形之上，地貌基本走勢為南高北低，多年的山洪沖積，使這裡地下普遍分布著有較厚的沖積沙石層。因近現代平整土地等原因，大片地表較為平坦，只有一條沖積溝為不規則的半圓形，自西向東呈緩坡狀向遠處盤繞延伸，沖積溝的高差為兩米左右，紅燒土就是當地村民在溝底掘土時發現的。沿著這個目標，丁保乾帶領探工在溝底認為合適的位置，一字形排列分布了四個探孔開始鑽探。經過幾個月斷斷續續的工作，基本上確認此處是一座陪葬坑遺址。

從鑽探的情況來看，這是一座平面略呈凸字形、總面積約八百平方米的地下坑道式土木結構陪葬坑，坑體東西長四十米，西端寬十六米，東端寬一二．三米，東、西兩端分別有一條長短不同的斜坡門道。為了對這座陪葬坑的性質、內涵以及建築結構等一系列問題作進一步的瞭解，在鑽探工作的基礎上，段清波等考古人員於一九九九年五月八日至六月十五日，在陪葬坑中部布設了一條四米寬、十七米長的南北向探溝，對其進行了搶救性試掘，大致弄清了其性質、內涵及建築結構等問題，對秦始皇陵園陪葬坑的類型也有了進一步的瞭解。

陪葬坑內有三條東西向的過洞，考古人員將它們由南至北依次編為一、二、三號。根據秦始皇陵考古隊的試掘情況可知：一號過洞寬三．三米，試掘區域東西長二．六米。過洞底部為夯土地基，距地表約五米。在夯土地基上平鋪有鋪地木，由於鋪地木曾遭到火焚而成炭跡。考古人員發現，過洞內從夯土隔牆頂部至底部均為紅燒土，而且越接近底部紅燒土的土質越硬，火候越高。在過洞的西南角，紅燒土已向上蔓延至距現地表一米處的坑口。這個現象一度引起考古人員的重視，研究表明，陪葬坑在遭到火焚時，火勢已達到了坑口，即秦代的地表。如此大而迅猛的火勢，說明當時在過洞內應具有相當充足的燃料和氧氣。這個條件反過來又可說明，一號過洞在埋藏後較短的時間內就發生了焚毀並坍塌。在過洞的底部，考古人員僅發現有大量已破碎為小塊的陶器殘片，因殘破嚴重，已無法分辨出原來的器型了。

二號過洞位於陪葬坑的中部，寬四米，試掘部分為東西長二．六米，南北兩側分別為夯土隔牆，牆壁豎直、堅硬，由於遭到明顯的火焚，致使上部棚木完全塌陷，棚木距坑底最低處僅一．三五米。考古人員在棚木上的填土中發現有繩紋板瓦殘塊等遺物，隨後在過洞西南角的棚木上部，出土了一件重達二百一十二公斤的青銅鼎。由於坑體被焚，銅鼎鼎口朝上呈南高北低的傾斜狀，被塌陷的黃土所掩埋。銅鼎發掘時，考古人員在距現地表二．九米深處，先是發現了銅鼎的一隻附耳，再是發現了鼎口，鼎口內的填土與陪葬坑填土的土質、土色完全吻合。當考古人員把填土挖掉，最後將鼎整體提取出來時，發現在鼎的底部有南北向分布的棚木遺跡。

清理後的銅鼎通體呈橫橢圓形，子口內斂，方形附耳外撇，深鼓腹，圓腹下收，平底底下有三個蹄狀矮足，腹部飾有兩列蟠螭紋條帶。通高六十一釐米，外口徑七十一釐米，耳寬十八釐米、高二二．五釐米，足高二四．六釐米。周身紋飾構圖飽滿，線條纖細流暢。上下腹兩組花紋之間以半弧形凸弦紋為界紋，表面飾有三角回紋和雲紋。鼎足根部飾有獸面紋，獸面紋雙目圓瞪，直鼻捲唇，兩側有卷雲狀羽翼。這是秦陵考古近三十年來所發現的體積、重量最大的一件銅鼎，整個造型大氣磅礴，恢弘壯麗，當為國之宗廟重器。

青銅大鼎的出現，為考古人員帶來了一個新的研究課題，即這件青銅鼎為何放在此處？其用途是什麼？

段清波等考古學家在經過一段時間的分析研究後認為，與秦始皇陵園此前發掘、鑽探的其他陪葬坑相比，這個陪葬坑應算是較小的一個。但就在這樣一個小型坑中，發現如此大的重鼎，且又出土於棚木之上，這在秦王朝禮制嚴格的情況下，當具有特殊的意義，從試掘中的各種跡

銅鼎初露

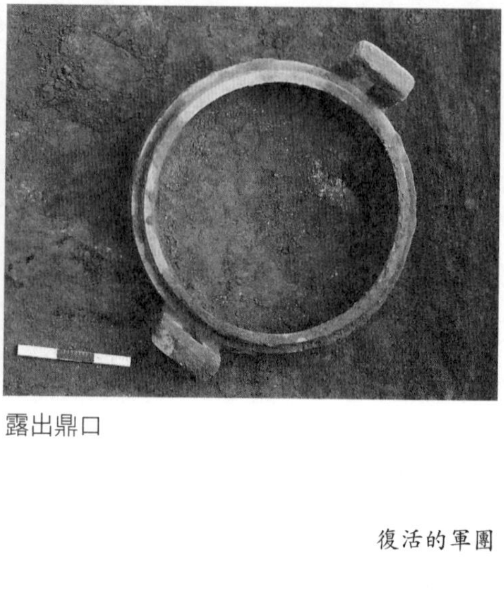

露出鼎口

象分析，初步判斷可能具有下列幾種原因：

一、祭祀之器。春秋初年秦立國之後，繼承了以禮為代表的西周各種制度，秦人在喪葬禮儀等方面也不可避免地直接承襲了周代的喪葬制度。從幾十年的考古發掘來看，春秋前期的秦國貴族墓葬中禮器的基本組合為鼎、簋、壺、盤等，其中鼎、簋等器物的配置數目與墓主的身分等級相一致，這與西周晚期至東周初期的周制是大致相同的，秦的禮制應直接來源和承襲於周禮。通過現代考古發掘證實，在秦始皇陵園內城北部，秦始皇陵封土北側，分布著大面積的地面建築，即陵園的寢殿和便殿基址，而這寢殿和便殿內應放有象徵秦始皇帝最高權力的青銅大鼎。由此推測，秦末戰亂期間，各路大軍兵發關中，秦始皇陵園已是烽火狼煙，面對這種危局和頹勢，守陵人員為避免銅鼎遺失而於倉皇之中，特意從寢殿搬運並埋藏於這個距秦始皇陵封土較近的陪葬坑中。後來隨著大火的焚燒、棚木的坍塌，這個銅鼎就被埋入黃土之下，越兩千多年無人知曉。

二、喪葬禮儀。陪葬坑在埋藏時可能舉行了某種特殊的祭祀或埋葬儀式，青銅鼎作為祭祀或埋葬儀式的用具，在儀式舉行完畢後隨之被埋藏於陪葬坑中。

另據考古人員申茂盛等人的分析，這個青銅鼎，是春秋中晚期至秦漢時期流行於中原地區和秦地的典型銅鼎，但與現代所發現的秦代銅鼎相比，體積和重量都有較大的差別。因此認為，這個銅鼎不是秦人本族所製作，而是通過戰爭或其他手段從三晉地區遷來之物。

在陪葬坑的第二過洞內，除青銅鼎之外還出土了四件銅質馬蹄套及一件石質馬轡飾品。由於發掘面積有

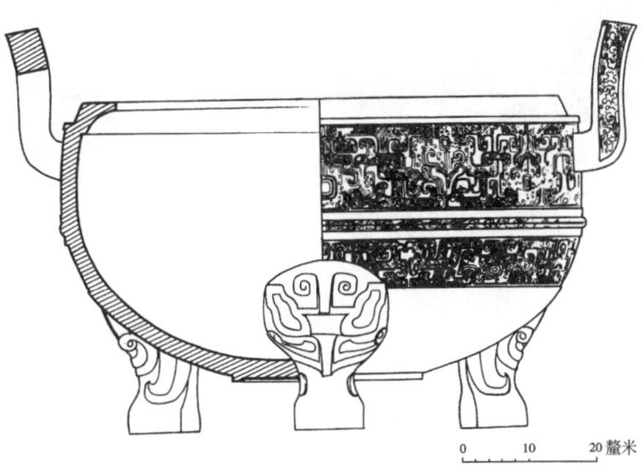

秦陵K9901坑出土大銅鼎線描圖（另見彩頁）

限，清理工作也只限於一個階段，關於這些器物以及過洞的文化內涵，考古人員正在進一步研究。要真正解開湮沒了兩千餘年的謎團，尚需時日。

試掘中，讓考古人員感到格外驚喜和興奮的是陪葬坑的第三個過洞。就在這個過洞中，在試掘的一小塊範圍內，發現了十一尊形狀不同的陶俑。這些陶俑出土時已破碎，成為大小不一、數量不等的殘塊，並散落在鋪地木之上，部分陶俑殘塊還出現了明顯的移位現象，且這些現象顯然是人為擾動的結果。如在第三過洞西南角的鋪地木之上，考古人員發現了後來被編為一號的陶俑。出土時，陶俑腳西頭東俯身倒臥，俑體殘破為五十餘塊，只有俑腿、腳部保存得比較完整。俑體腰部殘塊上有腰帶及帶花，陶俑的裙襬處尚有殘留的黑色生漆底層和白色彩繪層，在彩繪層上繪有雲紋、菱格紋等組合圖案。令考古人員感到奇怪的是，發掘中只出土了俑頭的螺旋椎狀髮髻及後腦等殘片，未發現完整或半完整的俑頭。因俑頭已殘失，修復後通高只有一百五十二釐米（含腳踏板），其造型特點是，上身赤裸挺拔，腹部微微隆起，下身著喇叭狀短裙，雙腿直立，通體纖細瘦削，肌肉勻稱，雙臂交疊於前腹部，左

考古人員在百戲俑坑中發掘

出土陶俑刻字「咸陽親」

手手掌平伸，拇指上挑成九十度，右手扼住左腕，似在做一個動作。在陶俑的左上臂外側，有一些橢圓形穿孔橫穿至俑的軀幹內，孔的下部豎行刻有「咸陽親」的陶文，其刻寫方式和秦兵馬俑上發現的陶文極其相似。兵馬俑身上所刻陶文，多數專家認為是當時雕塑陶俑的工匠來源地和姓名。以此類推，那麼這個陪葬坑中陶俑的陶文亦應如此，看來這個「咸陽親」同樣應為工匠的來源地和姓名（姓或名）。

在陪葬坑一號俑的西北側，考古人員發現了被編為二號的陶俑，俑體殘破為十餘塊。和一號俑不同的是，二號俑的左臂和左腿已殘失，而頭部尚在。修復後，俑的面部五官端正，表情肅穆，留有「八」字形短須。其穿戴和一號俑大致相同，但動作卻別具特色。頗有意味的是，不僅一、二號陶俑有差異，整個第三過洞後來出土的陶俑，都是姿態各異，風格、服飾、裝束等諸方面都與兵馬俑截然不同。據考古人員分析研究，認為這批陶俑可能是象徵著秦代宮廷娛樂活動的百戲俑。

據史料記載，春秋戰國時期，競技類的雜技項目已逐漸形成，種類也日益增多，出現了所謂的百戲，其項目包括技擊、跑狗、爬竿、扛鼎

百戲俑出土時情狀

等。隨著社會的發展，百戲逐漸成為當時各國統治階層的主要娛樂項目之一。據說秦始皇的祖爺秦武王本人就是因與他人扛鼎較力絕臏而死。當時的娛樂活動，如尋橦（也叫都盧，即爬竿）、角力（角抵）、俳優（即說唱）、丸劍、戲車等等，興於春秋戰國，盛於秦漢，綿延至後世。一九八四年六月，在安徽馬鞍山市發現的三國吳左大司馬、右軍師、當陽侯朱然墓中的宮闈宴樂圖大漆案上，就繪有皇帝與王侯宴飲並觀賞樂舞百戲的場面，圖中所表演的百戲節目有弄劍、弄鏡、舞女、鼓吹、弄丸、尋橦、連倒、轉車輪、龜戲、猴戲等約十種之多。藝人們或跳躍、或飛舞、或倒立、或旋轉，觀看者或嬉戲、或親熱、或端坐、或交談，場面逼真，惟妙惟肖，精彩絕倫。根據秦陵出土的錯金銀「樂府鐘」，可知秦時已專設國家的音樂機構——樂府，目的主要是為其統治者享樂服務。秦始皇駕崩後，秦二世不理朝政，整天除了酒色之外，便是在甘泉宮觀看角抵（古代摔角活動）之戲。司馬遷在《史記》中說：「楚之鐵劍利而倡優拙。」顯然這是泛指當時南方的藝術表演不如北方的好，而兵器製造品質卻比北方高。事實上，秦統一後，曾集六國的伎樂俳優等藝人於咸陽，使百戲登上秦宮廷大雅之堂。藝術的相互交流、融合，使得無論是歌者、舞者，擬或是競技者，都可能在演出中汲取各家之長，使自己的表演更具風采和藝術魅力。從秦陵出土的百戲俑來看，有一個被編為五號的陶俑，身材魁梧，肌肉發達，在左臂與身體左肋間有一直徑約十釐米的圓柱形空隙，推測原來可能是垂直插置有竿狀的物體，或許是秦代頂橦大力士的形象再現。而被編為三號的陶俑，扭胯鼓腹，右臂上舉，儘管因手臂殘失，所舉之物已難以推斷，但從姿態來看，似是正在挺舉一件重物，可能就是秦代扛鼎大力士的形象再現。那個在第二過洞內出土的大銅鼎，會不會就是這位大力士表演的真實道具，考古人員曾做過這方面的聯繫，但多數學者認為這種可能性較小。或許，這一切又成為難解之謎了。

儘管這個陪葬坑再度給世人留下了不少謎團，但百戲俑的首次面世，以鮮活的證據，揭示了秦代陶俑新的類別和秦代豐富多彩的雜技藝術，以及被普通百姓認為神祕的宮廷娛樂文化。這種早已湮沒於歷史塵埃中的文化，再度以獨特的形式、生動的形象展現了出來，活靈活現。百戲俑坑在發現、發掘、清理與保護等工作進行了十年之後，二〇一一年六月三日，經國家文物局批准，已劃歸「秦始皇帝陵博物院」的秦始皇陵考古工作隊，又啟動了對百戲俑陪葬坑和秦陵部分建築遺址的考古發掘。經過半年多的努力，在編號K9901俗稱的「百戲俑坑」陪葬坑內新發現了二十餘件姿態各異，但破損嚴重的百戲俑。這一批新發現的陶俑，較之以前出土的百戲俑，姿勢更多樣化，有站立、有彎腰、有半蹲式，恰似在舞臺上演出的場面。以前發現的陶俑上身都沒有穿衣服，此次至少發現兩件俑身上穿著雕塑出來的衣服，且幾乎每尊陶俑都有彩繪。穿衣俑的衣服上還鑲嵌著直徑三．五釐米的圓泡，八個一排。發掘者認為，這些陶俑總體上還是屬於百戲俑，它們應當是當時體現角抵、幻術等表演娛樂性質的「演員」，四人一排，預計共有十排，每一排表演內容都不同。那些體瘦的陶俑，自然不是表演力氣活兒的角色，或屬於舞技與賣嘴子皮之類。體胖的陶俑顯然是表演諸如現代的「拿大頂」等賣力氣的角色，但具體如何表演、節目過程如何，則不得而知。在二號過洞的棚木下，考古人員發現了一件半球形狀的青銅器，直徑二十一釐米，高十七釐米，底部有四方孔，重七．五公斤。據考古人員推測，「可能是演員表演的道具，亦可能是躺著的人用腳在蹬，類似於現在雜技中蹬罈子之類。同時還發現了青銅馬蹄套和車馬飾品，可能也是表演用的道具。

令人驚歎的是，俑坑中出土了一件碎頭的「巨人陶俑」，僅是脖頸之下就有二．二米高，要是加上俑頭它足有二．五米高，比二米二九的籃球健將姚明還要高出許多。其腳掌也比其他陶俑大，按尺寸換算，大概得穿54碼的鞋。於是有人提出：「難道秦朝的人比現代人還要高？」但據考古文物學家劉雲輝解釋：「秦俑的腳下有墊磚，頭上有冠（或髮髻），實際上身高沒有這麼高。」劉的觀點得到了第一代秦俑考古專家袁仲一的認可，袁說：「從過去對秦俑幾個坑的發掘和研究看，兵馬俑最低一．七五米高，最高二米，『百戲俑坑』出現的這個所謂『巨人俑』，並不代表秦朝人的高度。根據殺殉坑與其他陪葬坑殘留的人體骨骼推斷，秦人身高一般在一．七米左右，和現代人差不多。這個說法的另一個依據是，西楚霸王項羽是叱吒風雲的英雄人物，屬於當時公認的彪形大漢，《漢書》記載是八尺二寸。秦漢一尺相當於現在的二十三釐米左右，換算一下，項羽身高接近一．九米，這個高度，應是當時高大身材的代表了。」根據多年的研究，袁仲一認為秦俑高度超過時人高度的原因可能有二：一是秦代屬於冷兵器時代，戰爭是近距離肉搏戰，一．七五米到二米的秦俑高度，或許反映了秦時「徵兵高度」；二是雕塑藝術的需要，要想取得與真人一樣大小的視覺感，雕塑品必須做得比真人高大一些，尤其是在坑中，如果同真人一樣，看起來就顯得小。而大一些，看起來就顯得威武雄壯，秦人的氣勢與風韻就出來了，符合視覺藝術和製造秦俑的精神。當然，秦俑不是用模子刻造出來的，而是一個個整體燒制而成，只有個別俑頭與身子分離燒製。製陶過程的陰乾、燒製等流程中，要經歷幾次收縮，掌握不好比例就會變形。或許有的匠人在製造俑時故意弄一個「巨人」出來，也是可能的，但只能看作是個別的特例，絕不能當成「秦人比現代人高」的證據。

令發掘者感到好奇和不解的是，百戲俑坑中一直沒有發現樂器和演奏的陶俑。有專家據此推測，秦朝的演奏音樂作為嚴肅高雅的一種「禮」，不能與說唱、雜技之類低級藝術混在一起。有人懷疑秦朝屬於西北少數民族發展而成，是否有高雅樂器表演？這個懷疑似乎過於保守，至少，秦兼併天下後，應有「韶樂」。史載，韶樂，又稱舜樂，起源於五千多年前，為上古舜帝之樂，是一種集詩、樂、舞為一體的綜合古典藝術。《竹書紀年》載：「帝舜有虞氏……作《大韶》之樂」。《呂氏春秋．仲夏紀．古樂》同載：「帝舜乃令質修《九招》（招通韶）、《六列》、《六英》，以明帝德。」由此可知，舜作《韶》主要是用以歌頌帝堯的聖德，並示忠心繼承。夏、商、周三代帝王均把《韶》作為國家大典用樂。周武王定天下，封賞功臣，姜太公以首功封營丘建齊國，《韶》傳入齊並從內容到表演形式都有所豐富、演變，增強了表現力，展現了新的風貌。故而魯昭公二十五年（西元前五一七年）孔子入齊，在高昭子家中觀賞齊《韶》後，由衷讚歎曰：「不圖為樂之至於斯也！」「學之，三月不知肉味，齊人稱之。」（《論語．述而》及《史記．孔子世家》）留下了一世佳話。《隋書．何妥傳》載：「秦始皇滅齊，得齊《韶》樂；漢高祖滅秦，《韶》傳於漢，高祖改名《文始》，以示不相襲也。」《漢書．禮樂志》《史記．孝文帝本紀》同載：秦二世用《大韶》《五行》祀極廟，漢祭高祖、太宗用《文始》，《文始》舞者，曰本舜《韶》舞也。可知秦漢均曾把《韶》定為廟樂，使《韶》在國樂中的位置達到了極致。因而，只能說百戲俑坑未見樂器和演奏的陶俑，只是暫時沒有發現，或另有其他陪葬坑予以安排放置，或沒有以陶俑的形式於陪葬坑中再現這一高雅藝術，不能就此否定秦時已有的諸如「韶樂」之類的宮廷表演樂隊。

另外，就考古隊的探測和發掘表明，百戲俑坑的陶俑都集中在三號過洞。據考古隊隊長張衛星推測，一、二號過洞發現的都是一些器物，可能代表著道具箱，三號過洞為表演者，已發現了腰身細小的百戲俑，可能是女性，但由於該俑趴在地面，在發掘之前還無法作準確的結論。

可以預見的是，隨著這座百戲俑坑的全面發掘，許多歷史之謎將得以破譯，久已消失的遠古文化將再度放出璀璨的光芒。

秦陵驚現文官俑

二〇〇一年九月二十二日，新華社對外發布了這樣一條關於秦陵考古的消息：

秦陵創古墓葬出寶之最

秦俑六號坑出土文官俑的消息在社會上引起轟動。

> 新華社陝西電　記者從有關部門獲悉，截至目前，考古工作者在秦始皇陵園內外的地下共發現了各種類別的陪葬坑一百七十餘個，在秦陵的地宮之外布設數以百計、內容豐富的陪葬坑是秦始皇陵園陵寢制度的一大創新，如此大規模的陪葬坑分布現象非常罕見。在這些陪葬坑中，面積超過一萬平方米的就有二座，專家稱，如此巨大的陪葬坑當屬世界古代墓葬文化之最。
>
> 根據已發掘的資料，秦始皇陵陪葬坑的文化內涵非常豐富，較大程度地再現了帝國皇帝生前的生活方式，舉凡車馬出行、中央廄苑、兵庫武備、整裝軍旅等樣樣具備。
>
> 每一次重大的發現都令考古工作者興奮不已……最近發現的秦俑六號坑則首次發現了文職陶俑，並第一次發現了秦代的首腦機關……

如果說秦俑六號坑出土文官俑的消息在社會上引起了局部轟動的話，那麼這則消息的播發，則使整個秦陵考古工作在更廣泛的空間內引起了震動。

其實，這個陪葬坑早在二十年前就已經發現，發現者就是程學華率領的鑽探小分隊。那時，這支小分隊正處於事業的輝煌時期，在不算太長的時間裡，便於秦始皇陵周圍發現了諸如後來名揚天下的銅車馬坑和著名的上焦村馬廄坑、陵西珍禽異獸坑等一系列陪葬坑，這次發掘的被考古人員編為六號的文官俑陪葬坑就在其內。由於當時人手少，鑽探、發掘面積過大，對這個坑只做了大體的瞭解，比如簡單形制、相對位置等，而對其準確位置、結構、內涵均沒有涉及。事隔二十多年的二〇〇〇年春夏之際，秦始皇陵考古隊在陵園內鑽探時又觸及了此坑，通過進一步勘探，逐漸掌握了遠較之以前豐富的內涵。這是一座東西橫長、單斜坡道、未曾焚燒、葬有陶俑與馬骨的中型陪葬坑，其位置在秦始皇陵封土的西南角，距原封土南邊緣僅二十米。坑位面積四百八十平方米，坑體面積一百四十四平方米。

根據以往的規律，陶俑與馬骨同出是秦始皇陵園陪葬坑相對普遍的現象，二十世紀七〇年代中後期，程學華率領的鑽探小分隊，在陵園以東的上焦村發現了近百座馬廄坑。通過對其中的一部分進行發掘，發現有的坑既有俑也有馬，有的坑只有馬而無俑。其共同特點是，陶俑都是跽坐形式，馬或是真馬活埋，或是殺後埋葬的。在出土器物上有一些刻畫文字，如中廄、宮廄、左廄、大廄、小廄等。這些名稱有的曾在古文獻上出現過，如《史記》載有中廄，《睡虎地秦墓竹簡》記有大廄、宮廄、中廄。考古人員就是根據這些線索才知道，在秦始皇陵範圍內，曾專門闢設了一處獨立的區域，以陪葬坑的形式來表現具有悠久歷史的秦國養馬業。坑中那些呈跽坐形式的陶俑，當是廄苑中專司養馬的圉人，而整個陪葬坑則具有秦始皇帝宮廷廄苑的性質。

前文已敘及，一九七八年秦陵鑽探小分隊曾在陵園西內外城之間，試掘過一座曲尺形的陪葬坑，從中發現了大量的馬骨和原大的呈直立形的袖手陶俑。這一特殊的、和大批的跽坐俑組成的馬廄坑有明顯區別的新型陪葬坑，並沒有引起發掘者和研究者的警覺，受當時思維習慣、學術眼光以及同類對比資料的制約，程學華與其他大多數學者都認為這座曲尺形的陪葬坑依然屬於馬廄坑，那直立袖手的陶俑，應是專門負責養馬的飼養員，或者是管理飼養員的小官。

這一看法對秦始皇陵園考古工作產生了深遠的影響，此後凡是在陵園內外發現陪葬坑中有馬骨和陶俑並存，不管陶俑是坐還是站，是袖手還是兩手放在膝上，均將其看作是馬廄坑，並寫於正式出版的考古發掘報告中。這次秦始皇陵考古隊發掘的六號坑，當年程學華等考古學家之所以沒有做深入勘察和進一步發掘，就是處於對馬廄坑的界定，既然已經發掘了那麼多馬廄坑，其內涵基本上大同小異，這座坑發掘與不發掘，對學術研究來說並沒有什麼特別的意義，正是出於這樣的考慮，

修復後的文官俑

這座陪葬坑才在地下安然地度過了二十多年的時光。

當秦始皇陵考古隊對這座當年僥倖漏網的陪葬坑進一步勘探後，其透射出的文化內涵和訊息，使青年考古學家段清波等眼前為之一亮的同時，也陷入了沉思。自一九七四年兵馬俑坑發現之後，考古人員已在秦始皇陵周圍發現了大小各異、內容不同的陪葬坑一百七十九座。在對這些陪葬坑實施勘探、試掘、發掘中，考古人員發現，只要面積稍大一點的坑幾乎全部遭到了大火的焚燒，如已發掘的兵馬俑坑、銅車馬坑、石質鎧甲坑、百戲俑坑、曲尺形馬廄坑、陵園外的府藏坑等，均被大火焚燒過，其狀慘不忍睹。而這次勘探的六號坑卻有些令人意外，鑽探人員沒有發現其他陪葬坑常見的紅燒土、木炭跡象，這意味著此坑沒有遭到焚燒，這個奇特的現象不禁使考古人員發出這樣的疑問：它為什麼沒有遭到焚燒？是否在此坑建成很短的時間內就被盜擾，才倖免焚燒的劫難？關於其他那些陪葬坑被焚燒的原因，學術界一直存在著多種說法，那麼這個沒有被焚燒的陪葬坑，其原因又作何解釋？是否可為被焚燒的陪葬坑的研究提供一些有價值的反證資料？

再者，這座陪葬坑距原封土南邊緣僅為二十米，其位置非同一般。如此顯赫的位置，為什麼要安排一座馬廄坑？凡陶俑與馬骨共同出土，是否就意味著全部是馬廄坑，而當時搞那麼多的馬廄坑究竟意義何在？如果此處是馬廄坑，秦始皇陵園陪葬坑的整體內容是否過於簡單、呆板？如果不是馬廄坑，那又是什麼？面對過去形成的簡單的邏輯推理結果，秦始皇陵考古隊帶著諸多疑問，決定對六號陪葬坑實施全面的發掘。

二〇〇〇年七月十二日，秦始皇陵考古隊部分人員在副隊長段清波的帶領下，頂著酷暑，來到陵園南部的封土旁開始發掘。經過幾個月的努力，發現並確認這座陪葬坑的建築形制與此前在陵園內發現的石鎧甲坑、百戲俑坑大致相同，均為地下坑道式土木結構。陪葬坑的四周築有夯土二層臺，二層臺內側嵌以廂板，坑底以夯築處理地基，其上鋪砌木地板，坑體上部用經過修整的扁平長方形棚木封閉，棚木之上覆蓋蘆席，蘆席上面則是經粗夯處理的封土。整個陪葬坑由斜坡道和前、後室三部分組成，前後室東西錯位，形成兩個分藏不同埋藏物的相對獨立的單元。前室以安置陶俑為主，後室則埋藏真馬，出土時馬的骨架尚存，只是有些零亂。在斜坡道入口處和前後室，還分別出土了木車、銅鉞、陶罐、蓋弓帽、馬具飾件等文物，這些文物的出土，為全面認識和深入研究秦始皇陵園的陵寢制度提供了重要的實物資料。

由於在發掘前就對這座陪葬坑有了諸多的疑問和牽掛，當發掘一開始，段清波等考古人員就特別注意發現盜擾洞的跡象，並採取了相應的技術手段，但最終還是以失敗而告終。從陪葬坑的底層跡象看，那破碎傾倒的陶俑、凌亂的蓋弓帽、馬骨區域的俑頭、極少的馬具等，無不向考古人員敘說著此處曾遭到過外來力量的擾動。

這種現象在此前發掘的石質鎧甲坑、百戲俑坑中也同樣存在。為什麼在坑中明顯發現人為的盜擾跡象卻總是找不到入口呢？經過段清波等考古學家分析推斷，認為當外來的破壞性力量進入陪葬坑時，該坑的覆蓋面大致完好，後來坑的上層封土大面積坍塌並落入坑底，盜擾洞的跡象在塌陷中一併毀之不存。秦代之後陵園遭受洪水攜帶物襲擊時，泥沙俱下，有的直接進浸於陪葬坑的底層，有的覆蓋在下陷的封土之上，這種泥土與洪水的再度融合，必然使原有的盜擾跡象不復存在，這便是導致考古人員雖盡努力而無結果的根本原因。

儘管這次考古人員沒有找到盜擾的洞口，也沒有查明和推斷出這個陪葬坑為什麼不曾被焚燒的真正原因，但遺憾中令人感到欣慰的是，大家根據遺跡現象判斷出該陪葬坑在未塌陷之前曾進水十一次，並找到了入水口。更令人為之振奮的是，根據種種跡象和實物資料，判斷出這座俑、馬同出的陪葬坑並不是以往學術界認為的馬廄坑，所出陶俑也不再是專門司馬的圉人，而是一批地位顯赫的文職官員，其陪葬坑則是以文職官員為主的官府機構。

二〇〇〇年八月初，秦始皇陵考古隊於陪葬坑前後室之間部位發現了一尊陶俑的頭部，當時所能看到的僅是頭頂的單板長冠，泥土中是否還埋有另一板長冠，尚需清理後才知曉。但就這一點，已讓在現場的段清波等考古學家眼睛為之一亮。根據過去所掌握的資料，凡著雙板長冠的陶俑都具有較高的身分，就軍階而言僅低於將軍。

如果這個陪葬坑是馬廄坑，那麼這些陶俑當是養馬人或養馬人的管理者，但一個養馬之人或管理者不可能有這麼高的身分和地位，這座坑的性質和陶俑的身分將另有所屬。帶著這樣的念頭，段清波率領考古人員加快了發掘進度，至八月二十四日，已發現了十一尊陶俑。雖然這些陶俑無一例外地呈破碎狀，倒臥在地，但一眼即可分辨出不是跽坐俑而全是立俑。這批陶俑自身的形態決定了其身分非同一般，俑坑的性質和文化內涵絕非是馬廄坑所能涵蓋的了。隨後不久，又發現了一尊立式陶俑，至此，整個陪葬坑陶俑的總數已達到了十二件。

隨著清理工作的不斷深入，考古人員發現這十二尊陶俑均戴有長冠，有的陶俑腰帶上還佩掛著環首陶削，以及長條扁平狀的小囊。對於佩掛的陶削，段清波等發掘人員根據以往的經驗，立即判斷出屬於一種古代文具，但對扁平小囊中所裝之物過了相當長的一段時間才作出結論。究其原因，據段清波在一年之後回憶說：「我最初推斷，那個玩藝兒可能是一枚印章，但細究起來，又發現與印章的形狀相去甚遠，這個推斷顯然不能成立，過了好長時間，還是沒有得出個滿意的結論。儘管如此，我還是沒有放棄對這一問題的思考。

「正在百思不得其解之際，突然想起前幾年我在西安北郊發掘兩漢墓葬時，經常看到出土一種長條扁平狀的石塊，這些東西一般出土在墓主人的腰部，與銅或鐵削一起共出，但一直不知其作何用途。因其長短和寬窄與陶俑身上的扁平小囊尺寸相近，而帶有扁平小囊的形象過去在畫像石、畫像磚中從未見過，但懸削則有發現，這些印象就促使我驀然將它們聯繫起來並作出判斷：陶俑身上的囊中之物，可能就是扁平的石塊，它與削相配，作為文具只能是砥石。」

有了這樣一個初步判斷，段清波越發感到這個陪葬坑以及陶俑的出土，的確不是一個馬廄坑就可以解釋的。為進一步搞清這一陪葬坑的性質，從九月下旬到十二月中旬，在文物保護專家的幫助下，考古人員開始提取陶俑並進行修復。隨著工作的進展，發現在十二尊陶俑中，有八尊頭戴長冠、腰掛陶削的袖手立俑，有四尊頭戴長冠、雙手向前的御手俑。面對如此獨特的組合形式，結合封門之內的木車遺跡全盤考察，考古人員感到該陪葬坑的級別要遠遠高於所謂的馬廄坑。更為明顯的是，八尊袖手立俑全戴雙板長冠，左臂與胸腔間還有一處橢圓形的小孔。據秦代的爵位等級制度分析，該陪葬坑所發現的戴雙板長冠陶俑的爵位等級，至少在八級左右，屬於秦之上爵。

儘管秦代陶俑身上懸掛削及砥石的現象尚屬首次發現，但削應為刮削簡牘用的書刀，砥石為磨刀之具，它們應屬文具無疑。依此推斷，陶俑腔臂間的孔可能是夾持成冊簡牘所用。種種跡象和實物表明，陪葬坑出土的陶俑，既不能歸屬於軍事性質，也不能簡單地認定為養馬人，八尊立式袖手陶俑應屬一定級別的文職官員。二〇〇〇年十二月底，秦始皇陵考古隊主要人員對這座由八尊文官俑和四尊御手俑及大量馬骨組成的陪葬坑，結合漢陽陵周圍從葬坑出土的印章，經反覆討論達成共識：這個被編為六號的陪葬坑，應是代表秦代某一官府的高級機構，而秦始皇陵園內外的陪葬坑也可能均代表了不同的官署及下屬機構。

秦始皇陵陪葬坑文官俑的亮相，在秦代考古中屬首次發現，是秦始皇陵考古工作一個劃時代的里程碑，是秦始皇陵考古鑽探、發掘近三十年來最重大的收穫之一。因為此前發現的以兵馬俑為主體的龐大俑群，仍不足以代表大秦帝國當年的政治、經濟、文化體制和風貌，而對司馬遷在《史記》中所記述的關於秦始皇陵「宮觀百官」等現象，由於缺乏具體的參照物，也讓研究者絞盡腦汁而得不到合理的解釋。秦始皇陵六號坑的重大發現以及對其性質的判斷，使整個中國學界為之震動。許多秦文化研究者認為，這個陪葬坑極有可能是秦帝國中央政權三公九卿中的一個官署在地下的模擬，坑內出土的八名文職官員可能是主管監獄與司法的廷尉。那勻稱的形體，優美的裝束，祥和恭謹的面容，胸有成竹、泰然自若的神態，無不顯示出大秦帝國鼎盛時期文職官員意氣風發、聰慧睿智的精神風貌。

隨著這批文官俑的面世，使人們對司馬遷所記載的「宮觀百官」這一歷史史實的解讀豁然開朗。可以想像的是，類似六號陪葬坑這樣的地下官署和文職官員陶俑，應該遍布於秦始皇陵地宮的四周。正是由於這些地下官署和文職官員陶俑的存在，才形成了「宮觀百官」的壯麗景觀。這一景觀以它獨特的、迷人的、只可意會不可言傳的魅力，賦予人們無限的遐想，並為秦始皇陵及秦文化的研究做不斷的深層次的探索。

仙鶴、鳧雁頗思量

當人們還未從秦始皇陵發現文官俑的喜悅中擺脫時，另一個令人振奮的消息又從秦始皇陵園傳出。二〇〇〇年十一月十七日，新華社陝西分社以《秦始皇陵陪葬坑「飛出」青銅仙鶴》為標題，做了這樣的報導：

日前，由陝西省考古所和秦俑博物館組成的聯合考古隊，在秦始皇陵發現一神祕陪葬坑，目前共出土十餘件青銅製禽類動物，據悉這在秦始皇陵考古史上屬首次發現。

據瞭解，該陪葬坑位於秦陵外城東北角。目前被命名為秦陵七號坑，試掘了該坑的一小部分共二十四平方米，發現了十三件青銅製的禽類動物，五件青銅製雲紋踏板。

據介紹，在十三件青銅禽類動物中有兩件為青銅仙鶴，其餘則鏽蝕嚴重，較難辨認。青銅仙鶴位於陪葬坑的中部，其中一隻軀幹殘長六十八釐米，寬二十一釐米，脖頸裂為數塊，殘長四十三釐米；另一隻呈飲水狀，軀幹殘長六二．五釐米，寬二十釐米，高九釐米，頸殘長二十釐米，體表似有彩繪殘跡。據推測，現在發掘的這一小部分曾經可能為水池，青銅禽類原都立於踏板之上。有關專家表示，秦陵陪葬坑是千古之謎，其文化內涵一直在不斷增新之中，秦陵七號坑的發現為人們研究秦始皇陵的形制又提供了重要的實物資料。

這一「飛出」青銅仙鶴的陪葬坑，於二〇〇一年八月八日由秦始皇陵考古隊開始發掘，並被編為K0007號坑。通過發掘推斷，這一陪葬坑屬於地下坑道式土木結構建築，其過洞兩側以夯土構築放置器物的平臺，並以方木鋪墊，過洞南北兩側以板木構成廂板，頂部則以雙層棚木封閉坑體。考古人員在發掘清理中，發現了雙層棚木、廂板與立柱及廂板間的榫卯結構，這是秦始皇陵園陪葬坑考古發掘中唯一保存完整的重要跡象。在坑底兩側構築夯土臺放置器物這種奇特的結構和方式，也為首次發現。這些建築結構的新發現，對進一步深入瞭解秦始皇陵園陪葬坑的形制結構有著重要的意義。至於在陪葬坑內出土的十餘件原大的青銅禽類文物，因坑內遭到明顯的火焚，它們大部分已受到嚴重破壞，且鏽蝕嚴重，銅胎已基本無存。但從清理後的狀況來看，這些青銅禽類文物，個體大小不同，動作姿態也多種多樣。

據此，有的秦文化研究者不同意把這些青銅禽類動物定為「仙鶴」的說法，而是根據史料和實物特徵，推斷出這就是古人所說的「鳧雁」。著名史學家班固在《漢書．劉向傳》中說到秦始皇的陵墓時，曾有「水銀為江海，黃金為鳧雁」的語句。這裡記載的鳧雁當是一種水鳥，這種水鳥的俗名叫「野鴨子」，形狀像鴨子，雄的頭部為綠色，

K0007號坑發掘時情形

背部呈黑褐色，雌的全身為黑褐色。其生活特性是常群游於湖泊之中，也能近距離飛翔。從考古人員對秦陵七號陪葬坑發掘的「一小部分曾經可能為水池」的推測看，這樣的環境正好適合於鳧雁的生存和棲居，而對仙鶴則不一定適應。如果這一推測被日後的研究成果所證實，無疑是對關於秦始皇陵文獻記載的又一次成功破譯。

或許，隨著秦陵考古工作的不斷進展，一個個重大歷史之謎會盡數揭開。只是，現在尚需耐心等待。

第十一章

秦陵地宮之謎

秦陵地宮謎團重重，歷史記載眾說紛紜。墓壙幽深，宮觀壯麗。水銀河海，千年不絕。棺槨豪華，藏珍納寶。脂燭長明，驁戒不虞。上具天文，下具地理。無盡的想像空間……

史籍覓蹤

自一九七四年開始的兵馬俑軍陣的發現與出土，以及後來陸續面世的銅車馬、石鎧甲、百戲俑、文官俑、青銅鼎、青銅仙鶴等珍貴文物，在使全人類受到了強烈震撼，並為這歷史奇蹟驚歎的同時，也把視線投向了它的母體——秦始皇陵地下宮殿。這是一個神祕莫測、令人心馳神往而又更難令人置信的偉大奇蹟。

關於秦始皇陵地宮的結構和形制，在浩瀚的史籍海洋中，不時凸現著對它的記載。偉大的史學之父司馬遷在他的光輝篇章《史記．秦始皇本紀》中，對秦始皇陵的修建及地宮形狀做了這樣的披露：

> 始皇初即位，穿治酈山。及并天下，天下徒送詣七十餘萬人，穿三泉，下銅而致槨，宮觀百官奇器珍怪徙臧滿之。令匠作機弩矢，有所穿近者輒射之。以水銀為百川江河大海，機相灌輸，上具天文，下具地理。以人魚膏為燭，度不滅者久之。……大事畢，已臧，閉中羨，下外羨門，盡閉工匠臧者，無復出者。樹草木以象山。

繼司馬遷開創了記載這段歷史和祕密的先河之後，又相繼出現了許多關於秦始皇陵修建、焚毀及地宮形狀的記述，如《漢書．劉向傳》、《水經．渭水注》、《三秦記》、《三輔故事》等。但這些記述均有明顯從司馬遷《史記》演化的痕跡。如漢代的史學家班固在他的得意之作《漢書．劉向傳》中這樣描繪：

> 秦始皇帝葬於驪山之阿，下錮三泉，上崇山墳，其高五十餘丈，周回五里有餘；石槨為游館，人膏為燈燭，水銀為江海，黃金為鳧雁。……項籍燔其宮室營宇，往者咸見發掘。其後牧兒亡羊，羊入其鑿，牧

者持火照求羊，失火燒其臧槨。自古及今，葬未有盛如始皇者也，數年之間，外被項籍之災，內離牧豎之禍，豈不哀哉！

北魏的地理學家酈道元在他所著的《水經．渭水注》中，則描繪得更為詳盡：

秦始皇大興厚葬，營建塚壙於驪戎之山，一名藍田，其陰多金，其陽多玉。始皇貪其美名，因而葬焉。斬山鑿石，下錮三泉，以銅為槨。旁行周回三十餘里，上畫天文星宿之象，下以水銀為四瀆、百川、五嶽、九州，具地理之勢，宮觀百官，奇器珍寶，充滿其中。……墳高五〔十〕丈，……項羽入關發之，以三十萬人，三十日運物不能窮。關東盜賊銷槨取銅❶。牧人尋羊燒之，火延九十日不能滅。

除此之外，還有這樣一連串的記載：

（始皇）死葬乎驪山，吏徒數十萬人，曠日十年，下徹三泉，合採金石，冶銅錮其內，漆塗其外。被以珠玉，飾以翡翠。中成觀游，上成山林。為葬薶（埋）之侈至於此，使其後世曾不得蓬顆蔽塚而託葬焉。

——《漢書．賈山傳》

昔始皇為塚，斂天下瓌異，生殉工人，傾遠方奇寶。於塚中為江海川瀆及列山嶽之形。以沙棠沉檀為舟楫，金銀為鳧雁。以琉璃雜寶為龜魚。又於海中作玉象鯨魚。銜火珠為星，以代膏燭。光出墓中，精靈之偉也。

始皇葬驪山。……下錮三泉，周回七百步，以明月為珠，魚膏為脂燭，金銀為鳧雁。金蠶三十箱，四門施徽，奢侈太過。

——（晉）王嘉《拾遺記》

始皇塚中，以夜光珠為日月，殿懸日月珠，晝夜光明。

——《太平御覽》卷四十四引《三輔故事》

始皇塚，……燃鯨魚膏為燈。

——《太平御覽》卷八〇三引《三秦記》

關東賊發始皇墓，中有水銀。

——《太平御覽》卷八七〇引《三秦記》

——《太平御覽》卷八一二引《皇覽》

以上引文儘管給人們提供了很多饒有趣味的材料，但內容駁雜而多有牴牾。在種種不同的記載中，唯有東漢的衛宏似乎超脫了司馬遷的框格，另闢蹊徑，對秦始皇陵做了不同側面的記述。他在《漢舊儀》中記載了一段丞相李斯向秦始皇的陳奏，成為歷代史學家研究秦陵地宮的重要依據：「使丞相斯將天下刑人徒隸七十二萬人，鑿以章程，三十七歲，錮水泉絕之，塞以文石，致其丹漆，深極不可入。奏之曰：丞相斯昧死言，臣所將隸徒七十二萬人治驪山者已深已極，鑿之不入，燒之不燃。叩之空空，如下天狀。」制曰：「鑿之不入，燒之不燃，其旁行三百丈乃止。」

不難看出，繼司馬遷之後的文獻史料，對秦始皇陵及地下宮殿的描述，越來越龐雜繁多，神祕莫測，令人驚駭。從這些描述看，秦陵地下建築均像咸陽都城的宮殿一樣，有百官位次。深邃而堅固的地宮，不但砌築紋石和明珠以為日月星辰，下面還以水銀為百川江河大海。埋藏著無數珍奇動物及物品的地宮中，尚有用人魚（據說是一種生活在海中形似人的四腳魚）膏做成的蠟燭永不熄滅地燃燒放光，使地宮常年形同白晝。為防止盜墓賊進入，工匠在地宮門口製作了神奇的暗箭機關。倘盜墓人一旦接近墓門，便暗箭齊發，將其斃命於墓中……

隨著時間的流逝，秦始皇陵地宮越發神祕莫測，一些似是而非、真真假假的故事也在正史和野史中不斷出現。

據《臨潼史話》載：秦始皇駕崩後，胡亥怕「沙丘之謀」洩露，眾公子爭奪自己的皇位，於是假傳始皇遺旨，命眾公子殉葬。之後又下令「先帝後宮非有子者，出焉不宜，皆從死」（司馬遷《史記．秦始皇本紀》）。此旨傳出，後宮妃嬪多半無子，頓時號啕大哭之聲響徹殿宇。胡亥絲毫不加憐憫，將無子的妃嬪全部帶入秦始皇陵園，以武力強行驅入地宮深處。絕望的妃嬪有數人當場撞死在內，有的嚇得昏死過去，尚有大半正慌亂無主之時，胡亥已命工匠把地宮第一層宮門封閉了，妃嬪均死於其內。當工匠把地宮之門封閉到最後一層時，為怕地宮祕密洩露，胡亥心生毒計，下令所有參加修建陵內地宮的工匠、刑徒到墓中看戲領賞，當工匠、刑徒雲集地宮之際，軍兵侍衛立即將最後一道地宮門封閉，工匠、刑徒又成為始皇帝的殉葬品。傳說只有一青年工匠逃了出來，原來地宮內通向外面的水道是這位青年工匠親手設計而成，被閉於地宮後，他悄悄潛入水道慢慢爬了出來……至於這青年工匠沿著怎樣一條水道爬出地宮，出來後又去往何處，則無人知曉了。

還有一個故事，說的是項羽入關後在挖掘秦陵時，突然有一群金雁從地宮中飛出彌布天空。三國時吳國寶鼎元年（西元二六六年），張善在日南（今越南廣治省廣治河與甘露河合流區域）做太守時，有人把一隻金雁獻給他。張善根據金雁身上的銘文，推斷是秦始皇陵地宮之內的陪葬品。據當代歷史學家張文立先生推斷，這傳說中精巧能飛的金雁出自秦始皇時代是可能的，因為在春秋時，著名工匠魯班已經造出了在天空中飛翔的木雁並有飛到宋國城牆之上的記載，至幾百年後的秦始皇時代，工匠造出會飛的金雁是可信的，但這金雁到底是否出自秦始皇陵地宮之內則無從考證。

另據民間傳說，秦始皇還在地宮內設了可讓活人同死人做生意的地市❷，進行經濟貿易。至於這個集市的經濟貿易如何進行，活人怎樣在地宮中生存，又怎樣與死人討價還價，同樣沒有人說得清楚。不過在秦俑坑發掘之初，秦陵南部上陳村一位七十餘歲的老人在打井時發現了一塊光滑的大石板，召集眾人掀開後，見是一個極深的地下空間。後派兩青年腰捆繩子持火把下去打探，兩人上來後說地下空間大得看不到邊際，裡邊有石室，室內倒臥著許多披紅掛彩的美女，四周擺著石凳、石椅，還有許多銅質的器物。村人以為遇到了陰間鬼魂，忙撒些硫磺、石灰入洞內，將石板蓋平後，又用土覆填起來……在秦俑坑發掘之初，考古工作者曾跟那老頭去找當年打井的位置，可惜自一九五八年以來當地多次興修水利和搞農田建設，井的準確位置已無處尋覓。據考古研究者推測，這地下洞穴也許是秦陵地宮中的附屬建築，是供皇帝娛樂或是像傳說中的集市一樣的貿易場所。

陵墓地宮的真實推斷

自秦兵馬俑坑發現之後，經過考古學家、歷史學家、地質學家等多學科組成的研究者們的共同努力，歷二十多年的苦苦探尋，關於秦始皇陵地下宮殿的歷史真相也在逐步探明。

據秦俑坑的發掘者、考古學家王學理的研究推斷，秦始皇陵的地宮，的確具有宏偉壯麗的規模。經現代科學測試手段分析，它也確實突破了人們已知的秦代建築水準。從總體上講，它只能是也必然是一個巨型的石砌周壁的豎穴墓壙❸，然後再附設一些回環相連的隧道式的別室（側室）和墓道耳室。而內部結構則是由石、磚、木料組成多級桁架❹式建築拱衛穹窿頂的群體建築。因此，同人們所見到的古代陵墓一樣，秦始皇陵地宮也大致分為墓室、別室、墓道三個部分。

墓室是秦始皇陵地宮中放置棺槨的主體墓穴，或稱槨室。據鑽探所知，秦始皇陵地宮上口範圍很大，南北長五百一十五米，東西寬四百八十五米，總面積達二十四萬九千七百七十五平方米。如此規模龐大的地下宮殿，是世界上任何一座陵墓也無法與之匹敵的。

在這個地宮上口之內，經施工處理，由四面向內收一段距離後，築「方城」❺一周。方城四面闢門，其中唯東面有五個門道，為避免陵區雨水徑流灌注墓室而造成塌方，除了採取導流措施❻外，還在方城之內收斂、斜行地向下挖掘墓壙。而在墓底，再筆直地挖築槨室。秦始皇陵宮墓室這個由巨型的豎井式壙穴構成的三維空間，猶如一個倒置內空的「四稜臺體」，也就是考古學家常說的口大底小的「仰斗」狀。事實上，自春秋到秦漢間的大型土壙墓，斜壁上都帶有多級臺階，像已出土的秦公一號大墓❼就有三級，而楊家灣漢墓則有五級。秦始皇墓中的周壁根據「數以六為紀」（《史記．秦始皇本紀》）的規定推斷，可能環繞著六層臺階。如果從透視的角度看，整個墓室就是六個由大到小的倒四稜臺疊加而深入地下的大土坑。

王學理（右一）帶領考古人員在秦始皇陵上測繪

秦始皇陵塚經過歷代風風雨雨的漫長侵蝕，終使它由原來周長二〇八七．六米縮小到現在的一千三百九十米，足見它被歷史的風雨無情地剝去七〇至八二．五米的一層「厚皮」。在這剝掉「皮層」的地方，即現在陵塚的底部周圍，下深八米，即是地宮上部的周邊建築。據王玉清、程學華等考古人員測知，墓壙上口有一道高和厚各約四米的宮牆，南北長四百六十米，東西寬三百九十二米，其頂部距現地表只有二．七至四米。在這周長一千七百零四米的四邊正中有斜坡門道，其中南、北、西三面各一道，東邊有五道。門道寬達十二米，已用夯土填實。由探知的墓底強汞區得知，範圍東西長一百六十米、南北寬一百二十米的墓底，很可能就是槨室所在。

關於墓室的結構問題，考古學家王學理在深入研究後，曾這樣解釋：「在中國歷史上，上自殷周、下迄漢代的大型陵墓，凡是在平川地帶營造墓室者，無不穿土為壙，作成朝天的豎穴木槨墓，槨頂橫鋪原木，填土夯實，與土平齊。已經發掘的王侯大墓，如殷墟侯家莊西北岡的亞字形大墓❽、武官村的中字形大墓❾、婦好墓❿、鳳翔的春秋時期秦公一號大墓、咸陽楊家灣漢墓等，都為我們提供了這方面很好的例證。至於戰國晚期，雖然已經開始出現了洞室墓，但這還只局限

秦始皇陵驪山食官（東段）建築群復原鳥瞰圖（引自王學理《秦俑專題研究》）。

於小型墓葬。西漢中山靖王劉勝夫婦的墓穴⓫固然是大型的洞室墓，也開了『以山為陵』的先聲，但這屬於鑿山為藏的另一種類型。另外，像湖南長沙象皮咀的吳氏長沙王墓⓬和陡壁山的曹嫘（長沙王后）墓⓭，則為我們提供了西漢文、景兩帝時期諸侯王墓的典型材料。這兩座墓都具有較為複雜的木結構墓室，它包括有前室、後室、兩層回廊、甬道等部分，內置『黃腸題湊』⓮、兩重木槨和三重套棺，擺脫了傳統『井槨』（以木料作井字形交錯而製成的槨室）的固有形式，木槨室前端已有了門的設置。原來的頭箱、邊箱和腳箱分別演變為前室、回廊和後室。而前室又設置得格外高大、寬綽，處於突出的地位，回廊則由若干個小室組成，後室則放置棺木。顯然，這是模擬地上宮室建築而來。那麼，具有更大規模，而時間早此四五十年的秦始皇墓室結構，豈能沒有相同之處嗎？回答當然是肯定的。」

在推測秦始皇墓穴深度時，人們往往懷疑通風問題是秦代施工技術上難以解決的問題。這實際是把墓室誤作縱深的洞穴而產生的疑慮。如果確認墓室是大口朝天的豎穴，也就不會產生難以通風的疑慮了。至於深地取土，則屬於高程運輸，在理論和實際上都是不算複雜的。

當這些問題和矛盾都被消解之後，在深而大的「地宮」裡，其頂部的建築形式同樣是一個值得研討的課題。

從空中看秦始皇陵園，中間為封土堆，四周建築遺跡隱約可見。

作為豎穴石壙的秦始皇陵墓室，其跨度和進深，肯定也是超巨型的。就鑽探的考古材料而言，它賦予研究者的思路是：在桁架結構上考慮墓室頂部構造。因為秦代的建築技術還不能解決無柱的大跨度屋架問題，一些地面上的大型建築物，特別是宮殿，還多沿用殷周以來流行的高臺建築⑮形式。如咸陽塬上的秦一號建築基址⑯，原是一座平面呈曲尺形的夯土高臺，上下有三層。經復原，其頂部正中是高聳雄偉的兩層主體居室，南臨「露臺」，北鄰設有平座和欄杆的「榭」，東門通「曲閣」上「閣道」。在主室四周有上下不同層次的小間，圍繞高臺底層排列著七個出簷設廊的單室。這一宮闕建築突出的特點是，把不同用途的房間安排在一個有限的空間內，結構緊湊、排列得體，高下錯落而又主次分明。據《史記》載：阿房宮建築規模是「東西五百步，南北五十丈，上可以坐萬人，下可以建五丈旗」。今天人們看到的阿房宮前殿遺址，仍是一個東西長一千三百米、南北寬五百米、高達十米的夯土臺基。推想一下，其建築結構也不外乎圍繞土臺做多層安排。這兩個具有代表性的例子向後人透露出這樣的訊息，即秦代的大型建築靠著都柱及其櫨（斗）、欒（栱），承托著宗廇（大梁），再配合以壁柱，組成一套木構架系統，從而解決屋架的大跨度問題。這一推理，為研討秦始皇陵地宮頂部的結構問題，提供了有關技術的借鑑。

按照王學理的研究和推斷，秦始皇陵墓室底部的平面形狀同墓室上口一樣，近於長方形。底部面積達一萬九千二百平方米，相當於四十八個國際標準籃球場那麼大。當時人的天宇觀早已形成，天是蒼穹，呈拱形，像個倒扣的蛋殼；地呈方形，如棋盤，天際之處，連接四海。秦始皇陵地宮的主體建築頂部作穹廬形，覆蓋在槨室之上，從而形成天圓地方的格局，顯示出威震海內、富有天下的帝王氣魄。至於地宮的主體建築則居於突出地位，其他如百司衙署、離宮別館，則是大小不同、規格各一，自成單元。而這些群體建築，透過一套柱、梁、枋、檁、袱等木構件和牆、階、角、隅組成一個桁梧複疊、窿頂穹空的巨型磚石和土木混合結構，以承托陵塚的荷載。如再加上墓壙周壁上數重臺階的樓、閣、亭、榭，就顯得上下錯落、變化有致。地宮上部，以宮牆

（方城）環繞，闕、樓連屬，俯瞰宇內，氣象博大，蔚為壯觀——這就是對秦始皇陵墓地宮整體的輝煌構想。

一九八一年，中國科學院的地質學家利用現代地球物理化學探礦方法，對秦始皇陵先後進行了兩次測試。他們先在秦始皇陵封土之上鑽眼取土作為地質樣品，經過精密的室內化驗，驚奇地發現土壤中汞的含量為七十至一千五百個ppb（十億分之一的縮寫），平均值為二百零五個ppb，測試結果表明秦始皇陵地下埋有大量的水銀。為排除陵塚封土本身就帶有大量水銀的可能性，地質工作者詳細地查找了史料中關於秦陵封土來源的記載，其中酈道元的《水經．渭水注》記載較為詳細：「渭水右逕新豐縣故城北，東與魚池水會。水出麗山東北，本導源北流。後秦始皇葬於山北，水過而曲行，東注北轉。始皇造陵取土，其地汙深，水積成池，謂之魚池也。」這段記載告知後人，驪山的泉水本來是向北流動的，因秦始皇建陵築起長堤，泉水才折北向東。至今在陵南約三公里處還有一段殘長約一千五百米、高近十米的長堤殘跡。同時記載中還說明秦陵用土取自魚池。至今在秦始皇陵以北約一．五公里的魚池村南尚有一大坑，其容積超過秦陵封土的體積。

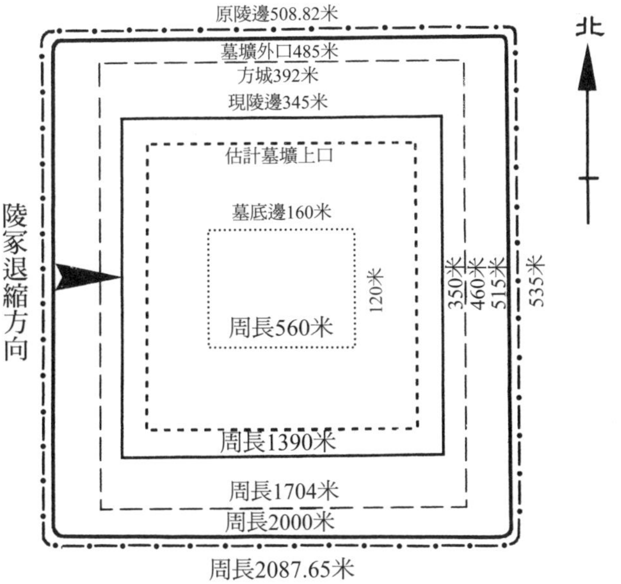

秦始皇帝陵丘與陵園建築長度變華示意圖（引自王學理《秦始皇陵研究》）

一九八二年五月，地質工作者再次來到秦始皇陵，特意從魚池村坑中取土化驗，其結果表明魚池坑中的土壤含汞量僅為五至六十五個ppb，平均值為三十個ppb，比秦陵封土的含汞量平均值約低七倍。如果酈道元的記載無誤，這說明魚池村坑中的土壤原來含汞量微乎其微，運到秦陵之後才發生了巨大變化。

這種變化表明是來自秦陵地宮水銀揮發所致。以此類推，司馬遷在《史記》中記述的秦始皇陵地宮「以水銀為百川江河大海，機相灌輸」是可信的。

與此同時，地質科學工作者還測出秦始皇陵的強汞範圍是一萬二千平方米，如果按學者根據有關資料把儲汞的厚度暫以十釐米來計算的話，則墓穴內水銀藏量的體積應為十二億立方釐米。現代科學提供的依據顯示，汞在攝氏二十度時的密度是一三．五四六公克／立方釐米。那麼，秦始皇陵內原來藏有水銀的理論數字應為一六二五五．二噸。因為陵內是「以水銀為百川江河大海」的，要流動起來當然就不是平鋪地傾入墓底。現按已掌握的汞藏量和現代汞的生產能力估計，陵墓內儲有水銀應是一百噸左右，如果這個數字能夠成立，再由丹砂練汞[17]的比率（八六．二六％）推算，秦始皇陵內的巨量水銀需由約一一五．九二八噸丹砂提煉而成。中國古代煉丹家，很早就發明了用石榴罐加熱使硫化汞分解而得到水銀的方法。這個生產過程用現代的化學分子式列出便是：

$$2HgS+3O_2 \rightarrow 2HgO+2SO_2 \uparrow$$

$$2HgO \rightarrow 2Hg+O_2 \uparrow$$

秦始皇陵地宮內儲有一百噸水銀，這在今天的人們看來，似乎是個難以置信的數字。假設這個數字是成立的，用什麼方法或證據來加以證實呢？或許，只有從有關的文獻記載和秦始皇陵區附近的汞礦等方面來考察更合乎邏輯。

司馬遷在《史記．貨殖列傳》中曾說過：「巴蜀寡婦清，其先得丹穴，擅其利數世，家頗不訾。」從後來有個叫徐廣的人補注「涪陵出丹」來看，這裡應指今天的四川彭水縣。《新唐書．地理志》載：「溱州土貢丹砂。」溱州便是今四川綦江縣。另據地理資料得知，酉陽縣也產汞。由此可見，在今天的四川東南彭水、綦江和西陽地區構成了一個產丹砂的三角帶，其中又以彭水產丹的歷史為最早，持續時間也最長。實際上，與之毗鄰的貴州省的汞的儲量、產量目前居全國之首，其中與四川彭水三角區不遠的銅仁、德江、思南、桐梓等縣也早有盛產朱砂、水銀的記載，而這些地方發現和開採的歷史不晚於四川東南，或者更早些。

另據《宋史．食貨志》載：「水銀產秦、階、商、鳳四州，有四場。」又載：「朱砂產商、宜二州，富順監，有三場。」今天的山陽縣，自唐以後屬商州，在縣西南金錢河上游的西坡嶺、丁家山、石家山等地有汞銻礦，至今仍在開採。而《元和郡縣志》曾說：「興州（今陝西略陽縣）開元貢朱砂」、「長舉縣（今略陽縣西北）接溪山在縣西北五十三里，出朱砂，百姓採之」，歷代不絕。

再據《明一統志》記載：陝西洵陽縣「水銀山在縣東北二百四十里。山出水銀朱砂，有洞」。經現代地質部門勘探，在公館和竹筒兩鄉相接的大小青銅溝一帶，竟是一處長達百餘里的特大汞銻礦床，定名「公館汞礦」，其藏量居西北地方之首，列全國第三位。據古礦洞中採集到的遺物判斷，其開採的歷史可遠溯到漢代之前。

按照王學理的說法，巴蜀寡婦清之所以名載於《史記》，正是她家數世開辦汞礦致富而又切中了秦始皇對汞的需要，至於洵陽、山陽、略陽等縣採汞的上限年代雖不能確證始於秦代，但通過政權力量和專制手段迫使全國交獻物資的事實未必都能詳錄在案。所以，就不能排除地處秦地、採運均稱便宜的這些地方採汞的可能性。因為由公館到兩河關（乾祐河與洵河交會處），可溯洵河水運到寧陝，後沿子午道抵達長安，再轉秦陵，全程不足三百公里。由山陽到商州，本來有一條古道相通，再走武關道，直驅秦陵，也不過二百三十餘公里。至於遠在巴蜀的丹砂和水銀，當是跨長江、溯嘉陵江而上，沿米倉道或金牛道越過巴山，經漢水，再通過褒斜道、儻駱道或子午道這些「千里棧道」，便可源源不斷地運到關中。

從汞的產地和運輸線路看，秦始皇陵內有一百噸水銀似是可能。但既然「以水銀為百川江河大海」，就必有川、河、海的流動，至少當初的設計者是做了這樣的構想。那麼，這些水銀形成的江河湖海又是如何流動的呢？如果仔細研究一下《史記》中「機相灌輸」和《漢書》中「機械之變」的記載，對這千古之謎似應有所悟。在古代「機」的含義只能指機械，而同近現代以熱能和電能為動力的機械、機器卻毫不相干。「灌輸」當是流灌輸送的意思。而「相」字在這句話裡卻至關重要，它把「機」同「輸」兩者聯繫了起來，由機械推動水銀流動，再用「灌輸」的力量反過來又推動機械運動。如此往復不已，以期達到水銀流動不輟。然而，這種構想應該算是設計者或建造者的一相情願，因為根據能量守恆和轉化的科學原理，任何不消耗能量以求做「功」的想法都是不切實際的。事實證明，這種努力也只能是無法實現的徒勞。由此推知，秦始皇陵內的水銀河是無法也不可能長期流動的，它只能在機械的推動下緩緩地「流動」一段時間，然後進入枯竭狀態。遺憾的是，今天的人們尚不能確切地詳知創造以水銀為江河大海流動的壯舉，使用的是怎樣一種神奇的機械。但這或許反映了兩千多年前，中國人就已經開始了「永動機」的嘗試。

當然，秦始皇陵地宮內以水銀為「百川江河大海」的神奇構造，其真實用意恐怕還不是主要象徵氣勢恢弘的大自然景觀。如同吳王闔閭、齊桓公墓中以「水銀為池」⑱一樣，這樣做的一個重要目的是為了防盜。由於水銀的熔點是攝氏零下三八．八七度，即使常溫下的液態也極易揮發，而汞本身是劇毒類物質，人一旦吸入相當濃度的汞氣，即可導致精神失常、肌肉震顫而癱瘓，以致傷亡。墓中「以水銀為池」，便可擴大汞的蒸氣揮發層面。秦始皇陵地宮用「機相灌輸」的方法來攪動水銀，不但使模擬的江河湖海「奔騰」起來，而且彌漫在墓內的高濃度汞蒸氣，可使入葬的屍體和隨葬的物品長久保持不腐，更重要的是還可毒死膽敢進入地宮的盜墓者。

以上文字對秦始皇陵地宮的形狀做了推斷，那麼這位千古一帝的棺槨又是什麼樣子呢？

自兵馬俑被當地農民發現之後，隨著考古發掘的進展，對於兵馬俑和秦始皇陵的研究者越來越多。七〇年代中期，在美國的《國家地理》雜誌上，插圖作者楊先民根據科學推測，在插圖中把秦陵地宮裝載棺槨的龍舟放置在以水銀聚成的河流中間。對於這幅圖畫，有研究者認為，水銀河穿繞於模擬宮殿的槨室及山岳之間是有根據的，這從測得的汞異常區正當陵塚中心部位即可印證。但這幅插圖也有它的不足和失誤，其重要的一點便是把史書上記載的「館游棺」當成了「游移之棺」，而導致這個失誤的就是《漢書》上的「石槨為游館」的說法。

在《史記》中，司馬遷談到秦始皇陵地宮時，只是謹慎地說過「下銅而致槨」。並且是放在「穿三泉」之後敘述的，由此可見這是施工程序中兩個先後相接的步驟。這裡的「下」應是投入、投放的意思。「致」，應作達到來講。殷周時的棺槨均為木製，到了春秋戰國時期，隨著生產力的發展、工藝技術的進步，棺槨之製作漸趨華麗奢靡。從已出土的曾侯乙墓⓳來看，其槨室是用三百八十立方米的木材壘成，其主棺為兩層的套棺制，並製作得十分考究。「外棺」的四周和上下兩面用二十二根重達三千二百公斤的鋼材構成框架，再嵌以木板，拼成完整的棺身、底和蓋。如果按曾侯乙墓的規模推測，秦始皇陵地宮中的槨也應是採取了同曾侯乙墓中「外棺」相似的做法，不同的是槨比棺的規模更大、裝飾更為華麗罷了。歷史兼地理學家酈道元把這種做法稱作「以銅為槨」，似能說得過去。

《史記》和《水經注》都稱作「下銅而致槨」或「以桐為槨」，而《漢書》卻偏稱「石槨為游館」，這豈不是互相矛盾嗎？

如果班固的《漢書》有些道理，只能這樣認為，前者說的是主槨，後者指的是槨室。從已出土的曾侯乙墓看，槨室的內部隔成北、中、東、西，各作長方形的四室。東室是放置墓主人之棺的主槨，即「正藏槨」，其他各室均屬「外藏槨」，中室放禮樂器，西室殉人，北室置車馬器和兵器。以此推測下來，秦始皇陵地宮的「正藏槨」很可能就是所謂「以銅為槨」，而「外藏槨」的各室彼此相連又同各側室相通，如果這個格局能夠成立，也就構成了優游之棺。或許正因為槨室用石砌築周壁，與挖墓室時「塞以文石」的做法一致，所以，這種槨室就被班固在《漢書》中演義成「石槨為游館」了。

對於棺槨的問題做了以上的破譯，而對《史記》中記載的「弩矢」、「人魚膏」等也可作出合理的推斷。

凡古代的陵墓，大多有「脂燭長明，弩戒不虞」的傳說，這些傳說為本來就陰森神祕的陵墓又增添了一分恐怖色彩。至於氣魄恢弘、歷史悠久的秦始皇陵地宮，人們對這種傳說更是深信不疑。司馬遷在《史記》中曾有「人魚膏為燭」的記載，所謂「人魚」應指今天人們常說的「娃娃魚」和「山椒魚」，這種魚在今天中國的許多地方仍有分布，但數量卻不是很多，因而已列入珍奇動物的保護範圍。

「人魚膏」在很多典籍中都寫作「人膏」、「魚膏」，這很可能是流傳中的筆誤。在古籍上常有用鯑魚、人魚、孩兒魚、鯢納來代表俗稱的「娃娃魚」，其學名應叫「大鯢」。據考古學家王學理說，鯢的另一種解釋便是「雌性的鯨魚」。由於鯨魚屬於大型水棲類哺乳動物，體長、肉美、脂肪多，用其脂膏點燈便有了經濟的意義。當年秦始皇在東海令人以連弩射殺過的大魚便是鯨。有科學家曾做過這樣有趣的推算：用鯨腦油製成的蠟燭，一支的燃燒值是七．七八公克／小時，一立方米的鯨油可以燃燒五千天，秦代人之所以用「人魚膏」作燭，大概是利用了耗油少、燃點低、不易滅、持久性強的這一特性。但從已出土的北京十三陵明定陵⑳地宮中的「長明燈」㉑來看，在陵墓中要做到「人魚膏為燭，度不滅者久之」，顯然是不可能的，因為一旦隔絕了空氣，燃燒也就成為泡影。想來秦始皇陵地宮中的「長明燈」，也早已熄滅若干個世紀了。

如果打開秦陵地宮，其間安裝的弩弓是否還能發生作用，這同樣是研究者和好奇者感興趣的話題。秦始皇陵內安裝的弩弓到底是怎樣的一種情形，現在尚無確切的定論。但就秦俑坑出土的弩弓來看，其弓幹和弩臂均較長，材質可能是南山之「柘」（山桑），當是性能良好的勁弩。據學者們估計，這種弩弓的射程當大於六百步（合今八三一．六米），張力也當超過十二石（合今七百三十八斤，按：大陸地區一斤等於十兩，相當於五百公克）。如此具有遠射程、大張力的勁弩，單靠人的臂力拉開恐怕是困難的，只有採用「蹶張」才能奏效。如果把裝有箭矢的弩一個個連接起來，通過機發使之叢射或是連發，就可達到無人操作、自行警戒的目的。這種「機弩矢」實際上就是「暗弩」。因為秦始皇陵內藏有大量珍奇異寶，為了防盜，就在墓門內、通道口等處安置上這種觸發性的武器，一旦有盜墓者進入墓穴，就會碰上連接弩弓扳機的絆索，遭到猛烈的射擊。這一做法，被以後漢唐陵墓所繼承，有些史書也詳盡地記載了這一事實。

據《錄異記》載：唐僖宗末年，一個盜墓賊被鳳翔府官差抓獲，當府曹李道審問時，盜墓賊說他「為盜三十年，咸陽之北，岐山之東，陵城之外，古塚皆發」。但有一次，在掘一古塚時，「石門剛啟，箭出如雨，射殺數人。……投石其中，每投，箭輒出，投十餘石，箭不復發，因列炬而入。至開第二重門，有木人數十，張目運劍，又傷數人。復進，南壁有大漆棺，懸以鐵索，其下金玉珠璣堆積，眾懼，未即掠之，棺兩角忽颯颯風起，有沙迸撲人面，須臾風甚，沙出如注，遂沒至膝，眾驚恐走。比出，門已塞矣。後人復為沙埋死。」

由這段記載可以看出，這個盜墓賊在經歷了一番驚心動魄的險情危難之後，可謂是死裡逃生，撿回了一條小命。無怪乎他對府曹李道說：此次不被捉捕，也打算今生「誓不發塚」了。

山東武梁祠壁畫中的足蹬弩施放圖

撥開歷史的迷霧

關於秦始皇陵墓的規模、規格及地宮的形制，已做了初步推測，人們在驚歎這座恢弘龐大的陵墓之時，不免對地宮內奇珍異寶的存與毀多了幾分擔心和猜測。千百年來，無論是官方還是民間，都一直流傳著秦始皇陵被幾番盜掘的不祥之語，更有牧羊兒火燒地宮棺槨的說法。現在，流傳中的盜墓者和那個牧羊的小孩作古已久，只是關於這些故事的歷史記載還殘存人間。

如果史書所言屬實，秦始皇陵顯然遭到了大規模的盜掘和破壞，而主其事者竟是中國歷史上三個鼎鼎大名的人物——西楚霸王項羽、五胡十六國時期後趙國君主石勒、石季龍（石虎）兄弟及唐末農民起義領袖黃巢。若再加上西漢末年農民軍在盜掘中「銷槨取銅」和牧羊兒進入盜洞求羊而失火燒棺，算起來先後經歷了五次大洗劫，陵墓內的奇珍異寶早已蕩然無存了。那麼，這些史料記載和民間流傳的故事，是否都是可信的？秦陵地宮真的被盜一空了嗎？

大多數的秦陵研究者會發現，越是隨著記載時間的推延，敘說破壞的內容就不斷增加，而且所敘各事又多有牴牾之處。最早的司馬遷在《史記．高祖本紀》中只說了句「掘始皇塚，私收其財物」的話，況且還是引用劉邦和項羽在陣前對罵中的語句。不想過了一百八十多年之後，在班固的《漢書．劉向傳》中，卻出現了「羊入其鑿」、「火燒其臧（藏）槨」，又「燔其宮室營宇，往者咸見發掘」的語句。又經過多年，地理學家酈道元在班固的基礎上大加發揮演義，直至出現了項羽對秦始皇陵大加盜掘和牧羊童火燒地宮的具體細節。至於以後的史書作者，在對秦始皇陵的毀與盜的問題上，更是百般演義，直至把石勒、石虎、黃巢等人加了進去方才甘休。關於石勒、石虎兄弟盜秦始皇陵一事見南齊臧榮緒所著的《晉書．載記七．石季龍下》，書中記敘道：「〔石〕勒及季龍並貪而無禮，既王有十州之地，金帛珠玉及外國珍奇異貨不可勝紀，而猶以為不足。曩代帝王及先賢陵墓靡不發掘，而取其寶貨焉。邯鄲城西石子堈上有趙簡子墓。至是季龍發之。初得炭，深丈餘，次得木，板厚一尺，積板厚八尺，乃及泉。其水清冷非常，作絞車以牛皮囊汲之，月餘而水不盡。不可發而止。又使掘秦始皇塚，取銅柱鑄以為器。」

關於這段記載前文已有敘述，只是尚未作真假的分析。而袁枚在〈始皇陵詠〉一詩中，對史書中提到的幾個人物不但未作半點懷疑，反而指名道姓，言之鑿鑿，並對秦始皇陵的遭遇作出了結論：「驪山之徒一火焚，犁耙槅杆來紛紛。珠襦玉匣取已盡，至今空臥牛羊群。」由於班固、酈道元、袁枚等人的歷史影響和在文史領域裡的獨特地位，千百年來，人們對這些記載深信不疑，只是到了兵馬俑發現之後，隨著大量考古資料的增加，大家才對這些歷史記載加以懷疑並重新思考。

前面已經提過，司馬遷在《史記》上關於項羽盜掘秦始皇陵的記載，只是引用劉邦在兩軍陣前責罵項羽的話，沒有直接去寫項羽云云。如果劉邦指責項羽盜掘陵墓一事屬實，那麼這應該算作一樁重大的歷史事件。但這樣的歷史事件卻沒有分別載入〈秦始皇本紀〉和〈項羽本紀〉中。按常理推論，如果為了保持〈秦始皇本紀〉的完整性而故意不將此事記載於內，那麼在〈項羽本紀〉裡是非記載不可的，但遺憾的是在其中找不到一點蛛絲馬跡。這是司馬遷的遺漏？還是有不便稱說之處？兩種疑問似乎都難以成立。因為司馬遷是一個被公認的秉筆直書的史學家，極少奉迎趨勢之作，只要看一下他對秦始皇陵地宮的結構及其陳設清楚的記述，就不難發現其材料來源定有所本，絕非隨意杜撰。假如司馬遷所處的西漢皇宮檔案庫中有這方面的史料，或是民間有類似的傳聞故事，他必定要加以證實而後採錄。既然他在〈項羽本紀〉中曾對項羽「燒秦宮室，火三月不滅，收其婦女寶貨而東」的行為記述得如此明確而肯定，還有什麼要對掘秦始皇陵這一事件加以掩飾呢？

不可否認，率軍進入關中的項羽，其「掘塚」的動機是絕對存在的，但是否已經掘開了秦始皇陵並盜走寶藏，卻是互有關係而結果未必一致的兩碼事。矜功負氣的項羽出生在「世代為楚將」的項氏之家，其祖父項燕便是被秦軍所敗被迫自殺的楚國名將。秦的統一，楚的破滅，在使項氏家道中落的同時，也在他幼小的心靈深處打下了深深的烙印，無時無刻不想「取秦而代之」。正是這種國破家亡的仇恨和自小形成的暴戾殘虐性格，使他得勢後做出了一次坑殺秦降卒二十餘萬人於新安的殘暴之事。當他統率大軍入關中並殺掉秦降王子嬰後，又怎能不想掘開秦始皇陵，以雪當年秦國大將白起「拔鄢郢、燒夷陵（楚先王墓）」之國恥和秦將王翦誅殺祖父之仇？但是，面對秦始皇陵這樣一座龐然大物，其陵墓地宮之深邃、構築之堅固，令處於亂世之中的項羽，很難有時間和精力發兵卒盜掘開來，因為當時尚有比盜掘秦始皇陵更大更緊迫的事等待他和他的將士們去做。對於這位項羽大將軍來說，能夠順手牽羊以洩仇恨的，莫過於把秦始皇陵園的地面建築縱火盡情地焚燒，對於包括兵馬俑坑在內的淺層地下「寶藏」，則採取能挖的挖、能拿的拿、能毀的毀、能燒的燒這一方式進行劫掠毀壞。由於出現了這一連串的非常舉動，人們誤認為項羽盜掘了秦始皇陵地宮是極有可能的，而劉邦所言「掘始皇塚」的證據也許正源於這一點。

但後來的記載就不同了，班固的《漢書》雖未提「掘塚」，只說「項籍燔其宮室營宇」，但卻成了「羊入其鑿」、「失火燒其臧槨」。雖說「外被項籍之災」，卻也增加了「往者咸見發掘」的紀錄。自班固以後又過了許多年，酈道元在《水經注》中把項羽發掘陵墓收取財物和牧童尋羊火燒地宮等事又說得具體而生動，似乎這些事情發生之時，酈道元正在現場親眼目睹一樣。至於酈道元之後的記敘，就更玄乎其玄了。

既然事實如司馬遷所言，那麼後來的班固、酈道元又何以編造故事，栽贓陷害已作古的項羽？這實在是一個令人難解的懸案。儘管對班固等人當初的心理無法琢磨，但有一點卻是清楚的，這就是關於漢武帝中期以前的史實，基本上是從《史記》中抄襲過來的，而身為蘭臺令史的班固也不可能比早他一百八十多年、身為太史令的司馬遷獲得更多的檔案材料，北魏人酈道元更是如此。在這種情況下，班固、酈道元竟寫出了一連串的謬誤之作，其原因只能是隨著民間流傳而添枝加葉、鋪張渲染、以訛傳訛，並人為地誇大，正是這些緣故，才給後人留下了一團撲朔迷離的歷史迷霧。

如果按照班固和酈道元的記述，可以設想，項羽要憑藉為數幾十萬人的挖掘能力，不管他採取大揭頂還是多道並進的辦法，都將是愚蠢至極的。若在短期內，集中一處深掘，不但難於下手，而且對這樣一個龐然大物來說，也是難以奏效的。即使地宮已打開，那陵墓內的珍寶再多也有個定數，以三十萬的人力，何以「三十日運物不能窮」？從盜掘的面積上來看，對於一個深在地下七八十米的陵墓，若開鑿的面積過大，短期內挖不到底，更談不上取物。開鑿面積過小了，下部缺氧，人不能入。由此可知，「羊入其鑿」的說法恐怕是要大打折扣。在地層深處，「失火燒其臧槨」並「火延九十日不能滅」的事也很難發生。

秦始皇陵寢建築中的石槽

歷史上對於掘墓中出現的「怪異」現象多有錄載，如《漢書．外戚傳》載王莽發傳太后塚，墓室崩塌，壓殺數百人，開啟棺木，臭氣熏人，遠及數里；開丁姬塚，槨內噴火四五丈，燒了器物衣服，僅得玉匣、印綬而已。《括地志》載西晉永嘉末，挖齊桓公墓，水銀散發出的氣體使人不敢近，過了好長時間，才敢牽犬進入墓內。如按班固、酈道元、袁枚等人的記載，無論是項羽、石虎或黃巢率部確實掘開了秦始皇陵，勢必會受到原設的暗弩的射殺，即使有幸進入墓室，也會受到水銀毒氣的傷害。而關於這些更能引人入勝的事件，書中卻不見記載，豈非咄咄怪事？退一步說，如果秦始皇陵內已被洗劫一空，歷代朝廷又何須下令派人保護呢？當劉邦平定天下後，即派二十戶為秦始皇守塚，這本身就說明這位新登龍位的皇帝知道並沒有人毀壞地宮。否則，還有什麼守塚的必要？繼劉邦之後，歷代王朝對秦始皇陵都倍加守護，這樣的舉動當是對班固、酈道元、袁枚之流訛傳的否定。

前文已述，從二十世紀五〇年代起，陝西的文物工作者王玉清等就開始對秦始皇陵進行地面勘察。七〇年代中期，考古人員開始圍繞陵塚、陵園進行大規模的鑽探，並留下了幾十萬個鑽孔。

據長年負責秦始皇陵園鑽探的考古學家程學華透露，「鑽探資料表明秦始皇陵地宮上的封土沒有發現局部下沉的跡象，夯土層也沒有較大的變動。目前在整個封土上僅發現兩個直徑不足一米、深不過九米的小盜洞，且盜洞又遠離地宮。如果當年項羽以三十萬人對秦始皇陵地宮進行發掘和火燒，怎會是今天這般模樣？「班固近似道聽塗說，酈道元則是信口開河，致使我們的考古研究誤入迷途。」程學華在對歷史史料的記載者加以批評的同時，進一步否定了項羽盜燒秦始皇陵地宮的說法。

秦陵考古工作站站長張占民經過多年的潛心研究，也得出了和程學華先生一致的結論，認為班固和酈道元的記載是相互矛盾和難圓其說的：「既然項羽燒地宮在先，那麼地宮內的建築，包括棺槨在內絕對不會倖免，怎麼沒有對秦始皇屍骨作何處理的半句記載？而在後來又冒出個牧童失火燒毀了棺槨的說法？牧羊人單憑一根火把照明，就敢獨自鑽入地宮燒掉了埋藏在地下數十米的棺槨？何況地宮之內嚴重缺氧，水銀彌漫，不等牧童接近棺槨也許就一命嗚呼了。由此可見，《漢書》的記載是難以成為事實的。」

從現已發掘、鑽探的地宮周圍的一些隨葬品看，西墓道耳室仍保存著完整的銅車馬隊，而裝置銅車馬的木槨也沒有遭到火燒，屬於自然腐朽。北墓道耳室也同樣保存著一些重要的隨葬品。試想如果秦陵地宮真的被項羽三十萬大軍所盜，在墓兩旁的隨葬品怎麼會完好無損？既然這些隨葬品能完好無損地保存下來，深藏在地宮內的隨葬品更應該不會被洗劫一空，甚至同樣完整地保存下來。假如項羽當年真的一把火焚燒了地宮，那麼地宮內的水銀也早已揮發四散，而不再會有當代地質科學家在陵墓的封土中發現和驗證的水銀存在。

一切跡象和實物資料表明，秦陵地下宮殿不但未遭大規模的洗劫，也同樣沒有被焚燒的可能。

《呂氏春秋．孟冬紀．安死》曾說：「自古及今，未有不亡之國也；無不亡之國者，是無不扣（發掘）之墓也。」並且舉例說：「宋未亡而東冢扣，齊未亡而莊公冢扣。」由此可看出，關於盜墓掘冢之風由來已久，並演化成一種職業，有些人專門就從事這種挖坑掘洞、截路盜墳的勾當。此風在經歷了兩千年後，不但未有收斂，反而愈演愈烈。清代畢沅曾說：「有人自關中來，為言奸人掘墓，率於古貴人冢旁相距數百步外為屋以居，人即於屋中穿地道以達於葬所。故從其外觀之，未見有發掘之形也，而藏已空矣。噫！孰知今人之巧，古已先有為之者。小人之求利，無所不至，初無古今之異也。」

秦始皇陵是否遭受過民間那些不事耕稼、專幹掘冢嗜利之徒的盜掘呢？陵內的珍藏既然具有極大的吸引力，就不能不讓這些求利之徒蠢蠢欲動，陵冢封土基部逐漸內縮，或許與此有關。但秦始皇陵墓堅固與艱巨的程度，既然憑藉集團力量的項羽之輩都無計可施，刁民奸盜靠分散力量的「微扣」又奈若何？

中外學者的探尋

一九六六年，在愛爾蘭的伯溫河（Boyne）畔，考古學家發現了一座隱沒於密林深處的高大壯觀的長廊式墳墓。經反覆驗證，考古學家驚奇地發現這座墳墓建於西元前三二五〇年，比著名的埃及金字塔建造年代還要早五百多年，為迄今世界上最古老的陵墓建築，這一發現引起了世界許多考古學家和歷史學家研究、探尋的興趣。

著名考古學家麥克爾．奧卡列（Michael O'kelly）對此墓做了精密的研究後，意外地發現墳墓大門上方有一塊石頭掩飾著一個長方形的窗口，窗口半開半掩，而石頭也可移動。於是，奧卡列對這個奇特的窗口產生了興趣，經過一番苦心的琢磨，終於得出了這個窗口與某種天文現象有關的結論：「如果把這個門上之窗當作一個觀察孔，那麼，也許在某個特定的時間可以觀察到某種獨特的天文現象。」為了證實這種推斷的可能性，他開始進行了天文演算，終於確定了這是古代人類用來觀測冬至陽光的獨特設施。

為做到對這一獨特設施進一步的瞭解和探究，一九六七年十二月冬至的那天清晨，奧卡列隻身一人來到古墓進行觀測。他驚異地發現當太陽躍出地平線的剎那間，一縷燦爛的陽光便從窗口射進古墓。隨著太陽不斷地升高，射入古墓的光輝也開始四散，並形成很強的光，將墓中的一切照得通亮。奧卡列在強烈的光照中看了看手表，這正是冬至到來的準確時刻。幾分鐘後，隨著太陽的繼續升高，陽光從窗口移開，墳墓重新陷於神祕恐怖的黑暗之中。

奧卡列的發現，與古墓本身一樣轟動了西方史學界、考古界和天文科學界。他第一次以活生生的事實揭示了五千多年以前的古代人類就已經開始觀測和準確判定冬至時間的偉大創造力和非凡的智慧，這無疑是對古代人類文明又一次新的探知和領悟。

當然，這座古墓和窗口的發現，只是探知了人與天體相關的一部分，而另幾座陵墓的發現，則向人們揭示出整個天體宇宙與古代人類的密切關聯。這就是中國自二十世紀六〇年代初相繼發現的洛陽西漢壁畫墓中的星象圖㉒、西安交大西漢壁畫墓中的二十八星宿圖㉓和湖北隨縣戰國初年曾侯乙墓漆衣箱拱形蓋上的二十八星宿圖㉔。

洛陽與西安交大的西漢墓，主室的頂部和四壁均繪滿了色彩斑斕的壁畫，其內容明顯分為兩個部分，上部代表天空，下部代表山川。代表天空的除日、月、流雲和飛翔在天空之中的形態不同的仙鶴外，最令人驚歎的便是西安交大西漢墓中以青、白、黑三色勾繪的兩個較大的同心圓圈之間繪有各種星辰八十餘顆。經考古學家和天文學家研究，這就是中國古代天文中的二十八星宿圖。

顯然，從戰國初年曾侯乙墓漆箱拱形蓋上繪製星宿圖到西漢墓壁畫中星象圖的出現，在這段歷史沿革的歲月裡，必有其他陵墓暗藏的星宿圖在其間起到了承前啟後的作用。早在曾侯乙墓發掘之前的一九六五年，考古學大師夏鼐就作出了這樣的推斷：「《史記．秦始皇本紀》說秦始皇墓中上具天文，下具地理。當時在墓室頂部繪畫或線刻日月星辰象圖，可能仍保存於今日臨潼秦始皇陵中。」

當代考古學家、原秦俑博物館副館長劉雲輝在肯定了夏鼐這一論斷的同時，也提出了司馬遷的《史記》對秦始皇陵地宮的記載完全值得相信的觀點。因為司馬遷生活的時代和治學態度均不同於後來的班固、酈道元以及其他歷史學家，司馬遷在《史記》中所記載的一切，被後來大量的出土實物和資料所證實。在甲骨文未被發現時，有人曾懷疑《史記》中商王世系的可靠性，而隨著殷墟甲骨的發現，甲骨上商王世系的記載與《史記》所記幾乎完全相同。這並非偶然巧合的結果，使後人對《史記》更加深信不疑。而從司馬遷的身世也可以看出，他所記載的歷史史實是可靠的。他的祖先曾有多人在秦國做過臣僚，而司馬遷的父親司馬談又為漢王朝宮廷中的太史令。秦始皇地宮的構造雖屬絕密，但秦皇宮廷中必有檔案記錄。因為《漢舊儀》指出秦陵地宮是按「章程」進行修建的，在後人看來，這個章程無疑就是施工圖紙，這類的圖紙在中山靖王劉勝墓中已有出土，想來秦時的情況也應同此類似。當年劉邦大軍剛攻入秦國首都咸陽，劉邦就命蕭何收「秦丞相御史令圖書藏之」，並且漢王朝對秦始皇陵地宮的構造應有些掌握，司馬談、司馬遷也完全有資格接觸這些屬於機密的史料，因此《史記》中對秦始皇陵地宮的記載應當說是可信的。

由於現代科學技術的局限，對秦陵地宮的深度無法準確地測出。秦陵地宮已用洛陽鏟鑽入二十六米的深度，但經過分析驗證仍是人工夯築的夯土層，就現在掌握的情況而言，秦陵地宮至少有二十六米以上的深度。而根據司馬遷《史記》中「穿三泉」的記載，應看作是穿過了三層地下水。秦陵附近的水文資料表明第一層地下水距離地表為十六米，第二層和第三層地下水距地表到底有多大距離，尚無測定。即使測定，兩千多年前的

西安交大西漢壁畫墓中的二十八星宿圖

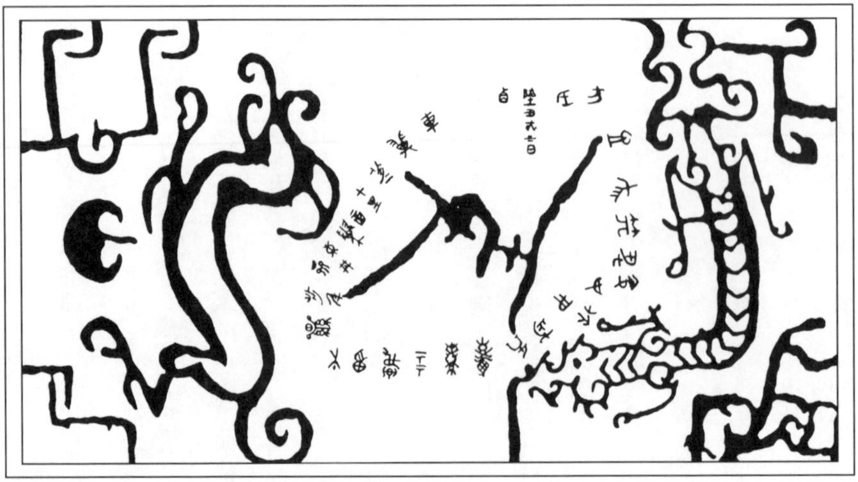

曾侯乙墓出土漆衣箱蓋上的二十八星宿圖

地下水位和今天的地下水位顯然有較大的差異，因而不能以水位的高低來確定地宮的深度。儘管如此，考古學家還是根據有關資料對秦陵地宮深度做了比較切近實際的種種推測。在眾多的結論中，以袁仲一的為最低，他推測的結果是地宮深度不會少於二十四米，而劉雲輝的推斷結果是地宮深度最少在五十米以上，這是二十世紀考古界對秦陵地宮所作出的大體結論。

既然秦陵地宮已穿越了「三泉」，那麼，地宮內部採用了什麼方法堵塞或排除地下水？有研究者根據《漢書．賈山傳》中「冶銅錮其內，漆塗其外」和《漢舊儀》中「錮水泉絕之，塞以文石，致其丹漆」的記載，推斷秦陵地宮的施工程序是先堵漏後防滲，即在石縫中澆灌銅液，再以文石塞住泉眼，其次在內壁塗上丹漆㉕，從而堵絕了地下水滲入地宮之內。

這種推斷固然有其道理，但僅憑這樣的辦法能否徹底堵絕地宮內的滲水，則引起不少研究者的懷疑。那個當地宮封閉後，有青年工匠從地下水道裡偷偷爬出來的民間故事，也令研究者對秦陵地宮有沒有排水道的問題進行不斷的探尋和思考。

二十世紀八〇年代末，陝西地礦局工程師孫嘉春對秦始皇陵以北一．五公里的秦代魚池遺址進行了考察後，大膽地否定了酈道元在《水經注》中所記載的單純從此處取土而成池的說法，提出了秦人築魚池的重要原因就是為了掩護地宮排水管道出水口的論點。這一令人震驚的理論一經提出，使科學界為之譁然，並議論紛紛，褒貶不一。為判明這一理論的真偽，隨後不久，水文地質研究者邵友程又來到魚池遺址進行新的勘察。此時古魚池水面雖不存在，但邵友程在勘察中，仍然看到了原魚池底部連片的荷塘和叢生的蘆葦。令他驚歎的是公路兩側與沙河東北側三角地帶的蘆葦叢中，竟流出了一渠清澈的碧水藍波，這股水和混濁的沙河水完全不同。當他登渠問一位正洗衣服的婦女這渠水的來源時，婦女告訴他：蘆葦叢裡有一處「昌水泉」，常年湧流不息，從不見枯竭。當他走下水渠詢問一位當地農民這裡的水源情況時，農民指著魚池遺址告訴他說：「只一鍬就見水。」

邵友程根據推算，認為「由於有著一條排水管道的制約，秦始皇陵地宮底部的標高，絕不能低於魚池中心標高四十三米，應在地面以下四十至五十米之間，最深不超過五十五米」。至於那個「昌水泉」是否就是地宮管道的排水口，在他後來發表的文章中只是以「確也是個有趣的問題」含混過去而未作明確論證。而在秦始皇入葬時，那個被封閉在秦始皇陵寢地下陶管道中的青年工匠，是否就是沿著這條排水管道從「昌水泉」爬出來的問題，尚沒有人拿出一個學界普遍認同的結論。

由於秦始皇本人以及秦始皇陵在人們心目中的重要地位，使關於這兩者的研究遍布世界各地。相對而言，中國學者在對待秦陵地宮的研究問題上，未免有些拘謹和過於實際。而國外學者對秦陵地宮的研究思路，則要大膽和開放得多，其豐富的想像、大膽的構思、靈活多變的論證，實在令中國人為之瞠目。即使那些對秦陵歷史的愛好者所做的舉動，也令人大感驚訝和意外。

早在一九七八年，當中國考古學家正處在發掘秦始皇兵馬俑坑的高潮時，四月分的美國《國家地理》雜誌就率先登出了駐美學者楊先民繪製的秦始皇陵地宮結構的想像圖。而位於瑞士日內瓦的歐洲核子研究中心的三名科學家，在一九八四年十

秦始皇陵寢地下陶管道

月三日出版的第九期《談論》（*Version*）雜誌上，發表了一封建議信，對秦陵地宮的發掘提出了全新的見地：

我們建議成立一個多學科的工作隊，不用物理發掘的方式，而是使用現代的非破壞性技術，勘探和探查位於中國西安驪山的秦始皇陵。具體地說，我們想要置一個大型感應線圈和一個電動發電機組，鑽探一些乾「油」井，在這些「油」井裡和驪山上安置磁場儀和其他電子裝置。

建議使用此方法的優點是：

——不需要進行大規模的發掘。我們只是鑽探直徑為八英寸、以塑膠管相連接、通過黏土的淺「油」井，因而不會造成破壞。

——我們相信我們能夠探明真正的秦始皇陵的立體位置。它也許就在驪山下面。

——我們的方法提供了一個機會，通過這個機會我們可以瞭解陵墓的深度、體積與規模。

這項計畫如果能實現，預定目標如果能夠達到，將會向學者和科學史研究工作者提供難以估價的訊息。探測方法總的來說是有益的和實用的，探測自然需要通過國際合作來實行。……

陳明（Min Chen的中譯）

戴維．勒基（David Luckey）

羅納得．羅（Ronald Rau）

這封建議信的刊出，儘管出乎人們的意料，但卻未能引起轟動和大幅度的震撼。於是三位科學家在一九八五年一月二十五日出版的第六期《談論》雜誌上，再度拋出了〈應用於考古學的非破壞性探測和層析X線攝影學〉的長篇論文，這篇論文終於引起了科學界的注意。

自古以來，人們就產生了不掘開地面便可探知地下埋藏寶物的夢想。這個夢想在今天已成為現實。英國物理學家將電學與磁學相結合，向我們提供了透視地球、金屬和人體的手段。此後，科學家們又利用更先進的方法找礦、探場和診斷病症——這就是層析X光攝影術。其應用範圍極為廣泛，如果用之於考古，則可在不提取文物標本的前提下，向考古工作者提供古代遺跡和埋藏事物的準確位置和詳細的資料。

秦始皇陵是世界上最偉大的建築工程之一。雖然歷史文獻對其未作詳細記載，但根據僅存的史籍和考古發掘也可作出基本推測。因此，可以相信，陵墓內有大量的青銅構件，如環繞墓室的青銅牆壁、青銅拱頂。根據史料推測，陵墓中有四個青銅鑄成的環狀物，其中三個用來封閉地下河流，一個構成墓室本身。這些青銅的重量可達萬噸。

對於秦始皇陵巨大的地宮和豐富的文物，我們可以採用標準的現代化非破壞性探測方法感應到渦旋電流，測定出其衰減的磁場，這就是時域電磁探測。

為完成秦始皇陵的非破壞性探測，我們建議分兩個階段進行：（一）為獲得陵墓地宮立體結構的資料，可在驪山附近打一些直徑為八英寸的乾油井，井中置磁場儀，進行探測，並根據探測提供的資料編製陵墓地宮結構的數學模型。（二）用層析X光攝影技術，探測地宮內的埋藏物。通過以上非破壞性探測，為將要發掘陵墓的考古學家提供重要的幫助和指南。

我們在丁肇中教授的指導下，正在進行高能物理實驗，將建成世界上最大的地球物理學裝置。我們相信，通過高能物理學的方法，將秦始皇陵作為實例，上述理論定能得到驗證……秦始皇陵地面上的陵墓物理形狀使我們得出結論：陵墓主體修建得非常深，可能位於地下五百至一千五百米。

……我們估計地宮內的青銅環狀物的直徑為二十五米，陵墓主體的直徑則大約為五十米。而這些青銅環狀物中的每一個，都會形成一個在它們下面的陵墓的電磁保護屏障，使埋藏在內的物體幾乎無法被探測到。

……我們相信，通過測試而發現的地宮。實際上要比楊先民在《國家地理》雜誌上繪製的宇宙觀念圖形大得多，支撐天空的神聖大山是由青銅鑄造的，外部的青銅牆又形成一個環狀物，我們在這個環狀物上可以發現渦旋電流。

……在這樣的探測中，我們是很有興趣的高能物理學家。因此，我們鼓勵同中國的考古學家、地質學家、地理學家和其他願意被邀請的人一起討論我們的想法。

我們相信，如果獲准利用遺址現場，工作隊可以使用感應和聲波設備發現大量的有關陵墓的資料，而避免採取物理進入的方式，在探測結束後，我們將把遺址現場恢復到原來的狀況。

組成一個多學科的工作隊，使用現代的非破壞性技術，探測秦始皇陵，這項計畫的實施，從技術和歷史的角度都是十分有意義的。

因此，我們希望得到中國科學院的批准。……

如上述構想得以獲准，我們將寫出具體的技術建議。

對於陳明等科學家的建議，鑑於多方面的原因，中國科學院沒有討論，而像這樣具有國際影響的大事，也不是中科院就能作主的，因而其非破壞性探測和層析X光攝影學自然也未能實際應用。這件事除了讓世人看到位於日內瓦的三位科學家天真、幼稚的一相情願，以及對中國國情的極端陌生外，沒有什麼其他的效果產生。但是，人們有理由相信，秦始皇陵地宮的真實奧祕，總有一天要徹底揭開。隨著科學技術的大踏步前進和人們思想的日趨解放，這個日子的到來不會太遙遠了。

注釋

❶關東盜賊即赤眉兵。有關其盜掘秦始皇陵一事，最早見於三國魏．劉劭等編的《皇覽》：「關東賊發始皇墓，中有水銀。」（《太平御覽》卷八一二引）這個說法可能是由《後漢書．劉盆子傳》延伸出來的，傳中說西漢末年赤眉軍打到長安後，城中糧食盡，遂引兵而西，途中逢大雪，士多凍死，「乃復還，發掘諸陵，取其寶貨，遂汙辱呂后屍。凡賊所發，有玉匣（玉衣）殮者皆如生，故赤眉得多行婬穢。」似乎赤眉所掘只限漢代帝王貴族陵墓，未及秦始皇陵。

❷《秦會要訂補．方域》曰：「秦始皇作地市，與生死人交易，令云：『生人不得欺死者物。』市吏告始皇云：『死者陵生人，生人走入市門，斬斷馬脊。』故俗云『秦王地市有斷馬』。」《秦會要訂補．禮六》亦記載：「始皇陵有銀雀金蠶，多奇物，故俗云『秦王地市』。」

❸豎穴墓：古代墓葬形式。自地面向下豎直挖一坑穴作為墓室，葬入後用土填實。多為長方形或方形。這種墓制從新石器時代以來一直流行。

❹桁架：由杆件所組成的建築結構，用以跨越空間，承受荷載。杆件主要受軸向拉力或壓力。常見的有木、鋼或鋼筋混凝土製成的屋架、橋架等。桁架分為梁式和拱式兩種。同實體的梁與拱相比，桁架單位長度的重量較小，用料較省，並能適應較大的跨度。

❺方城：即所謂「宮牆」，是環墓穴上口堆砌的垣牆。秦始皇陵地宮的宮牆用未經焙燒的磚坯砌成，原壓在封土之下。由於歷代對封土的切削損壞，封土堆底面積已小於地宮平面面積，宮牆不再位於封土之下。

❻戰國時期的驪山地區氣候溫和多雨，地下蘊藏著豐富的潛水，水位比今天高。雨季時，由於南高北低的地勢，地表徑流就直衝陵園。因此，必須以導流系統將南北向的出山水改變為東西向。秦陵工程的設計者在西起陳家窯、東至王堎村蓄水池之間，夯築了一條呈西南—東北走向、原長三千多米的防洪堤（後定名為「五嶺」，以紀念屠睢征南越殉難），又在堤南挖出一條並行的人工河渠，寬約二十五米，深八米左右。從南城兩城門間起，經岳家溝村至西門之南，也修建了一條曲折的明渠，長計一千二百餘米。至於陵園中間的雨水，則鋪設陶水管或石水管，引至滲井

（地下排水孔）排除。

❼ 秦公一號大墓：位於陝西鳳翔縣三時原，一九七六年至一九八六年發掘，是已知東周墓葬中最大的一座。呈中字形，全長三百米，深二十四米，面積約五千三百平方米，有三層臺階，底為槨室，墓內殉一百六十六人。該墓曾遭多次嚴重盜掘，已出土陪葬品三千五百多件。據石磬刻文，墓主為春秋中晚期的秦景公（西元前五七七—前五三七年）。

❽ 亞字形墓的墓室，是一個巨大的方形或亞字形的豎穴式土坑，四面各有一墓道，屬商代貴族墓葬形制，等級高於中字形墓與甲字形墓。殷墟侯家莊西北岡位於河南安陽市附近洹河北岸商王陵區內的西半部，一九三四年開始發掘。最大的一座亞字形墓，墓室面積約三百三十平方米，加上墓道，總面積達一千八百平方米，深度在十五米以上。

❾ 中字形墓的墓室，是一個大型的長方形豎穴式土坑，南北各有一個墓道。武官村最大的一座中字形墓，墓室面積約一百七十平方米，加上墓道，總面積達三百四十平方米，深度為七米，亦屬商代貴族墓葬形制，規模大於甲字形墓。

❿ 婦好墓：位於河南安陽市小屯村西北，殷墟宮殿區內，一九七六年發掘。上部有夯土房基，可能為祭祀建築的遺跡。墓壙為長方形豎穴，槨室大部分塌毀，髹漆木棺已腐朽，上附有麻布和薄絹各一層。墓內殉人、狗，陪葬品有一千九百二十八件，貝六千八百餘枚，是殷墟出土文物最豐富的一座墓葬。某些青銅器物上鑄有婦好、好、司母辛等銘文，並發現兩件象徵權威的大銅鉞，而甲骨卜辭中亦屢有婦好領兵征戰的記載。一般認為墓主是婦好，有人推測她是武丁（第二十二代商王）的配偶，死後廟號稱「辛」，也有人推測她是康丁（第二十六代商王）的配偶「妣辛」。

⓫ 中山靖王劉勝夫婦墓位於河北滿城縣陵山上，故又稱滿城漢墓，一九六八年發掘。男女同塚異穴，兩墓形制大體相同，墓室開鑿在山岩中，拱頂弧壁，符合力學原理。岩洞內還建有瓦頂木屋，已腐朽坍塌。墓道口分別用土坯或磚砌築後，再以鐵水澆灌封門。男用一棺一槨，置於漢白玉棺床上；女則有棺無槨，棺內周壁以玉版鑲嵌，棺外還鑲有玉璧。兩人均以金縷玉衣為殮服，隨葬品共計四千二百多件。根據隨葬銅器上有中山府、中山宦者等銘文，推測墓主應是中山靖王劉勝夫婦。劉勝為漢景帝劉啟的庶子，前元三年（西元前一五四年）封王，武帝元鼎四年（西元

前一一三年）卒。其妻竇綰，字君須，史籍未載，僅見於出土的兩枚私印，死年比劉勝略晚。

⓬吳氏長沙王墓：西漢前期墓葬。一九七八年發掘，為一帶斜坡墓道的岩坑豎穴墓，墓壙四壁有兩層臺階。墓室為木結構，底部及四周填青灰色膏泥，然後覆土夯實，墓內隨葬品豐富。因有黃腸題湊，推測墓主可能為某代吳氏長沙王。據《史記》、《漢書》記載，漢高祖五年（西元前二〇二年）封吳芮為長沙王，傳了吳臣，吳回、吳右、吳著四代，到漢文帝後元七年（西元前一五七年）無後國除。景帝前元二年（西元前一五五年），又封劉發為長沙王，傳至王莽時始絕。

⓭曹
嫘墓：西漢前期墓葬。一九七五年發掘，為一帶斜坡墓道的岩坑豎穴墓。墓底橫陳枕木，上置槨室，套棺置內槨中。槨四周及頂上填塞木炭，並用白膏泥封固。墓內隨葬品豐富，還出土「曹嫘」、「妾嫘」的鳥篆文私印三枚。根據有黃腸題湊和「長沙后丞」字樣的封泥（中國古代封緘簡牘並加蓋印章的泥塊），推測墓主曹嫘很可能是文、景帝時的某代長沙王后。

⓮黃腸題湊：中國帝王陵寢槨室外用柏木枋層層平鋪堆壘成的框形結構。「黃腸題湊」一名最早見於《漢書．霍光傳》。題湊四壁的枋木均與同側的槨室壁板垂直（即一頭抵住槨板呈T字狀，一頭朝向墓坑周圍的土壤壁），從內側看只見枋木的端頭，形如蜂房。題湊用的木料大多是剝去樹皮的柏木椽，以本色淡黃，故名「黃腸」。已知最早的題湊見於春秋時期的秦公一號大墓。到了漢代，黃腸題湊成為帝王陵墓的重要組成部分，經朝廷特賜，個別勳臣貴戚也可使用。黃腸題湊皆發現於豎穴木槨墓中，但題湊木枋的尺寸和疊壘層數並不一致。東漢時期隨著磚室墓開始盛行，題湊之制逐漸消失。

⓯高臺建築：古代建築形式，又稱臺榭式建築。以階梯形夯土臺為核心，倚臺逐層建木構房屋，藉著土臺，以聚合在一起的單層房屋形成類似大型建築的外觀，滿足屋主的各種使用要求。

⓰秦一號建築基址：戰國時期秦咸陽宮舊有建築遺址的一部分，一九五九年開始調查，一九七四～一九七五年進行發掘。它坐落在秦時就存在的一條上原谷道（今名牛羊溝）的東側。約當秦咸陽城中軸線附近。東西長六十米。南北寬四十五米，每一層臺高六米，包含了廳堂、宮嬪臥室、浴室，儲藏室等部分。

⓱在所有的金屬中，汞的蒸氣壓最高、揮發性最強，所以在自然界中，單純的汞是極為罕見的，多以硫化汞（HgS），即丹砂的固態存在。

⓲王象之《與地紀勝・卷五・平江府》曰：「闔閭塚在吳縣閶門外。銅棺三周，水銀為池，金銀為地。」李泰吉《括地志》曰：「齊桓公墓在臨洞南二十一里牛山上。晉永嘉末，人發之。初得版，次得水銀池，有氣不得入。」這裡的齊桓公是戰國時期的田齊桓公午（西元前三七四〜前三五六年），並非春秋時期的姜齊桓公小白。

⓳曾侯乙墓：位於湖北隨州市西郊擂鼓墩附近，故又稱擂鼓墩一號墓。一九七八年發掘。為多邊形岩坑豎穴木槨墓，無墓道。槨室四周及頂部積炭，其上依次鋪青膏泥、夯土和石板，再覆封土。內外棺均髹漆彩繪，外棺加鑲青銅框架，有蹄形銅足和銅蓋紐。墓主屍體以絲織物包裹，墓內殉人、狗，隨葬品共一萬餘件，其中尤以一套六十四個編鐘最為珍貴。許多青銅器上都有「曾侯乙乍持（作持）」、「曾侯乙乍持（作持）用終」之類銘文，說明墓主就是戰國早期的曾國國君乙，年代為西元前四三三年或稍後。

⓴明代自成祖朱棣遷都北京後，至末帝崇禎朱由檢為止，除景帝未祁鈺因故別葬於北京西郊的金山外，各帝陵都選在北京西北郊的昌平縣境內，包括長、獻、景、裕、茂、泰、康、永、昭、定、慶、德、思陵，後世統稱為「明十三陵」。定陵是明神宗萬曆皇帝朱翊鈞（西元一五六三〜一六二〇年）及孝端、孝靖皇后的陵墓，位於大峪山下，始建於萬曆十二年（西元一五八四年），歷時六年完工，萬曆四十八年（西元一六二〇年）入葬，耗用白銀八百萬兩。該墓在一九五六〜一九五八年發掘，墓中隨葬品約兩千餘件，地宮已於一九五九年對外開放。關於定陵之發掘過程，請參閱作者另著《風雪定陵》。

㉑明定陵地宮中殿設白玉供案三個，前置黃色琉璃製的「五供」（中置香爐一具，左右各置燭臺一座、花瓶一隻）。五供前一口巨大的青花龍缸，缸內貯滿芝麻香油，油面有鋼製圓瓢子一個，瓢中有一根燈芯，芯端有燒過的痕跡，這便是史書上所說的「長明燈」，又名「萬年燈」。

㉒一九五七年，河南洛陽市西北曾發掘一座西漢晚期的磚室墓，中部用立柱和隔梁分為前後兩室，頂脊的十二塊空心磚上，繪有日、月、星象、雲氣等壁畫。日中有金烏，月中有蟾蜍、玉兔；流雲繚繞間，另有五十五顆星，每顆代

表一個星宿，但未以直線相連，受畫面狹長影響，位置也不準確，只是象徵性的星象圖。

㉓一九八七年四月，西安交通大學附屬小學發現了一座西漢晚期的磚室墓。其墓室頂部及後壁上部繪有日、月、四神（東蒼龍、西白虎、南朱雀、北玄武）、二十八宿，雲氣、仙鶴、神獸，其餘各壁繪飛禽與走獸，整體反映了戰國至西漢時期盛行的升仙思想。日中有三足金烏，月中有蟾蜍、玉兔，八十餘顆星各以直線連成星組，配繪人物、動物等，充分表現二十八宿的名稱和意義。

㉔曾侯乙墓中發現一具漆衣箱，蓋呈拱形，上面以黑漆為地，朱繪著首尾方向相反的蒼龍、白虎，中央有象徵北斗七星（天樞、天璇、天璣、天權、玉衡、開陽、搖光）的大「斗」字，按順時鐘方向環以古文的二十八宿名稱。中國古代將赤道附近的天空，按東、西、南、北劃成二十八個不等分的區域，選擇二十八個天官（即星座）作為標誌，以便確認天體和天象發生的位置，稱為二十八宿。東方七宿是角、亢、氐、房、心、尾、箕；北方七宿是斗、牛（牽牛）、女（須女或婺女）、虛、危、室（營室）、壁（東壁）；西方七宿是奎、婁、胃、昴、畢、觜（觜觿）、參；南方七宿是井（東井）、鬼（輿鬼）、柳、星（七星）、張、翼、軫等。二十八宿從角宿開始，由西向東排列，和日月視運動的方向相同。各宿所包含的恒星都不只一顆，而是相鄰的若干顆星辰的組合，常依星象的變化和選取標準的差異而有所不同。

㉕丹漆是攙有丹砂的漆。丹砂的顏色緋紅，可做顏料（即銀朱），象徵尊貴。漆樹脂屬於黏液性塗料，具有耐酸抗腐性，接觸空氣後可形成附著力極強的保護層。在地宮內塗上丹漆，既有裝飾作用，又可防止滲漏。

第十二章

秦俑坑焚毀的對話錄

秦俑坑遭到大火焚毀，燦爛的文明始逢劫難。後世人類哀歎之中，也在尋覓凶手的真顏。各種不同的猜測，各種迥異的推斷，秦俑坑焚毀之因依舊迷霧漫漫。無論是項羽，還是放羊的牧童，要當作凶手以罪論處，尚需時間的檢驗。

凶手的名字叫項羽

從多數現代研究者的觀點看，秦陵地宮似乎沒有遭到洗劫和焚毀，但在秦始皇兵馬俑出土近四十年的今天，有觀光客來到秦俑博物館，仍可見到這支地下大軍有無數將士倒臥在泥土中，有的四肢分離，有的粉身碎骨，有的腦殼迸裂，似一場血戰剛剛發生，其淒慘之狀目不忍睹。那用夯土築成的土隔梁上，到處遍布著一塊塊、一堆堆木炭遺跡，表明了俑坑曾遭到過大火的焚燒。而隨著整個秦始皇陵園考古工作的不斷進展，發現其他為數眾多的陪葬坑也同樣遭到了焚毀。面對這文明的劫難，人們在扼腕歎息的同時，也自然要發出種種疑問：劫難發生於何時？誰是劫難的主要製造者？焚毀這些陪葬坑的目的又是什麼？

帶著和觀光客同樣的心情，在秦俑博物館數次採訪的日子，我有幸和袁仲一、王學理、程學華、張仲立、李鼎鉉、劉占成、段清波等幾位對秦俑頗有研究的老中青三代學者進行了多次交談和問學，意在解開心中的疑竇。

袁仲一（考古學家、中國秦俑學研究會會長）：

我認為兵馬俑坑是項羽軍隊焚毀的。在對一號俑坑的試掘和發掘中，我們發現這樣一些不正常的現象：一是文物的移位。如有的地方本來沒有戰車遺跡，卻出土了車上的銅構件，有的陶馬耳朵、尾巴、飾物也散落在本來沒有陶馬的長廊內。二是文物不全，如俑坑內出土了許多銅劍鞘首，而不見劍的露面。在第七過洞的淤泥中出土了一銅劍鞘首，裡面殘存著長約八釐米的劍尖一段，但卻怎麼也找不到劍身。在出土的長兵器中，有柄無首、有鐓無首的情況也很多，這說明坑內有些文物是被人拿走了。

從發掘情況看，一號坑的全部和二號坑的一部分，都是因為被火焚燒後塌陷的。火焚的原因是什麼？前幾年有人發表文章說是由於俑坑內的沼氣而引起自焚。這種觀點我認為是不對的，因為在發掘中沒有發現俑坑內堆積大量腐殖質的跡象，裡面放的盡是陶器和青銅器。坑內雖有淤泥，但泥質比較純淨，裡面含有大量的細沙，這些物質不具備產生沼氣的條件，也就談不上沼氣自燃。

我認為項羽焚燒俑坑的理由，早在《臨潼縣秦俑坑試掘第一號簡報》中就做過論述，現在需要再補充的幾點是，後來在發掘中還有些值得注意的跡象。在一號坑的第二次發掘中，曾發現了一座西漢合葬墓，墓中出土「五銖」[1]錢幣，錢幣形制屬於漢武帝時期，這是整個俑坑發現的時代最早的一座後期墓葬。它的發現說明俑坑在漢武帝時期就不為人所知，同時告訴我們俑坑焚毀的絕對時間至少在漢武帝以前。

一號坑的底部普遍蓋有厚達十至四十四釐米的淤泥，一般厚約二十釐米。而二號坑的淤泥僅僅二至五釐米厚。同時在一號坑東端的長廊部分，曾發現用極薄的竹皮織成篩眼形的編織物炭跡一處。這些現象可進一步證明俑坑是在建後不久被焚的。假如時間相隔很久，兩個俑坑的淤泥應堆積得更厚更多。竹的編織物、麻繩、箭杆等這些細小的東西也早已腐朽，就不會有燒成的炭跡和灰跡的可能。結合歷史文獻來看，就曾有「項羽入關發之，以三十萬人三十日運物不能窮」的記載。秦始皇陵是否被項羽掘過，目前還難以拿出事實來驗證，但項羽大軍來過秦始皇陵並火燒陵園地面建築卻不容懷疑，至今仍可看到陵園建築遺址內堆積著很厚的磚瓦殘片、紅燒土塊以及炭跡灰跡等。

秦兵馬俑是秦始皇陵園的一部分，既然項羽燒毀了陵園建築，那麼洗劫兵馬俑坑也在情理之中。當然，陵園建築明顯，而秦俑坑深埋於地下，不易發現，但是我們知道秦始皇陵工程修建了幾十年，參加修建的人幾十萬，他們中的多數人應該是瞭解秦陵布局的基本內容的。這些人來自全國各地，項羽軍中肯定會有參加過修建秦始皇陵園且知道兵馬俑坑情況的人。

既然項羽能夠知道秦陵附近有兵馬俑坑，又能知道俑坑所在地，那麼在焚燒陵園建築的同時洗劫兵馬俑坑，此舉也就不難理解。儘管秦俑坑內沒有珍寶奇貨，但有形同真人真馬的秦國軍隊和數以萬計的實戰兵器。項羽這位楚國貴族出身的將軍，對秦始皇以武力踏平楚地，殺死其祖父和叔父、毀滅他貴族美夢的秦國軍隊自然懷有刻骨仇恨。單從報仇雪恥這一點而言，兵馬俑軍陣正是最好的對象之一。在復仇心理的驅使下，他命令軍隊士卒掘開秦俑坑，砸碎兵馬、奪走兵器、燒毀建築也完全在情理之中了。

事實還清楚地表明，在秦亡之前沒有人敢去焚毀兵馬俑坑，秦亡以後，經過四年的楚漢戰爭，項羽兵敗自刎烏江岸邊，漢高祖劉邦掌握政權後曾指派秦始皇陵「守塚二十家」❷，主管看護陵園。在這種情況下，出現大規模的焚毀現象也不可能。所以我認為兵馬俑坑的焚毀時間是在秦漢之際的重大政治變動時期。在這個時期最有條件和可能的破壞者應是項羽的軍隊，而主凶當然是項羽本人。

王學理（考古學家、中國秦俑研究會常務理事）：

千百年來，從官家到民間一直流傳著項羽挖掘了秦始皇陵墓的說法，但據我考證和研究，這些說法並不可靠，項羽沒有盜掘秦始皇陵，陵內地宮及地宮內的珍寶仍安然無恙地保存至今。儘管陵墓得以保全，但秦始皇陵園卻在項羽開其端的兵燹中遭到徹底的毀滅。其破壞包括了以下三項：

其一，燒毀了地面建築。

陵園的地面建築目標最為顯著，是首先遭到洗劫和破壞的對象。寢殿❸、飤官❹、門闕、角樓和園寺吏舍❺在兵燹中無一倖免。在這些遺址上，留給後人的是紅燒土和木炭混雜、殘磚碎瓦與草屑相伴，真是滿目瘡痍。飤官遺址的鋪地石中箝制的木構已化為炭跡，其西段有大型板瓦和筒瓦俯壓地下，顯係整個屋面坍落所致，可見火燒之猛之烈。魚池的官邸建築❻留下的仍是經過火焚後的一片廢墟，麗邑城也是經過大火的吞噬而從此湮沒了。

其實，漢代的劉向對陵墓破壞的程度，早已說得十分明白了。《漢書．楚元王傳》引劉向語道：「麗（驪）山之作未成，而周章百萬之師至其下矣。項籍燔其宮室營宇，往者咸見發掘。……外被項籍之災，內離牧豎之禍，豈不哀哉！」無疑是指陵園建築被夷毀的情景。這裡的「營宇」，實際上應寫作「塋宇」或「塋域」。「燔其宮室營宇」，即「燒了塋域裡的宮室」。由此，「外被」一詞不但可作為前面的注腳，而且也使「項籍之災」一句有了著落。可見，劉向的這幾句話是諸多記載中最有權威性的，可稱得上是「信史」。

其二，掘毀了地下的從葬設施。

陵園內諸多從葬坑是有藏具的，或陶或木。陵西大型馬廄坑鋪以鋪地木，而且已遭火焚。秦俑坑的俑馬翻倒，有多處是經過推搡而疊次相壓的。一號俑坑T20的第九過洞有一列陶俑由前壓後地倒下去，竟形成了一條進入的通道。一、二號俑坑因大火，使坑壁和覆土變成火紅色，有不少俑軀嚴重爆裂。三號坑陶俑雖然比較完整，色彩脫落也不十分嚴重，但全部無頭。車後的俑被掀翻，有的首足顛倒。三號坑內未見其他兵器，只有二十枝銅殳被捆束在一起放置於北室。儘管三號坑沒有經過火焚，但卻是有意破壞的，俑坑有的經過搶劫和火焚，而唯獨「指揮坑」被搗毀，這正是勝利者對戰敗者征服的心理外露。

其三，劫取了陵園的財物。

陵園的財物大概包括兩部分：一是寢廟中的「神器」和陵職人員的用具；二是地下的從葬品。經過部分清理的陵園建築遺址，很少有金銀或青銅器物的發現。採集到的「樂府」銅編鐘、兩詔銅權❼、「麗山園」銅鍾❽及戈、矛等銅兵器，都散見於陵園的堆積土中。秦俑坑內的青銅兵器，按理應是很多的，數千件武士俑所擁有的長短兵器也當是這個數目，但遺憾的是存留不多。因為這些實戰兵器本身是一筆國之財富，一旦到手就可以立即裝備軍隊，投入戰鬥。從這個意義上講，秦俑從葬坑無異於一個大型的武庫。從「庫」中看兵器所存無多，結合陶俑被破壞的事實，可見俑坑內的兵器顯然是被擄而去。劉邦指責項羽「掘始皇帝塚，私收其財物」，無疑是指他搗毀從葬設施，並掠走陵園財物的行徑。因而可以說，秦陵兵馬俑坑等陪葬坑就是項羽的軍隊焚毀的。

凶手原來是自己

程學華（考古學家、中國秦俑學研究會常務理事）：

同袁仲一先生一樣，我也不同意沼氣自燃說。所謂沼氣自燃，坑中並不存在產生沼氣的條件，既沒有沼氣，哪來的沼氣自燃說？按發現被燒後的遺跡遺物，結合有關歷史文獻記載，袁仲一先生和王學理先生所說的項羽焚毀似乎還是言之有證、持之有據的。但通過鑽探隊對陵園深入的調查鑽探和局部清理所獲資料來看，我認為俑坑焚毀的真正原因是秦人的一種自焚儀式。

我的依據是，一九七七年在秦始皇陵園西側的內外城垣間發現一座曲尺形的馬廄坑。局部清理時，我發現在坑的門道端底層有用細繩紋磚坯砌成的長一百四十釐米、寬九十釐米、高六十釐米的引火底爐，坑道口施棚木處又留有入風空隙，坑底西部和爐的前邊有一段不長的空間，堆放著大量被燒的灰燼，這明顯是俑坑建成後為葬儀需要而焚毀的鐵證。其次，陵園內還發現沒有被燒毀的陪葬坑。更為有趣的是，與銅車馬為一組的陪葬坑，其中一個單元焚毀得很徹底，但銅車馬所在的其他幾個單元並未焚毀。

兵馬俑坑的一組情況也是如此，一號坑焚毀較為徹底，二號坑東北隅蹲跪式俑一區焚毀程度與一號坑略同，其他車、騎及步騎混編三區和三號坑相同，未經焚毀。

從目前陵城垣以內和以外發現地下陪葬坑焚毀與未焚毀的情況，可以歸納為這樣幾個特點：

焚毀的陪葬坑一般為大中型，建築結構為多斜坡道，坡道對邊的坑壁也見豎穴小道口。坑內有用夯土築起的隔梁，將坑分成若干過洞或長廊，過洞與長廊或徑直或縈環曲繞，但都能互相串通。坑的底部、周壁和頂部封口均有木結構，頂部封口施棚木、葦席，周壁重疊側立壁板或壁柱。坑底先鋪墊木，墊木上再鋪設較厚的板材。若是青磚墁地，便在墁地磚的兩側有用枋木袱墊的木槽。坑口架設棚木時，在坑底引火處的上部留有入風空隙。這些形式結構的特點，頗似燒窯一樣易於燃燒。

未被焚毀的陪葬坑，多屬豎穴小孔，有的坑口封口、封頂也施棚木。從坑的周壁、底層無壁板、壁柱、墊木和鋪地板材，以及盛裝陪葬品的葬具看，坑內無引火易燃的任何跡象。

從上述陪葬坑焚毀與未焚毀的形式結構特點看，所謂項羽焚毀兵馬俑坑的論點顯然有進一步探討的必要、秦始皇兵馬俑博物館一號坑大廳修建時，為保護已清理出土的俑坑文物遺跡，又仿秦代當時的建築設計，重新架設木料覆蓋回填。一年後我們再發掘時，這些木料已腐朽不堪。項羽入關時，坑已完成近三年，這時的木結構早應腐朽，留下的也絕不可能再有較為完整的木構榫卯或架設接茬的關係。這種炭化情況，只有在木炭焚毀前、木質尚好的情況下才能出現。另外，項羽焚毀陵園的目的，在於報仇和盜取財物。從已經探明清理的有關陪葬坑，乃至陵寢地宮擾亂跡象、盜洞的大小分析，可以斷定不是大的兵燹盜竊。

根據對秦始皇陵地面建築和地下陪葬坑探測清理所獲資料，我認為「項籍燔其宮室營宇，往者咸見發掘」的記載，應是指楚兵在陵園地面建築內，先掠奪財物，後縱火焚毀，在燒塌的瓦礫廢墟中挖取財物。從「居數日，項羽引兵西屠咸陽，殺秦降王子嬰，燒秦宮室，火三日不滅，收其貨寶婦女而東」的記載來看，項羽在關中是住了很短一段時間的，在這樣短的時間內不可能挖開秦陵地宮和地下陪葬坑來盜取財物，再縱火燒毀。何況兵馬俑等地下陪葬坑根本史無記載。同時從兵馬俑發掘的情況來看，大多數兵器沒有被盜，而且還較集中有序地保護在原地。所以我說秦始皇陵兵馬俑坑焚毀的真正原因，是秦始皇下葬時一種自焚的葬儀形式。

需要補充說明的是，葬儀自焚未見史載，商周以來有「祭天燔柴」，這種祭天燔柴的自焚形式，從河南安陽小屯丙組❾發現的考古資料可予佐證。秦民族自西向東的發展，接受中原文化，已是無可爭議的歷史事實。秦始皇統一中國後，採納群臣建議：「天子自稱曰朕，朕為始皇帝」，他將自己比作上天的兒子，因此在死後下葬時，被認為是天子歸天，回到他的母體中去，經過孕育再度降生人世。由於這種思想的指導與驅使，採用歷史上祭天燔柴的方式，也就成了將埋葬時的祭品採取火燒的一種葬儀，使這些物質都隨著主人升入天國。

凶手是個放羊娃

李鼎鉉先生（美術家、中國秦俑學研究會理事）：

你向我講述的袁先生、王先生和程先生的兩種不同理論觀點，都有一定的道理，因為這些原因都有導致俑坑毀壞的可能，包括前幾年有人提出的沼氣自燃說也是一樣。但細究起來卻都有不能完全令人信服之處。我的觀點是焚毀兵馬俑坑的禍首則是一個放羊的小孩。

從發掘現場可以看到，俑坑底部都普遍存有十至十四層淤泥。這說明俑坑的焚毀是秦亡後相當一段時間的事。我們知道棚木一旦燒毀，幾米厚的土層就會立即塌陷，不會再出現淤泥的現象。十四層淤泥只能是在較長時間內地表發生變化的情況下發生。否則，在兩三年內是不會產生十四層淤泥的。所以秦俑坑不像袁仲一、王學理兩先生所作出的推斷，是西元前二〇七年項羽入關的軍隊所焚毀。

程先生作出的秦人自焚這一理論推斷，也有難以自圓其說之處。我們先不談戰國晚期的秦國有沒有這種儀式的存在，據目前探測的資料知道，秦陵周圍的陪葬物不只兵馬俑坑一處，如前幾年發現並出土的跽坐俑，還有近幾年發現的馬廄坑、珍禽異獸坑等，已公布的報告說大量的馬匹是被活埋的，珍禽異獸也看不出有殺死後入棺的跡象，而出土為數不少的跽坐俑大都完整無損，史料記載秦始皇的宮女也都是被活埋的，為什麼會單獨發生三個俑坑自我焚毀的儀式呢？

兵馬俑的質地是陶質，胎厚而用土細膩，且焙燒的溫度都在一千度左右，十分堅硬，目的很明顯，就是為了能長久地保存下來，以致萬世不朽。如果秦國有自焚陪葬物的儀式，這些用心豈不是多餘的嗎？這種在質地上力求的永存性和儀式的暫存性是有根本矛盾的。從咸陽出土的西漢兵馬俑、徐州出土的西漢兵馬俑⑩來看，除了比秦兵馬俑小，其他方面均是相似的。這些漢代兵馬俑在出土時大多數都完好無損，可見沒有在入葬時就被自焚。秦漢不過相距幾十年的時間，按漢承秦制的說法，葬儀不會有太大的變化。這就說明秦俑坑的焚毀不是自焚，而是他焚。再則，秦兵馬俑的兵器絕大部分被人撿走了，如按自焚說，土層立即塌陷，這些兵器怎麼會不脛而走？

沼氣焚毀的說法從理論上當然可以解釋得通，但結合實際情況分析就難以成立。要證明沼氣失火的現實性，就必須瞭解秦時驪山地區的水文、土質、氣候等資料，經過科學的實驗才能加以肯定。在封閉的坑中單有木材的腐朽是不可能產生沼氣以致燃燒的。

秦俑坑的焚毀到底應該怎樣解釋？我認為隨著秦王朝的滅亡和秦陵的被毀，秦始皇陵園已失去了它昔日的風采，變成野草、榛莽叢生的荒野，偶爾出沒其間者只有樵夫和牧童了。秦俑坑的被焚一定與樵夫、牧童有關。從今天已發現的西漢晚期墓葬斷定，秦俑坑焚毀的時間應在秦亡至西漢晚期之前，《漢書》曾有這樣一段記載：「秦始皇葬於驪山之阿，下錮三泉，上崇山墳，其高五十餘丈，周回五里有餘；石槨為游館，人膏為燈燭，水銀為江海，黃金為鳧雁。……項羽籍燔其宮室營宇，往者咸見發掘。其後牧兒亡羊，羊入其鑿，牧者持火照求羊，失火燒其臧棺。」《漢書》成於東漢初年，作者所述牧兒亡羊失火之事，在它之前的《史記》中不曾有半字記載，由此推斷作者大多根據民間流傳所記。近年考古人員在秦陵做了精密的鑽探和考察後，認為秦陵封土沒有發現盜洞，地宮並未被盜。既然沒有盜洞，怎麼會有「羊入其鑿」之事？這個「鑿」，我推斷就是距地表不深、處於荒蕪中的秦俑坑洞口。秦俑坑是陵園的組成部分，當年的項羽軍隊雖然破壞了秦俑坑，但並未放火燒毀，這從後來發掘出的三號坑無焚燒痕跡可以得到證實。原因是這支復仇的軍隊，面對比豪華壯麗的陵園要簡陋得多的秦俑坑，沒有引起焚燒的念頭，如果這時焚燒，就不會有俑坑底部的十四層淤泥。

可以這樣推斷，當牧童趕著羊群來到秦俑坑區域時，當年項羽軍隊所挖掘的進入俑坑的洞窟，多已被荒草和塵土掩蓋，羊群只顧啃吃青草，並未注意腳下的地形和地貌，故而紛紛墜入一號和二號俑坑中。一經「牧者持火照求羊」而失火後，便有可能被誤傳為秦陵失火，再訛傳為地宮失火、燒其棺槨等情節。這就是我認為秦俑坑被焚毀的真正原因，同時也是對班固《漢書》記載的破譯。

真凶就是項羽

張仲立（考古學家、中國秦俑研究會常務理事）：

我首先不同意「沼氣自燃」說，秦俑坑是一組地下坑道式的土木結構建築。俑坑四周的邊壁和坑中的土隔牆均為夯築，坑底用青磚墁鋪，坑頂棚木上鋪席，席上又覆一層膠泥土，膠泥土上又壓蓋一層兩米左右的封土，就連修建俑坑時所用的斜坡門道也被立木封堵，並用土填實。所以，完工後的俑坑實際是一組完全封閉的地下建築。要在如此封閉的建築中燒起一把火來，並燒得非常徹底，那是根本不可能的。原因很簡單，因為沒有燃燒所需要的足夠的空氣。假如有沼氣產生也難自燃，況且產生沼氣也不可能。我們現在所見到的這種焚毀慘狀，只能是在俑坑建築被破壞成千孔百洞的情況下才能發生。也就是說，是在俑坑內部與外界有眾多的地方可以空氣對流的情況下被點燃焚毀的。

能夠造成俑坑嚴重破壞，使其千孔百洞、內外空氣暢通，不外乎有兩種力量。一是人為破壞，二是雨水破壞。而秦俑坑曾遭大規模洗劫這個客觀事實，使得這一問題沒有再複述的必要了。洗劫者要進入俑坑，就必須先挖開俑坑的頂蓋，破壞俑坑建築。反過來說，只有首先揭開俑坑頂蓋，才能進入俑坑破壞和掠奪。參加洗劫的人越多，俑坑建築就破壞得越嚴重，而俑坑破壞得越嚴重，坑內外空氣對流就越暢通。大火就燒得越徹底，大規模的破壞和掠奪為秦俑坑的焚毀製造了條件和良機。正是基於這樣一種事實，所以我在否定「沼氣自燃」說的同時，也有理由否定程學華先生的「自焚」理論。

從俑坑出土的情況分析，它的焚毀在秦末漢初這個社會大動亂年代已是無疑，同時也可肯定地說焚毀者是一個非常特殊的人數眾多的集團。這個集團對俑坑的掠奪並不是一般性質的竊取財寶，而是帶有目的性的有選擇的拿取。秦俑坑丟失的主要是戈、矛、戟、劍等兵器和關鍵的車馬器具及車輪，而為數眾多的金銅質器物仍然留在坑內。所以我認為這個洗劫盜竊集團當與軍事組織有關，很可能就是一支軍隊。反之，假如洗劫者是一般性質的盜掘團體，那麼秦俑坑中的所有金銅器物對他們來說都是一樣的具有掠奪價值的東西，為什麼不拿走箭鏃、銅殳、弩機、甬鐘⓫和其他眾多的器物？再說一般性質的盜掘集團是不會把氣力浪費在對俑坑的打砸上的，更不會在盜掘後再點一把大火，有意將自己的盜竊行動暴露於眾，至今我還沒有聞聽有這樣愚蠢的盜賊。

既然我已對俑坑的洗劫者作出了是一支軍隊的結論，並把時間的範圍放在秦末漢初，就有必要說明在這段時期內到過或接近過秦陵的軍事集團，首先是秦國章邯所率領的由驪山刑徒組成的秦國政府軍。章邯官拜秦國少府，是秦始皇陵園工程後期的主持者，當秦二世二年（西元前二〇八年）農民起義大爆發，並威脅到秦國政權時，在章邯的請求下，秦二世赦免了驪山刑徒，授給兵器，並由章邯率領去抵抗農民軍。在章邯率刑徒攻打農民軍這個問題上，有人又節外生枝地提出，可能這支匆忙組成的軍隊缺乏兵器，便將俑坑的弓弩刀劍取走。這種解釋如果和砸毀兵馬俑聯繫起來，便知這是一種不攻自破的推斷。假設章邯取走了兵器，何必再砸毀陶俑？況且俑坑兵器和幾十萬刑徒的比例又是那樣懸殊。章邯取走兵器一說不能成立。

有人認為周章之師曾到過秦始皇陵一帶，是周章率人洗劫並燒毀了秦俑坑⓬。這一說更難成立。周章所率領的農民起義軍，只能算作接近過秦始皇陵園的一支軍隊。在《史記·秦始皇本紀》中曾有這樣的記載：「二年冬，陳涉所遣周章等將西至戲，兵數十萬。」這個「戲」的確切地點在新豐東南三十里處，而新豐在秦始皇陵北三公里處，這說明周章之師未到秦始皇陵就被章邯組織起來的驪山刑徒打退了。

劉邦所率領的軍隊先於項羽到達關中，儘管史書沒有明確說明，但這支軍隊到過秦始皇陵是可能的。然而，從劉邦入關後的所作所為來看，足以證明秦俑坑的洗劫和焚毀非其所為。《史記·高祖本紀》中記載劉邦訴說項羽十條罪狀時，曾有「懷王約入秦無暴掠，項羽燒秦宮室，掘始皇帝塚，私收其財物」的說法，要是劉邦將兵馬俑坑洗劫焚毀，這段罵詞是說不出口的。所以，我認為秦俑坑的焚毀是晚於劉邦入關的項羽所為，其原因與袁仲一、王學理先生所說的理由相同。

至於李鼎鉉先生所言的「牧童焚毀」說，我也不敢苟同。假設項羽只砸毀、洗劫了俑坑，而沒有焚燒俑坑，一個小小牧童能將俑坑燒得如此徹底？疑問自然是眾多的，這個牧童共有幾隻羊掉入俑坑？如果是一隻，他只能燒毀一個俑坑，如果是多隻分別掉入兩個俑坑，說明俑坑已千瘡百孔，棚木等自然不會相連，如果有火燃起，也難以全部燒盡，總有一些斷裂處免遭焚燒，留於後世。況且這時坑內已多次進水，潮濕的棚木能否點燃也是一個令人難以作答的問題。

無論是「沼氣自燃」說、「葬儀自焚」說，還是「牧童焚毀」說，其實都是犯了同樣一種錯誤，這就是撇開了秦俑坑曾遭大規模破壞和掠奪這個事實，單就焚毀而論焚毀，從而使歷史的真實陷入了誤圈。假如按「自燃」和「葬儀」說解釋俑坑的焚毀，那麼秦俑坑就不應存在人為的破壞和掠奪。假如按「牧童」說，就不應是多個俑坑均遭焚燒，或者說焚燒就不該如此徹底。

不能一錘定音

劉占成（考古學家、中國秦俑學研究會常務理事）：

關於俑坑焚燒，目前學界有「項羽焚燒」說、「沼氣自燃」說、「秦人自焚」說、「牧羊人引火」說等等。尤以「項羽焚燒」說最為流行。

事實上，最流行的說法並不一定就是最正確的解釋。「項羽焚燒」說最直接的文獻資料是《史記・高祖本紀》中的「項羽燒秦宮室，掘始皇帝塚，私收其財物」這一段記載，而這一史料本身並未言及秦俑坑，後來考古工作者根據秦始皇陵園內遍地堆積著的殘磚碎瓦及灰燼、紅燒土等，公認了《漢書・劉向傳》中的「外被項籍之災」的記載，即項羽來此只是對秦始皇陵園的地面建築進行了大規模的破壞和焚燒，對於地下的埋藏並沒有盜掘和破壞。所以對於埋藏於地下的秦俑坑，理應也是免於項羽大軍的浩劫的。事實上，除兵馬俑坑之外，秦始皇陵園的石質鎧甲坑、動物坑、百戲俑坑、二〇〇一年發現出土青銅仙鶴的七號坑等等，均遭火焚，難道項羽當年來此倉皇破壞時，還能一個一個地下陪葬坑中去從容放火嗎？

「項羽焚燒」說的致命弱點是至今沒有找到這支軍隊進入俑坑的入口。洗劫者要進入俑坑破壞和放火，入口不外乎兩個，一是從斜坡門道進入，一是挖開俑坑頂蓋進入。但考古發現的跡象是，一個個門道封門木完好無缺，坑頂的棚木也沒有發現移位或缺木情況，不知破壞者是從哪裡下去的？既進不了坑，那火自然也是放不成的。另外，當時木頭未朽，兵馬俑按原位排列，破壞者進坑若推倒陶俑，必然會出現依次一個壓一個的疊壓現象，即「多米諾骨牌」效應，而事實上這種現象在一號坑中並未發現。再是破壞者進坑打砸破壞，兵馬俑陶片上必留下打擊點，但這在俑坑中也極少見到。還有，項羽大軍入坑，人數眾多，當時坑下已有二十至四十釐米厚的淤泥層，破壞者勢必留下足跡，但目前一號俑底部淤泥層尚未發現一個腳印。再有，作為一個軍事集團有組織有計畫地大規模破壞和掠奪，坑內的青銅兵器當時應被洗劫一空，所剩無幾。而實際上，俑坑內出土的遠射兵器、長兵器、短兵器為數並不算少，很多遺物正是出土在淤泥土層表面和淤泥層之中。最後一點是，項羽大軍既然焚燒了一號坑，那麼就不可能不燒二、三號坑，而事實是，三號坑未遭火焚，二號坑只是局部遭焚。所以說，「項羽焚燒」說要完全讓人折服，尚需更有力的證據和論證。

根據發掘資料，一號俑坑被焚之前，坑底部已普遍形成可分為十四層的淤土堆積，隔牆已經出現底部坍塌，也就是俑坑建築是在變成千瘡百孔的情況下才遭火焚的，而項羽入關是在西元前二〇七年，距秦陵完工的時間僅三四年，這麼短的時間，對一座宏大的土木結構地下建築來說，自然破壞的力量應是微不足道的，要出現千孔百洞的現象最少在俑坑建成十年之後，當出現野草叢生、千孔百洞之時，牧羊人入坑放火的可能性就會自然發生，難怪《漢書．劉向傳》、《水經．渭水注》、《三輔故事》、《三秦記》等文獻中均有「燃火求羊」的記載，不過文獻記載的是火燒了秦始皇陵。對這一問題，李鼎鉉先生已經做過潛心研究，並明確提出：「近年考古人員在秦陵做了精密的鑽探和考察後，認為秦陵封土沒有發現盜洞，地宮並未被盜，既然沒有盜洞，怎麼會有『羊入其鑿』之事？這個『鑿』我推斷就是距地表不深，處於荒蕪之中的秦俑坑洞口。」李氏之說，我認為其推斷是合乎情理的。還有一個問題是，一個牧童所持的一把尋羊之火，為什麼會把一號俑坑燒得如此徹底，顯然應與坑內存有可燃氣體有關，雖然坑內少量的沼氣達不到自燃的程度，但空氣中的沼氣濃度達到百分之五至百分之十六時，遇火源是可能引起火災甚至爆炸的，而氧化、火災又反過來促進了Cn、CO_2、CH_4、SO_2、H_2S及氧化氮等有害可燃氣體的產生，在封閉、潮濕的地下建築內，不會完全沒有產生可燃氣體的條件，牧童持火，沼氣助燃，火勢蔓延，加之俑坑中又有好幾千立方米的木材相連，秦俑一號坑燃燒得非常徹底就不難理解了。可以說，俑坑最嚴重的破壞，是建築遭火燒後，頂部原封土的塌陷下壓，使其下的兵馬俑東倒西歪。再者，參考秦始皇陵園那麼多陪葬坑被焚的現象，「秦人自焚」說似乎也有一定的道理，它們似乎比「項羽焚燒」說更加合乎情理，雖然目前還無法找到鐵證，但如同幾種焚燒說均不為定論一樣，「項羽焚燒」說起碼也不應一錘定音，更不能作為定論和唯一學說加以宣揚。

抑或還有其他原因

段清波（考古學家、秦始皇陵考古隊隊長）：

我主要談一下秦陵鎧甲坑、百戲俑坑等陪葬坑的焚毀情況。

與秦始皇兵馬俑一號坑相同，秦陵鎧甲坑等多個坑已被徹底焚毀，那麼它被焚於何時？又是被何人所焚？被焚之前是否曾遭盜劫？這一連串問題讓我思考、研究了好久。

在試掘中，我們發現封土頂部的踩踏面比較厚，證明鎧甲坑是在建成相當長的一段時間之後才被焚毀坍塌的；另一方面，如果時間過長，棚木就會受壓變形，坑頂逐漸下陷，坑內缺乏空間和通氣條件，也就不會被焚燒得如此嚴重。所以我們分析認為，鎧甲坑是在建成數年後被焚毀的。既然坑體在相當長一段時間後才被焚，顯然不是秦王朝官署出於「禮制」在坑建成後即刻有意對其焚燒；又因坑內未發現大量淤泥，故不可能有足夠沼氣產生，也就不會是「自燃」。那麼，它是如何被燒的呢？我們還發現種種跡象，如：石質鎧甲坑中石甲冑當初應是懸掛放置的，因為許多甲冑是立體下坐的，但在甲冑內未發現甲冑的承載物，而且甲冑零亂地傾倒在坑底；T1過洞內發現零亂的散甲片和青銅構件，但不見該構件所應歸屬的完整器物；T3過洞內未發現任何遺物等等。這些跡象似乎表明鎧甲坑被焚毀前曾遭大規模盜劫，只留下沒有實用價值和不被當時的人們視為文物的石甲冑之類的物品。如此大規模的盜劫絕非小部分人或尋常百姓私人力量所能及的，而應是與大的社會和政治變故相關。除在T4過洞內發現近現代水洞通往坑底、在鎧甲上積有少量淤泥外，其他探方內均未發現坑底有淤泥，這說明該坑在被盜後立即被大火焚毀並坍塌，所以未在坑底普遍形成淤泥層。

那麼，這場盜劫和焚坑事件是何人所為呢？既然是一場大的社會和政治變故，而且在陵園陪葬坑建成後不久，則應是秦漢之際某一次兵亂。對該坑盜劫和放火滅跡者也許是周文的百萬之師，或許是項羽的芸芸部下，文獻中均語焉不詳，或互相衝突。當然，也不排除劉邦的各路軍馬，因為即使是其所為，在漢代恐怕也無人敢真實地寫出來，以後的記載，就更不可信。但總的來說，這場盜劫放火的事件可能是秦末漢初之際的某支大集團或軍隊所為，如果要明確說出是周文、項羽或劉邦等等，均無確鑿翔實的證據。儘管如此，我還是更傾向於項羽焚毀說，因為相較而言，項羽來這裡的證據更可靠一些，當然，也可能坑的焚毀抑或還有其他的原因。

結束了對七位秦俑研究者的訪問，面對眼前的一堆紀錄，它使我對秦俑坑的焚燒原因有所瞭解的同時，也產生了新的疑竇。我覺得自己同樣走進了一個怪圈之中而難以分辨東西南北，諸種不同的推論，除了有它們各自的可信性，不能完全令人折服的缺憾也是顯而易見的。「沼氣自燃」、「葬儀自焚」、「牧童焚毀」諸說的證據之不足已為張仲立先生所總結。目前秦俑博物館的講解員在對遊客解釋秦俑坑的焚毀之因時，採用的仍是「項羽焚毀」說，足見這一理論推斷所占的主導地位。但這種推斷的不足之處在於撇開了「俑坑內堆積淤泥普遍為十四層」這一事實，按此說法，項羽入關將俑坑大面積揭開，那麼在砸毀焚燒後，俑坑上部的土層必然落入坑底而將墁磚甚至陶俑覆蓋。何以出現顯然是被水沖積的多達十四層淤泥沉積坑底的奇特現象。「項羽焚毀」說也正是忽視了這一實證而不能完全令人折服，並使討論陷入了怪圈之中，所以劉占成認為這一說法不應作為定論。不過從劉占成的觀點來看，似乎仍傾向於「牧童焚燒」說。

但這一說除張仲立對其所批駁的觀點外，還有一些問題值得探討和思索，比如牧童共有幾人？牧放了多少隻羊？大火燃起後的情況如何等等。如果說牧童是一人，可以想像他牧羊的數量不會很多，既然數量有限，不可能遍布方圓幾十公里的陵園，也不可能在相隔幾公里的地方，羊A掉入兵馬俑一號坑，羊B掉入二號坑，羊C掉入三號坑又突發神力蹦了出來，而羊D又不小心掉入相隔一．五公里處的石質鎧甲坑，羊E再誤入百戲俑坑。看來，「牧童焚毀」說尚需找到更有力的證據才能使大家認同。如果哪一天研究者能夠真正還秦俑坑焚毀的歷史以真實面貌，那對秦俑坑及整個秦始皇陵的研究來說，無疑將是一大幸事。

注釋

❶五銖：古銅幣名。圓形，方孔，有周郭（古錢邊緣的輪廓），重五銖（漢制二十四銖為一兩）。錢上鑄有篆文「五銖」二字，故名。漢武帝元狩五年（西元前一一八年）始鑄，直至隋代七百多年間，各個朝代皆有鑄造，但形制大小不盡相同。

❷據《漢書．高帝本紀》記載，高帝十二年（西元前一九五年）十二月曾下詔曰：「秦皇帝、楚隱王（即陳勝）、魏安釐王、齊愍王（湣王）、趙悼襄王皆絕亡（無）後，其與秦始皇帝守塚二十家，楚、魏、齊各十家，趙及魏公子亡（無）忌各五家，令視其塚，復亡（無）與它事。」

❸寢殿：皇帝靈魂日常起居飲食的處所，建在陵旁，內設皇帝的衣冠、几杖、象生之具（死者生前所用之物），供後人侍奉祭祀。陵側設寢發軔於秦始皇，其寢殿位於封土以北四十米，現僅存基址。南北長六十五米，東西寬五十五米，四周有用粗沙鋪墊的散水（排水設施）。基址上部覆蓋著殘碎的瓦片和紅燒土，局部地段遺留有高三十至五十釐米的殘牆，牆表面有一層麥草泥，並塗白堊，顯示寢殿原是一座近似方形的大型土木結構瓦頂建築，因火焚毀棄。

❹飤官：即食官，是奉常（秦代掌宗廟禮儀之官）的屬官，負責宮廷膳食之事。秦漢時，宗廟、陵園內也設有食官，掌管祖先牌位或墓主靈魂的膳食供奉。秦始皇陵的食官建築遺址位於西城門以北的內外城垣之間，一九八一年十一月至一九八二年五月間進行考古發掘，對南端一處建築的東段做了清理，其中包括六座巨型的單元建築。食官遺址

南北長約二百米，東西寬約一百八十米，是一組類似四合院式的建築，後遭火焚毀棄，遍地覆蓋著殘瓦、炭跡、紅燒土、灰土等。考古發掘中出土大量建築材料、日常用品和眾多陶文，其中「麗山（即麗山園，指秦始皇帝陵園）官」系列的陶文僅見於該處，是確定遺址性質的重要依據。

❺園寺吏舍：祭奉皇帝靈魂的陵園官吏所居之寺舍建築。秦始皇陵的園寺吏舍，目前共發現三處夯土建築基址。一號夯土基址位於西城門以北至臨馬公路之間，即食官的寺舍，見前註。二號夯土基址位於臨馬公路以北至晏寨村南，南距食官寺舍約五十米，南北長約二百米，東西寬約一百八十米，發現房屋基址兩座。似乎亦呈四合院式的布局。三號夯土基址位於晏寨村東，上面覆蓋著瓦礫灰土，未作勘察，建築情況不明。

❻魚池村周圍有一大片建築遺址，東西長約兩千米，南北寬五百米。經勘察，發現夯土城垣、房屋基址，排水管道、水井、灰坑，有大量殘磚碎瓦堆積，以及銅、鐵製物件近千種。由出土的遺物及陶文可知其時代為戰國晚期至秦統一。該建築遺址位於陵北通往首都咸陽和關東的大路旁，應是當年修陵時的指揮中心，以及京官視察工程或常駐的官邸。

❼兩詔銅權：「權」是古代天平的砝碼。秦始皇陵的麗山食官遺址於一九七五、一九七八、一九八〇、一九八一年曾出土四枚斤權，一九七三年陵西內城也發現一枚，為研究秦國度量衡制度提供了珍貴的實物資料。五枚權的重量都在二百五十克上下，相當於秦代的一斤。各權上有秦始皇二十六年詔文四十字：「廿六年，皇帝盡并兼天下諸侯，黔首（百姓）大安，立號為皇帝。乃詔丞相狀（隗狀，秦始皇二十一年至三十四年時曾任左相）、綰（王綰，秦始皇二十一年至三十四年時曾任右相），法度量，則不壹，歉疑者皆明壹之。」以及秦二世元年詔文六十字：「元年制，詔丞相斯（李斯）、去疾（馮去疾，秦始皇三十四年至秦二世二年時曾任右相），法度量，盡始皇帝為之，皆有刻辭焉。今襲號，而刻辭不稱始皇帝，其於久遠殹（也），如後嗣為之者，不稱成功盛德。刻此詔，故刻左。使毋疑。」兩詔均為小篆書體。

❽麗山園銅鍾：「鍾」是古代盛酒食的生活用具。此銅鍾於一九五八年在秦始皇陵北側安溝村出土，青銅質。素面，直口，削肩，鼓腹，平底。肩腹間環周有四耳，等距排列，通高四十四釐米。口徑與底徑均為十九釐米，腹徑三十

五·八釐米。外底部刻有小篆銘文兩行：「麗山園容（鍾的容量）十二斗三升（十升為一斗），重（鍾的重量）二鈞十三斤八兩（一斤十六兩，三十斤為一鈞）。」實測重量為一九·二五公斤，容水二四·五七公升。

❾河南安陽小屯丙組：河南安陽市西北郊洹河兩岸，是商王朝後期都城遺址，名為「殷墟」或「殷虛」。據文獻記載，自盤庚遷都至紂王（帝辛）亡國，整個商代後期以此為都，共經八代十二王、二七三年，年代約當西元前十四世紀末至前十一世紀。遺址發現於二十世紀初，一九二八年由中央研究院歷史語言研究所（簡稱中研院史語所）開始發掘。其中，洹河南岸的小屯村東北地為商代宮殿、宗廟區，已發掘夯土建築基址五十三座，分為甲、乙、丙三組。丙組位於宮殿基址的西南角，共十七座，排列頗對稱，年代較晚，其附近有與祭祀相關的現象。

❿徐州兵馬俑坑位於該市東郊獅子山，共四座，一九八四年發掘。出土彩繪兵馬俑二千三百三十七件，包括官吏俑、戴盔俑、髮辮俑、髮髻俑、袍俑、甲俑、跽坐俑等，構成一個軍事序列，陣容頗為壯觀。一號坑發現一木車遺跡，四匹陶馬並排列其前端，馬形體健壯。徐州兵馬俑坑所出以步兵俑為主，也有騎俑，唯不見戰車，反映出當時軍隊的組成和戰術的變化。陶俑的年代，據考證為西漢景帝、武帝之際，它的主人應是分封到徐州的某一代楚王。

⓫在一號秦俑坑的戰車附近，與鼓跡伴隨出土的常有一個小青銅甬鐘，也有學者認為是青銅鐸或青銅鉦。通高二十七釐米，重二千三百公克。表飾蟠螭紋，內壁光素，具兩銑，甬中空，其中部有一道凸稜（即「旋」），側鑄一鼻鈕（即「幹」）。古代軍陣中以擊鼓為進，以鳴金為節制，鐘或鐸即是「金」的一種。

⓬此說之由來，係根據《漢書·劉向傳》：「秦始皇帝葬於驪山之阿……天下苦其役而反之，驪山之作未成，而周章百萬之師至其下矣。」

第十三章

難以褪色的歷史底片

秦俑博物館自一九七九年十月一日對外開放，已度過了三十多個春秋歷程，接待來自海內外的研究者、觀光客四千多萬人，其中不惜遠涉重洋者。上自元首領袖，下至販夫走卒，參觀者絡繹不絕。秦俑館每天人流如潮，形成了一條流動的長河。在這條長河不停地奔騰中，時常翻起多彩的浪花。儘管這浪花只是短暫的一瞬，且形狀和產生的社會影響各不相同，但因其已融入秦俑博物館的歷史之中而變成永恆，從而作為不可或缺的一頁為人們所銘記。

尼克森被困秦俑館

一九八五年九月五日，秦俑博物館突然接到陝西省外辦的電話通知：

「美國前總統尼克森要來秦俑館參觀，他已經身患重病，這可能是他一生最後一次訪華。尼克森曾為中美建交做出過努力和貢獻，現在他雖然不再是總統，但我們還是按國家元首的最高規格接待。務必做到熱情、周到、細緻、安全……」博物館方面自是不敢怠慢，立即進入了緊張的布置，並特別請館內頂尖的資深講解員馬青雲為其講解。

九月七日上午，尼克森一行二十多輛車駛進秦俑館。儘管尼克森的這次來訪遠沒有早些時候正在總統任上的雷根總統那樣氣派和威風，但場面布置和各方人士的熱情卻毫不遜色。此前秦俑館與有關方面考慮到尼克森本人的特殊性，在諸多方面都做了周密的部署，但意想不到的事還是發生了。

尼克森的轎車一進入館前的廣場，就被事先聞知的中國遊客圍住，使他無法走出車門。負責警衛的公安人員和武警官兵迅速擠進人群，將車門拉開，尼克森才得以走了出來。

「總統好！」有人在人群中高呼起來，尼克森愣了一下，沒有聽懂對方的語言，但他從人們透出的熱烈、激動、敬慕的眼神中，立刻意識到這是中國人對自己的親切問候。他原本有些嚴肅的面龐立即布滿了笑容，瀟灑地舉起右手揮動著，喊出了同樣令多數中國遊客聽不懂的問候：「Ladies and gentlemen！」（各位女士、先生們好！）

人群越來越靠近尼克森，機警的公安人員和武警戰士迅速排成人牆，堵住人群，給尼克森闢出一條狹窄的通道。尼克森揮動手臂，在工作人員的護送下來到接待室。

「非常抱歉，剛才的秩序有些混亂，請總統先生諒解。因為您曾經為中美建交作出過巨大貢獻，中國人民一直對您十分尊敬和感激，在中國，就是普通的百姓也熟悉總統先生的大名並懷有深深的敬愛之情。」中方陪同人員向尼克森做著解釋，以免引起誤會。

尼克森顯然被剛才的場面和陪同人員的解釋所感動，他稍微抬起右手，微笑中透著真誠地說道：「對中國人民的友好情誼我表示深深的感謝，請代我向廣場的人民問候。」

尼克森預定在接待室的時間一閃即過，由保衛人員護送，走進一號兵馬俑展廳。

面對整齊威武、博大壯觀的兵馬俑軍陣，尼克森臉上的笑容消失殆盡，閃亮的眸子靜靜地注視著坑中的一切。突然，他轉向身邊專門為他講解的馬青雲問道：「美國有哪些總統來看過兵馬俑？」

「第一位是副總統孟代爾，時間是一九七九年八月；第二位是總統卡特，時間是一九八一年八月；第三位是雷根總統，時間是一九八四年四月；您是第四位光臨秦俑館的總統。」馬青雲流利地回答。

尼克森輕輕點頭：「這的確是個神祕而又吸引人的地方啊！」他的聲音很小，似乎是在說給自己聽。腳步很輕很慢，似乎怕驚動這支地下伏兵而殺將上來，使自己遭到不測。他的面龐沒有笑容，神態嚴肅而沉重，內心分明被這威嚴的軍陣氣勢所震撼。

「十幾年前，我來到北京，當我第一次登上八達嶺長城的時候，我就曾說過那是一座偉大的建築，人類文明的奇蹟，地球的標誌。今天見到了秦代兵馬俑軍陣，它給我的感受和長城是一樣的。」尼克森仍在自言自語，聲音小得難以令人聽清。

其實，他對登長城的感受只是說出了表面的一部分，而潛藏在背後的含義則是：「美利堅合眾國面對的是一個世界歷史上最有潛力的對手，因此必須作出一切努力同中國搞好關係。」

透過尼克森那雙深沉、凝重和略帶驚覺的眼神可以窺測到，面前的兵馬俑軍陣給他的震撼要比長城給予他的感受更為沉重和豐富。

一九七二年二月，尼克森總統和毛澤東主席進行了歷史性的握手。在返回美國的專機裡，尼克森曾為飛機著陸華盛頓之後，美國兩黨和公眾對自己的訪華行動所採取的態度而煩躁得臉色發青，差點昏倒在座艙內……但是，具有長遠政治眼光和超人智慧的尼克森總統的得力助手季辛吉博士，曾說了這樣一句話：「未來將比現在更公正地對您此行作出評價。」

歷史證實了季辛吉當年的論斷。隨著時間的流逝，尼克森為世界和平所作出的努力和貢獻，已被後人重新認識。

尼克森在中國秦俑館的一幕，便是對這位歷史偉人功績的生動而形象的評述。

當然，秦俑博物館之行，使尼克森對中國這個神祕的地方多了一層瞭解的同時，也使他的政治眼光和外交智慧得到了飛躍式的提升，並能夠更加熟練地運用孫子兵法分析風雲變幻的世界形勢。他在自己撰寫的著作《真正的戰爭》（*The Real War*）中，一方面引用《孫子兵法》中的「夫兵久而國利者，未之有也」和「兵貴勝，不貴久」等警言，以此來檢討美國在越南發動的曠日持久而難以取勝的戰爭；另一方面，他主張在激烈動盪的國際競爭中，更要運用《孫子兵法》所說的「以正合，以奇勝」的策略。尼克森對此的解釋是：「正」即平常的、直接的力量；「奇」乃異常的、間接的力量。「正」與「奇」兩者應互相補充，相得益彰，同時運用「正」與「奇」兩者乃是「制勝之道」。其具體實施方案是，「以正合」，就是用美國的軍事力量去對付蘇聯的軍事力量，這是必不可少的第一步，而下一步「以奇勝」，則是一個「更加複雜、更加微妙、更需要下工夫和費時日的步驟」。尼克森在後來的另一部著作《不戰而勝》（*Victory Without War*）中，更是大量運用《孫子兵法》的戰略思想分析和展望國際形勢，論述如何以巧妙的策略，達到「不戰而屈人之兵」的目的。令世人看到的一個事實是，自越戰之後美國在對外用兵策略中，基本上遵循了這條原則，除非萬不得已，才採取《孫子兵法》所謂「攻城為下」的策略，動用大兵與重裝武器攻堅奪壘，開始真刀真槍地爭奪搏殺。即便如此，在具體的戰術中，仍沒有忘記「正」與「奇」的巧妙配合，輕而取勝的波斯灣戰爭、轟炸南斯拉夫聯盟、摧毀塔利班政權、活捉臭狗屎一樣的惡棍霸主薩達姆等等，便是活生生的事例與歷史明證。

作家三毛觀秦俑

一九九一年一月四日，海內外華人世界享有盛名的臺灣女作家三毛，在臺北榮民總醫院用絲襪將自己吊死在浴室的掛鉤上，結束了她那輝煌而又充滿傳奇色彩的一生。

三毛猝逝震驚文壇！

三毛死因神祕莫測！

海內外報刊紛紛發表文章探尋這位女作家的死亡之謎。最早風傳的是三毛自感身患癌症，而在無奈中自殺，但很快遭到臺灣榮民總醫院主治醫師趙灌的否認。因為三毛患的不是癌症，而是因荷爾蒙分泌紊亂所導致的子宮內膜肥厚。醫護人員早已同她講明這一症狀，而三毛也未表示懷疑。事實上，在手術後荷爾蒙分泌已恢復正常，三毛的情緒也隨之樂觀和興奮。直到她自殺之前都沒有發現有異常的情緒波折。

猜測否定後，三毛與西班牙籍丈夫荷西曾有過一段浪漫而熱烈的生活使她終生難忘。隨著一九七八年荷西在西班牙潛水作業中命歸大海，她的心靈受到重創，遂產生自殺念頭。而在她的生命之燈忽閃忽滅之時，大學時期一位男友曾想竭力填補她心靈中感情的空白，但終因不能掙脫家庭、妻子的羈絆而不得不含恨放棄，從而更增加了三毛自殺的決心。有的報刊則把三毛自殺之因完全歸於她所編劇的《滾滾紅塵》影片，在臺灣角逐金馬獎最佳編劇時不幸落選……

三毛自殺的原因莫衷一是，眾說紛紜。隨著報刊的大肆炒作，三毛生前的著作和後人為她撰寫的著作鋪天蓋地擁向書店、書屋、書攤、書市，一時間到處充斥了《三毛自殺之謎》、《三毛、三毛》、《哭三毛》、《哭泣的駱駝》、《溫柔的夜》……有的出版商乾脆把鋼筆字帖也全部印上三毛愛情小說的精彩片斷。三毛的名氣達到了她生前遠不能及的高度。

可惜，這些出版商的本意似乎並不在專為這位女作家的隕落而痛惜、哀思和懷念。這些雪片樣飛落的報刊、書籍所引起的轟動效應，恐怕也絕非三毛的亡魂所情願的。

當我赴秦始皇兵馬俑博物館採訪時，聽到的除對兵馬俑的議論之外，最熱門的話題依然是波斯灣戰火與三毛之死。因為波斯灣戰爭中的主要人物大多來過秦俑館，他們的巨幅照片仍完好無損地懸貼在館內的櫥窗上，這就不能不讓人更加關注波斯灣戰爭和戰爭中主要人物的命運及最後的結局。而三毛本人從離開秦俑館到自殺身亡，也僅僅過去了幾個月的時間，短暫的歷史煙塵並沒有完全掩飾她在秦俑館的足跡。她的音容笑貌、憂鬱神態依然在和她所有接觸過的秦俑館工作人員心中清晰可辨。也許瞭解了這位作家在秦俑軍陣前的所思所感，她的自殺之謎就更容易解開了。

這是一個無風無雨的靜靜的夜晚，我在秦俑博物館暫住的房間裡，面對一位漂亮而又才華橫溢、多愁善感的姑娘，靜心地聽她講述關於作家三毛與秦俑館的故事——

去年（一九九〇年）四月十一日下午，我正在秦俑館忙著接待遊客，無意中見到一個氣質出眾的女人，便忍不住多看了她一眼。這時我發現她胸前掛著一個長命鎖，立刻意識到她可能是臺灣女作家三毛。因為我非常喜愛她的書，能夠找到的幾乎都讀過，其中在她的一本書上就畫有這樣一把長命鎖，圖的下面是三毛的親筆字「我的寶貝」。她看見我在她面前愣神，立即衝我做了個手勢，面帶微笑噓了一聲，示意我不要聲張。就在這一剎那，我感到她聰明過人，便不由自主地仔細觀察她的一切。她的穿戴很普通，黑底暗花的服飾給人一種簡明爽快的感覺。她之所以引起我的關注是因為透過這簡單普通的服飾，讓人感到她內心所散發出來的一種獨特魅力。在眾多的遊客中，我很少為某個人而留神。哪怕她花枝招展抑或是雍容華貴，都難引起我的特殊關注。但三毛不同，我見到她的第一眼，就被她特殊的氣質征服了。這種奇特的感覺或許來自對她作品的愛戀和對她人生命運的同情。

我最終還是忍不住向前問道：「您是不是……」

「就是，就是。」未等我說完，她就搶先做了回答。

「能不能……」

我的話還沒完，她又搶先回答：「可以，可以。」

我越加佩服她的機敏與聰明。

「轉過身來。」她說，有一種瀟灑、爽直的感覺。

她拿出一張精製的硬紙鋪在我的肩上，簽了她自己的名字微笑著遞給我，然後匆匆向展廳走去。她的步子非常大，走路非常快。在我所見到的遊客中，很少有像她這樣瀟灑而充滿精力和具有自信心的人。她的出現使我想起了《撒哈拉的故事》。我彷彿看見她用自己的健步跨過撒哈拉大沙漠和五大洲千山萬水時那矯美的身影。前行道路上一切的阻礙和險惡，都在她的堅強意志和奮力跋涉中變得渺小與平坦。

在大廳裡，面對兵馬俑軍陣，她不像大多數人那樣驚奇和一味地讚美如何偉大了不起。她很少說話，只是靜靜地聽著講解員的解說，但看得出她內心的情感波動比其他人更加強烈。她原本就有些憔悴疲倦的面容又增添了一層深沉和凝重。我想這時候她看到和想到的也許不會僅僅是中國的古代文明和世界奇蹟，更多的則會是關於人類生死的困惑和愛的癡迷，以及對人生主題意義的思索，同時她也一定會想到作為人類一員的自己所苦苦尋求的生活真諦和最後的歸宿。秦始皇兵馬俑給予她的深切感受一定不是生活的永恆，而是生命的死亡與再生。

當三毛走出展廳來到篆刻圖章小賣部時，有一個衣著華麗看似氣派非凡的婦人也走了進來。三毛低著頭默默地觀看面前的一切，那位貴婦橫在櫃檯中央，態度傲慢地對年輕的女服務員嚷道：「師傅，你的圖章怎麼刻？」服務員禮貌地做了回答。貴婦遞過一張紙條，氣勢依然咄咄逼人：「就按這個名字這種樣式刻，要趕快刻，刻好後送到××賓館第五層四一二號房間，不要耽誤。」

我望望三毛，又望望這位貴婦，忽然覺得人的差異如此之大。在這個狹窄的空間裡貴婦的身材是那樣肥胖，服飾和打扮是那樣華美，神態又如此旁若無人和沾沾自喜，相對於瘦弱和穿著樸素的三毛，她應該更能令人注意。但在注意貴婦時除了心中的憤慨，再也沒有什麼值得記憶的東西，因為人的魅力在於真善美的合而為一。也正因為如此，我才越發感到三毛的真正魅力，並對她多了一分祝願，願她生活得更富有和更美好。

三毛要走了，我覺得應該送送她。當她發現別人非常喜愛她時，她便像孩子一樣給人一種更加親切和善良的饋贈。她突然伸開雙臂，緊緊地將我摟在懷中，親吻著我的頭髮和面頰。我的身心受到強烈的震顫，我驀地產生了一種感覺，這是一種從來沒有過的感覺。這種感覺催人淚下，像她這樣一位善良多情的女人，為什麼命運總在捉弄她，使她飽受了人世的痛苦和情感的折磨。她曾因數學成績平平而遭到同學的譏諷和老師的侮辱，不得不在家獨自一人面壁七年。她曾與荷西在沙漠裡度過了歡快、浪漫的眷屬生活，但隨著荷西的去世，她又墜入了生活的低谷，命運之神又向她伸出了殘忍的手，扼住了她喘息的咽喉，以致使她噩夢連綿，憔悴不堪……我無法抑制情感的閘門，我的淚水潸然而下。

「噢，這是淚水。」三毛動情地望著我的臉頰，掏出手帕拭去我的淚水。她轉身走到將要開動的旅遊車上，從自己的包裡找出一個黑色的皮夾子走過來：「我想把這個送給你作為紀念。」她的眼睛有些濕潤，她低下頭不再看我，以此掩飾她內心情感的波瀾而不在這種時刻失態。

她送我的皮夾子很舊，裡面殘留著幾頁她的手跡，這無疑是陪伴她度過萬水千山的心愛夥伴。由此我更加對她的真誠和善良多一分敬愛。

我覺得我應該回贈她一點禮物，我從旁邊的小賣部裡暫借了一本價值二十五元的兵馬俑畫冊送給她。也就在要握手言別的時候，我的兩位同事卻在不遠處高聲提醒我：「你怎麼把這麼貴重的禮物送給她，這不是吃虧了？」

這位同事的話被三毛和車上的臺灣人清楚地聽到了。我的頭頂如轟然響起炸雷，我感到無地自容。我想當場譴責她，但終於沒有付諸行動。也許我們太貧窮了，貧窮得在人的交往中為一分錢的得失而費盡心機去盤算，其結局卻是人的情感、情誼越發冷漠和淡遠。我記得三毛曾在一篇文章中說過：「其實臺灣人也不是大陸人所想像的那樣富裕。」在這貧窮與苦難的日子裡，人除了應該注重物質，更應注重情誼。物質可以買到，真正的情誼是金錢所難以買到的。

握別的時候，她的眼角掛著淚珠，她告訴我：「也許在幾個月之後我還要回來看你的。」

然而，我等到的不是她的歸來，而是關於她自殺的噩耗。

我覺得她的死因一定像她說的一樣：「我很累，很憔悴，睡不著覺。晚上時常做噩夢，像是生活在夢中。」她感到自己在折磨自己、空耗生命，在漫漫長夜裡她不知道自己是人是鬼，為此她痛不欲生。

她確信這一個個噩夢都是上帝為她安排的生活方式，自己只是一種簡單的形成。在這個短暫的形成中，她經歷了她所能經歷的一切，完成了自己所要完成的事情，她感到她已走到了人生的盡頭。在這生命之燈忽閃忽滅時，她希望獲得新生，而這個新生必須通過死亡去獲得。臺灣人對宿命論和人的生死轉換的宗教理論是極為信服的，那麼她渴求新生的寄託就是自殺，她把自殺當作尋求新生命的唯一形式，這種形式不是消極的，而是一種毅力與精神的再現。人的一生一世不只是怎樣面對生存，且還有如何對待和進入死亡。三毛的溘然長逝，是超脫於塵世的對生活和生命自身更高層次的擁抱。我等待著她的新生，等待著她的到來……

漂亮姑娘說完她要說的一切，淚水盈滿眼眶，我在遞給她一條毛巾的同時，竟覺得自己的眼睛也有些發燙。明亮的燈光下我們相對無語，靜靜地為三毛的去世而祈禱。

送走面前的姑娘，已是凌晨三點多鐘。夜色依舊黑暗無光，四周出奇地寧靜，世界依然安詳地沉浸在溫馨的夢中。望著長空中一顆飄逝的流星，我在心中輕輕地呼喚著——

歸來兮，三毛。

柯林頓夫婦訪問與老楊的官司

一九九八年的六月二十五日，美國總統柯林頓訪問中國，首站選擇到古都西安。柯林頓在西安，被安排參觀秦兵馬俑博物館。第二天，新華通訊社對外發布消息：

柯林頓總統在西安參觀訪問
參觀兵馬俑和陝西歷史博物館，訪問下和村並與當地百姓座談

新華社西安六月二十六日電（記者辛懷時）　美國總統柯林頓和夫人希拉蕊一行今天在古都西安進行一天的參觀訪問。他們參觀了被譽為「世界第八大奇蹟」的秦始皇兵馬俑和陝西歷史博物館，訪問了兵馬俑附近的下和村，並與當地百姓進行了座談。

柯林頓夫婦今天中午在陝西省省長程安東和夫人以及兵馬俑博物館館長吳永琪的陪同下，來到兵馬俑

一號坑大廳，在一號坑的平臺上，吳永琪向客人介紹了兵馬俑的挖掘、修復和保護情況。隨後，柯林頓夫婦走下坑底，在兵馬俑群中仔細觀察並提出一些有關兵馬俑的製作材料和工藝方面的問題。吳永琪一一給予解答。

柯林頓夫婦在兵馬俑群中不時停下讓記者拍照。

一號坑是由車兵和步兵聯合編隊的方陣，共有六千多個陶俑。

在參觀完一號坑後，柯林頓夫婦參觀了兵馬俑的修復中心和二號坑，還參觀了珍貴的出土文物銅車馬。

下午，柯林頓一行來到陝西歷史博物館參觀訪問。參觀了體現陝西悠久歷史的古文物展覽並觀賞了珍貴的大唐壁畫。這裡集中了陝西出土的珍貴文物三十七萬多件。

今天上午，柯林頓夫婦一行還訪問了兵馬俑附近的下和村。下和村因一九七四年秦始皇陵兵馬俑的發現由一個原來貧窮的村莊逐步發展為遠近聞名的富裕村。村中百分之六十以上的收入均與兵馬俑的開發和旅遊有關，成為陝西省著名的小康村。

上午十時，柯林頓總統夫婦來到這個有一千三百多人口的村莊，村長楊雲龍在村口迎接。在一戶人家的院門外，柯林頓夫婦和六位當地百姓座談了四十分鐘。參加座談的分別是農民、小學教師、企業家和大學生，他們圍繞「我和中國的變化」這個主題介紹了自己的經歷並回答了柯林頓夫婦的提問。

隨後，柯林頓來到下和村小學發表簡短演講。他說，他瞭解到下和村在農業方面應用了先進技術，使得村民可以騰出手來從事其他工作，如旅遊、工藝品製造和其他行業。他表示高興地注意到，村裡有了電視、電話和學校，村民的生活也像中國其它地方一樣有了很大改善，他祝願下和村的未來更美好。

柯林頓訪華觀看兵馬俑的故事本來到此結束，但媒體似覺不夠過癮，繼續深挖細刨，向四周擴展探尋新聞線索。於是枝節橫生，一系列頗具傳奇與黑色幽默的故事陸續出籠，直至鬧到兵馬俑的發現者之一楊志發走上法庭，並獲得四萬元賠償金才得以消停。

故事之一：

柯林頓來華之前，吹噓說他比兵馬俑要高。但進秦俑坑參觀比照後，發現自己竟比兵馬俑矮一個頭，遂閉上嘴巴，再也不敢吹噓了。當柯林頓從坑中爬出，步上大廳時，發現一個小女孩站在高處觀望他，雙方招呼並對話：

柯林頓：你為什麼站那麼高？

女孩：可以看清楚美國總統。

柯林頓：你知道他是幹什麼的？

女孩：管美國（人民）。

柯林頓：（略微思索）：準確的說，是美國人民在管總統。

有網路媒體就柯林頓與小女孩的對話發表後，又進行討論，其主題是最能說明柯林頓這一結論的是：

A、美國的政治制度是按三權分立的原則設置的。

B、總統由選民間接選舉產生並對選民負責。

C、政黨政治的存在置總統于人民監督之下。

D、美國民眾有較強的民主參與意識。

答案是B。

柯林頓結束了兵馬俑博物館之行，臨走時，顯得比當年的雷根總統對兵馬俑還情深意切，「馬屁」也拍得更響，他對陝西省長和博物館陪同者說：「真希望到這裡來當館長。」有人對此撰文說：「柯林頓能當好美國總統，不一定能當好秦兵馬俑博物館館長，因為中國的人事關係盤根錯節，政治制度複雜多變，非柯林頓所能參悟與適應」云云。

故事之二：

柯林頓總統訪華要參觀兵馬俑。此前，很多國際、國內的要人前來參觀，但沒有一個提出要見一見兵馬俑的發現人楊志發。那是下河村（原西楊村因與兵俑博物館太近，搬遷到下和村）一個一文不名的老農，他發現兵馬俑不過出於偶然，有什麼好見的？然而柯林頓卻把楊志發當成明星來追，說一定要見一見這位了不起的兵馬俑的發現者。陝西省有關方面得到通知，火速請來楊志發，讓他穿上新衣服來見，柯林頓真具有追星一族的「素養」，他一見老農楊志發激動不已，緊握著老人的手要求給他簽名，可老楊沒念過書不會寫字，平生更沒見過這麼龐大的官方場面，在工作人員的勸說下，只好哆哆嗦嗦地在本子上給柯林頓畫了三個小圓圈，柯林頓見之大為讚歎：「你畫了一個圈就發現了兵馬俑，這要畫三個圈還了得。」隨後，柯林頓又問楊志發當年發現兵馬俑的感想，楊志發想了想，用右手食指在地上畫了一個大大的圈，最後在圈中重重的點了一下。柯林頓看了搖搖頭表示不懂，通過翻譯，楊志發解釋說：「大圈表示中國之大，重重的點表示中國地下寶藏很多，秦兵馬俑只是其中的一點，我也只是中國農民中的一分子，沒有一點特別的。」柯林頓聽後豎起大拇指，連誇中國人偉大，中國農民心胸更大。

楊志發的一系列動作與解釋，眾皆滿意歡喜，有人說老楊叫了一輩子楊志發而沒有「發」，這次算大發了。不但是楊家祖墳冒了青煙，就算秦始皇帝陵頂也冒霧露毛了！

因為柯林頓的接見，農民楊志發的命運在他發現兵馬俑二十四年後，終於有了重大轉折：上頭指示安排當地最有名的書法家教楊志發依葫蘆畫瓢地練字，且只練「兵馬俑發現第一人楊志發」幾個字。幾個月後，楊的字可與書法家一比高下。楊志發從此脫離了農民的身分，開始調往秦俑博物館給遊客們簽名售書。接著，楊志發被任命為兵馬俑博物館名譽館長，月薪高達八千元人民幣。據說，年逾七十的楊志發如果每月在館內坐館十天，為中外遊客簽名，還可另得五千元津貼。名人效應，使老農楊志發也身價百倍了。

特別值得一提的是，柯林頓提出要見老楊的同時，又提出要到老楊的村子看看鄉親們。於是當地政府接令大為緊張，立即請來裝修隊裝修村民的房子，為每家每戶發錢，又怕他們捨不得花錢，還配上電視機等家具，老楊家竟然配了一臺當時最大型號的彩色大電視。村民們一下子富了起來。老楊在兵馬俑博物館給柯林頓畫完圈，又帶領一行人來到村子參觀，與鄉親們交流，搞得美國總統一家、中國的各級官吏、老楊與村子的鄉親皆大歡喜。柯林頓走後那一年春節，下和村村民們寫了這樣一幅對聯貼在隊部的大門上，熠熠生輝，光彩奪目。聯曰：翻身不忘共產黨，致富全靠秦始皇。橫批：感謝老楊！

故事之三：

柯林頓走了，但關於這位美國總統與老楊的故事遠沒有結束。到了二〇〇三年，又有消息傳出，楊志發因柯林頓總統找其簽名引發官司，報導失實，配圖醜化，兵馬俑發現者楊志發一審勝訴獲賠四萬元。據媒體報導，官司的來龍去脈大體如下：

二〇〇二年一月四日，一家《廣州日報》刊登了作者趙牧的文章〈三個畫圈的人〉。文中稱：機關單位裡的文件後面往往會印上幾個領導人的名字。意思是文件送這幾個領導審閱。要想知道這文件誰看過，誰沒看過，只要看名字上是否被畫了圈就知道，所以便有領導「圈閱」一說。至於那領導是否真看過，是否認真看過，就只有天知道了。據說，畫圈的始作俑者是宋代著名宰相、文學家王安石，表示的意思就是「知道了」。

作者趙牧接著說：「在中國的文化史上，畫過圈的人無數，但以著名程度而論，能與王安石畫圈匹敵的卻是屈指可數。在我看來，魯迅筆下的阿Q可以算一個，雖然阿Q是個文學典型並非現實人物。阿Q被押赴刑場，一輩子沒正經過的阿Q，在死刑判決書上卻認真了一回，努力畫了個正圓——簽字畫押，砍頭只當風吹帽了。這故事在中國家喻戶曉，寓意就不多說了。二十世紀末，中國又出了個足以傳世的畫圈故事，故事的主角是陝西老農楊志發。……一九九八年，美國總統柯林頓到西安參觀兵馬俑。這時兵馬俑博物館早已蜚聲世界，財源滾滾。它的發現人楊志發仍在下河村當他一文不名的農民。然而，誰也沒想到，就在這時柯林頓求見兵馬俑的發現人，就這麼一個不可預知的事情徹底改變了老農民楊志發的命運。陝西省有關方面火速請來楊志發，讓他穿上新衣去見柯林頓。柯林頓見了楊志發就請他為自己簽名。有趣的是，楊志發大字不識一個，不肯簽名。在工作人員的勸導下，更令人發噱的場面出現了，楊志發哆哆嗦嗦在本子上畫了三個小圓圈。柯林頓望著三個圓圈歎道：『你真不簡單，在地上打個圈就打出了世界奇蹟，真該請你去美國多打幾個圈。』喜劇就此一發而不可收。接著，上頭指示安排當地最有名的書法家教楊志發練了幾個月書法——專練簽名。接著，楊志發被任命為兵馬俑博物館名譽館長，據說月薪高達八千元人民幣；據說如今年逾七十的楊志發如果每月在館內坐館十天，為中外遊客簽名，還可另得五千元津貼……」

最後，作者趙牧感歎道：「在這三個畫圈的故事中，三個人正好扮演了三種不同的角色。王安石演的是正劇，阿Q演的是悲劇，楊志發演的則是喜劇。我曾想，如果發現兵馬俑的是個文物專家，故事會怎樣發展？最可能的情形是這樣的：柯林頓求見的文物專家彬彬有禮地介紹發現過程，然後在柯林頓的本本上簽上名字，然後陪同柯林頓參觀博物館，然後共進一次午餐或晚餐，之後就沒他什麼事了。把三個畫圈的人放在一起，已經能讓你知道什麼叫命運了，而老農民楊志發恰恰因為是文盲而成為一個喜劇式的歷史人物，恐怕更會讓你領悟甚至感歎什麼叫命運。」

此文發表後，引起廣大讀者的興趣，各報刊紛紛轉載，其中某雜誌在二〇〇二年第三期，全文轉載並配一幅插圖。圖中一小人物張開雙臂掙扎於一巨人的牙齒之間，插圖題記為：「有時一個人的命運如何，實在不是自己能掌握得了的，往往被某些人在一張一合間定了乾坤。」同年，發行數量巨大的《讀者》雜誌在二〇〇二年第十二期上亦轉載該文，同時也配了插圖，圖中有一農民模樣的人，赤腳、衣服襤褸、雙膝跪地，鋤頭擱在一旁，與王安石、阿Q圍在一起，眼巴巴地看著地上一個正在旋轉的硬幣。

據中新社二〇〇三年二月十三日報導說：作為報刊文中所反映的真實人物——西安臨潼農民楊志發，在得知上述情況後，十分氣憤，認為這些報導嚴重失實。為維護自己的名譽權，他將此三家媒體單位告上法庭。西安市臨潼區法院受理了此案。法庭經調查查明，現年六十四歲的楊志發小學文化程度，一九七四年與村民打井時挖出了秦始皇兵馬俑。一九九八年八月，在與來華訪問參觀的美國前總統柯林頓見面時，曾將簽好名的書送給了柯林頓。現在原告楊志發每天為前來參觀的遊客簽名留念，但未擔任秦始皇兵馬俑博物館名譽館長，也無八千元月薪等。法院審理認為，報紙、雜誌對刊登的真人真事負有核實事實的義務。三被告刊登或轉載的〈三個畫圈的人〉一文，編造虛構原告為「一個大字不識」的農民，特別是其他兩家雜誌轉載時又加配了明顯貶低、醜化原告的插圖，給原告的名譽造成一定損害，應承擔法律責任。判決前，一被告與原告達成和解，兩名被告則被法院一審判決在其各自的刊物上刊登聲明，為楊志發恢復名譽，並各賠償原告名譽損失費二萬元。

至此，柯林頓找楊志發簽名的故事才算稍微得消停。

蜜雪兒．歐巴馬與兵馬俑

二〇一四年三月二十四日，新華社對外發布消息：應中國國家主席習近平夫人彭麗媛邀請，美國總統歐巴馬夫人蜜雪兒（Michelle LaVaughn Obama）二十日至二十六日對中國進行為期七天的訪問，這是蜜雪兒第一次來中國，也是美國第一夫人首次單獨正式訪華。二十四日中午，蜜雪兒一行抵達此行第二站陝西西安，參觀了秦始皇陵兵馬俑以及西安南城牆。

另據《文匯報》駐陝記者韓巨集二十四日報導說，上午十一時許，距離蜜雪兒．歐巴馬抵達秦俑館還有兩個小時，許多遊客已在館前等候。

儘管不是美國現任總統歐巴馬親臨，但秦俑館的安保措施還是異常嚴密，對媒體記者管控之嚴也超過之前歷次總統來訪。記者採訪須有外交部、陝西省外事辦等機構甚至美國白宮發放的記者證。館內東南角廣場，二十多輛特勤車嚴陣以待。博物館館前大門的遊客入口處，還特別安裝了三個安檢門，十二名特警在此仔細檢查入館的每一位遊客，就連中國記者和外國遊客也是如此，打火機一律不准帶入館內。館前廣場的一個小賣部裡，一位秦俑館的職工說：「我在秦俑館工作了幾十年，還沒見過這麼嚴格的安檢。」另一位館內工作人員告訴記者：「大轎車拉來了一車的特警，親自把守著安檢門，就連館裡的正式職工也得在這裡排隊一個個過安檢，包也要過，更不要說遊客了，很多老外的包也被特警翻來翻去！」記者瞭解到，為確保蜜雪兒．歐巴馬一行安全，秦俑博物館那個連接辦公生活區域、職工們平時進進出出的大鐵門，今天也關閉了，所有職工一律過正門的安檢。

中午十一時五十分，十多名皮膚黝黑、戴墨鏡的美國保鏢一溜兒進了一號坑參觀大廳。中午十二時，蜜雪兒．歐巴馬一行乘專機抵達西安，車隊直奔「世界第八大奇蹟」。下午一時整，在多輛警衛車的護衛下，蜜雪兒．歐巴馬的車隊抵停博物館一號坑外的南側廣場，記者數了數，共有十四輛車，內含五輛黃色的大轎車。在貴賓室稍作休息後，蜜雪兒．歐巴馬便同七十六歲的母親羅賓遜夫人和女兒瑪麗亞、薩莎走進了兵馬俑一號坑。陝西省外事辦主任張寶文、秦陵博物院院長曹瑋等陪同參觀。

在大廳外的沙盤模型前，曹瑋向蜜雪兒．歐巴馬介紹了秦始皇陵園的概況、兵馬俑坑位置以及陵區的發掘情況，隨後進入一號坑參觀大廳。面對眼前氣勢磅礡的秦代地下軍陣，蜜雪兒．歐巴馬顯得十分激動。當得知眼前這些造型生動、形象逼真的兵馬俑平均身高一．八米時，身高一．八三米的蜜雪兒．歐巴馬很是驚訝。得知這些陶俑出土時全部殘破不全，每一件都需要精心的修復，蜜雪兒．歐巴馬又覺得非常「不可思議」，她不住地詢問曹院長：「他們是怎樣修復的？」「用了什麼材料？」「修復一件陶俑大概要多長時間？」等等。曹瑋告訴蜜雪兒．歐巴馬：「修復工作是很艱辛的、需要足夠的耐心與細心。兵馬俑已發現了四十年，目前只有七分之一的陶俑恢復了原貌。」蜜雪兒聽後感歎不已。

在一號坑第三次發掘現場，蜜雪兒還與正在進行考古發掘工作的考古專家、文物保護專家進行了互動。因為中國官方對高級外賓的特殊待遇，蜜雪兒．歐巴馬一行進入一號坑西側的文物修復區域，與那些已經完成修復的兵馬俑近距離接觸。蜜雪兒．歐巴馬面對陶俑，看到它們「千人千面」、髮型各異，有的還有當年工匠留下的銘文，更是驚歎不已。在整個參觀過程中，她始終非常專注，用心傾聽講解，並向正在俑坑中進行修復作業的考古工作者詳細提問，包括陶俑身上序號的含義，怎樣修復，以及如何確定出土殘片屬於哪座陶俑等等。當考古工作者回答，這需要專業的知識與足夠的耐心時，她轉頭對自己的兩位女兒說：「看，這正是年輕人所需要的！」

參觀完二號坑精品文物，蜜雪兒．歐巴馬一行來到大廳，在留言簿上欣然寫道：「感謝能有這樣獨特的機會，看到讓人著迷的中國古代奇蹟。我的家人和我很榮幸能到這裡來，我們會永遠珍惜這次訪問。」

在蜜雪兒．歐巴馬一行進館參觀的一小時四十分鐘裡，駕車的保鏢身不離車，雙眸不停地掃射四周。而蜜雪兒車隊的車輛，是提前兩天由美方C-17運輸機運抵西安的，可見美國的氣派之大，中國的戒備之嚴。

在蜜雪兒．歐巴馬一行參觀兵馬俑期間，能近身攝影的中方記者僅一人，美方攝影、攝像記者各一人，隨同蜜雪兒的還有十七名外國媒體記者。在參觀一號坑時，蜜雪兒一行走的是北側的通道，其餘媒體記者一直沿大廳南側的通道遠距離拍攝，相距大約有百米。蜜雪兒．歐巴馬在一號坑西側的修復區域參觀時，媒體記者被規定在該坑的西通道遠距離拍攝，不得越線。在蜜雪兒於修復區域接受美方攝像師採訪時，其他媒體記者則在北通道作短暫拍攝，然後從北側門離開一號坑。

下午二時四十分，在參觀完兵馬俑三號坑後，蜜雪兒．歐巴馬一行離開博物館，又乘車參觀了西安市內的明代城牆。在遊覽西安南門城牆時，蜜雪兒．歐巴馬情不自禁地與現場表演的藝術家一起扭起了秧歌，還與西安學生一起放風箏、玩跳繩。下午六時，蜜雪兒．歐巴馬一行乘專機轉赴成都。

本來，隨著蜜雪兒．歐巴馬的離去，這位現任總統夫人與兵馬俑的故事也告一段落。但無論是媒體還是當地導遊或社會中人，總覺得少了點什麼。蜜雪兒．歐巴馬風一樣來，又似空中飄蕩的裙子眨眼而去，沒能留下供人咀嚼的飯後談資或令人回味的東西，有點虛無飄渺無處尋的感覺。在這樣一個大虛空裡，各色人等覺得極不過癮，該為此彌補點什麼。於是，大家又想起了柯林頓與楊志發，想起了楊志發當年畫圈的故事。沿著這個故事的思路推延下去，一系列新的故事又在茶餘飯後中出籠。其中一個橋段略謂：兵馬俑的發現者楊志發沒什麼文化的，但他卻可以熟能生巧地應對眾多國外元首。譬如，美國的歐巴馬總統前來參觀時，曾伸出一個指頭比劃著與老楊交流。老楊一看歐巴馬伸出一個指頭，馬上回以兩個指頭。歐巴馬見狀，一下伸出五個指頭。老楊一看，笑了笑，只回四個指頭。面對中外保鏢與頭頭腦腦的疑惑不解。歐巴馬說：「我問老漢一年接待幾位外國元首？他說二位。我說那麼累計至今有五十位吧？老漢說只有四十多位。」老楊則對身邊人解釋說：「歐巴馬問我一天吃幾頓？我說二頓。他再問每頓能吃五個饃？我說年輕的時候可以，現在每頓只能吃四個了。」

這個故事傳到老楊耳中後，老漢認為與當年給柯林頓總統簽字時一樣，又是新聞媒體與文人合夥編造，故意拿他尋開心。蜜雪兒．歐巴馬他看見過，但沒有見過現任總統歐巴馬，因為後者壓根兒就沒有來過兵馬俑博物館。編造者或許二者都沒見過，就以訛傳訛，編造出如此醜化人格的鬧劇。上次為柯林頓總統簽名的事，老楊起訴多家媒體無稽報導名譽侵權案一審獲賠四萬元。現在，氣憤難平的老楊更有了經驗和底氣，表示欲再度上訴法院，為人格與名譽而戰，還自己一個清白云云。結果如何，尚在等待中。

第十四章

為了忘卻的紀念

歲月如水，往事如煙，秦陵陪葬坑的發掘潮漲潮落。時勢的造就，政治的磨難，事業的追求，人生的沉浮，是非功過任人評說。有道是，青山依舊在，幾度夕陽紅。且讓歷史記住他們的姓名，是感懷，也是紀念。

廿年無限情

文物，作為人類自然和社會活動的實物遺存，無論它最初是精神的還是物質的、先進的還是落後的，乃至於當時它是服務於人民大眾的還是帝王貴族的，都從不同的側面和領域揭示了中華民族亙古以來綿延不絕的生存、繁衍、奮鬥、發展的歷史，以及歷代先民的思想道德和科學文化水準。因而，它的價值和對人類的啟迪作用是永恆的。人們可以對歷史長河中的某一段途程和某些人物作出不同的評價，但是，反映這段歷史文物的價值並不受人們對歷史評價的影響和限制，都是全民族乃至人類保護、研究和利用的珍貴歷史寶藏。

由於戰亂、兵燹等原因，中華民族在歷史進程中曾出現的短暫的大秦帝國，留給後人的文字史籍和實物資料極為匱缺，這段歷史越來越被淹沒在風煙塵土之中。秦始皇陵兵馬俑、銅車馬、馬廄坑、珍禽異獸坑、鎧甲坑、百戲俑、文官俑等陪葬坑和文物的發現與發掘，以及秦陵地宮奧祕的探索，無疑填補了這段歷史研究的空白，並從各個不同的側面展現了中華民族的精神風采。那樸素生動的陶俑造型，剛健恢弘的青銅文化，蓋世無雙的冶金技藝，非凡卓絕的戰陣布局……組成了一部浩瀚的秦代百科全書。每一件出土的文物都是古代先民偉大智慧與非凡創造力和血汗的結晶，是中華民族源遠流長的歷史見證和永恆的歷史豐碑，是融合多個民族、多種文化而成的第一個封建大帝國立體而完整的象徵。這些埋藏了兩千多年的出土文物，已成為整個人類借鑑和觀賞的重要文化財富。

屈指算來，秦始皇兵馬俑從一九七四年被當地農民發現，迄今已逾四十個年頭，而秦俑博物館自建成對外開放也已度過了三十七個春秋，離聯合國教科文組織把它列入世界遺產保護清單的一九八七年，也已相隔了三十載歲月。就秦俑館本身而言，這段或長或短的時光，比之存在了兩千二百多年的兵馬俑，無疑是歷史長河中一朵小小的浪花，這朵浪花沒能像大秦帝國那樣給世人留下吞吐風雲、融匯百川的龐大氣勢。但它又確是給這個喧囂與寂寞的世界留下了一絲散發著歡樂也凝結著悲愁的聲息。

循著這淡淡的聲息，在秦俑館和秦始皇陵園奔波的日子，我在打撈即將沉於河底，卻又時常縈繞於記憶深處的那片刻的歷史真實。

我驀然發現，當年為秦始皇兵馬俑最初的發掘作出過努力與貢獻的考古人員，竟像秋後的樹葉一樣嘩嘩啦啦地飄然而去，只是把豐碩的果實留在了枝頭。杭德洲、屈鴻鈞、崔漢林、王玉清、趙康民、程學華、杜葆仁、柴中言、王學理等等，這一串與兵馬俑緊密相連的閃光的名字，已離考古現場漸漸遠去。他們或早已仙逝，或安度晚年，或躺在病床上呻吟，或在家中孤影自憐，或由於生活中的某種委屈而四處奔波，捲入官司的旋渦之中……留在這裡的只有袁仲一一人了，而這個堅守陣地的強者，也已進入了人生的暮年。儘管夕陽無限好，但總不免有些只是近黃昏的悲涼。歷史就是這樣造就著一切，又磨蝕、毀滅著一切。

他們確是離去了，同時又留下了。離去的只是個體的自身，留下的卻是群體的雕像。無論他們的個體有著怎樣的不盡人意的缺憾，但作為這個群體的雕像卻是豐滿並極富生命色彩的，他們的名字將同八千兵馬俑緊緊連在一起，讓後人銘記的同時也充滿深深的敬意。

歲月如水，往事如煙，面對這物欲橫流的生存環境和社會時尚，面對人類越來越急促的沉重的腳步，我不能再錯過探尋他們這代人心音的機會，我要把他們生活的碎片盡可能地組接起來，以還原歷史本身，也為了忘卻的紀念。

記得前些年我來秦俑館時，本打算和時任秦俑博物館館長的袁仲一先生作一次長談，遺憾的是他的應酬太多、事務太雜。由此，我和袁先生的這次接觸，匆匆十幾分鐘就告結束，關於他的故事，大多是靠他人提供。

當我後來跟一位自小在秦俑館長大的女服務員，偶爾談到袁仲一先生時，她的眼裡閃著興奮的光，又表現出幾年前我初見她時的真誠與熱情。她聲音不大卻極富感情地講著：「我小的時候，幾乎每天都在俑坑邊玩要，因為小，只貪玩，沒有更多地去注意考古人員的生活，但有些事還是清楚地記著的。考古人員先是在坑邊搭起帳篷，後來天氣冷了，帳篷沒法住了，他們又跑到西楊村農民家中住。吃的是和農民一樣的粗茶淡飯，睡的是農民幾代留下的黑土屋，生活的艱苦是現在無法想像的。那時袁先生還算年輕，不是今天你見到的滿頭白髮的樣子，我不只一次地發現，他和其他隊員在發掘休息時，身子一倒，臥在坑邊說些閒話，然後慢慢就睡著了。我和幾個小夥伴在他們身邊躥來跑去，有時還大聲吵鬧，也很難把他們驚醒，看得出他們睡得跟在自己家中一樣香甜。兵馬俑坑的發掘以及銅車馬的發掘，袁先生是付出了極大的熱情和心血的。在銅車馬剛發現時，四方百姓都來觀看。一到星期天，西安的職工也拖家帶口地一群群地前來參觀，這中間什麼樣的人都有，好人壞人誰也分辨不清。加上當時臨潼縣的百姓和領導部門與博物館的意見不一致，就使銅車馬的命運難以預料。在這種情況下，袁先生和程學華先生兩人在坑邊搭個草棚，日夜看守，硬是在寒冷的早春度過了一個多月，這罪也只有他們能受，直到現在我也沒有全部明白，他們那代人為什麼對事業的赤誠幾乎都超過了生命本身……」

顯然，這位女服務員講的，只是她內心的一點感受，並

考古隊長袁仲一（持劍者），向工作人員講解俑坑出土秦劍的功能與特色

不是袁仲一經歷的全部，我在耐心地等待機會。

當二十一世紀第一縷曙光映照秦始皇陵園之時，我再次來到了秦俑博物館。說不清是一種什麼樣的心理情結讓我在舊的歲月結束、新的千年到來之際一定要來到這裡，我恍惚覺得有什麼珍貴的東西遺落在我一直惦念的博物館，並有種急欲尋回的念頭。

儘管袁仲一已不再擔任館長一職，但作為名譽館長兼黨委副書記，他仍在館內外奔忙。在他辦公室交談的不算太長的時間裡，同前幾次基本相同，他很少說起自己，更多的是談到當年和自己一起並肩工作的同事，以及他們所付出的辛勞。就在秦陵兵馬俑最早的一批發掘者如屈鴻鈞、程學華、王玉清等相繼去世後，他以憂傷的筆觸、澎湃的激情，寫下了動人衷腸的感懷文字。

在一篇名為〈長相思〉的詩詞中，他哀婉地寫道：

（一）懷念屈鴻鈞先生

一歲歲，一更更，
血汗滴滴潤俑坑，
廿年無限情。
黑髮白，皓齒冷，
枯骸襤褸一盞燈，
殘照到天明。

（二）懷念王玉清先生

訥於言，敏於行，
秦俑奇葩血染成，
病倒二號坑。
臥陋室，孤零零，
矢志不離生死情，
神鬼亦動容。

對這兩首詞的含義，袁仲一做了這樣的詮釋：「屈、王兩人和我在一起工作都超過了二十年，一九七二年我在三原挖唐太宗李世民的堂叔李壽的墓時，就和屈鴻鈞先生在一起。屈先生原在寶雞文化館工作，一九五四年到北京大學考古訓練班學習，結業後留在了省文管會，從此開始了專業考古的生涯。當他被派往三原挖李壽的墓葬時，已經是位很有經驗的考古學家了。他不但能搞田野發掘，還能繪畫、修復，堪稱考古界的多面手。在三原挖的那個李壽墓很有特點，棺槨是石頭做的，還帶著門，可以打開、關閉。墓誌的外表是一隻烏龜，打開龜蓋裡面放著墓誌。就在那座墓裡，出土了時代最早的唐代壁畫，現在這批壁畫正在陝西歷史博物館展出。當時挖這個墓主要就是我和屈鴻鈞先生，白天我倆在一個墓坑裡，晚上睡在當地老鄉家的一盤土炕上，真是同吃、同住、同勞動。直到一九七四年，秦始皇陵園發現了兵馬俑，我們又轉到了這個工地。剛來的時候住在一棵大樹下，後來找到農民養羊的棚子和一間放棺材的房子住進去。沒有桌子，也沒有凳子，我們就在村頭撿回了兩塊破席片，坐在席片上看書、吃飯，晚上在自己帶來的破木箱上，點一盞小煤油燈看書、寫東西。就是在這樣的條件下，屈先生戴一頂破草帽，滿身泥土，一年到頭在田野裡默默無聞地工作著，整個一號兵馬俑坑，他從頭到尾參加了發掘。而剛來到這裡時，他的頭髮是黑的，後來慢慢變成了白的，牙齒也漸漸脫落了。再後來眼睛患了白內障，走路都很困難，人瘦得剩了一把骨頭。退休後主要同病魔作鬥爭，直到一九九七年去世。這懷念的詩詞就是從屈先生的人生經歷中提取出來的，是他命運的寫照。」

和屈鴻鈞的人生經歷有些相同的是，原籍陝西興平縣的王玉清，是民國時代的大專畢業生，解放後在延安革命紀念館工作。為了收集文物，他騎著一輛破自行車，整天在農村跑來轉去，竭盡全力去尋找線索，發現、收集散落於民間的珍貴文物。現館藏的一級文物大多都是他在那時收集的。一九五四年，王玉清到北京大學考古訓練班學習，結業後留在了陝西省文管會。同屈鴻鈞先生一樣，他作為通曉業務的骨幹力量開始了考古生涯。在秦陵兵馬俑發現之前，他已主持、參加發掘了幾百座墓葬，寫出了不少有分量的學術文章。當秦陵兵馬俑發現之後，王玉清正在禮泉縣發掘唐朝著名開國將領程咬金（程知節）之墓。作為不可或缺的一名優秀考古學家，他被上級領導緊急召回，趕往驪山腳下的兵馬俑發掘工地，想不到在俑坑一蹲就是幾十年。退休後本應回禮泉縣老家頤養天年，但他總是捨不得離開兵馬俑發掘工地，除節假日回到老家看一下老伴、孩子外，其他大部分時間都住在秦俑館一間夏天酷熱、冬天冰冷的平房裡，和其他考古隊員一道繼續從事著兵馬俑坑的發掘、清理工作。一九九四年夏天，已是七十四歲高齡的王玉清在二號兵馬俑坑勘察探方時，突

屈鴻鈞（右）與王玉清（左）在一號兵馬俑坑發掘現場

然跌倒在坑中，他掙扎著爬起來，又跌倒，再爬起來，再跌倒……其他人員見狀，急忙趕過來將他抬出俑坑，並送醫院搶救。他被診斷為腦溢血，經搶救性治療，總算度過了鬼門關，但身體已呈半癱瘓狀態，再也無法自由走動了。出院後，王玉清重新回到了秦俑館那間簡陋的小平房休養。每到晚飯之後，他都坐在輪椅上，由從禮泉縣老家趕來照顧他的老伴推扶著，在兵馬俑三個坑的周邊轉上一圈。再後來，又不幸身患老年癡呆症，時而清醒，時而糊塗，基本上失去了正常思維能力。在這種情況下，他的家人將他送回禮泉縣老家靜養。但此時的他整個靈魂已融入自己所熱愛和追求的事業之中，每當稍微清醒時，便吵鬧著讓家人將他送回秦俑館，他要在那間小平房裡住下去，每天看一眼兵馬俑坑，只有這樣才能得到心靈的慰藉和精神的寄託。這種對兵馬俑坑的癡迷和依戀，在袁仲一看來正是他幾十年來對事業的執著和精神追求的生動寫照，相信鬼神有知，亦為之動容。只是這次他再也沒能回到秦俑館，二〇〇〇年十二月，王玉清病逝於禮泉縣故鄉，終年八十歲。

誰知精血凝

記得一九九一年早春，我在秦俑館採訪的時候，對人們傳頌的幾位「元老」，和我真作過長談的只有程學華一人。我和他最初相識是在秦俑館一個僻靜角落的一間低矮、灰暗、潮濕三者具備的平房裡。這是他的宿舍。

面對這位過早地戴著老花眼鏡，純似一個農民打扮的幹練精瘦的老頭，我怎麼也想不到他就是在五〇年代曾經使中國四大發明之一的造紙術的創造發明者蔡倫的地位發生撼動，八〇年代以銅車馬的發現、發掘而使考古界為之刮目相看的大名鼎鼎的考古學家程學華先生。更令我難以置信的是，這位純樸、憨厚的老頭曾經是一位「現行反革命分子」。悲壯與傳奇、淚水與歡歌構成了他六十載風雨征程的主體色調。

一九五七年五月十七日，中國《工商經濟報》發表了一則令世界為之震驚的消息：

東漢蔡倫造紙的記載發生動搖
——壩橋磚瓦廠掘出的古墓中發現西漢時代的用紙。同時出土的還有石刻、銅鏡、寶劍、陶器等。

本報訊　陝西省博物館，五月八日接到壩橋磚瓦廠發現兩口銅寶劍的電話後，次日即派員前往現場調查。這兩口銅寶劍的出土地點在該廠第二生產隊工作區——八角琉璃井之南。這是一座西漢時期較大的墓葬，出土銅器有：銅鏡三面、銅劍二柄、銅洗❶二個和許多半兩錢❷。石刻有：臥形盤頸石虎四個、天然白石加紫花帶足方盤一個、和前石質相同的石案一個。陶器大多破損，完整的有彩繪陶鈁❸三個、帶彩陶俑三個、陶鼎一個、大小陶罐八個、殘鐵燈一件。更重要的是，銅鏡下面墊有麻布和類似纖維製成的紙。我國是世界上使用紙張最早的國家，據史書記載，紙是東漢和帝時期（西元八九—一〇五年）中常侍蔡倫所造。這個墓葬發現的紙疊，由它同坑的其他器物證明，是西漢遺物無疑。因而這幾疊紙不僅推翻了蔡倫造紙的記載，並把紙的製造和使用推前了兩百餘年，從這疊紙的質地細薄勻稱來看，製作技巧已相當成熟。以此推斷紙的發明年代似應遠在西漢以前。為此，這個墓葬內出土的麻布、石虎等也是珍貴的文物。該館正積極設法整理，準備展出，供廣大人民群眾參觀。（田野）

《工商經濟報》刊發不久，具有權威的《文物參考資料》又以「陝西省壩橋發現西漢的紙」為題，對發現與鑑定的經過做了更加詳盡的長篇報導：「……這次出土的紙，雖然是長寬不足十公分的殘片，但能看出它的顏色泛黃，質地細薄勻稱，並含有絲質的纖維，其製作技術相當成熟。因此可以說明紙的發明應遠在西漢以前，過去史書記載紙是東漢和帝（西元八九—一〇五年）中常侍蔡倫所造，顯然和事實不符。」

壩橋紙的發現和鑑定者，正是三十年前在陝西省博物館工作的年僅二十四歲的程學華。

儘管這時的程學華已引起考古界的矚目，但他並沒有把精力全部放在考古研究上，考古對他來說只是一種暫時的職業，因為他原本是西安市戲曲研究室的創作員，只是為體驗生活才來到省博物館工作的，在他心中佔有主要位置的仍是戲劇創作，那才是他從小就立志追求的生活方式，那是他眼中最輝煌的事業。

一九五八年，他寫出了多幕話劇《受騙》，並由長安出版社出版了單行本。《受騙》的發表，立即在文藝界引起轟動，陝西省和西安市幾家藝術團體，爭相籌排這部大型話劇。程學華在考古界出盡了鋒頭之後，想不到又在文藝界嶄露頭角。生活向他綻開了笑臉，鮮花的芳香迎面撲來。這一切，對於一個二十五歲的熱血青年來說無疑是達到了登峰造極的輝煌境地。

然而，就在這輝煌境地的前方，卻橫亙著足以置人於死地的懸崖。但程學華沒有看見，他也不可能看見，因為此時的中國已步人多霧的秋天，飄雪的冬季即將來臨。

一九五九年，程學華的好運終於休止，災難向他走來了。他的《受騙》先是被審查，接下來他成了「現行反革命分子」，在博物館接受群眾的監督勞教。從此，屬於他的只有「老老實實，不許亂說亂動，爭取重新做人」的生活方式，他徹底跌入了人生的低谷。

三十年後，當我重新翻閱差點置程學華於死地的《受騙》劇本時，也大有受騙的感覺，劇中的故事其實非常簡單，說的是一個三輩扛大活的老貧農，在入合作社問題上受到一個頑固富農的欺騙。這個富農向他說合作社如何如何壞，結果這個老貧農遲遲不肯入社。最後經過大隊支部書記的一番政治思想工作，老貧農幡然醒悟，揭露了頑固富農的卑鄙醜行，毅然決然地加入了社會主義的合作社，走向了康莊大道……這個直到今天看來都很革命的劇本，之所以在當時被看作是「反革命」的毒草，是因為文藝界的領導人把劇中頑固富農攻擊合作社的話，當作它的創作者程學華的話來論罪。正可謂，欲加之罪，何患無辭。這一歷史冤案直到一九七三年春才得以平反昭雪。

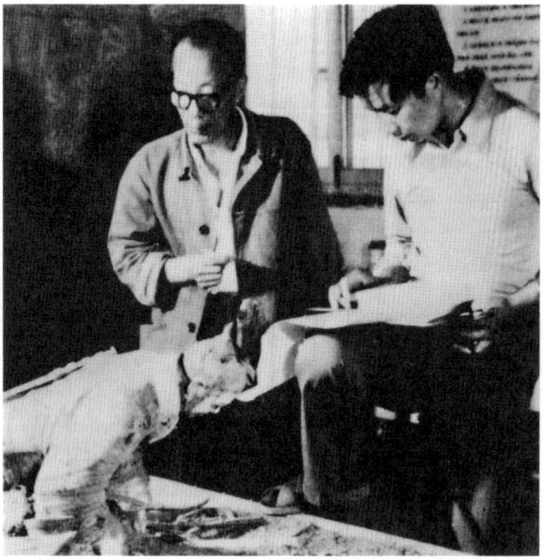
程學華（左）與同事在清理出土的銅車馬御手

一九七四年，程學華隨秦俑坑考古隊來到兵馬俑坑現場進行發掘，這時他的好運依然沒有到來，儘管「現行反革命分子」的帽子已經在形式上摘除，但實際上仍處於部分領導人的監控之中。一九七八年，隨著新一輪的政治動盪，原本就不懂政治的他又被劃為革命群眾的對立面進行監控。與此同時，他那段「現行反革命分子」的老帳又擺到了桌面上，他的生活又回到了淒苦的政治風雨中，他又成了人民的敵人。

於是，該提升的工資級別沒有提升，該屬於他的政治和生活待遇幾乎全部取消。孤立無援的他只有低下高高昂著的頭顱，握緊鑽杆，默默無語地在秦始皇陵園和兩千多年前的地下祖先交流著內心的積鬱與奔湧的情感。

銅車馬的發現與發掘震撼了世界，無數的人們幸運地目睹了兩千多年前秦帝國鑾駕的風采雄姿與卓越的冶金製造工藝。但很少有人看到幾年前在銅車馬坑邊搭起的那個在風雪中蕩動的草棚和風雪吹襲、漫漫長夜裡草棚中兩個蜷曲依偎著的身影，更沒有人去探知這兩個身影的內心深處翻動著的是一種怎樣淒苦、悲壯的情感波瀾。日本訪華團團長井上裕雄在一九八四年八月來到秦俑館後，把兵馬俑和銅車馬喻作「一棵古樹上盛開的兩朵鮮花」。他和他的同伴所欣賞和羨慕的只是這兩朵花現時的明豔，卻不知「當初的芽，浸透了奮鬥的淚泉」。

在秦俑博物館那間僻靜昏暗的屋子裡，望著程學華那佝僂消瘦的身影，我的心裡翻起一陣酸楚。我不明白為什麼他歷盡磨難艱辛而對事業卻如此地執著和癡情，對生活充滿了自信與樂觀。當我靜心地傾聽了他的肺腑之言後，我才豁然開朗。

「俺對秦陵的感情與考古事業的追求，不是在兵馬俑發現之後才形成的，早在我踏進考古界大門的時候就開始了。

「臨潼是我的家鄉，這塊黃土生我、養我，使我長大成人。一開始我想以文學的形式表達我對這塊土地和這片山水的愛戀，但當《受騙》事件之後，我知道我將告別文壇而終生和考古事業做伴了。因為我成了現行反革命，西安戲劇研究室不能再收留我，我也失去了發表言論的權利，只有在省博物館默默無聲地做點細小的工作。一九六一年，秦始皇陵被國務院公布為全國重點文物保護單位，我的心中就有一種想法，如果能把秦始皇陵的事情搞清楚，家鄉的主要歷史情景也就基本揭示出來了。一九六二年二月，陝西省文管會對臨潼縣秦始皇陵進行調查，當時我就提出來能否讓我也參加，結果沒有得到批准，其原因是和我當時的政治處境有關。後來在給秦始皇陵立碑時，我來了，大概領導看我比較樸實、憨厚，不像他們想像中的反革命分子那樣凶殘可怕，就讓我參加一些田野考古方面的勞動。若仔細把秦始皇陵前的碑文和保護標誌的誌文對比，就會發現，國務院鐫刻的誌文是：『秦始皇陵』等字樣，而碑文則刻了『秦始皇帝陵』等字樣，這有『帝』字和無『帝』字，其實是不盡相同的，只有細心琢磨才能體會出個中的味道。

「當時秦始皇帝陵光禿禿的，封土上連棵像樣的草也沒有，一遇到雨季，封土流失嚴重，我們感到心痛，就向省文化局彙報要綠化陵園，文化局調撥了五千元錢給當時主管陵園的渭南地區，從此秦始皇陵園內就有了稀稀疏疏的洋槐樹。但這些樹剛剛發芽長葉，就被人折斷做了架芸豆、黃瓜之類的籬笆。在這種情況下，我們又向省文化局要了五千元錢給渭南地區，讓他們分給陵園附近村社的社員買石榴苗子在秦始皇陵園內種植，誰種誰收。這樣，陵園內大部分地方都植上了石榴樹。臨潼的石榴是全國有名的鮮果，常以皮薄、顆粒大、汁液多、味道純正著稱，當地農民對栽植這種果樹很感興趣。

「由於政治上的厄運，我將近三十歲才結婚成家。當我的女兒長到要上學的時候，秦始皇陵園的石榴樹開花結果了。每到夏季，整個陵園的石榴花一片火紅，鮮豔奪目，光彩照人。為了寄託我對這片土地的愛戀和紀念那段植樹的歷史，我給女兒起了程蕊紅的學名，意思是陵園的石榴樹已經坐蕊開花，就要結出豐碩的果實了。一九七三年我又有了一個兒子，便給他起了個程林紅的名字，因為這時我看到陵園裡的石榴樹已經長大成林了。

「兵馬俑發現之後，我參加了一段時間的發掘，隨後主要從事秦始皇陵園的考古鑽探，現已鑽孔五萬多個，發現了陵園內外近五百個陪葬坑，估計整個陵園內外，包括已發現的兵馬俑坑軍陣，共有陶俑一萬餘件，而秦陵地宮的祕密也在鑽探中逐漸揭開。同時，臨潼縣境內的戰國時代六個秦王陵墓的內在情況也基本在鑽探中搞清楚。前些日子有個記者在報上發表文章，說我鑽探的地下孔道的深度加起來可以穿透地球，這種說法是不科學的，但要把這些年鑽孔的深度加起來，其數字確也是驚人的。自從一九七四年我來到這裡後，一直都是發掘和鑽探，共請過兩次事假。第一次是一九八〇年春節母親去世了，我回家奔喪，正月初三回家，初六返回工地。第二次是一九八二年我的愛人去世了，我又回家住了幾天……」

程學華沒有再說下去，我也沒有繼續追問。當我收起採訪本走出那間低矮的小屋時，又忍不住回頭望了一眼那瘦削的身影。就在這驀然回首的一剎那，我看到他那深紫色老花眼鏡的背後滑下兩道潮潤晶瑩的光。這是他最後向我發出的無聲的肺腑之音：「為什麼我的眼裡常含淚水，那是因為我對這片土地愛得深沉。」

二〇〇一年，新千年的元月，當我再次來到和秦俑館一牆之隔的秦陵考古工作站時，程學華早已乘鶴西去。那是一九九九年五月七日，我正在一個偏僻的地方採訪，接到了程學華的家人從西安傳到我呼機上的訊息，知道先生於當日撒手而去，費了好大的勁兒找了個長途電話打到西安，對他的家人給予了慰問。令我至今尚感遺憾的是，原想發一封唁電寄託我的哀思，但由於我當時所處地理位置的偏僻，這個小小的願望竟沒有得到實現。

當我此次來到西安程學華生前的家時，已是人去樓空，見到的只是牆上懸掛著的一張遺像，聽說他生前曾留下遺囑，希望自己百年之後能將骨灰撒到為之奮鬥了大半生的秦始皇陵園，讓日日作響的鏟聲和自己的靈魂相伴。但由於種種複雜的原因，這個小小的願望尚未付諸行動。望著程學華的遺容，不禁讓我想起當年；在秦俑館的那次傾心交談，想起了他那佝僂的背影，也讓我憶起了袁仲一在〈長相思——懷念程學華先生〉中所寫下的動人詩篇：

一把鏟，一條繩，
探幽尋覓驪山陵，
朝朝暮暮情。
腰如弓，鏟聲聲，
奇珍異寶一宗宗，
誰知精血凝。

青山依舊在

顯然，袁仲一、杭德洲、屈鴻鈞、王玉清、程學華等人，只是最早進入秦俑坑發掘工地的群體中的幾位代表，他們並不是幾經反覆和更改的秦俑坑考古隊的全部，當然也無法代表秦俑博物館的主體，他們就是他們，他們有自己的事業、追求和命運。

不過，我還是用以上些許文字把他們的人生沉浮粗略地做了線條式的勾勒和描述——儘管這個描述僅是大樹之一葉，但一葉知秋，或許透過這一片樹葉便知世間政治之風向、人情之冷暖、生活之艱辛。儘管他們的人生結局各有不同，但有一點卻是相同的，那就是，他們整個人生的鏈條與一個時代緊緊相連，他們的命運就是時代的命運，任何人都無法超越時代，就像一個人無法抓住自己的頭髮把自己提起來在空中旋轉、飛翔一樣。秦兵馬俑的發掘者如此，秦兵馬俑博物館的建設者也是如此。

光陰荏苒，人生苦短。站在新世紀的霞光朝露中驀然回首，秦俑坑考古隊和秦俑博物館的第一代人，幾乎都不在崗位了。記得我第一次採訪秦俑館時，宣教部主任馬青雲女士跟我談起她接待美國前總統尼克森和雷根夫婦的故事，談笑風生間，她顯得那麼年輕而富有生氣，那麼瀟灑活潑，那麼讓人激動和興奮。當我第二次來的時候，她已經退居二線，儘管她的談話依然幽默風趣，她對我的幫助依然熱情坦誠，但我還是感到她跟幾年前相比有了不少的差異，望著她兩鬢斑白和走向衰老的面容，我的心中翻起了一股莫名的悲傷。也難怪，她

一九九六年春，李鼎弦（左一），王志龍（左二），張仲立（右一）等考古學家在秦俑博物館與作者合影留念。惜李鼎弦先生現已英年早逝了。

的女兒，當年活蹦亂跳的小女孩，也已做母親了。而我在這之前的敘述中，提到的諸如王志龍、楊異同等，也已有了孫輩了。每個人在時間老人面前都是永遠的輸家。

令人欣慰的是，在我一九九一年來秦俑博物館的那個早春之後，這裡的工作人員又走過了二十五年不同尋常的歷程，同時也實現了一次大的綜合性開拓。

秦俑二號坑的發掘，已經全面拉開了帷幕。當年捲入將軍俑頭被盜案的劉占成，儘管上訴無果，但已從人生的低谷中走了出來，並在秦陵考古隊副隊長的崗位上意氣風發地投入了工作。考古隊的工作人員，無論是從事緊張的清理工作還是協助工作，都不會忘記對周圍環境的搜索，希冀會出現「樂府鐘」這樣的寶物或其他考古線索。

因而在秦俑館第二期擴建工程各施工工地開挖地基的地方，隨時會看到考古隊員的身影，他們不僅對俑坑周圍的地層情況做了全面瞭解，並且在離俑坑較遠的一個枯井旁，發現了一座早期居住遺址，其時代約在春秋或者更早的時期，遺址中的火膛遺存和一些時代明顯偏早的陶片，無疑是一個極其重要的考古資訊，它將以另一種完全不同於秦兵馬俑的景觀展示於世。

劉占成（中）在兵馬俑坑發掘現場紀錄

更令人欣慰的是，繼第一代秦俑考古工作者之後，第二代已經迅速崛起，這支隊伍的主將就是七〇年代和八〇年代初，畢業於西北大學歷史系考古專業的張仲立、張占民、劉占成，甚至是更年輕的段清波等知識分子群體，而新的考古隊員也大多是來自西北大學歷史系考古專業的學生。同第一代相比，作為新生代的他們，除了擁有年輕強壯的身體條件外，還具備一代無可比擬的考古專業知識和新的考古學思維方法。他們不但能參加實際發掘，更重要的和更難得的是，他們能將發掘出來的實物的時代背景和文化內涵通過先進的思想和技術研究辨別出來，從而形成新的秦俑考古景觀。可以預見的是，在以後的十年或者更長的一段時間中，主宰秦俑考古發掘和在秦俑甚至秦陵研究方面領風騷的，必然是這支新近崛起的「學院派」或「西大派」隊伍。

在此前的某些篇章中，我對秦兵馬俑的考古發掘作出了一些不敬甚至是批評的敘述，這裡需要補充的是，秦兵馬俑坑和秦陵考古工作者的敬業精神，對秦文化或者相關文化的研究所付出的努力和熱情，以及取得的成果，是我所瞭解的中國不同的考古隊中最為出色的，也是最為優秀的。也許是關中優厚的文化積澱和文化遺風，滋養了他們秉承文化遺產並發揚光大的性格，只要走進秦俑館和秦陵考古隊就不難發現，這裡的工作人員幾乎都有各自的研究成果刊諸於世，詫異之餘，讓人多了幾分敬佩。明珠上儘管灑落著塵埃，但塵埃畢竟遮不住明珠的光亮，這便是我對秦兵馬俑坑和秦始皇陵園考古發掘工作近三十年來所作出的整體評價。

注釋

❶ 洗：古代的日常盥洗用具，猶今之臉盆。最早出現在戰國晚期，漢代最為流行。

❷ 半兩錢：古銅幣名。圓形，方孔，無周郭，正面自右到左鑄陽文「半兩」二字，字體小篆，背面平素。「兩」為當時的重量單位，一兩合二十四銖，半兩即十二銖。半兩錢在戰國時的秦國已開始使用，秦始皇併吞六國後，以黃金

為上幣，銅錢為下幣，將半兩錢推行全國，號稱「重如其文」，實則輕重不一。西漢前期仍行半兩錢，但因經濟凋敝，錢質日趨輕薄，只沿襲其名而已。直到武帝元狩五年（西元前一一八年）令郡國鑄造五銖錢，並於元鼎四年（西元前一一三年）將郡國的鑄幣權收歸中央，半兩錢才退出歷史舞臺。

❸鈁：古代盛酒的生活用具，形似方壺，長頸，大腹、有蓋，盛行於戰國末至西漢初。

代跋

一部認理求真的良心之作

王學理

兩千二百多年前建立的秦帝國，猶如明亮的流星劃過茫茫夜空，照耀蒼穹，輝映大地。但是，它稍縱即逝，留給後人的是太多的遺憾。秦始皇在西元前二二一年統一六國，創建秦王朝，在華夏大地上才真正實現了中央集權的封建專制。而他所採用的政治制度及維護封建政權的一系列措施，同樣對後代都具有深遠的影響。唐代柳宗元論及秦實行郡縣制時說：「繼漢而帝者，雖百代可知也。」近人章太炎評論秦始皇的功過時，也肯定「其法式詒於後嗣」。我們僅以「百代都行秦政事」而言，就足以看出秦王朝承前啟後的歷史地位了。

秦雖然起自戰國七雄而消滅六國，但只經過了十五個春秋，終為漢所取代。其興亡之速令人驚歎，其物質文化面貌呈現出來的也是一團撲朔迷離之態。那麼，長期以來，秦史的研究僅憑藉一部《史記》及其他零星材料，沿襲著「漢承秦制」的比附觀念在團團轉，終難有大的成果和突破。即便是研究雕塑、繪畫、建築、音樂舞蹈、冶金、機械的專題性著作，當談到有秦一代時，或者列舉幾則歷史故事了事，或者一併於漢算作交代。總之，擺在學術研究界人們面前的秦史，仍然是一疊疊有待破解的歷史密碼。教科書上留下的，同樣也只能是一頁空白。

二十世紀七〇年代初期，天賜良機，考古發掘給秦史研究注入一股活水，出土了不少珍貴的書簡和實物資料。湖北雲夢睡虎地秦墓竹簡、山東臨沂銀雀山漢墓竹簡、湖南長沙馬王堆三號漢墓帛書等考古資料相繼面世，部分地為我們揭示了秦漢時代法律文書、政治制度、生產狀況、社會生活、軍事關係的概況。而秦始皇陵兵馬俑坑的發現，在春秋戰國秦都城（雍城、咸陽）與墓葬考古相繼取得重要進展之際，更可說是一個石破天驚的偉大成果。它無異於打開了一扇歷史的窗口，使人們從這裡窺知早已沉埋在歷史底層的秦文化真諦。浩浩蕩蕩的秦俑大軍映現出兵強馬壯、氣吞山河的雄姿，彷彿使秦帝國一下子給復活了。世人驚歎莫名，上自國內外的國王元首、政府首腦，下及普通百姓，紛至沓來，以一睹這支地下軍團的風采為快。同時秦俑也走向全球五大洲，接受檢閱，用實際行動表明了這一珍貴的文化遺產屬於全人類的共用財富。

人們之所以對兵馬俑興趣不減，就在於它無可辯駁地為秦帝國、秦文化乃至整個中國文化史的研究，提供了至關重要的科學依據。由此，秦始皇陵的考古工作受到學術界的重視，並將其看作世界考古學史上的一件大事，就是可以理解的了。英國考古學史專家格林・丹尼爾（Glyn Daniel）教授在一九八一年出版的《考古學簡史》（*A Short History of Archaeology*）上說：「在未來的幾十年內，對於中國重要性的新認識，將是考古學中一個關鍵性的發展。」他還特地把秦始皇陵兵馬俑坑的彩色照片印在封面上，作為他一生中最後一部概述考古學史的紀念。秦俑獲得世界史學界的厚愛與矚目，正是其學術地位日益被肯定的結果。

秦始皇陵兵馬俑發現之後，就地建立了遺址性博物館——秦俑博物館。隨即由陝西省文管會領導的「秦俑坑考古隊」轉入正式發掘工作。伴隨著秦俑二、三號坑的發現及秦始皇陵園諸多遺址、文物的面世，按情況說，考古隊的發掘清理、資料整理及計畫研究等工作應該更上一層樓。但內部無知的領導、工作步驟的混亂，以及由此引起外界的干預，竟使考古隊處於時續時停的「半癱瘓」狀態。面對上級業務領導部門的追究，秦俑坑考古隊的負責人，既不認真檢討過去的工作方式，也不對深層的開拓提出可行性意見，而只是喋喋不休地誇耀著早期取得的那麼點成績。這就為以後發生不正常的問題種下了禍根。

秦俑所帶來的苦與甘、悲涼與輝煌，正因為我是個中人，體會似乎比駛順風船、搭乘便車或坐收漁利的其他人更深一些。其中是否也含有中國人獨有的文化特質？恐怕就是我們誰都明白但又不願回答的問題。

我直接參加秦始皇陵區考古工作近十四個年頭，具體地說：從「秦俑坑考古隊」到「秦陵考古隊」兩大階段中，秦俑浮上來了，我卻長期沉在底層，不得翻身。一九七六年，我從秦都咸陽工作站抽借來參加秦俑館的籌建。一年後，我即轉到陝西省文管會領導的「秦俑坑考古隊」。作為一名考古隊員，我參加了秦俑二、三號坑的試掘和測繪；接著正式發掘一號坑，隨後參加編寫秦俑一號坑考古報告，我獨力完成「兵器」等章節的寫作。由於陝西省文管會的「秦俑坑考古隊」領隊沒有科學發掘知識，違反田野操作規程，管理工作混亂，在一九七九年全國考古學會成立之後，中央接受了夏鼐等十六位專家的報告，停止發掘秦俑，檢查總結。從一九八五年七月起，由陝西省考古研究所重新組建了「陝西省秦始皇陵考古隊」，並由我擔任常務副隊長，全面主持秦始皇陵區考古及開展秦俑一號坑的發掘。遵照省文物局（85）85、（85）66號文件規定，前後兩個考古隊的工作是階段性的結束，並不存在接替的關係。因為一個屬陝西省文物管理委員會，一個屬陝西省考古研究所；對以前發掘的文物，彼此也不存在接交。我由於受陝西省考古研究所領導，故而在自己的許可權範圍之內，對人員組成、工作秩序都做了切實的整頓，並制定出「技術性規程」等制度十一種。隨之，一九八六年三月，就恢復了停工四年半之久的一號坑發掘。我僅用了八個月時間，就科學地發掘了五個探方，計面積兩千多平方米，出土量可達到近一萬立方米，發掘的陶俑近千件，還有更多的跡象與珍貴文物。這年的豐碩成果，相當於過去考古隊四年工作的總和。特別是我們的科學發掘程序和嚴格有效的管理，得到了國家文物局、中國社會科學院的讚揚。省文物局和省考古研究所領導也交口稱道，認為是為陝西省挽回了面子。秦俑博物館更是滿意，因為我按制定的「分工明確，密切配合」的協議，給他們帶來了展覽的方便和經濟效益。

但是，好景不常，一場天外飛來的橫禍終於將我擊倒。一九八七年二月十七日，原秦俑坑考古隊隱匿未交給秦俑館的「將軍俑頭」被盜，省文物局的主要領導人為了保住自己的官位，以便以「一貫正確」的形象在仕途上繼續往上爬，竟閹割了原來的「政府文件」，吞食諾言，移花接木，在不經我本人核實問題的情況下，利用行政權力，突然下發了「處理」我的文件，並很快上報省政府及上級文物管理部門交差了事。我就在這有口不能辯、有冤不能伸的痛楚中，做了替罪的羔羊。

在蒙冤兩年之後，我再次復任陝西省考古研究所秦漢研究室主任。從一九九〇年五月起，由我兼任陝西省漢陵考古隊隊長，開闢了漢景帝陽陵陵園的大型考古工程。儘管漢俑坑的發現及其豐富的內容被稱作是「陝西省繼秦俑、法門寺之後的又一重大考古成果」，博得國內外的關注，但秦俑與秦始皇陵的課題研究並沒有因冤案的延誤和陽陵事務的纏身而中斷。一九九四年，我的《秦始皇陵研究》（三十萬字，陝西人民出版社）、《秦俑專題研究》（七十二萬字，三秦出版社）和《秦物質文化史》（合著，五十三萬字，三秦出版社）三大部學術專著同時出版。如果加上我在一九八八年出版的《秦陵彩繪銅車馬》一書，可以說我的研究涵蓋了當前秦始皇陵考古的三大課題。若算上我隨之出版的《咸陽帝都記》一書中專章把陵園視作都城組成部分的論述，想來我的學術貢獻當是無愧於在秦俑坑待過的十四年歲月！給看盡人情變化、世態炎涼的秦俑，終於留下了一塊難以磨滅的「紀念碑」！

當我主持發掘漢陽陵南區從葬坑的初期，工作千頭萬緒，繁忙、困頓，但也令人振奮。這時，一位斯文沉靜的青年突然來訪。那就是後來以秦俑為主題寫出《世界第八奇蹟》和《復活的軍團》兩書的作者岳南先生。記得當初他還是某軍事藝術學院的學生，時間是一九九一年四月四日，採訪的內容是秦將軍俑頭被盜的責任問題。一開始，我以冷淡的態度回應之。因為在四年前那場弄權害義的骯髒「處理」事件中，有人曾大書特書如「報導」、「紀實」、「專訪」的文章在多種報刊雜誌上登載，胡說什麼考古隊工作不認真，上班時在坑裡睡大覺、談情說愛，秩序一場糊塗，這種無恥的捏造事實，源於官官相護，也就顛倒了將軍俑頭失盜的責任。甚至有人已經撰好劇本，即將搬上影視銀幕。但可惜的是，這些趨之若鶩的文字工作者捨不得花時間採訪我這些被冤枉的當事人，一味聽信陝西省文物局負責人編造的謊言和謬論百出的文件，然後大加演義胡謅起來。他們既撈了名，腰包裡又賺滿了稿費，對於自己崇權、諂媚的一支毒筆所造成的影響是概不負責的。所以，長期以來我一向輕視此類文章，也不願理會趨炎附勢的「採訪者」。自然，對岳南的突然來訪也提不起興趣來，直覺地認為他只是換個手法以引起讀者的注意力罷了。不料他窮追深究地發問，才使我看到他是位有正義感而嚴肅好學的熱血青年。

由書信往來，隨著相互瞭解和情感的加深，我看到他的藝術才華和追求歷史真實的精神。也正為後者是一個作家起碼應具備的品德，我就把自己多年來關於秦始皇陵、兵馬俑及銅車馬等研究的著述成果毫無保留地相贈，作為他寫作時參考與借鑑的一部分。

《復活的軍團》比之岳南先生前此出版的《世界第八奇蹟》一書來，內容更加豐富精彩，讀後益智，受教匪淺。概括起來，該書具有如下的幾個特點：

第一，選題固然常見，但作者能獨闢蹊徑，對秦俑的發現、發掘、建館、展出、接待、社會反響、陵園布局，以及這裡發生的重大事件、存在的問題等等，都做了全面深入的闡述。這就使讀者明白事件的情由、結果及二者的必然關係，還獲得多方面的知識。在書中作者力求客觀公允，還歷史以本來的面目，其用心是顯而易見的。這同那些趨勢附炎、隱善揚惡、小題大作、顛倒歷史、編造事實的文章有著根本的不同。岳南不愧是岳南，自有其一貫的文風。他的書能不斷出版，深得讀者喜愛，正是其作品生命力的最好說明。

第二，結構嚴謹，文筆生動，語言流暢。作者把散見的、未見的、鮮為人知的一件件事情經過取捨，巧妙安排，做到環環相扣而又有機地聯繫。平凡事故事化，賦予趣味，引人入勝，是岳南的作品讓人競讀為快的原因之一。

我不能斷言《復活的軍團》是岳南創作生涯中的頂尖作品，因為他的潛力無窮，未來仍有廣闊的前途。但就這部書而言，我可以肯定它是秦始皇陵兵馬俑發現、發掘數十年來，在所有描寫這個題材的文學作品中，當屬最具體、最生動、最深刻的一部巨著。平心而論，如果不是我的孤陋寡聞，也非他人的偏見，就接觸到的那些「一邊倒」的所謂「紀實文學」、「訪問錄」、「自敘」等作品，是不可與之同日而語的。

我作如是說的根據，就在於岳南先生熱愛生活，對現實的存在飽含著激情，因此能追尋歷史的真相，將滿腔的正義感訴之筆端。其次是他具有較深厚的文學功底，再加之肯於吸收、借鑑各方的學術研究成果，而用文學家的筆調寫出文史結合的作品，自然就較他人高出一籌。總之，這些都是嚴肅的創作態度和敬業精神的外在表現。

透過《復活的軍團》一書，岳南先生不但讓古老的秦帝國在自己的筆下復活，還重塑了那段逝去不久的考古歲月，使得這部作品更具文學和藝術的靈性，讀後備感親切與激動，令人愛不釋手。在此，我謹以敬佩之情寫出如上一些文字，也算是向讀者朋友的推薦之言吧！

一九九七年九月二十八日於古城西安稿

二〇一〇年十月一日再審校

推薦人簡介

王學理，陝西省蒲城縣人。一九六〇年畢業於西北大學歷史系考古專業，係陝西省考古研究院研究員、陝西省文史研究館館員。先後任陝西省考古研究所秦漢研究室主任，並兼秦始皇陵兵馬俑、漢鼎湖宮、漢陽陵等考古隊隊長、省文物局高級職稱評委會委員、文物鑑定委員會委員。現擔當西北大學文博學院兼職教授、研究生導師，中國秦文化研究會顧問、陝西省考古學會常務理事。

參加並主持過的大型考古工程有：秦首都咸陽、秦始皇陵園與兵馬俑坑、漢鼎湖宮、漢景帝陽陵陵園等遺址的調查與發掘。出版學術專著主要有《秦都咸陽》、《咸陽帝都記》、《秦始皇陵研究》、《秦俑專題研究》、《秦物質文化史》等十四部，《陝西考古學文獻目錄》二部，發表學術論文百篇以上。其論著字數，累計五百餘萬字。曾先後到瑞典、挪威、奧地利、法國、德國、比利時、瑞士、美國等國參觀訪問，並作學術交流。

鳴謝

在本書的採訪、寫作過程中，得到了國家文物局、中國社科院考古研究所、陝西省文物局、陝西省考古研究所、西安市公安局、臨潼縣公安局、秦俑博物館、秦俑坑考古隊、秦陵考古工作站、秦始皇陵考古隊等單位以及眾多專家、學者、工作人員的支持與幫助，在此一併表示感謝。

岳南

二〇〇一年十二月於北京

二〇一〇年十月修定

二〇一六年六月新修

秦始皇大事記（秦以夏曆十月為歲首）

昭襄王四十八年（西元前二五九年）　1歲

正月，嬴政（秦始皇）生於趙都邯鄲。

昭襄王五十年（西元前二五七年）　3歲

子楚（秦始皇之父）由趙返秦。

昭襄王五十一年（西元前二五六年）　4歲

遣將軍摎進攻西周，西周君奔秦，頓首受罪，盡獻其邑三十六，口三萬。

周赧王卒，周朝亡。

昭襄王五十二年（西元前二五五年）　5歲

周民東逃，秦取九鼎寶器。

昭襄王五十六年（西元前二五一年）　9歲

閏九月，昭襄王薨，子安國君代立為王，華陽夫人為王后，子楚為太子。

趙送子楚之夫人及子嬴政歸秦。

孝文王元年（西元前二五〇年） 10歲

十月，孝文王除喪，即位，三日薨。太子子楚代立為王。

莊襄王元年（西元前二四九年） 11歲

呂不韋為相，封文信侯，食河南洛陽十萬戶。

遣相國呂不韋誅東周君，盡入其國。

莊襄王三年（西元前二四七年） 13歲

五月，莊襄王歿，太子嬴政代立為王，委國事大臣，尊呂不韋為「仲父」。

楚人李斯入秦為客卿。

始皇帝元年（西元前二四六年） 14歲

韓遣水工鄭國入秦為間，獻策開渠以疲秦。

始皇帝六年（西元前二四一年） 19歲

龐煖率五國之師共擊秦。

始皇帝七年（西元前二四〇年） 20歲

夏太后（莊襄王之生母）薨。

始皇帝八年（西元前二三九年）　21歲

嫪毐封長信侯。

相國呂不韋布《呂氏春秋》於咸陽市門，為統一天下作理論準備。

始皇帝九年（西元前二三八年）　22歲

四月，秦王政至雍都蘄年宮行冠禮，帶劍，正式親政。

長信侯嫪毐矯璽作亂，欲攻蘄年宮，兵敗被擒。

九月，嫪毐毒三族，黨羽皆車裂，舍人罪輕者遷蜀。

秦王政遷太后（始皇之母）於雍都萯陽宮，撲殺太后所生兩子。

始皇帝十年（西元前二三七年）　23歲

十月，因嫪毐事，文信侯呂不韋免相，就國河南。

從齊人茅焦諫，秦王政自迎太后入咸陽，復居甘泉宮。

秦覺韓人鄭國之謀，下逐客令，李斯上書諫止。

魏人尉繚入秦，秦王政用其計策，封為國尉。

始皇帝十一年（西元前二三六年）　24歲

王翦、楊端和、桓齮攻趙，取上黨及河間各城。

秦王政賜文信侯呂不韋書，將徙其家於蜀。

始皇帝十二年（西元前二三五年）　25歲

文信侯呂不韋恐誅，自飲鴆死。

始皇帝十三年（西元前二三四年）　26歲

桓齮攻趙平陽、武城，殺趙將扈輒。

始皇帝十四年（西元前二三三年）　27歲

桓齮攻趙赤麗、宜安，被趙將李牧大敗於肥。桓齮畏罪出奔燕，李牧封武安君。

韓非使秦，因李斯譖言，遭囚致死。韓王安請為臣。

始皇帝十五年（西元前二三二年）　28歲

秦大興兵攻趙，又為李牧擊破。

始皇帝十六年（西元前二三一年）　29歲

韓獻南陽，秦遣內史騰發卒受地，為假守（代理郡守）。

初令男子書年。

置麗邑。

始皇帝十七年（西元前二三〇年）　30歲

遣內史騰攻韓，虜韓王安，盡取其地，置潁陽郡，遂滅韓。

華陽太后（莊襄王之嫡母）薨。

始皇帝十八年（西元前二二九年） 31歲

遣王翦、楊端和、姜瘣伐趙。

趙以趙蔥、顏聚代李牧。

始皇帝十九年（西元前二二八年） 32歲

王翦陷趙都邯鄲，虜趙王遷。

秦王政至邯鄲，昔與母家有仇怨者皆殺之。

太后薨。

趙公子嘉奔代，自立為代王。

始皇帝二十年（西元前二二七年） 33歲

燕太子丹遣荊軻刺秦王政，事敗，荊軻死。

王翦破燕、代（趙）聯軍於易水之西。

始皇帝二十一年（西元前二二六年） 34歲

十月，王翦陷燕都薊城，得燕太子丹首級，燕王喜徙遼東。

王賁擊楚。

始皇帝二十二年（西元前二二五年） 35歲

王賁攻魏，引河溝灌魏都大梁。大梁城壞，魏王假出降，殺之，盡取其地，遂滅魏。

始皇帝二十二年（西元前二二四年） 36歲

王翦率六十萬大軍攻楚，虜楚王負芻。

楚將項燕立昌平君為楚王，反秦於淮南。

始皇帝二十四年（西元前二二三年） 37歲

王翦、蒙武破楚軍，昌平君死，項燕自殺，遂滅楚。

始皇帝二十五年（西元前二二二年） 38歲

王賁攻遼東，虜燕王喜，遂滅燕。

王賁攻代郡，虜代王嘉，遂滅趙。

秦既平韓、趙、魏、燕、楚五國，五月，天下大酺（歡聚飲酒）。

王翦定楚江南地，因南征百越之君。

始皇帝二十六年（西元前二二一年） 39歲

王賁攻齊，齊王建出降，遂滅齊（田氏齊）。

六國皆亡，秦統一天下。

秦王政號為「始皇帝」，自稱曰「朕」，追尊莊襄王為太上皇，除諡法。

始皇採五德終始說，定秦為水德，奉秦曆為天下正朔。衣服旄旌節旗皆上黑，數以六為紀，更名河曰「德水」。剛毅戾深，事皆決於法，刻削毋仁恩和義，以合五德之數。

廢封建，分天下為三十六郡，郡置守、尉、監。

更名民曰「黔首」。

大酺。

收天下兵器，鑄金人十二，重各千石，置宮廷中。

一法度、衡石、丈尺，車同軌，書同文字。

徙天下豪富於咸陽十二萬戶。

遣屠睢發卒五十萬，為五軍征百越。

始皇帝二十七年（西元前二二〇年） 40歲

始皇巡隴西、北地郡，至雞頭山，過回中。

作極廟於渭南，象天極。

自極廟道通驪山，作甘泉前殿。

築甬道，自咸陽屬之。

治馳道於天下，東窮齊燕，南極吳楚。

始皇帝二十八年（西元前二一九年） 41歲

遣史祿修鑿靈渠，通湘、漓二水。

始皇東行郡縣，上鄒嶧山，立刻石。封泰山，禪梁父，立刻石。沿渤海以東行，過黃、腄，窮成山，登之罘，立刻石。南登琅琊，作琅琊台，立刻石。

遣齊人徐福率童男女數千人，入海求三神山仙人。

始皇還，過彭城，齋戒禱祠，欲出泗水周鼎，使千人沒水求之，弗得。西南渡淮水，往衡山、南郡，浮江至湘山祠，遇大風，大怒，遣三千刑徒盡伐湘山樹。自南郡由武關歸。

始皇帝二十九年（西元前二一八年） 42歲

始皇東遊，至陽武博浪沙，韓遺民張良遣力士操大鐵錐狙擊之，誤中副車。始皇驚，求弗得，令天下大索（通緝搜捕）十日。

始皇登之罘，立刻石。往琅琊，經上黨郡歸。

始皇帝三十年（西元前二一七年） 43歲

使黔首自實田（自行申報田產）。

十二月，始皇聞謠歌而有尋仙之志，更名臘（臘月）曰「嘉平」。

始皇微行咸陽，偕武士四人，夜出逢盜於蘭池，見窘。武士擊殺盜，關中大索二十日。

始皇帝三十二年（西元前二一五年） 45歲

始皇至碣石，遣燕人盧生求仙人羨門、高誓。刻碣石門，壞城郭，決通堤防。

遣韓終、侯公、石生求仙人不死之藥。

始皇巡北邊，從上郡歸。盧生入海而還，奏錄圖書曰：「亡秦者胡也」。遂命將軍蒙恬率兵三十萬北擊匈奴。

始皇帝三十三年（西元前二一四年） 46歲

謫賤民（亡命徒、贅婿、商人）為兵，略取陸梁地，置南海、桂林、象郡。以謫徙民五十萬人戍五嶺，與越雜處。

蒙恬西北斥逐匈奴，收河南地，自榆中至陰山，置四十四縣。築長城，起臨洮至遼東，延袤萬餘里。

遣蒙恬渡河取高闕、陽山、北假，築亭障以逐戎人。
徙罪人而謫之，以實河南地諸縣。

始皇帝三十四年（西元前二一三年）　47歲

謫治獄吏不直者，築長城及戍南越地。
從李斯議，始皇下令焚書（《秦記》、博士官所藏詩書百家語、醫藥卜筮種樹之書除外）。有敢偶語詩書者棄市，以古非今者夷其族。若欲有學法令，以吏為師。

始皇帝三十五年（西元前二一二年）　48歲

遣蒙恬築直道，起咸陽，經九原抵雲陽，長一千八百里。
始皇以咸陽人多，先王之宮庭小，築阿房宮於驪山下。
隱宮徒刑者七十餘萬人，分作阿房宮、驪山陵。
始皇立石東海上，以為秦東門。
徙三萬家麗邑，五萬家雲陽，皆不供征役之事十年。
從盧生議，始皇自謂「真人」，不稱朕。令咸陽之旁二百里內宮觀以複道、甬道相連，帷帳鐘鼓美人充之，各案署不移徙。行所幸，有言其處者，罪死。聽事，群臣受決事，皆於咸陽宮。
侯生、盧生譏議始皇，相偕亡去，始皇大怒，遣御史案問儒生。儒生傳相告引，乃自除犯禁者四百六十餘人，皆坑殺於咸陽，使天下知之，以懲後。
始皇益發謫徙邊，公子扶蘇（始皇之長子）上諫，始皇怒，使北監蒙恬軍於上郡。

始皇帝三十六年（西元前二一一年） 49歲

有隕石於東郡，黔首刻字其上曰：「始皇帝死地分」。始皇遣御史逐問，莫服，盡取石旁居人誅之，燔銷其石。

始皇不樂，使博士為〈仙真人詩〉，傳令天下樂人歌弦之。

秋，使者從關東夜過華陰平舒道，有人持璧謂使者曰「今年祖龍死」，置其璧而去。使者奉璧以告始皇，始皇卜之，卦得遊徙吉。

遷北河、榆中三萬家，賜爵一等。

始皇帝三十七年（西元前二一〇年） 50歲

十月，始皇出遊，左丞相李斯隨行，右丞相馮去疾留守，公子胡亥請從，許之。

十一月，始皇行至雲夢，望祀虞舜於九疑山。浮江下，觀籍柯，渡海渚，過丹陽，至錢唐，臨浙江，西從陿中渡。上會稽，祭大禹，望於南海，立刻石。

始皇還過吳，從江乘渡，沿海上至琅琊。方士徐福等入海求神藥，數歲不得，費多，恐譴，詐稱為大鮫魚所苦，故未得。始皇乃令入海者齎捕巨魚具，自以連弩候大魚出射之，自琅琊北至榮成山，弗見。

始皇至之罘，見巨魚，射殺一魚。

始皇沿海西行，至平原津而病。

七月，始皇至沙丘平臺，病甚，令趙高為書賜公子扶蘇曰：「以兵屬蒙恬，與喪會咸陽而葬。」書已封，未授使者，始皇崩。丞相李斯祕不發喪，棺載轀輬車中，獨胡亥、趙高及所幸宦者五六人知始皇崩，群臣莫知，百官奏事上食如故，宦者輒從車中可其奏事。

趙高與胡亥、李斯陰謀破去始皇所封書，詐稱丞相受始皇遺詔於沙丘，立胡亥為太子。又矯詔賜扶蘇及蒙恬死。

始皇棺從井陘抵九原，天暑，轀輬車臭，乃詔從官，令車載一石鮑魚，以亂其臭。

始皇棺從直道至咸陽，發喪，太子胡亥繼位，為二世皇帝。

九月，葬始皇於驪山陵。

◎附錄

二世皇帝元年（西元前二〇九年）

春，二世東行郡縣，李斯從。

行誅大臣及諸公子。

四月，復作阿房宮。用法益深刻。

七月，發閭左（貧民）戍邊。陳勝、吳廣起義於蘄大澤鄉，號曰「張楚」。

九月，郡縣皆反。周章率楚兵至戲。項梁、項羽舉兵會稽郡。劉邦初起於沛。

十月，大赦天下，遣將軍章邯率驪山徒擊退楚兵。

十一月，楚兵退守澠池，周章自刎而死。

十二月，御者莊賈殺陳勝。

二世皇帝二年（西元前二〇八年）

六月，項梁尊芈心為楚懷王。

七月，二世誅丞相李斯、馮去疾及將軍馮劫。項羽大敗章邯於東阿。

九月，章邯破殺項梁於定陶；渡河擊趙，圍鉅鹿。

閏九月，楚懷王拜宋義為上將軍，項羽為次將，范增為末將，北救趙。令劉邦西略地入關。與諸侯約，先入定關中者王之。

十一月，項羽矯殺宋義，代為上將軍，渡河救鉅鹿。

十二月，項羽敗秦軍於鉅鹿。

二世皇帝三年（西元前二〇七年）

七月，章邯率眾二十萬，出降項羽，為雍王。

八月，趙高指鹿為馬，開始整肅異己。閻樂殺二世於望夷宮。

九月，趙高立公子嬰（二世之兄子）為秦王。秦王子嬰刺殺趙高，夷三族。

十月，劉邦先諸侯至霸上，秦王子嬰出降，秦帝國亡。

十一月，項羽坑殺秦降卒二十萬人於新安。

十二月，項羽至關中，誅秦王子嬰，屠燒咸陽。

國家圖書館出版品預行編目(CIP)資料

復活的軍團：秦始皇陵兵馬俑發現之謎 / 岳南著.
-- 二版. -- 臺北市：遠流, 2016.07
面；　公分. --（實用歷史叢書）
ISBN 978-957-32-7844-3（平裝）

1.古墓 2.兵馬俑 3.中國

797.82　105009239